U0562484

中国收入差距的实证分析

Empirical Analysis on Income Inequality in China

李　实　罗楚亮　等 / 著

国家社科基金后期资助项目
出版说明

后期资助项目是国家社科基金设立的一类重要项目，旨在鼓励广大社科研究者潜心治学，支持基础研究多出优秀成果。它是经过严格评审，从接近完成的科研成果中遴选立项的。为扩大后期资助项目的影响，更好地推动学术发展，促进成果转化，全国哲学社会科学规划办公室按照“统一设计、统一标识、统一版式、形成系列”的总体要求，组织出版国家社科基金后期资助项目成果。

全国哲学社会科学规划办公室

前　言

经济高速增长、收入差距持续扩大，已经成为中国经济转型 30 余年来的基本特征。这也使得这两个方面成了当今最热门的两大话题，无论是街谈巷议还是庙堂高论，争辩之音不绝于耳。基于对居民收入分配状况的持续观察，我们获取了 2007 年全国性的住户调查数据，以此为依据完成了本统计分析报告，对中国近期的收入分配状况进行了描述性说明。

本书得到了国家社会科学基金后期资助，在此表示感谢。本书主要使用的数据来自北京师范大学中国收入分配课题组组织的 2007 年全国性的住户调查。这次调查和相关的数据收集工作获得了一系列研究基金的资助，它们包括：福特基金会和德国劳动研究所（IZA）资助“中国农村流动劳动力研究”项目；北京师范大学哲学社会科学研究数据资源建设与政策咨询项目“中国收入分配年度分析报告”；北京师范大学自主科研基金创新研究群体建设项目；北京师范大学“985”三期平台建设项目等。在此，感谢北京师范大学社科处领导刘复兴教授和韦蔚、田晓刚两位副处长在相关课题立项中所给予的大力支持！感谢北京师范大学经济与工商管理学院领导赖德胜教授、沈越教授等在相关课题研究中所给予的大力支持！

调查数据的获得与国家统计局城调队和农调队的努力是分不开的。对于国家统计局城调队和农调队有关领导张淑英、魏贵祥、盛来运、王萍萍、陈小龙、阳俊雄等在调查过程中所做出的各种努力表示衷心的感谢！感谢各级调查队以及千千万万调查对象在数据搜集过程中所付出的种种辛劳和给予的大力支持！数据的清理和分析工作也得到了国外合作专家的大力支持和帮助，特别要感谢日本一桥大学的佐藤宏教授、加拿大西安大略大学的 Terry Sicular 教授、英国牛津大学的 John Knight 教授和诺丁汉大学的宋丽娜教授、瑞典哥德堡大学的 Bjorn Gustafsson 教授、澳大利亚国立大学的孟昕教授和孔涛博士。

本调查报告是由北京师范大学中国收入分配研究院的研究人员、博士和硕士研究生为主体担纲完成的。他们中的大部分人也曾参与调查数据的整理工作。李实设计了本报告的基本框架。报告各章执笔人如下：第1章，李实、罗楚亮；第2章，李实、罗楚亮、史泰丽；第3章，高霞；第4章，万海远；第5、6章，王建国；第7、9章，杨修娜；第8章，刘嘉；第10章，袁泽庆；第11章，冯毅；第12、13章，朱梦冰；第14章，聂子涵；第15、16章，杨穗。报告初稿完成后，经过多次讨论，并最终由李实和罗楚亮对各章进行了编撰、修订，对部分章节做出了较大幅度的调整，也尽可能地保留原作者的个性。尽管这一过程历经了较长时间的讨论以及反复的修订核验，所有参与人员也竭力尽善尽美，但疏漏之处必定也在所难免，特别是在收入分配问题被社会各界广泛讨论并众说纷纭的当下。我们希望本书能抛砖引玉，共同深化人们对于中国收入分配问题的认识。

李　实　罗楚亮

2012年10月于北京

目 录

1 导论

经济体制改革前，尽管也存在许多不均等的因素和分配方式①，但总体而言，平均主义的盛行仍构成改革前收入分配状况的基本特征。改革前夕及改革初期阶段，中国居民收入分配的基尼系数总体上一直维持在较低的水平上。城镇居民的基尼系数在0.2以下，而农村居民的基尼系数也在0.21到0.24之间。这种高度平均化的分配方式在较大程度上与当时的经济体制相关联，如生产资料的单一公有制形式、以社会公平为基本政策目标以及在平均主义观念制约下所形成的一系列经济政策都强化了收入分配的均等化程度。这种平均主义分配倾向所导致的一个重要结果便是长期经济增长的迟缓以及经济效率的低下。

在经济体制改革过程中，收入差距的不断扩张使得中国在较短时期内由一个平均主义盛行的国家转变为收入差距较高的国家。根据世界银行的估计，1982年中国全国的基尼系数为0.3，但到2002年，北京师范大学中国居民收入分配课题组（以下简称北师大收入分配课题组）估计的全国基尼系数达0.454。根据最新的估计，2007年全国收入差距的基尼系数达到0.48。

为了更加全面、深入地理解中国当前收入分配过程中的一些基本特点，北京师范大学中国收入分配研究院对2007年的全国城乡住户调查数据（China Household Income Project，CHIP2007）进行了细致分析，完成了这部统计报告。该报告以翔实的数据分析结果描绘了当前中国收入差距的基本特点，也对一些影响收入差距扩大的因素进行了初步探讨。为便于对该报告的数据分析结果加深理解，本章对30余年来中国收入分配的总体变化状况做一简要回顾。

---

① 赵人伟：《劳动者个人收入分配的若干变化趋势》，《经济研究》1985年第5期。

1.1 收入分配格局的长期变动趋势

总体而言，收入差距不断扩大是中国改革开放以来的基本特征。收入差距的不断扩大使中国在较短的时间内由一个平均主义盛行的国家转变为收入差距较高的国家。中国居民收入分配特征发生了显著的变化，城乡之间、城乡内部、省份之间以及行业之间的收入差距总体上表现出全方位扩张趋势。

1. 城乡之间收入差距

城乡分割是中国经济二元结构的重要特征，这导致中国城乡居民之间的收入差距长期居高不下，并成为全国居民收入分配不均等的重要原因。从图 1－1 可以看出，城乡居民之间的收入差距一直处于较高的水平，这也是中国收入分配的一个重要特点。应当指出的是，即便在改革之初，城乡收入差距也是相对较高的。而在改革初期，由于农村经济体制改革先于城镇，因此这一阶段农民收入以高于城镇居民的速度增长，导致了这一时期城乡居民收入差距的暂时性下降。但从 20 世纪 80 年代中期开始，城乡收入差距逐步上升，除了个别年份外，城乡差距总体上表现出非常强劲的上升势头。进入 21 世纪后，城镇居民人均可支配收入已经达到农村居民人均纯收入的 3 倍以上，并持续处在高度的不均等状态。

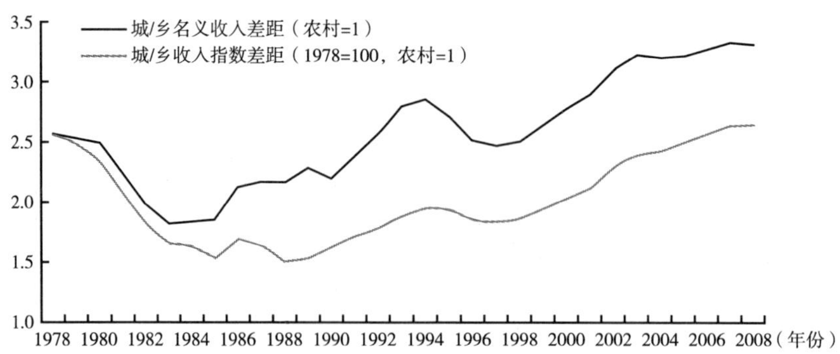

图 1－1　城乡居民收入差距的演变

城乡收入差距的不断扩大构成 20 世纪 90 年代以来的基本趋势性特征，尽管在某些年份中也有过下降的情形，但这并没有改变城乡收入差距逐步扩大的总趋势。值得注意的是，自从 2002 年城乡收入差距（城镇居民人均可支配收入与农村居民人均纯收入之比）达到3.11倍以来，城乡收入差距就一直维持在3倍以上，总体上处于高位徘徊状态。2003年，城乡收入差距达到3.23倍，随后的2004年、2005年也基本上维持在这一水平，大体上处在3.2倍左右。2008年城乡居民人均收入分别为15781元与4761元，城镇居民人均可支配收入相当于农村居民人均纯收入的3.31倍。

2. 城乡内部收入差距

无论是城镇还是农村，自改革以来，其内部收入差距一直处在不断上升的状态中。图1－2给出了1978年以来城乡居民收入基尼系数的变化特征。除了个别年份所出现的暂时性波动外，城乡内部居民收入的基尼系数都在快速上升。农村居民收入基尼系数从1978年的0.21上升到2007年的0.3742（2005年为0.38）；城镇居民收入基尼系数也相应地从0.16上升到0.34，上升了一倍以上。农村居民收入差距程度一直都高于城镇居民，这是因为农村经济发展具有更强的非匀质性；从1994年以来，城镇与农村内部基尼系数之间的差距有所缩小，这主要是由于城镇内部收入差距扩大造成的。1995～2007年，城镇内部基尼系数上升了6个百分点，农村内部基尼系数上升了3个百分点。

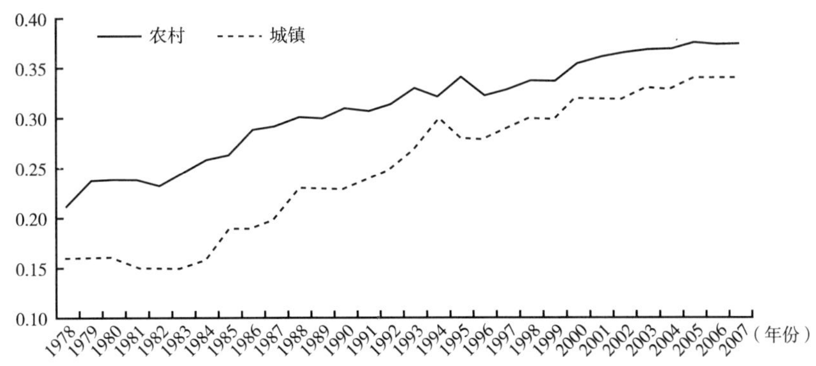

图1－2　城乡内部居民收入基尼系数

图1－3和图1－4分别给出了城镇内部不同收入组①之间的收入比较以及不同收入组的收入增长情况。从图1－3中可以看出，最高与最低

① 由于2000年以前的农村居民收入汇总数据并不是按照收入等分组给出的，因此无法进行类似的讨论。

20%、10%人群组之间收入比率的总体变动趋势是不断扩张的，也就是说，收入分布的高端与低端之间的差距越来越大。这种比率的变化也具有一定的阶段性特征。20 世纪 90 年代中期以来，各年份中这一比率的上升幅度是较为缓慢的；但在 90 年代中期以来，上升的速度在不断加快，特别是 2001 年以后出现了大幅度的跃升，并在较高的水平上继续攀升。图 1－4 也显示，20 世纪 90 年代中期以后，低收入组的收入增长速度一直低于高收入组；但在此之前两者之间的关系则不那么确定。

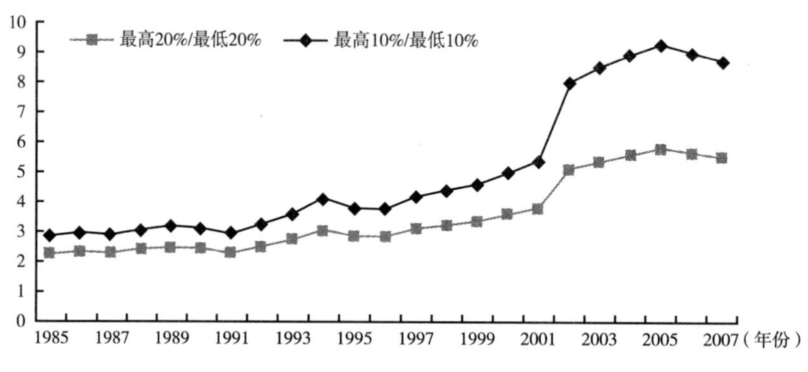

图 1－3　城镇居民收入差距（等分组）

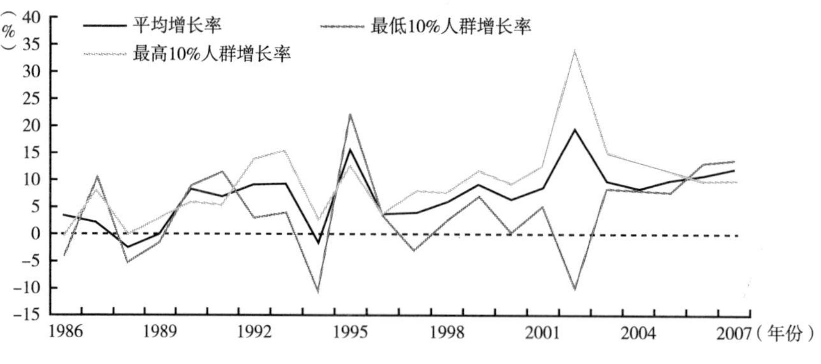

图 1－4　城镇不同收入组的年度收入增长率比较

3. 地区之间收入差距

图 1－5 给出了改革以来省份之间的人均 GDP、不同省份城镇与农村居民人均收入水平的差距变化特征，所使用的指标为变异系数。从人均 GDP 来看，省份之间的差异性表现出了一个“U”形变化过程，20 世纪

90 年代以前，省份之间的人均 GDP 变异系数表现出明显的下降趋势，但此后，这一指标则逐步上升。也就是说，从人均 GDP 来看，省份之间的差距经历一个逐步缩小而后扩大的过程。

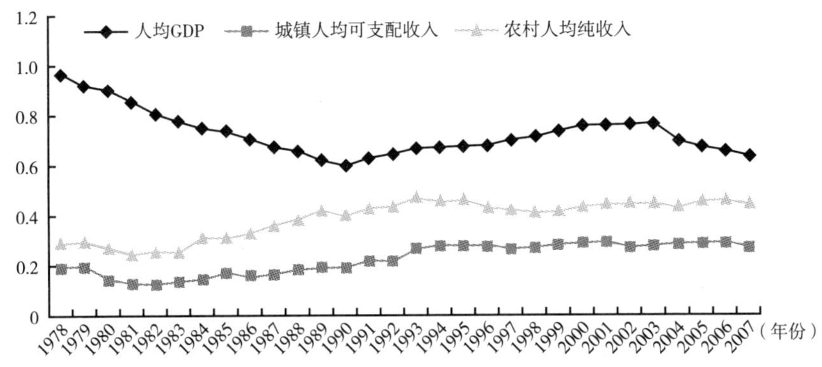

图 1-5　省份之间收入差距（变异系数）

1990 年以前省际人均 GDP 差距表现出缩小倾向。这在较大程度上是由于区域发展机制的转换以及区域发展优先次序的改变。改革过程中所强调的沿海沿边沿江优先发展、向腹地延伸的策略与计划经济体制下所形成的区域经济格局几乎是反其道而行的，这就导致了一定时期内、改革政策下优先发展区域的快速发展，从而导致区域差距的缩小。

1990 年以后省际人均 GDP 差距表现出缩小倾向，但收入差距的扩张程度始终低于改革初期，而变化的趋势也更为平缓。一方面，改革政策以及市场机制促成了经济发达地区更为快速地发展，另一方面，社会经济整体的市场化倾向逐步降低了生产要素的流动障碍，生产要素在不同地区之间的流动性有助于区域经济发展的收敛性。从这个意义上说，市场化改革所促成的生产要素自由流动构成制约收入差距过度扩张的内生机制。

4. 行业之间收入差距

城镇内部不同行业之间的收入差距，特别是垄断行业所获得的高收入，成为收入分配领域讨论的热点问题。但多数讨论存在着两类倾向：一是公众讨论通常基于某些特例，因此对行业之间收入差距的估计可能因预定的情绪而出现一定程度的高估；二是统计年鉴上的现有数据通常是根据行业门类划分的，分类口径相对较粗，据此计算的行业差距可能存在低估的可能。图 1-6 给出了不同行业之间职工平均工资的不均等指数，从中不难发现，行业之间职工平均工资不均等性的总体变化趋势是逐年扩大。2003 年行业分类有所变化，更为细致，由此导致行业收入差距扩大更为明显。

图 1－6 显示的是行业之间收入差距的变动特征与省际差距可能有较大的差异性。这主要表现在 1988 年以前，尽管以行业之间平均工资的变异系数所度量的行业差距略呈下降趋势，但这一变化过程总体说来是非常平缓的，即便有所下降，幅度也非常小；而 1988 年以后，变异系数的上升趋势却是非常强劲的。行业间收入差距的持续扩张已经成为当前收入分配的一个突出问题。

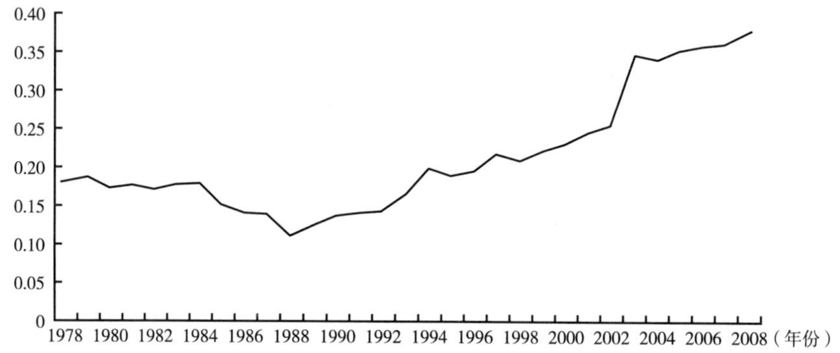

图 1－6　行业之间平均工资的变异系数

图 1－7 和图 1－8 给出了按门类划分部分行业（水电煤气、交通运输、金融、房地产）与竞争性行业（制造业）之间收入水平的比较以及最高与最低收入行业收入水平的比率。从中可以看出，金融业与制造业之间的收入差距处于不断扩大的状态，这一扩大趋势在 2000 年以来尤其明显，扩大势头更为强劲。最高与最低收入行业之间收入比率的总体变动趋势也是在稳定上升的，且上升倾向在 2002 年以来出现了急剧跳跃。从基于行业门类的计算结果来看，2005 年，最高收入行业职工水平相当于最低收入行业职工工资的 5 倍左右，此后一直在较高的倍数上波动。值得指出的是，这里所讨论的只是职工的工资水平，并没有包括各类福利补贴等其他收入形式，而后者在不同行业之间分布的不均等性程度通常要大大高于前者。①

① 罗楚亮、李实：《人力资本、行业特征与收入差距》，《管理世界》2007 年第 10 期。

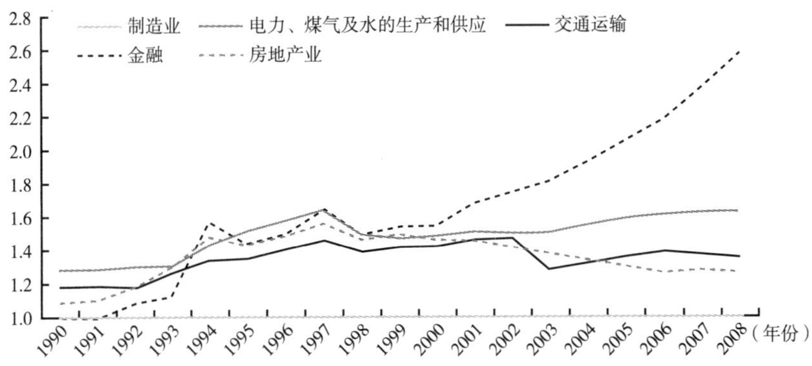

图 1－7　部分行业与制造业职工平均工资差异（制造业 =1）

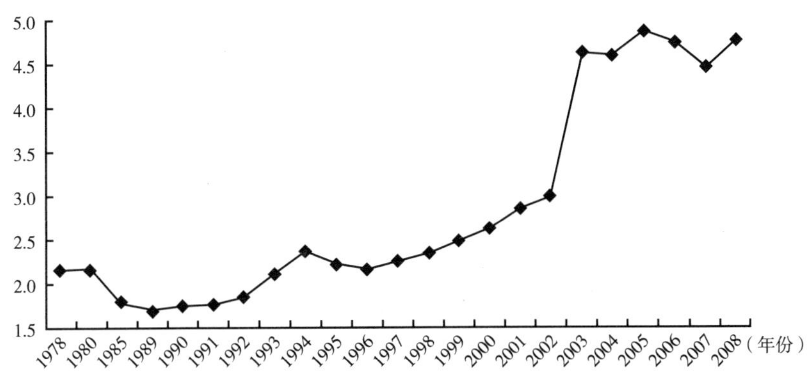

图 1－8　最高/最低行业收入倍数

5. 要素分配格局

要素分配或功能分配格局是研究收入分配特征的另一个重要角度。图 1－9 给出了改革以来中国功能分配的基本格局变化。1994 年以前的功能收入分配格局指的是相关要素收入占 GNP 的比例①，1995 年以后则是根据各省份的 GDP 项目构成汇总得到。图 1－9 表明，尽管在 1978 年到 20 世纪 90 年代前期，劳动报酬的比例有了一定程度的上升，但劳动报酬在功能收入分配中的比例最高值也只有 53%，从国际比较来看这是相对比较低的。然而劳动报酬比例较低，并不完全是改革过程中的问题，改革初期劳动报酬的比例本身也不高。在 20 世纪 90 年代中期以前，劳动报酬的

① 1994 年以前的功能分配格局数据根据向书坚的《中国功能收入分配格局分析》，《统计研究》1997 年第 6 期，计算得到。

上升对应着企业盈余份额的下降，也就是说，这一时期的收入分配着重调整的是劳动者个人与企业之间的利益分割问题。不过在20世纪90年代中期以后，劳动者报酬比例有所下降，特别是在进入21世纪以来，劳动者报酬比例下降特征更为明显。不过这一时期，不仅企业营业盈余表现出相反的调整方向，而且生产税净额的比例在2003年以前也是在上升的。

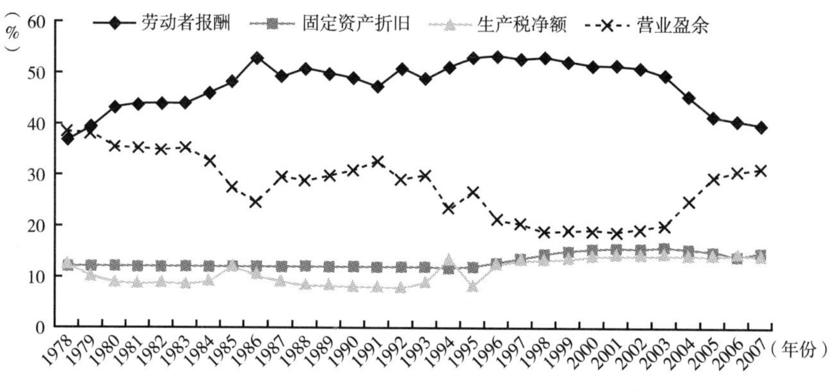

图1－9　功能分配格局

1.2　问题与难题

1. 主要问题

前面给出了中国居民收入分配的长期变动特征，本节将着重讨论近年来收入分配中存在的主要问题。

（1）总体收入差距上升势头有所减缓，城镇内部收入差距继续上升，农村内部收入差距暂居稳定，城乡差距居高不下。根据世界银行和北师大收入分配课题组的分别估算，1982年中国全国的基尼系数为0.3，到2002年达到0.454。在这20年时间里，全国收入分配差距几乎每年以一个百分点的速度扩大。北师大收入分配课题组利用最新的数据估算出2007年全国基尼系数为0.48左右。也就是说，在2002～2007年五年中，全国基尼系数的上升速度每年不足0.4个百分点，相对于前20年收入差距的扩大速度有所减缓。这种情况也发生在农村内部，根据国家统计局的估算和北师大收入分配课题组的估算，2002～2007年，农村内部收入差距的基尼系数基本徘徊在0.37左右，没有出现显著上升的趋势，并且

2006 年和 2007 年农村内部收入差距的基尼系数甚至都略低于 2005 年；但城镇内部收入差距的基尼系数从 0.32 上升到 0.34，上升了 2 个百分点。城乡之间的收入差距自从 2002 年达到 3.11 倍以来，一直在 3.2 倍或 3.3 倍的水平高位徘徊。

相对于 1983 ~ 1992 年、1995 ~ 2002 年两个时期城乡差距的急剧扩大状况而言，尽管 2002 年以来的城乡差距变动已经不再表现出明显的上升趋势，但仍一直处于非常高的水平，持续居高不下。就 2008 年横截面省份数据而言，经济发达省份城乡居民之间的收入差距相对较低；而经济发展程度较低的省份，城乡居民之间的收入差距相对较高（见图 1 - 10）。

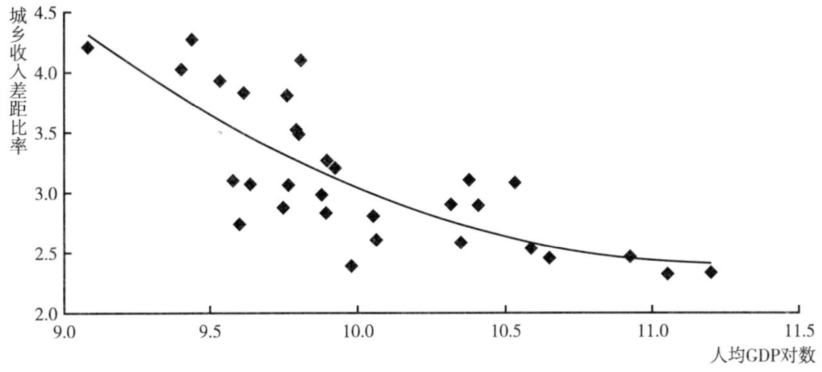

图 1 - 10　2008 年城乡收入差距比率与人均 GDP 对数的关系

（2）行业收入差距继续扩大，但行业差距在总体收入差距中所占份额并不高，突出问题主要表现为行业之间的收入差距缺乏合理的解释因素。总体而言，行业之间的收入差距表现出持续扩大的趋势，但关于行业差距在总体差距中所占份额以及行业差距的决定因素方面的研究由于受到研究资料的限制相对较为缺乏。北师大收入分配课题组①根据 2004 年全国经济普查数据和 2005 年 1% 人口抽样调查数据分别估算，发现行业差距在总体收入差距中所占份额大约为 11%。对垄断与竞争行业收入的进一步分解分析表明，垄断与竞争行业收入差距的 60% 不能从性别、年龄和教育等个人特征中得到说明，可以被归结为垄断因素作用的结果。

行业之间收入差距的持续扩张可能与特殊的市场化方式有关。如果

① 详细情况可参见北京师范大学经济与工商管理学院课题组《缩小收入差距，建立公平的分配制度》，国家统计局人口就业司 2005 年全国 1% 人口抽样调查合作课题报告；罗楚亮、李实：《人力资本、行业特征与收入差距》，《管理世界》2007 年第 10 期。

从行业的角度来看待市场化改革进程，则到目前为止，多数的改革措施只促成了竞争性行业供给结构和供给主体行为方式的转变，对于非竞争性行业的改革相对滞后。对非竞争性行业改革的基本思路也并不在于如何引入竞争机制、强化管制其垄断行为，相反，试图以强化政府干预的方式来消除垄断的消极效应，其结果却促成了市场垄断与行政垄断的结合，使得相关垄断行业以合理与不合理手段、市场与非市场手段，乃至合法与不合法手段牟取部门利益的能力进一步加强。与此同时，对垄断行业的监管却十分缺乏，一方面，其劳动力市场缺乏有效的竞争机制，劳动力无法在工资机制的调节下自由地流入，市场机制在其就业岗位的分配中是乏力的；另一方面，对其收益的分配也是缺乏监管的，更进一步地，垄断企业是市场上的价格制定者，因此其高工资、高福利的分配机制能够方便的转化为成本并通过其市场定价行为消化。总之，由于垄断而造成的对消费者利益的侵犯以及由此所带来的不公正的高收入已经成为当前收入分配失去合理性的重要原因。

（3）东、中、西部和东北地区收入差距。从东、中、西和东北四大地区的划分来看，地区之间收入水平的差异性非常明显。2008 年，东部地区的城乡人均收入水平都要大大高于全国平均水平，其中农村人均纯收入的超出幅度为 39%、城镇人均可支配收入的超出幅度为 22%；但高出的幅度比 2005 年有所下降。而中部与西部地区的城乡人均收入水平都要严重低于全国的平均水平，其中就农村人均纯收入来说，中部地区也高于西部地区，但 2005 年仍只相当于全国平均水平的 91% 左右，2008 年上升了近 3 个百分点；而西部在 2005 年和 2008 年均只相当于全国平均水平的 73%；中部与西部的城镇人均可支配收入差距并不明显，分别相当于全国平均水平的 84%、82% 左右。比较而言，西部农村的发展程度相对要落后得多。东北地区的农村人均纯收入略高于全国平均水平，但城镇人均可支配收入则与中西部大体相当。

从图 1－11、图 1－12 所描述的结果来看，在 2000～2008 年，尽管西部城镇与农村地区的人均收入水平的绝对量都有轻微的上升，但其相对于全国水平的落后状态并没有明显的改善。就西部城镇地区来说，人均可支配收入相对于全国总体平均水平的百分比甚至有显著的下降，也就是说，西部城镇地区相对落后的状态不仅没有改善，而且仍在强化；西部农村人均纯收入相对于全国总体平均水平的百分比在 2006 年降至 72%，随后两年有所回升，总体变化较为平稳。相对于西部城镇地区，西部农村居民人均纯收入的增长也是极为缓慢的。

表 1-1　不同地区的人均收入水平及其与全国的比较

	东部地区	中部地区	西部地区	东北地区
农村人均纯收入（元，2005 年）	4720.28	2956.60	2378.91	3378.98
相当于全国水平（全国 = 100，2005 年）	145.02	90.84	73.09	103.81
农村人均纯收入（元，2008 年）	6598.24	4453.38	3517.75	5101.18
相当于全国水平（全国 = 100，2008 年）	138.60	93.55	73.89	107.15
城镇人均可支配收入（元，2005 年）	13374.88	8808.52	8783.17	8729.96
相当于全国水平（全国 = 100，2005 年）	127.46	83.95	83.71	83.20
城镇人均可支配收入（元，2008 年）	19203.46	13225.88	12971.18	13119.67
相当于全国水平（全国 = 100，2008 年）	121.69	83.81	82.20	83.14

资料来源：《中国统计年鉴（2009）》。

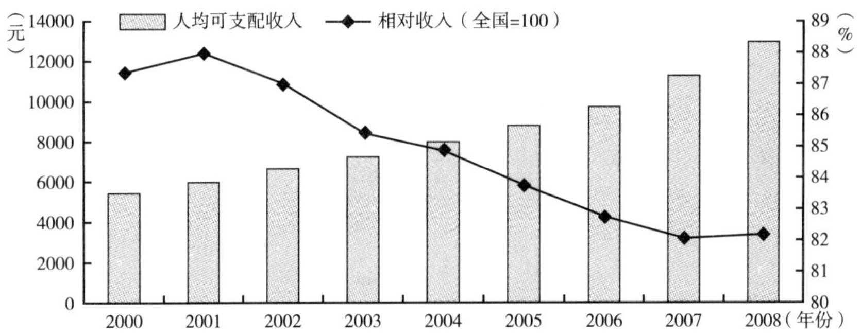

图 1-11　西部城镇人均可支配收入水平及其与全国的比较

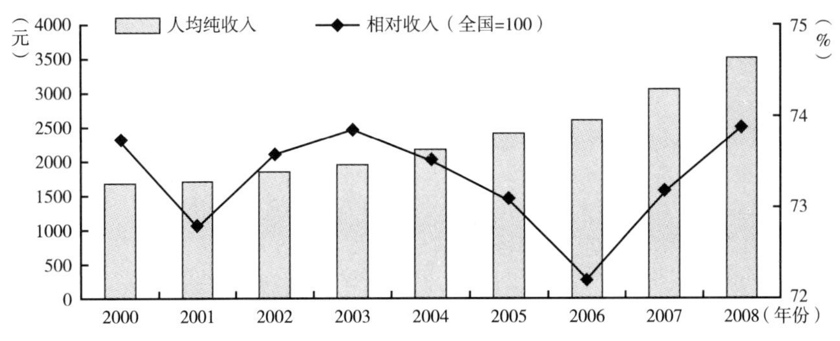

图 1-12　西部农村人均纯收入水平及其与全国的比较

（4）劳动者报酬在 GDP 中所占比重不高，并仍在持续下降。在经济转型与发展过程中，劳动者报酬在 GDP 中所占比重的下降趋势已经引起社会的广泛关注。自1996年以来，劳动者报酬在GDP中所占比重逐渐从53.4%下降至2007年的39.7%，11年时间下降了将近14个百分点。这一趋势在最近时期中也没有得到有效的改变。

图1－13根据2007年各省份的GDP总量与劳动者报酬，描述了劳动者报酬比重与GDP（对数）的关系，两者之间表现出了非常强的负相关性。这种功能分配格局意味着，经济发展程度提高，劳动力相对收益份额下降。在经济发展过程中，劳动者报酬的走低趋势在较大程度上表现为经济发展战略的选择问题。尽管中国是一个资本稀缺型国家，但较长时期内的经济发展模式却表现出了比较强烈的资本密集型特征。在改革过程中，基于资本短缺的状况，现实中的某些政策也倾向于通过压低劳动报酬以提高资本收益，从而达到引资的目的。基于这样的发展思路，劳动的权利与收益得不到有效的保护，这既违背了传统的按劳分配观念，也导致了收入差距的扩大。对资本利益过度保护的相关政策行为未能随着资本相对稀缺状况的改变而做出及时调整，使得劳动与资本在收益分配谈判中人为地处于不对等地位，这也违背了市场经济条件下的权利平等原则。

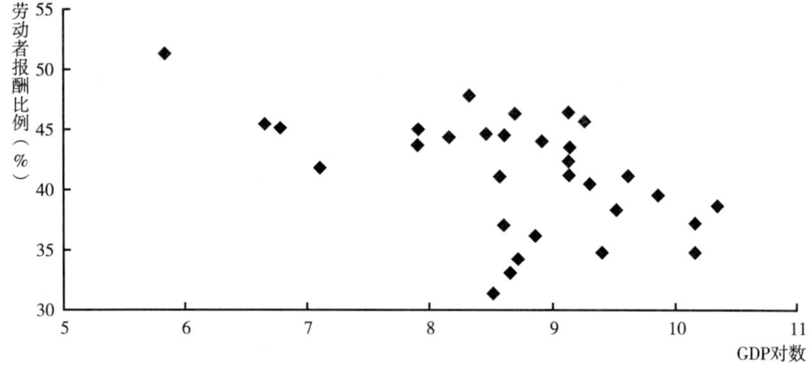

图1－13　劳动者报酬比重与GDP对数的关系

（5）在政府、企业和居民三者收入分配关系中，政府所占份额上升、居民所占份额下降的状态仍在持续。在改革过程中，曾经一度出现过收入分配格局向个人倾斜的状况。但从1996年以来，分配格局的基本变动趋势表现为政府和企业所占份额逐步上升。表1－2给出了2000～2007年政府、企业和居民三者的分配关系。其中所显示的问题主要表现为：第一，居民收入所占份额逐步下降，2000～2007年，初次分配结构中居民收入所占份额下降7个百分点，可支配总收入结构中居民收入所占份额下降8

个百分点。与此对应的是，政府和企业收入所占份额上升。第二，收入再分配存在向政府倾斜的现象。自 2004 年以来，居民收入份额经过再分配后所占份额低于初次分配，政府收入份额经过再分配后所占份额高于初次分配。居民由再分配中的净得益方转变为净损失方。

表 1－2　政府、企业和居民三者分配关系

年份	初次分配总收入结构(%)			可支配总收入结构(%)		
	政府	企业	居民	政府	企业	居民
2000	17.4	17.9	64.7	18.9	15.6	65.5
2001	16.7	20.1	63.2	18.7	17.4	63.9
2002	17.3	20.0	62.7	19.2	17.7	63.1
2003	16.9	20.7	62.4	19.6	18.0	62.4
2004	17.3	22.9	59.8	19.9	20.3	59.8
2005	17.5	22.9	59.6	20.6	20.0	59.4
2006	18.6	22.4	59.0	22.8	18.5	58.7
2007	19.5	22.6	57.9	24.1	18.4	57.5

资料来源：2000～2005 年数据来自张东生主编《中国居民收入分配年度报告（2008）》，经济科学出版社；2006 年和 2007 年数据由作者根据《中国统计年鉴（2009）》资金流量表计算得到。

2. 面对的难题

当前收入分配领域的主要难题可以概括为以下几个方面。

（1）收入差距高位徘徊

尽管从某些因素来看，最近几年收入差距的扩张势头有所下降，但总体而言收入分配不均等程度仍然较高，收入差距依然比较大。收入差距的长期变动趋势以及当前状况表明，从影响因素来看，各种导致收入差距扩大的力量总体上没有减弱的迹象。城乡差距虽然在近年来没有表现出明显的上升态势，但长期处在非常高的水平，且农村居民收入内生增长能力仍明显不足；地区差距、行业差距的扩张态势仍在继续；劳动者报酬在 GDP 中所占份额以及居民收入在总收入中所占比重下降的趋势仍未扭转。

（2）分配格局渐趋僵化

一些研究表明，不同收入阶层之间的流动性下降，机会不公对收入分配的影响越来越强，收入差距的代际传递越来越强。主要有以下几个方面的原因。

第一，财产分布的不均等程度急速扩张，已经超过收入分布的不均等性。根据对2002年住户调查数据的初步估算，城镇居民财产基尼系数为0.52，财产最高10%人群所占财产份额为39%。财产差距通常是长期收入差距的累计性结果，同时也可能成为导致收入差距的新的基础性原因；财产差距与收入差距之间是一种存量与流量的关系，二者之间存在相互转换的可能。在缺乏相应调节机制的情况下，财产差距将成为进一步扩大收入差距的因素。

第二，公共服务与社会保障缺失导致进一步的机会不均等。在收入决定机制中，教育等人力资本的作用越来越重要。医疗、教育等相关费用的上升一方面成为居民的支出压力，同时也强化了收入水平对相关支出的制约。不同收入等级之间的支付能力差异往往会转化为人力资本投资水平的差异性。这种人力资本投资差异，一方面是收入差距的结果，另一方面也成为收入差距进一步扩大以及收入差距代际传递的原因。

第三，行业间收入差距扩大，特别是垄断与竞争行业之间收入差距的不断扩大，表明垄断部门劳动力资源配置的竞争性越来越差，就业机会的不公平性日益突出。因为在就业公平、劳动力充分流动的状态下，行业租金将难以导致工资差异。

第四，城镇中等收入者（中位数收入0.75~1.25倍人群）比例明显下降。城镇居民中等收入者的比例从1988年的52.43%下降到2007年的33.16%，下降近20个百分点，而中位数0.75倍以下和中位数1.25倍以上的人群比例则各自上升了10个百分点左右。因此，在城镇人群中，收入分布表现出了明显的两极分化特征，中间收入层人群比例持续表现出明显下降趋势，高端和底端收入层人群比例明显上升。

（3）分配公正难获认同

收入差距的水平、扩张速度、形成机制超出社会公众的预期，并导致收入分配违背社会公认的基本规范。收入透明度低，对腐败、垄断等非法、不合理的收入缺乏有效监管；要素市场不健全，对资源占用机会的不均等转化为少数人群的高收入来源；缺乏有效的社会保障机制、收入再分配机制，中低收入者收入改善机会降低。收入分配秩序混乱使收入差距导致社会矛盾加剧、收入分配公平的认同感降低。

一些调查结果表明，人们对于收入分配公平的认同感通常比较低。本课题组在2002年的一项调查表明，只有12%的被调查者认为当时的收入分配状况是公平的；2006年则有22%的被调查者认为当前的收入分配状况是公平的。在两次调查中，尽管收入分配公正的认同感有较大程度的提高，但总体认同感仍然比较低。值得注意的是，人们对于收入分配公正性的质疑并不完全是由于收入差距结果造成的。在 2006 年调查中，2/3 以上的被调查者认为平均主义的分配方式并不公平。

（4）原因判断争议较大

尽管人们普遍认为当前收入分配的不均等程度比较高，收入差距过大，且分配结果的公正性也受到普遍质疑，但关于收入差距形成的原因则分歧严重，特别是对收入差距扩大与市场化改革之间关联性的认识则更加迥异。

居民之间收入差距扩大、财产分布处于比较严重的不均等状态、贫困或脆弱人群生活困境未能获得有效的改善等构成中国现阶段收入分配状况的基本特征和问题所在。由于这一系列变化都发生在中国市场化改革这一总体背景下，因此人们会自觉或不自觉地将收入差距的扩大与市场化过程联系起来。收入分配的这些变化特征甚至成为在“反思”名义下质疑乃至否定市场化改革取向的依据。简单地将收入差距扩大与市场化改革联系起来，实际上忽略了中国收入分配制度结构上的两个特殊现象：一是收入分配是在一种不完善乃至扭曲的市场环境下进行的，因此收入差距的变化既有市场化本身的因素，也是被扭曲的市场化机制作用的结果；二是经济转型时期，社会保障体制和收入再分配机制的缺位使得居民收入分配及收入差距的演化处于一种近乎失控的状态，收入分配与收入差距没有得到合理、有效的调节。

1.3 政策调整与选择

针对目前收入差距过高、收入分配形势严峻的事实，中国政府在近年来对收入分配政策思路进行了重大调整，并出台了一系列相关政策措施，试图缓解收入差距的持续攀升态势。对收入差距问题讨论的重点也有所调整，从强调收入差距对于效率提升、促进经济增长的激励效应转向收入差距应当符合社会公平正义原则、有助于实现社会和谐与全面小康；从强调打破平均主义转向共享经济发展成果。基于“收入分配差距拉大趋势还未根本扭转”的现实，十七大将收入分配体制改革提到了新的高度，对收入分配的看法和评价也有了新的突破，将合理的收入分配制度作为社会公平的主要体现；在效率和公平的关系上，强调初次分配与再分配都要处理好效率和公平的关系，再分配更加注重公平；在功能分配格局上，指出应逐步提高劳动报酬在初次分配中的比重；对于低收入人群，要求“着力提高低收入者收入，逐步提高扶贫标准和最低工资标准，建立企业职工工资正常增长机制和支付保障机制”；在收入来源上，“创造条件让更多群众拥有财产性收入，保护合法收入，调节过高收入，取缔非法收入”；通过“扩大转移支付，强化税收调节，打破经营垄断，创造机会公平，整顿分配秩序”等途径“逐步扭转收入分配差距扩大趋势”。

改善民生、规范收入分配秩序已经成为近年来政府工作的重点。这些努力主要包括以下几个方面。

（1）改善农民工进城务工环境，逐步消除城乡劳动力流动障碍。切实解决农民工工资拖欠问题，加强农民工劳动合同管理，健全农民工工资支付制度；努力推进城镇义务教育、医疗等公共服务和社会保障项目覆盖农民工群体的进程。

（2）以“新农村”建设促进农村经济增长和社会发展。大力推进社会保障体制建设，改善低收入人群的生活境况，实现社会和谐；进行农村税费改革，取消农业税，加大对农村的转移支付力度、基础设施的投资力度等，这些措施有力地推动了农村经济发展和农民收入增长；通过农村免费义务教育、农村合作医疗、农村最低生活保障、新型农村养老保障等制度建设促进城乡公共服务和社会保障的均等化。

（3）实施扩大就业的发展战略，通过积极的就业政策增加就业机会。

（4）对垄断行业、公务员、事业单位等部门的工资制度改革渐次启动，加大反腐败力度，努力规范收入分配秩序。

这些政策对于改善民生，扭转收入差距不断扩张的势头无疑是极为重要的。

然而，现在学术界和政府部门对收入差距产生的基本原因仍有不同的理解，导致了他们对收入分配政策的不同主张。这种分歧突出表现在未来的收入分配政策究竟应该基于市场机制还是政府调控。由于存在将收入差距扩张一味地归结为市场化改革，并对政府调控解决收入差距的作用过分迷恋的倾向，因此一些政策思路将政府调控视为缩小收入差距的主要手段，并不惜以逆市场化改革的行为来强化干预。同时也存在另一种极端的倾向，否定对现有收入差距干预和调节的必要性。这种倾向主要源于过度强调收入差距的激励效应，过度强调收入、财产的个人隐私性，过度强调市场机制所产生的收入结果的正当性。这两种倾向都是未来收入分配政策所应尽力避免的。对收入差距形成原因的不同理解以及政策取向上的严重分歧也使得社会公众及决策部门难以就收入分配的调控思路形成可共同接受的政策选择。应该说，这是当前所面临的最大难题。

2　全国收入差距的估计

2.1　引言

中国开始经济体制改革以来，中国 GDP 和人均收入都出现了超常增长。从 1978 年到 2007 年，GDP 的年均增长率接近 10%，居民人均收入的平均增长率超过 7%。而且，最近几年的增长率更高，比如从 2002 年到 2007 年，GDP 的年增长率平均为 11.6%，农村居民、城市居民的人均年收入增长率分别是 6.8% 和 9.6%。①

与此同时，收入不平等程度也逐渐加剧，这在一定程度上会影响到经济和社会发展的可持续性。大量文献研究发现，改革开放以来，中国的收入不平等程度是在逐渐上升的。从 20 世纪 80 年代后期到 90 年代中期，全国性不平等程度的上升速度较快，而后从 90 年代中期到 21 世纪初速度放缓。世界银行有关专家的研究发现，从 20 世纪 80 年代末到 1994 年，收入不平等程度是逐渐上升的，在 90 年代末出现短暂的下降后，又开始逐渐上升。② 因此，21 世纪初期的不平等程度仅略比 90 年代中期的不平等程度高一些。基于 1995 年、2002 年的 CHIP 数据研究发现，1995 ~ 2002 年间，收入不平等程度变化不大。③

---

① 从 1978 年到 2007 年，农村家户的人均实际收入增长了 7.34 倍，城镇家户的人均实际收入增长了 7.53 倍［国家统计局《中国统计年鉴（2008）》］。

② Ravallion, M. and S. Chen . 2007. "China's (Uneven) Progress Against Poverty," *Journal of Development Economics*, 82 (1), 1 -42. World Bank. 2009b. *The World Development Report 2009: Reshaping Economic Geography*, Washington, DC: World Bank Publications.

③ 参见 Gustafsson, B. , S. Li, and T. Sicular. 2008. "Inequality and Public Policy in China: Issues and Trends," in B. Gustafsson, S. Li, and T. Sicular, eds. , *Income Inequality and Public Policy in China*, 1 - 34, New York: Cambridge University Press. Khan, A. and C. Riskin. 2008. "Growth and Distribution of Household Income in China between 1995 and 2002," in B. Gustafsson, S. Li, and T. Sicular, eds. , *Inequality and Public Policy in China*, 61 -87, New York, Cambridge University Press。

一些研究文献认为，20 世纪 90 年代末所出现的一些收入分配平等化的措施或现象能解释这一趋势。① 比如，越来越多的农民从事工资性收入的工作，低收入的省份慢慢追赶高收入的省份，共享经济增长的福利，在城市中逐渐推广的住房改革措施等。

库兹涅茨假说认为，随着经济的逐渐发展，不平等程度呈现先上升后下降的趋势，即呈现倒 U 形。上世纪 90 年代末和 21 世纪初所出现的一些平等化措施和现象，似乎意味着中国已经到达了倒 U 形的拐点处。然而，基于 2007 年的 CHIP 数据研究发现，从 2002 开始，中国的不平等程度又重新出现逐渐上升的趋势。虽然在这一时期，促使平等化的因素仍然存在，但是其不足以抵消导致不平等的因素。

2.2 数据和样本权重

本文所利用的是 2002 年、2007 年的 CHIP 数据，样本总共包含三类住户，分别是城镇住户、农村住户、农村到城市的流动住户。其中，城镇住户样本和农村住户样本是国家统计局调查样本（NBS）的子样本。2002 年的 NBS 样本中分别包含 40000 个城镇住户、680000 个农村住户。② 2007 年的 NBS 样本中的城镇住户增加到 59000 个，而农村住户的数量没有什么变化。③

2002 年 CHIP 调查中的 9200 个农村住户取自于 NBS 农村住户调查。这些住户共包含来自 22 个省份 120 个县的 37969 个人。北京代表三个直辖市（另外两个直辖市分别是上海和天津）；河北、辽宁、江苏、浙江、山东、广州代表东部地区；山西、吉林、安徽、江西、河南、湖北、湖南代表中部地区；四川、贵州、云南、广西、陕西、新疆、甘肃代表西部地区。在 CHIP 调查中，每个省份的统计局可以自主选择县的数量，但是所选取的县必须代表不同的收入水平。2002 年的 CHIP 数据中包括 6835 个城镇住户，共包含来自上述 22 个省份中的 11 个省份 70 个城市的 20632 个人的信息，这 11 个省份分别是辽宁、江苏、广东、山西、安徽、河南、

---

① 参见 Gustafsson, B., S. Li, and T. Sicular, eds.. 2008. *Income Inequality and Public Policy in China*, New York: Cambridge University Press。

② 参见 2002 年 NBS 住户调查样本的具体介绍，国家统计局《中国统计年鉴（2003）》，第 339 ~ 340 页。

③ 参见 2007 年 NBS 住户调查样本的具体介绍，国家统计局《中国统计年鉴（2008）》，第 313 ~ 314 页。

湖北、四川、云南、甘肃。这些城镇住户大部分都具有当地户口，对2002年的CHIP数据的更详细的描述可参见Li et al.（2008）①。

2002年的城镇住户问卷和农村住户调查问卷中的很多问题是为了获取这些住户的收入信息，以便能够进行国际间的比较。这些问题具体包括有劳动能力的住户成员的工资性收入以及其他类型的收入，家庭经营性收入等。为了估计自有住房的租金，问卷中也包含一些和房屋相关的问题，比如，估计自有住房的市场价值等。

另外，2002年的CHIP数据中还包含有2000个农民工住户的信息，这些住户取自于每个省的两个城市，一个是省会城市，另一个是中等规模的城市。具体的样本分布为：东部和中部地区的每个省包含有200个住户，西部地区的每个省包含有150个住户；在每个省中，100个住户来自省会城市，另外100个住户来自省内的另外一个城市；在每个城市中，农民工住户主要选取于社区，因此，那些居住于建筑工地或工厂的农民工就没有被包含在我们的样本中。在具体的分析中，我们将短期工作于城市的流动人口归于农民，仅将长期工作和居住于城市的流动人口归于农民工。农民工调查问卷中具体包含工资、经营性收入、消费、工作特征、家庭人数等有关问题。

2007年的农村和城镇住户样本共涵盖了16个省份，具体为北京、河北、山西、辽宁、上海、江苏、浙江、安徽、福建、河南、湖北、广东、重庆、四川、云南、甘肃。农民工样本涵盖了上述16个省份中的9个省份。本次调查中，共包含13000个农村住户，10000个城镇住户，5000个农民工住户。与2002年的调查类似，2007年的农村住户样本和城镇住户样本也是取自国家统计局（NBS）调查的子样本，而农民工样本则是独立调查的样本。2007年的调查问卷中包含有对2002年相同的问题，另外还新增了一些对人口流动的状况和行为相关的问题，以便用于对人口流动的分析和研究。

如果在使用CHIP数据时，没有对样本量进行权重调整，CHIP数据的很多特征会导致分析结果存在一些偏差。因此，在对样本进行组间、地区间加总时，或者对不同时间的样本进行比较时，需要用人数权重来对这些样本进行一定的调整。本文采取了两种计算样本权重的方法。一

---

① Li, S., C. Luo, Z. Wei, and X. Yue. 2008. "Appendix: the 1995 and 2002 Household Surveys: Sampling Methods and Data Description," in B. Gustafsson, S. Li, and T. Sicular, eds., *Income Inequality and Public Policy in China*, 337 - 353, New York: Cambridge University Press.

是，计算两个层面的样本权重，即根据每个地区中的实际城镇人口数、实际农民人数、实际农民工人数分别占本地区总人口数的比例来对样本进行调整；二是，计算三个层面的样本权重，即根据每个地区中每个省份的实际城镇人口数、农民人数、农民工人数分别所占的比例来对样本进行调整。

关于收入，我们更倾向于使用“家庭人均可支配收入”。国家统计局对家庭可支配收入进行了估算，并将估计结果（NBS 收入）发布在官方网站。CHIP 数据里也有这一指标。然而，正如其他文献所指出的那样，国家统计局所计算的家庭可支配收入遗漏了一些收入项目。基于这个原因，我们计算的收入是根据 Khan et al. （1992） 和 Khan and Riskin （1998） 所列的收入构成①，并在此基础上根据近年来收入构成的变化和数据的可得性做了一些调整。具体来说，我们使用 NBS 收入的计算方法计算了收入，然后在此基础上，加上补贴租赁房的补贴额度的估算值，再加上自有住房的租金的估算值。CHIP 数据包含有住房租赁市场的信息和住房的市场价值，这些用来估算新增的收入部分。在下文中，我们将这一更广泛意义上的收入称为“CHIP 收入”。

为了能够进行时间上的比较，我们以 2002 年为基期，利用消费价格指数对 2007 年的收入进行了调整。在计算全国性的变量时，我们使用全国的平均价格指数。在计算城镇、农村的变量时，我们分别使用城市和农村的消费价格指数（在计算长期工作于城市的农民工群体的变量时，我们用的是城镇的消费价格指数）。根据消费价格指数调整结果，从 2002 年到 2007 年全国性的消费价格上升了 13.9%，城镇地区的消费价格上升了 12.3%，农村地区的消费价格上升了 16.4%。②

一些研究文献指出，不同地区、不同省份的生活成本是不同的。若忽略这一点，可能会导致不平等程度的高估③。为了使地区间的收入具有可比性，我们利用 Brandt and Holz （2006） 列出的购买力平减指数（即

---

① Khan, A. R., K. Griffin, C. Riskin, and R. Zhao. 1992. “Household Income and Its Distribution in China,” *China Quarterly*, no. 132, 1029 - 1061. Khan, A. R. and C. Riskin. 1998. “Income and Inequality in China: Composition, Distribution and Growth of Household Income, 1988 to 1995,” *China Quarterly*, no. 154, 221 - 253.

② 参见《中国统计年鉴（2008）》，http://www.stats.gov.cn/tjsj/ndsj/2008/indexch.htm，最后访问时间 2011 年 8 月 22 日。

③ Sicular, T., X. Yue, B. Gustafsson, and S. Li. 2010. “How Large is China's Rural-Urban Income Gap?” in M. K. Whyte, ed., *One Country, Two Societies: Rural-Urban Inequality in Contemporary China*, 85 - 104, Cambridge, MA: Harvard University Press.

PPP-adjusted deflator)① 对收入进行了调整，从而修正了由城乡间、各省份间生活成本的不同所引起的收入差异的部分。由于 Brandt and Holz (2006) 列出的是 2002 年的购买力平减指数，我们用此对 2002 年的数据进行了调整。对于 2007 年的数据，我们利用国家统计局公布的各省份的城镇地区、农村地区的消费价格指数更新了 Brandt and Holz 的购买力平减指数，进而对 2007 年的数据进行了调整。

2.3 全国家庭收入及不平等：主要发现

表 2－1 给出了全国家户的人均收入水平和不平等程度，其中不平等程度是用三个常用的指标，即基尼系数、泰尔指数和平均对数离差来衡量的。我们更偏爱于用“CHIP 收入的定义、包含农民工、使用三个层面上的样本权重”所得出的估计结果，但为了便于和其他的研究结果做比较，我们同时列出了用“NBS 收入的定义、不包含农民工、两个层面上的样本权重”所得出的估计结果。

表 2－1 2002 年和 2007 年全国的人均收入和不平等程度

	2002 年		2007 年		2002～2007 年的变化率(%)(以 2002 年的价格为基价)	
	不包含农民工	包含农民工	不包含农民工	包含农民工	不包含农民工	包含农民工
NBS 收入(两个层面的权重)						
平均收入(元)	4426.000	4479.000	8653.000	8899.000	71.65	74.44
基尼系数	0.452	0.450	0.474	0.473	4.9	5.1
平均对数离差	0.359	0.357	0.403	0.403	12.3	12.9
泰尔指数	0.351	0.348	0.385	0.381	9.7	9.5
NBS 收入(三个层面的权重)						
平均收入(元)	4467.000	4530.000	8932.000	9165.000	75.55	77.63
基尼系数	0.456	0.455	0.481	0.478	5.5	5.1
平均对数离差	0.362	0.361	0.414	0.413	14.4	14.4
泰尔指数	0.360	0.356	0.398	0.392	10.6	10.1

---

① Brandt, L. and C. A. Holz. 2006. “Spatial Price Differences in China: Estimates and Implications,” *Economic Development and Cultural Change*, 55 (1), 43－86.

续表

	2002 年		2007 年		2002～2007 年的变化率(%)(以 2002 年的价格为基价)	
	不包含农民工	包含农民工	不包含农民工	包含农民工	不包含农民工	包含农民工
CHIP 收入(两个层面的权重)						
平均收入(元)	4921.000	4964.000	10210.000	10413.000	82.16	84.17
基尼系数	0.462	0.460	0.489	0.485	5.8	5.4
平均对数离差	0.373	0.371	0.432	0.427	15.8	15.1
泰尔指数	0.366	0.362	0.411	0.404	12.3	11.6
CHIP 收入(三个层面的权重)						
平均收入(元)	4966.000	5019.000	10584.000	10772.000	87.12	88.43
基尼系数	0.466	0.464	0.497	0.492	6.7	6.0
平均对数离差	0.378	0.375	0.445	0.439	17.7	17.1
泰尔指数	0.376	0.371	0.425	0.416	13.0	12.1

注：(1) 两个层面的权重：城镇/农村 × 地区；三个层面的权重：城镇/农村 × 省份 × 地区。

(2) 包含 CHIP 调查涵盖的所有省份数据。

(3) 每年的平均收入使用当年价格，收入增长率使用 2002 年价格。

(4) 表中所列出的不平等指标都是无标度的，因此，不管是用当年的价格计算，还是用基期的价格计算，所得出的不平等水平是一致的。

(5) 在计算平均对数离差和泰尔指数时，将那些收入小于或等于 0 的样本删掉了（其中，2002 年的数据删掉了将近 30 个样本，2007 年的数据删掉了将近 225 个样本）。

平均来说，从 2002 年到 2007 年，全国家户人均收入实现了明显增长。不管是用何种收入定义、是否包含农民工、用何种权重，所得出的结果都显示，全国家户人均收入在这五年间上涨幅度超过了 70%（以 2002 年的价格为基准价格），这意味着平均每年的收入增长率超过 11%。另外，“CHIP 收入”的增长速度要高于“NBS 收入”的增长速度，这在一定程度上反映了由于住房价值的上升而带来的住房租金估算值的上升和城镇住户住房所有率的增加。包含农民工所得出的平均收入水平和不平等程度与未包含农民工相比，没有太大差别。

一般来说，平均收入的增长会降低收入的不平等程度：如果平均收入增长，而收入分布状况没有发生变化，那么收入不平等程度应该下降。然而，尽管中国的家户人均收入实现了显著增长，但不平等程度却也在上升。从 2002 年到 2007 年，中国的基尼系数上升的幅度在 5%～7% 之间，这种差别依赖于使用不同的权重、不同的收入定义等。根据我们的计算方法，即使用“CHIP 收入的定义、包含农民工、使用三个层面上的样本权重”，所得出的结果是，基尼系数上升了 6%，从 2002 年的 0.46 上升到 2007 年的 0.49。泰尔指数的上升幅度更大，G（1）上升了 9.5%，G（0）/MLD 上升了 18% 左右。这三个指标的上升幅度之所以不同，是由于这三个指标对处于收入分配序列中不同位置的收入所赋予的权重不同。基尼系数对于处在收入分配序列中中间位置的收入差异赋予了较大的权重，G（1）对于处在收入分配序列中较高位置的收入差异赋予了较大的权重，而 G（0）/MLD 对于处在收入分配序列中较低位置的收入差异赋予了较大的权重。

图 2－1 给出了按照从最贫穷的 10% 到最富有的 10% 的顺序排列的十等分组的收入分布状况。

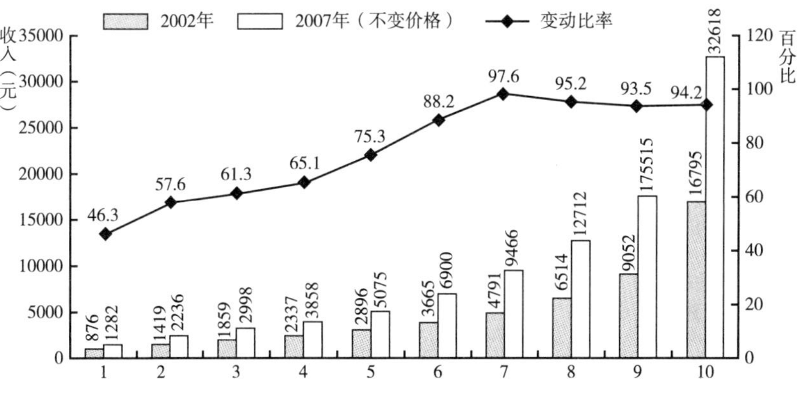

图 2－1　2002～2007 年不同等分组人群的平均收入和增长率

注：包含 CHIP 调查涵盖的所有省份的数据；CHIP 收入；三个层面上的样本权重；当年的价格。

从图 2－1 中我们可以看出，在这五年间，每组人群的收入都实现了很明显的增长，但是，低收入人群收入的上升幅度要低于高收入人群收入的上升幅度。比如，最低收入人群的收入增加了 406 元，上涨了 46%（以 2002 年的价格为基价）。这已经是很大幅度的提高了，但是，无论是绝对水平还是相对水平，其上升幅度都低于其他更高收入的人群。其中，最高收入人群组的收入增加了 16000 元，上涨了 94%（以 2002 年的价格为基价）。

这种不平等的特征是否反映了收入构成的改变？表 2－2 进一步给出了不同收入来源在总收入中所占的比重以及它们各自对收入不平等的影响。具体而言，表 2－2 给出了各分项收入所占的比例、集中率及对收入不平等的贡献度。其中，收入不平等的贡献度是使用标准的按要素对不平等进行分解的方法得出的①。

表 2－2　2002 年和 2007 年根据收入来源对不平等程度进行分解

	2002 年			2007 年		
	基尼系数/集中率	收入百分比（%）	基尼系数贡献百分比（%）	基尼系数/集中率	收入百分比（%）	基尼系数贡献百分比（%）
农村居民人均总收入	0.005	35.21	0.36	-0.116	24.09	-5.67
外出打工的工资性收入	-0.072	4.02	-0.63	-0.197	4.27	-1.71
其他工资性收入	0.147	8.67	2.74	-0.035	4.86	-0.34
农业净收入	-0.133	14.05	-4.04	-0.203	8.81	-3.63
来自非农活动的收入	0.197	4.64	1.97	0.106	2.46	0.53
财产性收入	0.063	1.50	0.20	0.164	0.63	0.21
转移性净收入	0.399	0.24	0.21	-0.104	1.03	-0.22
自有住房的预估租金	-0.023	2.10	-0.10	-0.124	2.03	-0.51
城市居民人均总收入	0.720	61.29	95.07	0.689	71.11	99.59
工资性收入	0.722	41.68	64.88	0.684	43.68	60.75
退休金	0.722	9.77	15.20	0.674	12.00	16.45
自我经营净收入	0.588	1.99	2.52	0.688	5.14	7.20
财产性收入	0.793	0.71	1.22	0.876	1.04	1.86
转移性净收入	0.718	-0.38	-0.59	0.697	-3.58	-5.07
租房补贴	0.735	1.66	2.62	0.618	0.39	0.49
自有住房的预估租金	0.718	5.18	8.02	0.707	11.99	17.23
其他类型的收入	0.813	0.69	1.20	0.774	0.44	0.69
农民工人均总收入	0.606	3.50	4.57	0.622	4.80	6.07
工资性收入	0.543	1.36	1.59	0.594	3.27	3.94
自我经营净收入	0.644	1.99	2.76	0.673	1.43	1.96
财产性收入	0.404	0.01	0.01	0.874	0.03	0.05
转移性净收入	0.711	0.09	0.13	0.870	0.02	0.04
自有住房的预估租金	0.685	0.05	0.08	0.722	0.06	0.08
全国人均总收入	0.464	100	100	0.492	100	100

注：CHIP 收入；包含农民工；三个层面的权重；包含 CHIP 调查涵盖的所有省份的数据；当年的价格；表中所列出的不平等指标都是无标度的，因此，不管是用当年的价格计算，还是用基期的价格计算，所得出的不平等水平是一致的。

① Shorrocks, A. F.. 1982. "Inequality Decomposition by Factor Components," *Econometrica*, 50 (1), 193－212.

首先来看城镇家户的收入。我们可以看出，城镇家户人均收入的集中率远高于全国人均收入的基尼系数。这意味着，这一群体的收入具有加大全国收入不平等程度的效应。城镇居民的工资性收入、养老金、自有住房的估算租金具有更大的提高收入不平等程度的效应，其中，自有住房的估算租金对收入不平等的贡献度在这五年间的上升幅度最大，从2002年的8%上升到2007年的17%。这一数字显示，私有财产成为一个新的并且越来越重要的导致收入不平等的因素。就全国而言，如果包含农村居民和农民工在内，私有财产和估算租金对收入不平等的贡献度从2002年9%上升到2007年的20%。

城镇居民的转移性收入具有缩小收入差距的效应，尤其是在2007年，它使总体的收入不平等程度下降了5%。转移性收入对收入不平等的缩小效应可能反映了政府在社会保障方面加大了力度，比如，城镇居民的最低生活保障政策等都对缩小差距产生积极作用。

农民工收入的集中系数与城镇居民的情况类似，虽然其集中系数随着时间的推移上升，但由于农民工群体在总体中所占的人数比例、收入比例都较小，因此他们对全国总体的收入不平等程度的影响很小。在本章的第五部分对农民工群体的收入及其不平等程度有更详尽的描述。

相反的，农村家户收入的集中率在2002年几乎为0，在2007年则变为负值。这表明，农村家户的收入具有降低总体收入不平等的效应。其中，农业收入是缩小收入不平等的最主要来源，但是由于其在总收入中所占的份额在逐渐下降，因此对总体收入不平等的缩小效应有所下降。农村家户成员的短期外出务工收入对收入不平等也有缩小效应，并且这一效应在这五年间有所上升。

大多数对中国收入不平等的研究，没有根据地区间的不同生活成本来调整估计结果。由于富裕地区的生活成本也较高，因此若没有根据购买力平价来调整分析结果，会导致收入不平等程度的高估。表2-3分别列出了根据购买力平价调整后的数据结果和没有用购买力平价调整的数据结果。总体而言，经过购买力平价调整后的收入不平等程度要小于未调整前的收入不平等程度，比如经过购买力平价调整后2007年的基尼系数下降了13%，即从0.492下降到0.433。

虽然经过购买力平价调整后，收入的不平等程度有所下降，但仍高于其他很多国家的收入不平等程度。例如，2007年的基尼系数仍明显高于0.40。另外，经过购买力平价调整后，并没有改变从2002年到2007年收入不平等程度逐渐上升的趋势。事实上，经过PPP调整后所得出的收入不平等程度的提高速度（9.6%）比调整前的提高速度（6.0%）更快。

表 2-3 2002 年和 2007 年经过和未经过 PPP 调整的不平等程度

	2002 年		2007 年		2002~2007 年的变化率(%)	
	未经 PPP 调整	经过 PPP 调整	未经 PPP 调整	经过 PPP 调整	未经 PPP 调整	经过 PPP 调整
NBS 收入						
基尼系数	0.455	0.389	0.478	0.421	5.1	8.2
GE(0)/MLD	0.361	0.265	0.413	0.315	14.4	18.9
GE(1)	0.356	0.258	0.392	0.302	10.1	17.1
CHIP 收入						
基尼系数	0.464	0.395	0.492	0.433	6.0	9.6
GE(0)/MLD	0.375	0.271	0.439	0.333	17.1	22.9
GE(1)	0.371	0.264	0.416	0.320	12.1	21.2

注：（1）包含 CHIP 调查涵盖的所有省份的数据。

（2）三个层面的权重；包含农民工；当年的价格。

（3）经过 PPP 调整后的结果，指的是根据不同省份的城市居民、农村居民各自不同的生活成本对他们的收入进行相应的调整，2002 年的数据用的是 Brandt and Holz（2006）所给出的调整指数，2007 年则根据 NBS 公布的不同省份的城乡的消费价格指数，对 Brandt and Holz（2006）所给出的调整指数进行了更新。

（4）在计算 GE（0）/MLD 和 GE（1）不平等指标时，将那些收入小于等于 0 的样本删掉了（其中，2002 年的数据删掉了将近 30 个样本，2007 年的数据删掉了将近 225 个样本）。

2.4 不平等的构成：城乡收入差距

中国的收入不平等，最显著的是城乡之间的收入不平等。基于以往 CHIP 数据的研究和其他很多研究发现，城乡收入差距随着时间的推移在逐渐扩大，并且是导致全国性收入差距逐渐扩大的主要原因。

在这里我们主要分析的是，在 2002~2007 年这五年中国的城乡收入差距发生了何种变化。这里的分析中，我们使用 NBS 收入和 CHIP 收入。需要指出的是，这两种收入都没有涵盖城市居民所享受到的一些特有补贴，而若包含进这些补贴，所得到的城乡间的收入差距会更大。① 本章所给出的结果是根据城乡之间不同生活成本调整之后的结果，经过纠正后所

① Li, S. and C. Luo. 2010. "Reestimating the Income Gap between Urban and Rural Households in China," in M. K. Whyte, ed., *One Country, Two Societies: Rural-Urban Inequality in Contemporary China*, 105-121, Cambridge, MA: Harvard University Press.

得到的城乡间的收入不平等程度会有所下降。

我们发现，从2002年到2007年，城乡间的收入差距在持续扩大（见表2-4）。这一差距的扩大，并不是由于农村居民收入增长缓慢，而是由于城镇居民的收入增长更快。实际上，在这五年间，农村居民的收入也实现了较快增长，但没有城镇居民收入的增长速度快。使用"CHIP收入、包含农民工"这一计算方法，2002年城镇居民的人均收入是农村居民人均收入的3.3倍，而2007年则上升到4.1倍，提高了约20%。

表2-4 2002年和2007年城乡间的收入差距

	人均收入（元）		年平均增长率（%）（2002年的价格为基价）	城乡人均收入比		城乡人均收入比（经过PPP调整后）	
	2002年	2007年		2002年	2007年	2002年	2007年
NBS收入							
城镇居民(不包含农民工)	8078	15469	11.26	3.16	3.66	2.13	2.61
城镇居民(包含农民工)	8005	15537	11.56	3.13	3.68	2.10	2.60
农村居民	2560	4221	7.21				
CHIP收入							
城镇居民(不包含农民工)	9223	18875	12.75	3.35	4.10	2.28	2.91
城镇居民(包含农民工)	9078	18714	12.92	3.30	4.06	2.24	2.87
农村居民	2754	4609	7.53				

注：当年的价格；包含CHIP调查涵盖的所有省份的数据；三个层面上的样本权重；经过PPP调整后的结果，指的是根据不同省份的城市居民、农村居民各自不同的生活成本对他们的收入进行相应的调整，2002年的数据用的是Brandt and Holz（2006）所给出的调整指数，2007年则根据NBS公布的不同省份的城乡的消费价格指数，对Brandt and Holz（2006）所给出的调整指数进行了更新。

我们注意到，城乡间收入差距扩大，主要是由于城市居民财产性收入的增长速度远远大于农村居民财产性收入的增长速度。如果不考虑城镇居民来源于自有住房的估算租金和其他资产的收入，从2002年到2007年，城乡间人均收入比将3.4倍上升到3.8倍，提高了约12%。

然而，如果用国际标准来衡量，中国的城乡差距是很大的。就所能找到的数据看，城乡收入比在3.0以上的国家数量很少。比如，印度、孟加拉国、印度尼西亚、马来西亚，这些国家的城乡收入比均小于2.0；泰国、菲律宾的城乡收入比在2.2~2.3之间；只有少数一些国家，他们的城乡收入比超过了3.0，比如南非、津巴布韦。①

若使用其他计算方法，虽然所得到的收入差距的大小有所不同，但是结果是一致的，即这五年间城乡收入差距是在逐步扩大的。若包含进农民工，虽然会使城乡收入差距有所缩小，但并没有改变差距逐渐扩大的趋势。由于城镇居民所得到的自有住房估算租金和租房补贴较高，因此用CHIP收入所得到的城乡收入差距，要高于用NBS收入计算所得到的城乡收入差距；不过，在这两种情况下，所得的城乡收入差距都随着时间的推移而逐渐扩大。

虽然用PPP调整后会使所得到的城乡收入差距有所缩小，但并没有改变城乡收入差距随着时间逐渐扩大的趋势。采用“PPP调整、CHIP收入、包含农民工”的计算方法，我们得出，从2002年到2007年，城乡间的人均收入比上升了30%。

逐渐扩大的城乡间收入差距是导致全国性收入差距逐渐扩大的主要因素。表2-5是根据标准的按人群组对整体的不平等程度进行泰尔分解所得出的数据结果②。这一分解法可以将整体的不平等程度，分解成组内和组间两部分。这里，组内指的是城镇居民和农村居民两组，组间的不平等程度对应的就是城乡间的收入差距。

表2-5 城乡间的收入差距（组间差距）对全国总体收入不平等的贡献度

	NBS收入		CHIP收入	
	2002年	2007年	2002年	2007年
不包含农民工				
泰尔L指数	43.1	49.3	46.7	53.9
泰尔T指数	44.0	48.0	47.3	52.0
包含农民工				
泰尔L指数	42.9	49.6	46.1	53.6
泰尔T指数	43.5	48.1	46.5	51.4

注：三个层面上的样本权重；当年的价格；这里的农民工指的是长期工作于城市的农民工；分解法参见Shorrocks（1980）。

① Knight, J. and L. Song. 1999. *The Rural-Urban Divide: Economic Disparities and Interactions in China*, Oxford: Oxford University Press.

② Shorrocks, A. F. 1980. “The Class of Additively Decomposable Inequality Measures,” *Econometrica*, 48 (3), 613-625.

表 2－5 同时列出了使用 NBS 收入和 CHIP 收入、包含和不包含农民工这四种情况下的数据结果①。这四种情况下的数据结果都显示，从 2002 年到 2007 年，城乡间的收入差距对全国收入差距的贡献度是在逐渐提高的。在 2002 年，组间收入差距对总体收入差距的贡献度为 43%～47%，而在 2007 年，组间收入差距对总体收入差距的贡献度为 48%～54%，与 2002 年相比，上升了大约 5 个百分点。因此，2007 年的城乡间收入差距大约解释了全国性收入差距的一半。

如表 2－6 所示，经过 PPP 调整后，虽然城乡收入差距对总体收入差距的贡献度有所下降，但是却提高了城乡收入差距的贡献度随着时间推移的上升速度。以 CHIP 收入这种情况为例，2002 年城乡收入差距的贡献度为 30%，而到 2007 年，其贡献度则上升到 40%。

表 2－6　经过 PPP 调整后城乡间的收入差距（组间差距）对全国不平等程度的贡献度

单位：%

	NBS 收入		CHIP 收入	
	2002 年	2007 年	2002 年	2007 年
不包含农民工				
GE(0)	25.7	35.4	29.8	41.3
GE(1)	27.2	35.9	31.5	41.4
包含农民工				
GE(0)	25.2	35.6	28.9	40.8
GE(1)	26.6	35.8	30.4	40.6

注：经过 PPP 调整后的结果，指的是根据不同省份的城市居民、农村居民各自不同的生活成本对他们的收入进行相应的调整，2002 年的数据用的是 Brandt and Holz（2006）所给出的调整指数，2007 年则根据 NBS 公布的不同省份的城乡的消费价格指数，对 Brandt and Holz（2006）所给出的调整指数进行了更新。

2.5　结论

虽然近几年政府采取了一些缩小收入不平等的政策，但是从 2002 年到 2007 年中国的收入不平等程度仍呈现不断上升的趋势。以国际标准来看，中国 2007 年的收入不平等程度处于较高水平——基尼系数在 0.5 左

① 我们也分不同的样本权重做了类似的分析，但是所得结果差别不大，因此，在这里没有汇报这些结果。

右，与墨西哥（0.51）、尼加拉瓜（0.52）、秘鲁（0.48）等拉美国家的收入不平等程度相当，不过仍低于巴西、洪都拉斯等收入不平等程度很高（0.56～0.57）的国家。①

我们分析发现，中国收入不平等程度之所以在逐渐扩大，既有旧有因素，也有新出现的因素。其中，较大的城乡收入差距就是旧有因素。从2002年到2007年，中国的城乡收入差距不断扩大，即使根据城乡不同的生活成本调整后采用国际标准来衡量，中国城乡间的收入差距仍然很大，并且是构成全国总体收入不平等的重要组成部分。

引起收入不平等程度逐渐提高的新因素是“财产性收入”。在2002年进行CHIP调查时，财产性收入并不是不平等程度的主要来源。而到了2007年，随着城市住房逐渐私有化、城市居民住房市场的进一步发展、股票等金融市场的膨胀、私有企业的发展以及其他产权的改革，财产性收入变得越来越重要。我们发现，2007年，财产性收入拉大了城乡收入差距和全国总体的收入差距。将来，财产性收入将会越来越重要，并且会进一步拉大中国的收入差距。这种收入来源所导致的不平等是潜在的热门问题，因为在中国形成这种财产分配的制度还不透明和公正。

我们研究发现，一些缩小收入不平等程度的因素也同时存在着，尽管这些因素的力量没有那些提高收入不平等程度的因素那么大，但它们在一定程度上缓和了收入不平等程度提高的势头。在2007年，城市居民的转移性收入具有缩小收入差距的效应，这说明城镇地区逐步健全的社会保障制度在缩小收入差距方面起了积极的作用。另外，农村居民收入的不断增长，尽管没有城镇居民收入的增长速度快，但是在一定程度上也缓和了收入差距的扩大。从缩小收入差距的角度来看，农村居民农业收入和外出打工的收入尤其重要。不同地区农民之间的收入差距以及农民工之间的收入差距随着时间的推移在逐步缩小。这些都说明，支持农业发展、促进区域间和谐发展的政策都具有缓和收入差距拉大的效应。

这里需要指出的是，我们的数据结果在某种程度上可能低估了中国收入不平等程度及其变化趋势。原因在于，在城镇住户调查中，高收入住户样本偏低，并且高收入家户的收入普遍存在低报的现象。这些问题在一般的住户调查中都存在，学者们也提出了一些纠正此偏误的方法。更好

---

① 这里给出的其他国家的基尼系数，是2005年的基尼系数，衡量的是家户人均收入，来自于UNU－WIDER WIID2c database，at http：//www.wider.unu.edu/research/Database/en_ GB/wiid/，最后访问时间2011年8月12日。2005～2006年，在此数据库中所列出的所有国家中，巴西和洪都拉斯的基尼系数是最高的。

的调查方法和更好的数据分析方法也有待早日提出。Li and Luo（2011）初步研究发现，若对“高收入家户的收入存在低估”这一问题进行纠正后，会使城镇地区的基尼系数上升8个百分点，会使全国的基尼系数上升5个百分点。

总而言之，我们发现，在这一时期，虽然属于不同群体的家户、属于不同地区的家户的收入都实现了很大幅度的提高，但是富裕家户的收入要比贫困家户的收入的增长速度更快，从而导致了收入差距的进一步拉大。这一现象说明，中国的收入分配格局发生了一些变化，也意味着出现了一些新的机制。因此，中国在构建和谐社会的进程中，会面临更大的挑战，在未来，中国的收入分配政策也需要据此做一些调整。

本章附录

附表 1A－1　2002～2007 年不同权重下的收入水平和不平等程度

	2002 年					2007 年				
	城镇	农村	全国（不含农民工）	农民工	全国（包含农民工）	城镇	农村	全国（不含农民工）	农民工	全国（包含农民工）
无权重										
平均收入（元）	8674.000	2756.000	4840.000	6154.000	4903.000	18696.000	5096.000	10002.000	15995.000	10368.000
基尼系数	0.320	0.364	0.457	0.348	0.453	0.339	0.377	0.491	0.307	0.483
GE(0)/MLD	0.172	0.225	0.366	0.213	0.360	0.193	0.239	0.427	0.162	0.418
GE(1)	0.174	0.238	0.358	0.210	0.351	0.197	0.250	0.415	0.172	0.400
权重 I（城镇/农村）										
平均收入（元）	8674.000	2756.000	4780.000	6154.000	4814.000	18695.000	5096.000	10792.000	15995.000	10954.000
基尼系数	0.320	0.364	0.458	0.348	0.456	0.339	0.377	0.486	0.307	0.481
GE(0)/MLD	0.172	0.225	0.366	0.213	0.363	0.193	0.239	0.424	0.162	0.419
GE(1)	0.174	0.238	0.359	0.210	0.356	0.197	0.250	0.403	0.172	0.395

续表

	2002 年					2007 年				
	城镇	农村	全国（不含农民工）	农民工	全国（包含农民工）	城镇	农村	全国（不含农民工）	农民工	全国（包含农民工）
权重 II（城镇/农村 x 地区）										
平均收入（元）	9009.000	2797.000	4921.000	6656.000	4964.000	17924.000	4650.000	10210.000	16736.000	10413.000
基尼系数	0.321	0.365	0.462	0.341	0.460	0.336	0.367	0.489	0.294	0.485
GE(0)/MLD	0.173	0.227	0.373	0.205	0.371	0.190	0.227	0.432	0.148	0.427
GE(1)	0.175	0.239	0.366	0.201	0.362	0.196	0.236	0.411	0.158	0.404
权重 III（城镇/农村 x 省份 x 地区）										
平均收入	9223.000	2754.000	4966.000	7118.000	5019.000	18875.000	4609.000	10585.000	16611.000	10772.000
基尼系数	0.327	0.354	0.466	0.334	0.464	0.337	0.358	0.497	0.288	0.492
GE(0)/MLD	0.179	0.213	0.378	0.197	0.375	0.190	0.217	0.445	0.143	0.439
GE(1)	0.182	0.226	0.376	0.190	0.371	0.197	0.226	0.425	0.152	0.416

注：（1）包含 CHIP 调查涵盖的所有省份的数据；用当年的价格计算；用的是 CHIP 收入。

（2）表中所列出的不平等指标都是无标度的，因此，不管是用当年的价格计算，还是用基期的价格计算，所得出的不平等水平是一致的。

（3）在计算 GE（0）/MLD 和 GE（1）不平等指标时，将那些收入小于或等于 0 的样本删掉了（其中，2002 年的数据删掉了将近 30 个样本，2007 年的数据删掉了将近 225 个样本）。

附表 1A－2　2002 年和 2007 年不同地区的人均收入

单位：元

	2002 年				2007 年			
地区	城镇	农村	农民工	全部	城镇	农村	农民工	全部
未经 PPP 调整								
直辖市	15883	5217	8168	13073	29557	11394	19887	25408
东部	10645	3843	7976	6569	23128	6221	17582	14541
中部	6973	2377	5193	3828	15023	4134	12119	8442
西部	7581	1945	5871	3492	14254	3421	14316	7186
经 PPP 调整后								
直辖市	8936	3444	4596	7462	17955	8074	12135	15635
东部	7167	4048	4940	5260	16171	6405	11658	11142
中部	5686	2625	4220	3588	12051	4373	9759	7408
西部	6287	2029	4845	3196	11624	3625	11632	6405

注：本表将长期农民工单列，城镇居民中没有包含长期农民工；CHIP 收入；用的是三个层面上的权重（城镇/农村/农民工 × 省份 × 地区）；当年的价格；对“PPP 调整”的解释详见表 2－3的注。

3 城市居民内部收入差距

在中国城市经济快速发展的过程中，城市内部收入的不平等程度也在快速上升。近些年来，中国城市内部收入差距一直不断扩大，扩大幅度超过了农村，城市内部收入差距成为拉动全国收入差距的重要因素，也成为众多学者和社会各界关注的焦点。本章将采用2007年的城镇住户抽样调查数据，对中国城市居民内部收入差距情况进行相应的统计分析。2007年城镇住户调查包括收入、消费、就业和财产等方面，调查省份包括北京、山西、辽宁、上海、江苏、浙江、安徽、福建、河南、湖北、湖南、广东、重庆、四川、云南和甘肃等16个省（直辖市），共1万户，个体样本29553人。

本章所指的城市居民收入，定义为城市居民所获得的人均家庭可支配收入。根据国家统计局城镇住户调查方案，家庭可支配收入指调查户可用于最终消费支出和其他非义务性支出以及储蓄的总和，即居民家庭可以用来自由支配的收入，是家庭总收入扣除经营性支出、缴纳的个人所得税、个人缴纳的社会保障费以及调查户的记账补贴后的收入。遵从收入分配的通常处理方式，以家庭人均收入作为个人收入的度量，假定家庭总收入在各家庭成员之间是平均分配的。

按收入的不同来源，总收入包括工资性收入、经营性收入、财产性收入与净转移性收入。其中，工资性收入是指就业人员通过各种途径得到的全部劳动报酬，包括所从事主要职业的工资以及从事第二职业、其他兼职和零星劳动得到的其他劳动收入；经营性收入是指家庭成员从事生产经营活动所获得的净收入，是全部生产经营收入中扣除生产成本和税金后所得的收入；财产性收入是指家庭拥有的动产（如银行存款、有价证券）、不动产（如房屋、土地等）所获得的收入，包括出让财产使用权所获得的利息、租金、专利收入或者财产营运所获得的红利收入、财产增值收益等。至于净转移性收入，在原始数据中只有转移性收入数据，它是指国家、单位、社会团体对居民家庭的各种转移支付和居民家庭间的收入转移，包括政府对个人收入转移的离退休金、失业救济金、赔偿等以及单位对个人收入转移的辞退金、保险索赔、住房公积金、家庭间的赠送和赡养等，是一种转移性总收入；在此基础上，扣除掉个人所得税、个人缴纳的社会保障支出等扣减项目，从而得到净转移性收入数据，以此作为家庭可支配收入的第四项来源。

3.1 城市居民内部收入不均等的总体状况

1. 主要不均等指标

表 3 -1 给出了测度收入分配不均等程度的常用指标，各项不均等指数越大，说明收入不均等程度越高，其中基尼系数是最常见的衡量指标。表 3 -1 显示，2007 年中国城市居民收入差距的基尼系数为 0.3389，这一结果与 2002 年的 0.3197 相比，提高了将近 2 个百分点，表明城市居民收入差距出现了进一步扩大，城市居民内部的收入差距已经达到较高的水平。衡量城市居民收入分配的其他不平等程度也具有类似的变化趋势。如果将调查样本按照收入水平分别进行五等分组和十等分组，可以看到，城市内部最富 20% 人群的平均收入是最穷 20% 人群的 5.77 倍，最富 10% 人群的平均收入则是最穷 10% 人群的 9.25 倍。从表 3 -1 可以看出，城市居民内部收入分配的不平等程度在此期间表现出继续扩大的倾向。

表 3 -1　城市居民收入分配的不平等程度

不均等指数	2002 年	2007 年
变异系数	0.6560	0.7116
基尼系数	0.3197	0.3389
泰尔指数	0.1740	0.1972
平均对数离差	0.1723	0.1950
最高 20% 与最低 20% 之比	5.2000	5.7700
最高 10% 与最低 10% 之比	8.0600	9.2500

2. 十等分组的收入分布特征

为了更详细地描述城市内部的居民收入分配状况，表 3 -2 给出了 2007

年中国城市居民家庭人均收入十等分组的均值与收入份额。如果把整个样本人群按家庭人均收入水平从低到高进行排序并划分为10个等分组（每组样本规模为全部人群的10%），城市内部收入最低的10%人群所占全部收入份额不到3%；而收入最高的10%人群所占全部收入份额达到25.83%。收入最低50%人群所占收入份额仅为27.02%；收入最低60%人群所占收入份额只有35.94%；而收入最高20%人群所占收入份额则高达41.33%，超过了收入最低的60%人群的收入份额。图3－1是十等分组的城市居民人均家庭收入分布，从中可以看出，最低收入组至第九组的人均收入水平和份额逐级缓慢增长，但到了最高收入组，收入水平和份额出现了大幅提高。表3－2表明，不同收入组人群之间存在着较大的收入差异，高收入人群占有较高的收入水平和收入份额，而低收入人群中则相对要低得多。

表3－2　城市居民人均收入十等分组

收入组	均值(元)	收入份额(%)	累计收入份额(%)
最低组	4222	2.79	2.79
第二组	6611	4.37	7.16
第三组	8356	5.53	12.69
第四组	10003	6.62	19.31
第五组	11661	7.71	27.02
第六组	13484	8.92	35.94
第七组	15664	10.36	46.30
第八组	18698	12.37	58.67
第九组	23430	15.50	74.17
最高组	39051	25.83	100.00

3. 收入来源构成及收入差距的因素分解

从收入来源来看，城市居民可支配收入通常被分解为工资性收入、经营性收入、财产性收入及净转移性收入4个分项。表3－3显示，2007年城市居民人均家庭可支配收入中，工资性收入所占比例为75%左右，为主要收入来源；其次是净转移性收入①，约占15%；再次分别是经营性收入和财产性收入，二者合计占可支配收入的比例约为10%。

① 养老金收入被归算为净转移性收入。

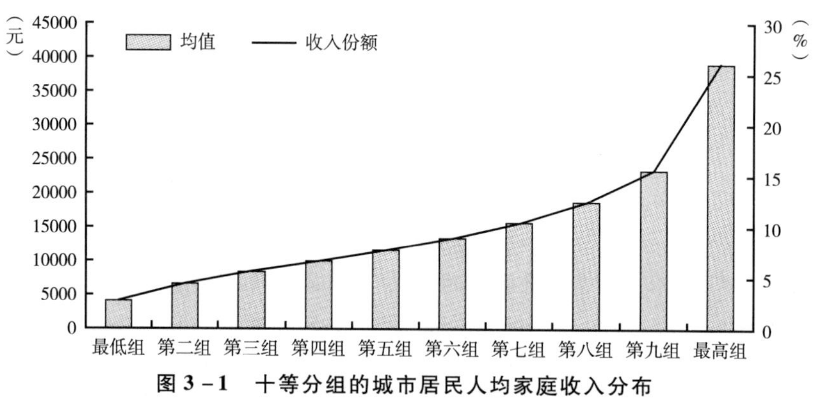

图 3－1　十等分组的城市居民人均家庭收入分布

表 3－3　城市居民收入构成与基尼系数分解

不同来源收入	均值（元）	份额（%）	集中率	对总体基尼系数的贡献率（%）
工资性收入	11380	75.28	0.3416	75.88
经营性收入	1271	8.41	0.3299	8.19
财产性收入	249	1.65	0.7076	3.44
净转移性收入	2217	14.66	0.2887	12.49

根据基尼系数按来源构成进行分解的特征，总收入基尼系数可写为：$G=\sum_{i=1}^{m}u_i c_i$，其中 G 为总收入的基尼系数，u_i 为第 i 项收入占总收入的比重，c_i 为第 i 项收入相对于总收入的集中率。第 i 项收入分配对总收入分配不均等程度的贡献率可以表示为 $\frac{u_i c_i}{G}$。如果 c_i 大于 G，则第 i 项收入是促使总项收入差距扩大的因素；如果 c_i 小于 G，则第 i 项收入具有缩小总体收入不均等程度的效应。

表 3－3 表明，净转移性收入和经营性收入具有缩小城市居民家庭收入不均等程度的作用，而工资性收入和财产性收入则具有扩大城市居民家庭收入差距的效应，尤其是财产性收入的集中率非常高，达到了 0.7，对总体收入不均等程度的扩大具有明显的正向影响。若进一步考虑各分项收入在总体收入基尼系数中所占的比重，则可发现工资性收入的不均等程度对总体收入差距的解释能力最高，贡献率达 75.88%；对总体收入基尼系数的贡献率最小的为财产性收入，仅有 3.44%。这也与这两项收入在总体收入中的构成份额有关，工资性收入仍是城市居民的主要收入来源，而财产性收入的份额则是微乎其微的。

3.2 人口特征与城市居民内部收入差距

下面从年龄、性别、文化程度、职业、行业和就业情况6个方面讨论家庭成员的个人特征以及户主特征对城市居民家庭收入差距的影响。其中，对于年龄和性别这两个因素，本部分同时从个人和户主两个角度进行讨论，文化程度、职业、行业和就业情况4个因素只从户主角度进行分析。

1. 年龄

表3－4将全部样本按照个人年龄和户主年龄分别划分为12组和9组，从年龄分布看，个人样本主要集中在31～60岁，占到总样本的58.05%；16岁以下人群所占样本比例为12.6%，60岁以上老人样本比例为12.42%，二者合计所占样本比重略高于1/4。户主年龄也绝大部分集中在31～60岁之间，占全部家庭80%以上；户主在31岁以下的年轻家庭所占比例仅为2.7%；相比之下，户主在60岁以上的老人家庭则占有较高的比例，达16.92%。

表3－4　城市样本年龄构成

	个人		户主	
	样本数	百分比(%)	样本数	百分比(%)
16岁以下	3723	12.60	270	2.70
16～20岁	1844	6.24		
21～25岁	1558	5.27		
26～30岁	1603	5.42		
31～35岁	2217	7.50	827	8.27
36～40岁	3044	10.30	1349	13.49
41～45岁	3648	12.34	1800	18.00
46～50岁	2779	9.40	1386	13.86
51～55岁	3251	11.00	1629	16.29
56～60岁	2216	7.50	1047	10.47
61～65岁	1362	4.61	644	6.44
65岁以上	2308	7.81	1048	10.48

表3－5与表3－6分别给出了2007年不同个人年龄组以及不同户主年龄组所对应的城市居民家庭人均收入水平。

表3－5 个人年龄与城市居民收入水平

年龄组	均值(元)	中位数(元)	标准差(元)	相对收入
16岁以下	13648	11186	10257	106
16～20岁	12921	10883	8970	100
21～25岁	15185	12876	9946	118
26～30岁	16421	13555	11217	127
31～35岁	15254	12240	11893	118
36～40岁	14122	11583	10626	109
41～45岁	13970	11593	9757	108
46～50岁	15674	13079	11400	121
51～55岁	16897	14397	11434	131
56～60岁	16723	14142	10734	129
61～65岁	16177	13442	11259	125
65岁以上	15945	13283	10588	123
总样本	15117	12525	10757	—

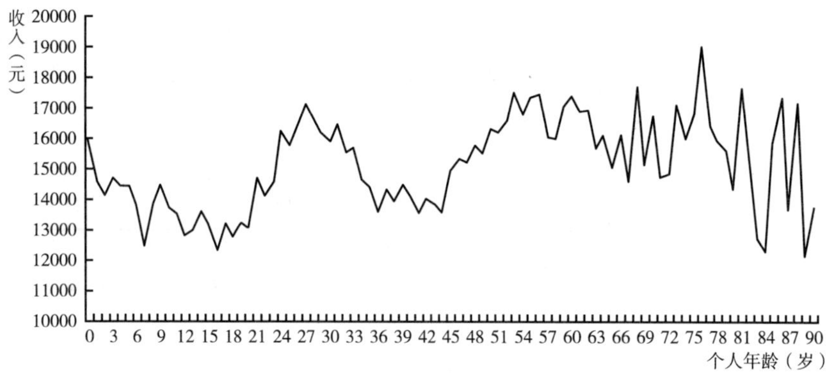

图3－2 个人年龄与城市居民收入（全部样本）

从表3－5可看出，在16岁之后，随着个人年龄的逐步增加，不同年龄组的城市居民人均家庭收入首先在16～30岁之间逐渐上升，随后在31～45岁之间逐渐下降，接着在46～55岁之间又逐渐上升，在56岁之后又开始逐渐下降，呈现一个大致“M”形的变化趋势。进一步观察年龄的连续变化对于城市居民家庭收入的影响，这一特征也体现在图3－2，在16～65岁之间这种“年龄—收入”的“M”形特征中，两个收入高峰分别出现在27岁左右和56岁左右，这些特征在图3－3中表现得更为明显。在个人年龄中，最高收入年龄组为51～55岁年龄组，最低收入年龄组为16～20岁年龄组，两组的人均家庭收入均值绝对差异为3976元，相对差异为1.3∶1。

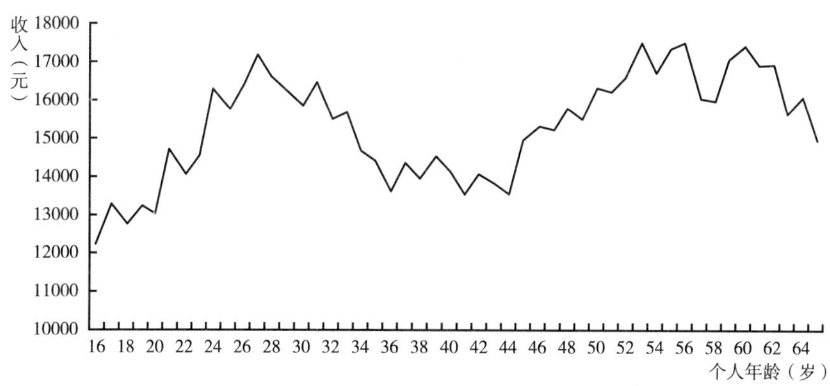

图 3－3　个人年龄与城市居民收入（16～65 岁样本）

从表 3－6 所给出的户主年龄分组数据来看，31 岁以下年龄组的人均家庭收入最高，41～45 岁年龄组的人均家庭收入最低，前者收入比后者高出 23.3%，不同户主年龄组的家庭收入差异并不大。根据图 3－4 所显示的户主年龄的连续变化对人均家庭收入的影响，在 30 岁之前与 75 岁之后，家庭收入波动剧烈，而在 30～75 岁的户主年龄区间内，收入变动则比较平稳。总体来看，家庭收入与户主年龄之间并不存在明显的规律特征。这可能与家庭人口规模的分布有关。户主年龄 31 岁以下人群组人群样本中单人家庭所占比例为 5.19%，而 31～50 岁之间的 4 个年龄组样本的单人家庭比例则依次分别仅为 1.45%、0.59%、0.56% 和 0.87%（后面的分析显示，家庭规模越小，人均家庭收入越高）。

表 3－6　户主年龄与城市居民收入水平

年龄组	均值(元)	中位数(元)	标准差(元)	相对收入
31 岁以下	16936	13156	11951	123
31～35 岁	15793	12733	12297	115
36～40 岁	14393	11695	10999	105
41～45 岁	13732	11457	9839	100
46～50 岁	15350	12678	11609	112
51～55 岁	16279	14091	10530	118
56～60 岁	15937	13693	9881	116
61～65 岁	15077	12312	10821	110
65 岁以上	14711	12005	9738	107

进一步考虑不同年龄组内部的家庭收入差距，表 3－7 与表 3－8 分别显示了与不同个人年龄组和不同户主年龄组所对应的城市居民家庭收入差

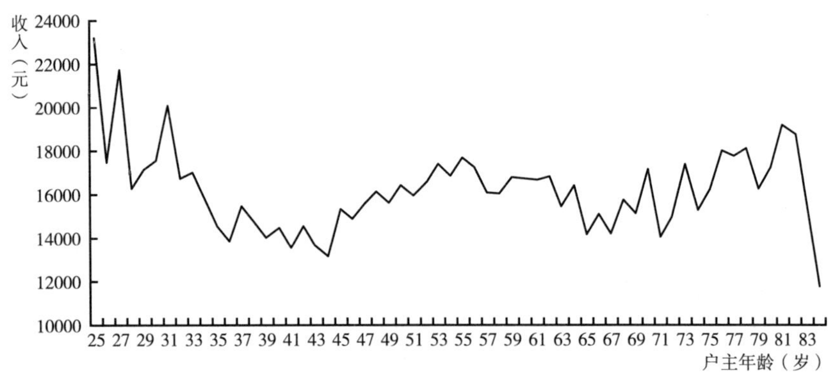

图 3－4　户主年龄与城市居民收入

距状况。

从表 3－7 与表 3－8 可以看到，低年龄组内部的收入差距平均比高年龄组内部的收入差距大。无论是从个人年龄还是从户主年龄角度来看，内部收入差距最大的均是 31～35 岁年龄组，最小的均是 56～60 岁年龄组，前者收入的变异系数比后者高出约 20%，前者收入的基尼系数比后者高出 10% 左右。另外，就个人年龄而言，16 岁以下年龄组内部的收入差距程度仅次于 31～35 岁和 36～40 岁两个年龄组，这应该是由于 16 岁以下年龄组人群的父母年龄正多处于 31～40 岁之间，这 3 个人群组内部的收入差距较高，也与按户主年龄分组的结果是一致的。

表 3－7　个人年龄与城市居民收入差距

年龄组	变异系数	基尼系数	泰尔指数	平均对数离差	最高 20% 与最低 20% 之比	最高 10% 与最低 10% 之比
16 岁以下	0.7516	0.3461	0.2103	0.2035	5.95	9.64
16～20 岁	0.6943	0.3344	0.1915	0.1881	5.64	8.80
21～25 岁	0.6550	0.3286	0.1812	0.1892	5.68	9.36
26～30 岁	0.6831	0.3393	0.1923	0.1900	5.67	8.53
31～35 岁	0.7796	0.3530	0.2203	0.2102	6.11	10.04
36～40 岁	0.7524	0.3428	0.2072	0.1985	5.85	9.32
41～45 岁	0.6985	0.3321	0.1908	0.1874	5.53	8.82
46～50 岁	0.7274	0.3372	0.1984	0.1977	5.83	9.60
51～55 岁	0.6767	0.3244	0.1800	0.1819	5.47	8.90
56～60 岁	0.6419	0.3220	0.1723	0.1731	5.28	8.10
61～65 岁	0.6960	0.3337	0.1911	0.1860	5.48	8.52
65 岁以上	0.6640	0.3297	0.1824	0.1825	5.42	8.62

表 3－8 户主年龄与城市居民收入差距

年龄组	变异系数	基尼系数	泰尔指数	平均对数离差	最高 20% 与最低 20% 之比	最高 10% 与最低 10% 之比
31 岁以下	0.7056	0.3458	0.2013	0.1954	5.69	8.62
31～35 岁	0.7787	0.3572	0.2244	0.2165	6.28	10.67
36～40 岁	0.7642	0.3487	0.2139	0.2060	6.07	9.86
41～45 岁	0.7165	0.3347	0.1961	0.1903	5.64	8.94
46～50 岁	0.7563	0.3411	0.2053	0.2009	5.84	9.36
51～55 岁	0.6468	0.3289	0.1803	0.1902	5.75	9.60
56～60 岁	0.6200	0.3226	0.1682	0.1726	5.36	7.80
61～65 岁	0.7177	0.3390	0.1994	0.1937	5.66	9.10
65 岁以上	0.6620	0.3214	0.1762	0.1716	5.06	7.86

表 3－9 给出了以年龄组为基础的泰尔指数分组分解结果。结果显示，年龄组别差异对城市居民内部收入不均等程度的影响主要来自年龄组的组内差异，组间差异对总体差异的解释程度很低，按家庭成员个人年龄分组的组间差异的解释程度不到 2%，按户主年龄分组的组间差异的解释程度则不到 1%。

表 3－9 城市居民内部收入差距按年龄组的泰尔指数分解结果

分组依据	组内差距	组内差距比例（%）	组间差距	组间差距比例（%）
个人年龄	0.1936	98.20	0.0035	1.80
户主年龄	0.1953	99.03	0.0019	0.97

2. 性别

从性别分布看，个人样本中男性样本与女性样本的比例基本各占 50%；户主性别则以男性为主，全部住户样本中男性户主比例约占 2/3，女性户主比例接近 1/3（见表 3－10）。

表 3－10 城市样本性别构成

	按个人划分			按户主性别划分	
	人数	百分比（%）		户数	百分比（%）
男性	14611	49.44	男性户主	6729	67.29
女性	14942	50.56	女性户主	3271	32.71

总体来看，城市居民内部不同性别间的家庭收入差异不明显，不同个人性别组以及不同户主性别组所对应的城市居民人均家庭收入水平分别参见表 3－11 与表 3－12。结果显示，男性组的人均家庭收入比女性组略高，但差别并不明显。男性组的均值家庭收入和中位数家庭收入仅比女性组高出不足 2 个百分点；不过就户主性别来说，户主为女性的家庭人均收入则比男性户主家庭的要高，女性户主家庭的人均家庭收入均值比男性户主组高 1168 元，高出 7.9%，中位数收入比男性户主组高 1012 元，高出 8.3%。

表 3－11　个人性别与城市居民收入水平

性别组	均值(元)	中位数(元)	标准差(元)	相对收入
男　性	15223	12644	10735	101
女　性	15014	12411	10777	100
总样本	15117	12525	10757	—

表 3－12　户主性别与城市居民收入水平

性别组	均值(元)	中位数(元)	标准差(元)	相对收入
男　性	14746	12190	10641	100
女　性	15914	13202	10959	108

从不同性别组内部的家庭收入差距看，女性个人样本内部的收入差异程度高于男性，其中，女性组收入的变异系数超过男性组 1.8 个百分点，基尼系数超过 0.9 个百分点。但就户主性别而言，女性户主家庭内部的收入差距则低于男性户主组，后者收入的变异系数比前者高 4.8%，基尼系数比前者高 1.2%（见表 3－13 与表 3－14）。总体来看，不同性别组内部的家庭收入差异程度差别并不明显。根据表 3－15 所给出的泰尔指数性别分组分解结果，性别组内差异解释了 99.5% 以上的总体家庭收入差异，组间差异的解释程度非常小，不到 0.5%。

表 3－13　个人性别与城市居民收入差距

性别组	变异系数	基尼系数	泰尔指数	平均对数离差	最高 20% 与最低 20% 之比	最高 10% 与最低 10% 之比
男　性	0.7052	0.3374	0.1950	0.1931	5.72	9.14
女　性	0.7178	0.3403	0.1993	0.1968	5.81	9.36
总样本	0.7116	0.3389	0.1972	0.1950	5.77	9.25

表 3－14　户主性别与城市居民收入差距

性别组	变异系数	基尼系数	泰尔指数	平均对数离差	最高 20% 与最低 20% 之比	最高 10% 与最低 10% 之比
男　性	0.7216	0.3396	0.1992	0.1957	5.79	9.23
女　性	0.6886	0.3355	0.1912	0.1915	5.67	9.16
总样本	0.7116	0.3389	0.1972	0.1950	5.77	9.25

表 3－15　城市居民内部收入差距按性别的泰尔指数分解结果

分组依据	组内差距	组内差距比重(%)	组间差距	组间差距比例(%)
个人性别	0.19715	99.99	0.00002	0.01
户主性别	0.19654	99.68	0.00064	0.32

3. 户主受教育程度

从样本户主文化程度构成看，高中/中专学历户主所占的比例最大，超过 1/3；比例最小的是小学及以下学历户主，占全部户主样本的 6.22%；本科及以上学历的户主比例占 12.01%（见表 3－16）。如表 3－17所示，城市居民家庭收入的高低与居民文化程度的高低呈现完全的正相关性，也就是说人均家庭收入随着户主的受教育水平的提高而上升。户主为本科及以上学历的家庭人均收入是户主为小学及以下学历家庭的 2.16 倍，如果以小学及以下文化程度户主的人均家庭收入为 100，那么初中文化程度户主的人均家庭收入为 119，高中/中专文化程度户主的人均家庭收入为 138，大专文化程度户主的人均家庭收入为 167，本科及以上文化程度户主的人均家庭收入为 216。可以看出，随着户主文化程度的提高，城市居民家庭收入上升的速度也是越来越快的。这一点在图 3－5 中表现得比较明显，相邻文化程度组别之间的收入连线越来越陡峭。

表 3－16　城市样本户户主文化程度分布

	样本户数	百分比(%)		样本户数	百分比(%)
小学及以下	622	6.22	大专	2001	20.01
初中	2644	26.44	本科及以上	1201	12.01
高中/中专	3532	35.32			

表 3-17 户主文化程度与城市居民收入水平

文化程度组	均值(元)	中位数(元)	标准差(元)	相对收入
小学及以下	10390	8863	6448	100
初中	12310	10498	7832	119
高中/中专	14331	12205	9671	138
大专	17278	14168	11266	167
本科及以上	22386	18671	15094	216

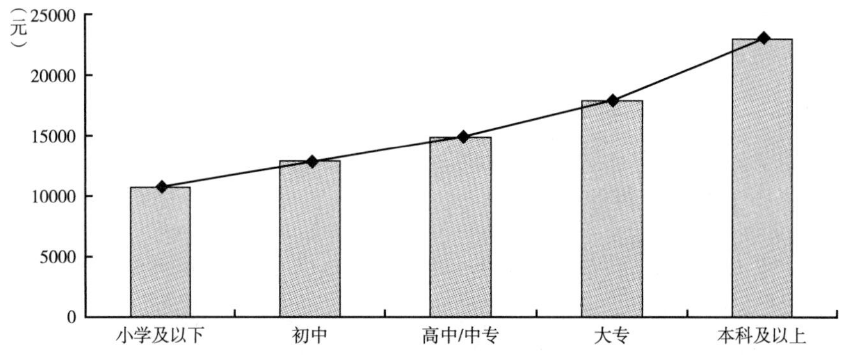

图 3-5 不同户主文化程度组的城市居民人均家庭收入

进一步考虑组内收入差距，根据表 3-18 中数据，从各项不均等指标综合来看，组内收入差异程度最小的是小学及以下学历组，高学历组内部的收入差距相对较大，不过各组内部的收入不均等程度相差不大。以变异系数为例，小学及以下学历组收入的变异系数最小，高中/中专学历组的最大，后者仅比前者高出 9%。

表 3-18 户主文化程度与城市居民收入差距

文化程度组	变异系数	基尼系数	泰尔指数	平均对数离差	最高 20% 与最低 20% 之比	最高 10% 与最低 10% 之比
小学及以下	0.6206	0.3072	0.1593	0.1580	4.73	7.18
初中	0.6362	0.3238	0.1738	0.1805	5.46	8.52
高中/中专	0.6749	0.3204	0.1775	0.1742	5.24	8.24
大专	0.6520	0.3174	0.1706	0.1651	4.96	7.38
本科及以上	0.6742	0.3215	0.1777	0.1737	5.07	7.83
总样本	0.7116	0.3389	0.1972	0.1950	5.77	9.25

另外，与总体收入差异程度进行比较，可以看到，各文化程度组内部的收入不均等程度均小于城市居民内部总体收入差距程度。这意味着，文化程度组间的收入差异可能比较明显。根据表 3 - 19 中的泰尔指数分解结果，在文化程度类别中，组间差距占总体差距的比例为 11.57%，组内差距比例为 88.43% 左右，说明文化程度对城市居民人均家庭收入具有决定性的影响。

表 3 - 19 城市居民内部收入差距按户主文化程度的泰尔指数分解结果

分组依据	组内差距	组内差距比例(%)	组间差距	组间差距比例(%)
户主文化程度	0.1744	88.43	0.0228	11.57

4. 户主职业①

除去未就业人员，将城市样本按照户主从事的职业划分为八组，户主的职业类型与分布状况见表 3 - 20。从中可以看出，户主职业为办事人员及有关人员占比最高，占 24.21%；其次为专业技术人员、生产运输设备操作及有关人员、商业与服务业人员，从事这三类职业的户主比例均超过 10%，三类人员合计占总数的近 40%；军人和农业与水利生产人员所占比例最小，二者合计还不足 1%，因此在后面的讨论中不包括这两类住户。

表 3 - 20 户主职业与城市居民收入水平

职业组	结构(%)	收入均值(元)	中位数(元)	标准差(元)	相对收入
机关企事业单位负责人	4.53	19075	15943	11952	175
专业技术人员	14.42	18380	14924	13470	169
办事人员和有关人员	24.21	16931	14129	11223	156
军人	0.45	14289	12313	8432	131
农业与水利生产人员	0.49	13122	9596	9075	121
商业与服务业人员	10.79	12611	10504	9445	116
生产运输设备操作及有关人员	14.39	11774	9900	7726	108
其他从业人员	2.16	10872	9093	7785	100
缺失或非就业者	28.56				

表 3 - 20 中数据描述了样本户户主从事不同职业的人均家庭收入水平，可以看到，不同职业间的收入相差比较大。从平均水平来看，根据调

① 职业类型的具体划分标准可参见《城镇住户调查方案》。

查资料所显示的 8 类职业，2007 年城市居民人均家庭收入从高到低的户主职业排序依次是机关企事业单位负责人、专业技术人员、办事人员和有关人员、商业与服务业人员、生产运输设备操作及有关人员、其他从业人员。其中，户主为机关企事业单位负责人、专业技术人员、办事人员和有关人员、军人的样本户人均家庭收入高于全部样本的平均水平；而户主从事农业与水利生产工作、商业与服务性工作、生产运输设备操作及相关工作、其他不便分类的工作的样本户人均家庭收入则低于全部样本的平均水平。最高收入职业组的人均家庭收入均值比最低收入职业组高出 8203 元，前者家庭收入是后者的近 1.8 倍。户主从事专业技术工作的家庭收入水平仅次于户主为机关企事业单位负责人的家庭收入，并且差距很小，前者仅比后者低 3.6%，同时其家庭收入均值比户主为生产运输设备操作及有关人员（该组人群可视为非专业技术人员）的样本户高出 56.1%。

不同职业组内部的收入差距如表 3-21 所示。从各不均等指标来看，户主是其他从业人员和商业与服务业人员内部的家庭收入差异程度最大，其中商业与服务业人员收入的变异系数最大，其他从业人员则除了变异系数外其他的不均等指数都是最高的；户主是机关企事业单位负责人内部的家庭收入差距程度最低。以变异系数为例，最大的是商业与服务业人员职业组；从基尼系数来看，最大的则是其他从业人员职业组，最小的是机关企事业单位负责人职业组，前者家庭收入的基尼系数比后者高出 12.3%，不同职业组内部的收入不均等程度相差比较大。值得注意的是，商业与服务业人员、其他从业人员两个职业组在组内收入差异性偏高的同时，其平均收入水平又偏低，这意味着户主从事这两个职业的家庭更有可能成为低收入家庭。调查数据显示，如果按照表 3-21 中的职业顺序，不同户主职

表 3-21　户主职业与城市居民收入差距

职业组	变异系数	基尼系数	泰尔指数	平均对数离差	最高 20% 与最低 20% 之比	最高 10% 与最低 10% 之比
机关企事业单位负责人	0.6266	0.3142	0.1648	0.1635	4.93	7.49
专业技术人员	0.7329	0.3360	0.1979	0.1895	5.49	8.89
办事及有关人员	0.6629	0.3194	0.1752	0.1705	5.07	7.93
商业与服务业人员	0.7489	0.3389	0.2016	0.1927	5.73	9.05
生产运输设备操作及有关人员	0.6562	0.3227	0.1760	0.1763	5.22	7.83
其他从业人员	0.7161	0.3530	0.2103	0.2158	6.67	10.70

业组内部最低 10% 人群的人均家庭收入分别是 6191 元、5375 元、5361 元、3629 元、4308 元、3606 元、3651 元、2622 元。可见，户主为商业与服务业人员以及其他从业人员的家庭中的最穷人群与户主从事其他职业的家庭中的最穷人群相比，其收入水平又是最低的。

表 3 - 22 给出了泰尔指数的职业分组分解结果，结果表明，组间差异解释了近 7% 的总体差异，组内差异对总体差异的解释程度超过 93%，也就是说组内差异仍然解释了大部分的城市内部居民家庭收入差异。

表 3 - 22　城市居民内部收入差距按户主职业类型的泰尔指数分解结果

分组依据	组内差距	组内差距比例(%)	组间差距	组间差距比例(%)
户主职业	0.1834	93.22	0.0133	6.78

5. 户主行业

从行业分布看，除去未就业人员，城市样本户户主所在行业制造业最多，占 14.45%；在公共管理和社会组织中工作的户主比例次之，占总样本的 11.44%；接下来是批发和零售业，交通运输、仓储和邮政业，居民服务和其他服务业，分别占 6.87%、6.69% 和 6.3%；其他行业户主在总样本户中的比例均不超过 5%；在农林牧渔业中工作的城市家庭户主最少，所占比例仅为 0.75%（见表 3 - 23）。

表 3 - 23 给出了 2007 年与城市样本户户主所从事的 19 个行业相关的城市居民家庭收入数据。从中可看出，不同行业间的收入差距明显存在。户主所在行业为科学研究、技术服务和地质勘察业的人均家庭收入均值最高，达到 20860 元；户主在采矿业工作的样本户人均家庭收入均值最低，仅为 11239 元；前者比后者高出 9621 元，将近 10000 元，同时前者与后者的收入比达到 1.9∶1。从行业性质来看，城市居民家庭收入较高的行业主要集中在科技服务、信息服务、教育、房地产、公共管理、卫生、租赁和商务服务、文体娱乐、金融这 9 个行业，这些行业的人均家庭收入都高于全部平均水平，其中，科技、教育行业的高收入在一定程度上反映了教育和技术的高回报率，而金融、信息服务（其中含有电信业）行业的高收入则与这些行业的垄断性质有关；城市居民家庭收入较低的行业主要集中在采矿、居民服务、住宿餐饮、批发零售、交通仓储邮政、农林牧渔、电气水、制造、建筑等行业，这些行业大都是劳动密集型并且市场竞争性较强的行业。

表 3－23　户主行业与城市居民家庭收入水平

户主行业	样本结构（%）	收入均值(元)	中位数(元)	标准差(元)	相对收入
采矿业	1.03	11239	11024	5906	100
居民服务和其他服务业	6.30	12365	9939	9589	110
住宿和餐饮业	1.54	12538	10268	9831	112
批发和零售业	6.87	13640	11470	10161	121
交通运输、仓储和邮政业	6.69	13736	11650	9648	122
农林牧渔业	0.75	13802	11355	8920	123
电气水的生产和供应业	2.70	14144	12669	7743	126
制造业	14.45	14424	11905	10803	128
建筑业	2.62	14749	11373	12037	131
水利、环境和公共设施管理业	0.96	14826	12537	9368	132
金融业	2.14	16163	13159	10733	144
文化、体育和娱乐业	1.41	16243	13578	9614	145
租赁和商务服务业	0.96	16366	13854	11047	146
卫生、社会保障和生活福利业	2.62	17498	14640	11342	156
公共管理和社会组织	11.44	17851	15099	10922	159
房地产业	1.41	18485	14800	11670	164
教育	4.88	19519	16120	14587	174
信息传输、计算机服务和软件业	1.09	20447	16430	18051	182
科学研究、技术服务和地质勘察业	1.58	20860	15961	14454	186
缺失或非就业者	28.56				

进一步观察不同行业组内部的家庭收入差距，如表 3－24 所示，不同行业内部的收入不均等程度存在明显差异。内部收入差异程度最大的行业是信息传输、计算机服务和软件业，内部收入差异程度最小的行业是电气水的生产和供应业。前者收入的变异系数与后者之比高达 1.6:1，基尼系数也比后者高出 33.4%。另外，将行业内部的收入差异与行业收入水平相结合时，有四个行业引起了注意，一个是信息服务业，该行业的收入水平仅次于科技服务业，同时其内部的收入差异程度又最高；另外 3 个是住宿餐饮、居民服务和其他服务业与批发零售业，这 3 个行业的收入水平很低，同时其内部的收入不均度又很高。这表明，户主为信息服务业人员的家庭更有可能成为高家庭收入者，而户主所在行业为住宿餐饮、居民服务和其他服务业及批发零售业的家庭更有可能成为低家庭收入者。同时，根据表 3－25 所显示的泰尔指数行业分组分解结果，可以看出户主所在行业对城市内部居民家庭收入不均等程度的影响主要来自组内差异，组间差距只能解释总体差异的 4.68%。

表 3 - 24 户主行业与城市居民收入差距

行业组	变异系数	基尼系数	泰尔指数	平均对数离差	最高 20% 与最低 20% 之比	最高 10% 与最低 10% 之比
采矿业	0.5255	0.2761	0.1280	0.1380	4.38	6.46
居民服务和其他服务业	0.7755	0.3611	0.2266	0.2227	6.61	10.76
住宿和餐饮业	0.7841	0.3347	0.2090	0.1862	5.26	8.49
批发和零售业	0.7449	0.3349	0.1974	0.1882	5.65	8.83
交通运输、仓储和邮政业	0.7024	0.3364	0.1938	0.1898	5.65	8.57
农林牧渔业	0.6463	0.3291	0.1824	0.1934	5.54	10.13
电气水的生产和供应业	0.5474	0.2871	0.1353	0.1419	4.42	6.76
制造业	0.7490	0.3465	0.2107	0.2043	5.93	9.42
建筑业	0.8161	0.3559	0.2315	0.2127	6.07	9.61
水利、环境和公共设施管理业	0.6319	0.3197	0.1690	0.1684	5.03	7.55
金融业	0.6641	0.3188	0.1753	0.1705	5.15	8.06
文化、体育和娱乐业	0.5919	0.3166	0.1612	0.1732	5.29	8.15
租赁和商务服务业	0.6750	0.3324	0.1867	0.1818	5.48	8.36
卫生、社会保障和生活福利业	0.6482	0.3208	0.1748	0.1735	5.22	8.60
公共管理和社会组织	0.6118	0.3071	0.1576	0.1565	4.81	7.26
房地产业	0.6313	0.3348	0.1803	0.1905	5.62	8.65
教育	0.7473	0.3257	0.1909	0.1767	5.12	7.77
信息传输、计算机服务和软件业	0.8828	0.3830	0.2655	0.2515	8.95	7.23
科学研究、技术服务和地质勘察业	0.6929	0.3518	0.2032	0.2039	5.94	9.11

表 3 - 25 2007 年城市居民内部收入差距按户主行业的泰尔指数分解结果

分组依据	组内差距	组内差距比例(%)	组间差距	组间差距比例(%)
户主行业	0.1880	95.32	0.0092	4.68

6. 户主就业状况

表 3 - 26 显示了城市样本户户主的就业情况分布。从表 3 - 26 来看，户主就业于国有经济部门的比重仍最高，达到 41%①，其人均家庭收入水

① 在本章所使用样本中，城镇个人就业样本中仍有约 52% 就业于国有经济单位。这一比例是比较高的。根据《中国统计摘要》，国有单位就业人员占城镇就业人员的比例在 2007 年为 22%。

平也相对较高，仅次于户主处于离退休再就业状态的住户；户主就业状态另一类比重比较高的类型是离退休人员，其份额占到24%。其他经济类型（包括联营经济、股份制经济、外商和港澳台经济等）单位工作的户主，占近10%；其他就业身份的户主比重合计只占全部样本户的20%左右。

表 3-26　户主就业情况与城市居民收入水平

就业情况分组	结构(%)	收入均值(元)	中位数(元)	标准差(元)	相对收入
国有经济单位职工	41.17	16290	13614	10969	100
城镇集体经济单位职工	3.91	13800	11753	9535	85
其他经济类型单位职工	9.84	15892	12733	12026	98
城镇个体或私营企业主	5.8	14090	10789	12291	86
城镇个体或私营企业被雇者	6.26	11248	9147	9860	69
离退休再就业人员	2.39	20887	17625	11992	128
其他就业者	3.52	10358	8189	7924	64
离退休人员	24.05	14939	12618	9423	92
丧失劳动能力者/家务劳动者	0.64	8089	6710	5410	50
失业人员	1.86	8836	7117	7297	54
其他非就业者	0.55	6581	5296	4509	40

户主是离退休再就业者的人均家庭收入最高，收入均值高达20887元，远远高于户主持有其他就业身份的样本户，是收入水平最低的无固定性职业和无固定性经营场所的其他就业者户主的人均家庭收入的约2倍。离退休再就业者的收入水平之所以最高，应该跟他们拿着双份收入有着直接关系：一份是退休金，另一份是再就业的劳动报酬。倘若从户主所在就业单位的所有制性质观察，则户主在国有经济单位就业的人均家庭收入水平最高，其次是其他经济类型单位职工，城镇集体经济单位职工的家庭收入处于中下等水平，城镇个体或私营企业被雇者的家庭收入偏低。可以看到，国有经济单位职工的人均家庭收入均值比城镇集体经济单位职工高出17.8%，比个体或私营企业受雇者高出44.1%；个体或私营企业主的人均家庭收入均值比受雇者高出25.5%。这表明，不同就业身份或就业单位所有制性质之间存在明显的收入差距。

从表3-27中各项不均等指标综合来看，离退休再就业者内部的收入差距最小，这可能一方面是由于退休金的层别差异较小，另一方面是由于离退休人员再进入劳动市场往往寻找的是以个人工作经验为基础的比较平稳的工作，从而其劳动收入的差异性也相对较小。如果不考虑离退休再就业者，则户主在国有经济单位工作的家庭内部的收入差异程度最小；户主为城镇个体或私营企业主的家庭内部的收入不均等程度最大，并明显高于其他就业情况组。以基尼系数为例，个体或私营企业主组收入的基尼系数是国有经济单位职工组的 1.2 倍，比基尼系数次高的其他就业者组也高出近 10 个百分点，这体现出个体或私营企业主收入的“高风险”特征。而国有经济单位职工组内部的收入差异性偏低。另外，根据表 3－28，从户主的就业情况性质看，组间差距占总体差异的 4%，组内差距解释了大部分的城市居民内部收入总体差异。

表 3－27　户主就业情况与城市居民收入差距

就业情况组	变异系数	基尼系数	泰尔指数	平均对数离差	最高 20% 与最低 20% 之比	最高 10% 与最低 10% 之比
国有经济单位职工	0.6734	0.3226	0.1783	0.1750	5.11	7.93
城镇集体经济单位职工	0.6909	0.3339	0.1922	0.1931	5.49	8.68
其他经济类型单位职工	0.7567	0.3522	0.2169	0.2093	5.83	9.59
城镇个体或私营企业主	0.8723	0.3936	0.2736	0.2635	7.05	11.16
城镇个体或私营企业被雇者	0.8766	0.3345	0.2150	0.1885	5.33	7.88
离退休再就业人员	0.5741	0.2976	0.1443	0.1433	4.34	6.30
其他就业者	0.7650	0.3577	0.2202	0.2150	5.62	8.62
离退休人员	0.6308	0.3122	0.1637	0.1608	4.72	7.04
丧失劳动能力者/家务劳动者	0.6688	0.3123	0.1728	0.1593	5.99	8.00
失业人员	0.8258	0.3846	0.2568	0.2641	6.62	10.43
其他非就业者	0.6852	0.3195	0.1773	0.1663	6.07	10.82

表 3－28　城市居民内部收入差距按户主就业情况的泰尔指数分解结果

分组依据	组内差距	组内差距比例(%)	组间差距	组间差距比例(%)
户主就业情况	0.1869	94.35	0.0112	5.65

3.3　家庭特征与城市居民内部收入差距

接下来进一步讨论样本户家庭的总体特征对城市内部居民收入差距的影响，主要考虑家庭人口规模和家庭所在地理位置两个方面。

1. 家庭规模

随着社会经济的发展，中国家庭规模有缩小的倾向。本部分根据家庭规模（家庭人口数量）的大小将样本分为7组（见表3－29）。从表3－29可看出，3人规模家庭所占比例最大，达到57%，城市居民家庭规模主要集中于2~4人。家庭规模的变化一方面与计划生育政策的实施相关，另一方面也受人口流动、老年人居住方式选择等因素的影响。其次为2人规模家庭和4人规模家庭，分别占总样本的1/4和1/10左右。5人以上的多人家庭所占比例最小，仅有1%。单人家庭所占比例也不高，不到2%。

表3－29　城市样本户的家庭规模分布

	1人	2人	3人	4人	5人	5人以上
样本户数	172	2493	5697	1037	495	106
百分比(%)	1.72	24.93	56.97	10.37	4.95	1.06

从表3－30中可以看到，城市居民家庭收入水平随着家庭规模的扩大而逐渐下降，这种下降到4人家庭为止，5人家庭的人均收入水平有所上升，但到5人以上多人家庭，人均收入又大幅下降。总体而言，从图3－6也可以看出，城市居民家庭收入与家庭规模之间存在一定的负相关性，说明家庭人口数越少，家庭负担越轻，按人头分摊的人均家庭收入越高。1人家庭的人均收入水平最高，5人以上家庭的最低，两者人均家庭收入均值相差12018元，前者是后者的2.3倍，不同规模家庭之间的收入差距明显存在。此外，根据图3－6还可以看到，除了在4人规模和5人规模之间，随着家庭规模的扩大，城市居民人均家庭收入水平下降的幅度是非常明显的。

表3－30　家庭规模与城市居民收入水平

家庭规模	均值(元)	中位数(元)	标准差(元)	相对收入
1人	21272	16585	20767	230
2人	19000	15939	12795	205
3人	15386	12847	10429	166
4人	11671	9717	8412	126
5人	12401	10190	8300	134
5人以上	9254	7644	6984	100
全部样本	15117	12525	10757	—

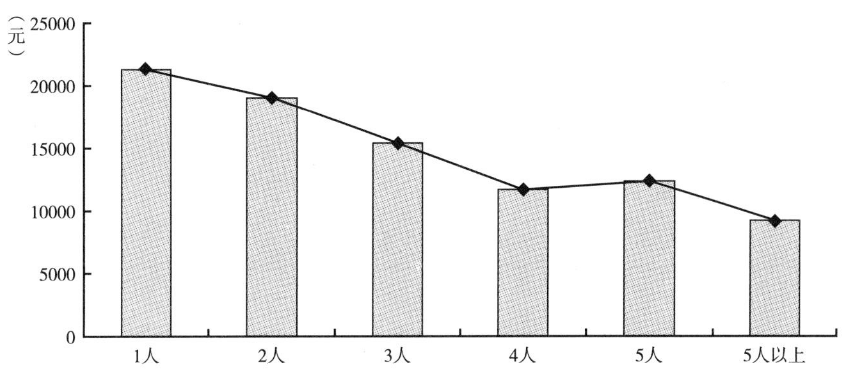

图 3-6 不同家庭规模对应的城市居民人均家庭收入

考虑不同规模家庭组的内部收入差距，如表 3-31 所示，从各项不均等指标综合来看，1 人家庭组内部的收入差异程度最大，并且明显高于其他家庭规模组，2 人家庭的最小，前者收入的基尼系数比后者高出 17.3%。由于 1 人家庭组的收入水平和收入不均等程度都是最高的，这意味着 1 人家庭成员更有可能成为高家庭收入者。在全部个人样本中，1 人家庭人群所占比例为 0.58%，而在收入最高 10% 的样本人群中 1 人家庭人群所占比例则为 1.25%，是前者的 2.2 倍。表 3-32 中的泰尔指数分解结果表明，以家庭规模为分组依据，组间差异解释了约 7% 的总体差异，组内差异对总体差异的解释程度为 93% 左右。

表 3-31 家庭规模与城市居民收入差距

家庭规模组	变异系数	基尼系数	泰尔指数	平均对数离差	最高 20% 与最低 20% 之比	最高 10% 与最低 10% 之比
1 人	0.9763	0.3711	0.2768	0.2349	6.20	10.36
2 人	0.6734	0.3165	0.1744	0.1697	5.03	8.00
3 人	0.6778	0.3268	0.1828	0.1805	5.37	8.55
4 人	0.7207	0.3409	0.2009	0.1974	5.69	8.83
5 人	0.6693	0.3284	0.1822	0.1785	5.29	8.19
5 人以上	0.7547	0.3435	0.2095	0.1950	5.57	8.40
总样本	0.7116	0.3389	0.1972	0.1950	5.77	9.25

表 3-32 城市居民内部收入差距按家庭规模的泰尔指数分解结果

分组依据	组内差距	组内差距比例(%)	组间差距	组间差距比例(%)
家庭规模	0.1841	93.37	0.0131	6.63

2. 地区因素

此次抽样调查数据覆盖16个省（直辖市），可以划分成五大地区①。城市样本户所在省份以及五大地区的分布情况如表3－33所示。

表3－33 城市样本户地区分布

	样本户数	百分比(%)		样本户数	百分比(%)
北京、上海	1300	13.00	河南	650	6.50
上海	500	5.00	山西	600	6.00
北京	800	8.00	安徽	550	5.50
东部其他地区	2700	27.00	西部地区	2200	22.00
广东	700	7.00	四川	600	6.00
浙江	600	6.00	重庆	400	4.00
江苏	600	6.00	云南	600	6.00
福建	800	8.00	甘肃	600	6.00
中部地区	3000	30.00	东北地区	800	8.00
湖北	400	4.00	辽宁	800	8.00
湖南	800	8.00			

表3－34给出了16个省（直辖市）2007年的相关收入数据。数据显示，位于不同省份的城市居民的家庭收入存在较大差距，城市居民人均家庭收入最高的省（直辖市）是上海市，最低的是甘肃省，二者的人均家庭收入相差12814元，人均家庭收入比为2.3∶1。另外，收入最高的省份主要集中在东部地区，调查样本中家庭收入最高的5个省份分别为上海、北京、广东、浙江和江苏；而收入最低的省份主要集中在西部，调查样本中家庭收入最低的5个省份中，除了山西和辽宁外，其他3个都属于西部地区。从五大地区看，如表3－35所示，北京、上海两大城市的居民家庭收入水平最高，其次是东部其他地区，再次是中部地区与东北地区，西部地区的收入水平最低。调查数据显示，2007年，北京、上海的人均家庭收入比中部地区高出9419元，比西部地区高出10778元，比东北地区高出10353元；东部其他地区的人均家庭收入比中部地区高出6273元，比西部地区高出7632元，比东北地区高出7207元。北京、上海两大城市地

① 考虑到北京与上海这两个发达城市的特殊性，这里将其作为一大地区单独从东部地区中列出。

区的人均家庭收入分别是中部、西部和东北地区的 1.75 倍、1.96 倍和 1.89 倍；东部其他地区的人均家庭收入分别是中部、西部和东北地区的 1.5 倍、1.68 倍和 1.62 倍。这表明，不同地区之间存在明显的收入差距。

表 3－34　家庭所在省份与城市居民收入水平

省　份	均值(元)	中位数(元)	标准差(元)	相对收入
上　海	22402	19146	13158	234
北　京	21675	19539	11094	226
广　东	21521	19035	13920	224
浙　江	20437	16900	14737	213
江　苏	19840	15262	16048	207
福　建	14547	12774	9009	152
湖　北	13944	12733	6536	145
湖　南	12862	10802	8430	134
河　南	12773	11700	6565	133
四　川	12663	10618	8560	132
安　徽	12418	11502	6050	130
重　庆	11800	10294	6493	123
辽　宁	11613	9831	7555	121
山　西	11087	10123	6062	116
云　南	10876	9180	7046	113
甘　肃	9588	8444	5352	100
总样本	15117	12525	10757	—

表 3－35　家庭所在地区与城市居民收入水平

大地区	均值(元)	中位数(元)	标准差(元)	相对收入
北京、上海	21966	19367	11965	196
东部其他地区	18820	15471	13626	168
中部地区	12547	11246	6982	112
西部地区	11188	9590	7100	100
东北地区	11613	9831	7555	104
总样本	15117	12525	10757	—

进一步考虑不同省份或地区城市居民内部的家庭收入差距。表 3－36 显示，从各项不均等指标综合来看，江苏内部的居民家庭收入差异程度最大，安徽的最小，以基尼系数为例，前者收入的基尼系数是后者的 1.5

倍，这表明城市内部居民的家庭收入差距在不同省份之间存在明显的差异。另外，北京和上海这两个高收入城市的收入不均度较低，而江苏、浙江、广东这3个高收入省份的收入不均度较高；安徽、湖北、河南这3个中部地区省份的收入不均度较低；云南的收入水平较低，但其收入不均度却较高，这可能与该省居民的民族构成有关。从五大地区的角度观察，根据表3－37中数据可看到，同样是高收入地区，居住在北京、上海地区的样本户内部的家庭收入差异程度最小，而东部其他地区的最大，后者收入的变异系数比前者高出33%，基尼系数比后者高出20%。高收入人群更加集中在东部地区。在全部个人样本中东部其他地区样本所占比例为27.41%，而在收入最高10%的样本人群中其所占比例则为47.95%，是前者的1.75倍。

根据表3－38中的泰尔指数分解结果，可以发现，家庭所在地理位置的不同对城市居民家庭收入具有非常重要的影响，组内差异解释了80%左右的总体差异，组间差异对总体差异的解释度则达到了20%左右，这也是所分析的各特征因素中对城市居民内部总体差异解释度最大的组间差异。

表3－36　家庭所在省份与城市居民收入差距

省份	变异系数	基尼系数	泰尔指数	平均对数离差	最高20%与最低20%之比	最高10%与最低10%之比
上海	0.5873	0.3040	0.1516	0.1553	4.75	7.06
北京	0.5118	0.2650	0.1169	0.1195	3.90	5.92
广东	0.6468	0.3210	0.1734	0.1761	5.38	8.44
浙江	0.7211	0.3344	0.1973	0.1952	5.57	9.25
江苏	0.8089	0.3594	0.2298	0.2168	6.22	10.31
福建	0.6193	0.2957	0.1521	0.1477	4.60	7.04
湖北	0.4687	0.2548	0.1044	0.1109	3.76	5.35
湖南	0.6554	0.3209	0.1741	0.1737	5.26	8.26
河南	0.5139	0.2660	0.1187	0.1244	4.06	6.15
四川	0.6760	0.3367	0.1891	0.1901	5.68	8.62
安徽	0.4872	0.2427	0.1020	0.1013	3.45	5.06
重庆	0.5503	0.2655	0.1232	0.1171	3.78	5.70
辽宁	0.6506	0.3096	0.1648	0.1594	4.76	7.10
山西	0.5467	0.2874	0.1355	0.1457	4.55	6.77
云南	0.6479	0.3284	0.1791	0.1855	5.63	8.99
甘肃	0.5582	0.2959	0.1415	0.1479	4.64	6.82

表 3-37 家庭所在地区与城市居民收入差距

区域	变异系数	基尼系数	泰尔指数	平均对数离差	最高 20% 与最低 20% 之比	最高 10% 与最低 10% 之比
北京、上海	0.5447	0.2815	0.1312	0.1339	4.24	6.45
东部其他地区	0.7240	0.3377	0.1984	0.1927	5.67	9.13
中部地区	0.5564	0.2827	0.1341	0.1383	4.38	6.71
西部地区	0.6347	0.3164	0.1682	0.1696	5.17	8.02
东北地区	0.6506	0.3096	0.1648	0.1594	4.76	7.10

表 3-38 城市居民内部收入差距按所在地区的泰尔指数分解结果

分组依据	组内差距	组内差距比例(%)	组间差距	组间差距比例(%)
家庭所在省份	0.1571	79.69	0.0401	20.31
家庭所在地区	0.1629	82.59	0.0343	17.41

3.4 本章总结

本章以 2007 年国家统计局抽样调查数据为基础，分析了中国城市内部居民的家庭收入差距问题，其基本结论如下。

(1) 城市内部收入差距总体较大。2007 年的基尼系数为 0.3389，表明中国城市居民内部的收入差距已经达到较高水平；城市内部最富的 20% 人群的平均收入是最穷的 20% 人群的 5.77 倍，最富的 10% 人群的平均收入则是最穷的 10% 人群的 9.25 倍；最高 10% 人群所占收入份额超过 25%，收入最高 20% 人群所占收入份额超过最低 60% 人群的收入总份额。

(2) 就收入来源而言，净转移性收入和经营性收入的分配对城市居民家庭收入的不均等程度具有缩小的作用，而工资性收入和财产性收入的分配对城市居民家庭收入差距具有扩大的影响，尤其是财产性收入对总体收入差距的扩大效应更为明显；工资性收入、经营性收入、财产性收入和净转移性收入的不均等程度对总收入基尼系数的贡献率分别 75.88%、8.19%、3.44% 和 12.49%；财产性收入的不均等程度非常高，其基尼系数高达 0.9711，财产性收入分布的严重不均等可能引起社会总财富两极分化的问题值得关注。

(3) 在本章所分析的城市内部收入差距的所有决定因素中，地区是解释城市内部收入差距最为重要的因素。收入最高省份（上海）与最低省份（甘肃）的居民家庭收入比为2.3∶1；家庭位于北京、上海两大城市地区以及东部其他地区的城市居民与家庭位于中部、西部、东北地区的城市居民之间存在明显的收入差距，北京、上海地区的人均家庭收入分别是中部、西部和东北地区的1.75倍、1.96倍和1.89倍，东部其他地区的人均家庭收入分别是它们的1.5倍、1.68倍和1.62倍；以家庭地理位置为分组依据的组间差距对总体差异的解释度达到20%左右。

（4）受教育程度对城市内部居民家庭收入差距具有比较重要的影响。城市居民家庭收入的高低与居民文化程度的高低呈现完全的正相关性，居民家庭收入随着个人或户主的受教育水平的提高而逐次上升；就家庭成员个人而言，最高学历组是最低学历组的居民家庭收入的1.78倍，就户主来说，则达到2.16倍；随着个人或户主文化程度组别的提高，城市居民家庭收入上升的速度越来越快；在文化程度类别中，组间差距占总体差距的比例约为10%，文化程度对城市居民家庭收入的决定具有比较重要的作用。

（5）从其他特征因素来看，以户主职业、家庭规模、户主行业和户主就业情况为分组依据的组间差距对总体差异的解释程度分别为6.78%、6.63%、4.68%、3.94%，年龄组别的解释度不足3%，性别组别的解释度则不到0.5%。也就是说，性别差异、年龄差异不是导致城市居民内部家庭收入差距的原因，职业、家庭规模、行业和就业身份因素对城市内部家庭收入差距的影响并不明显。

4　农村居民内部收入差距

改革开放以来，中国农村经济在许多方面都发生了深刻的变化，农村居民内部的收入差距也不断扩大，这不但影响农村和谐社会的构建，而且也影响到全面建设小康社会目标的实现，妨碍城乡良性互动发展，甚至成为经济社会不安定的诱发因素。因此，本章侧重研究农村居民内部的收入差距问题。本章采用的数据来自2007年的农村住户调查，以此对中国农村居民收入差距进行统计分析。2007年农村住户调查涵盖16个省份，13000户，51834人，样本结构将在本章相应部分讨论具体问题时给出。

从收入来源上，本章的收入定义包括工资性收入、家庭经营收入、财产性收入和转移性收入，其中工资性收入是指农村住户成员受雇于单位或个人而获得的收入，包括在非企业组织中劳动得到的收入，在本地劳动得到的收入和常住人口外出从业得到的收入；而家庭经营收入是指农村住户以家庭为生产经营单位进行生产筹划和管理而获得的收入；财产性收入是指金融资产或有形非生产性资产的所有者向其他机构、单位提供资金或将有形非生产性资产供其支配，作为回报而从中获得的收入；而转移性收入是指农村住户和住户成员无须付出任何对应物而获得的货物、服务、资金或资产所有权等。与通常的分析思路一致，本章对农村居民收入的衡量指标也采用的是农村居民人均纯收入。

4.1　农村居民内部收入不均等程度的总体状况

1. 主要不均等指标

表4－1给出了农村样本的人均收入差距的各种不均等指数。从中可以看出，从2002年到2007年，农村内部收入差距继续扩大，各种不均等

指标都有一定幅度的上升，如基尼系数从0.3671上升到0.3795，上升了3.4个百分点。如果将全部样本按照收入水平进行五等分组或十等分组，则可以看到收入最高20%人群与最低20%人群的收入比率从2002年的6.61上升到了2007年的7.45，收入最高10%人群与最低10%人群的收入比率从11.17上升到14.10。衡量农村内部收入差距的各种不均等指数在此期间不仅有所上升，并且农村内部的收入差距也要高于城镇内部，这也是中国收入分配的一个重要特征，因为农村内部经济的异质性比城镇要更强一些。农村居民人均家庭收入十等分组的收入差距情况见图4-1。

表4-1　农村居民收入分配的不均等指数

衡量指标	2002年	2007年
变异系数	0.8355	0.8589
基尼系数	0.3671	0.3795
泰尔指数	0.2321	0.2488
平均对数离差	0.2422	0.2421
最高20%与最低20%之比	6.61	7.45
最高10%与最低10%之比	11.17	14.10

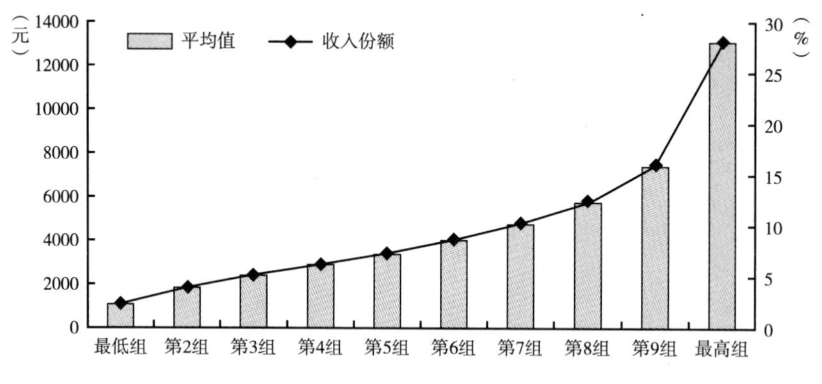

图4-1　农村居民人均家庭收入十等分组

2. 十等分组的收入分布特征

表4-2给出了收入十等分组的相关结果，包括各组的平均收入水平以及组内不均等程度。农村最低收入10%人群所占收入份额只有2.23%，而最高10%人群组所占收入份额则达到28.22%。收入最低80%人群所占收入份额只有56%，收入最高20%人群所占收入份额则超过44%。而从

各收入组内部的收入差距来看，最低10%收入组内部差距最大，最高10%人群组内部收入差距次之，而中间收入组的内部收入差距要小得多。

表4－2　农村居民人均家庭收入十等分组

收入组	平均值(元)	收入份额(%)	变异系数	基尼系数	泰尔指数	平均对数离差
最低组	1077	2.23	1.2906	0.3271	0.0458	0.0569
第二组	1812	3.91	0.0948	0.0547	0.0045	0.0046
第三组	2347	5.07	0.0628	0.0362	0.0020	0.0020
第四组	2849	6.15	0.0536	0.0309	0.0014	0.0014
第五组	3390	7.32	0.0464	0.0268	0.0011	0.0011
第六组	3990	8.62	0.0476	0.0275	0.0011	0.0011
第七组	4738	10.23	0.0526	0.0303	0.0014	0.0014
第八组	5740	12.39	0.0597	0.0344	0.0018	0.0018
第九组	7344	15.85	0.0859	0.0494	0.0037	0.0037
最高组	13073	28.22	0.5046	0.2010	0.0878	0.0705

3. 收入构成与收入差距分解

与对城镇住户的讨论一致，农村居民纯收入也被分解为工资性收入、经营性收入、财产性收入和转移性收入4个组成部分。从表4－3可以看出，工资性收入和经营性收入构成了农村居民纯收入的绝大部分，这两类分项收入在全部纯收入中所占份额分别都在40%以上，两者合计占全部纯收入的91%以上。而另外两种收入来源（财产性收入和转移性收入）的比例则比较小，两者合计占比不到9%。

表4－3　农村居民收入构成与基尼系数分解

不同来源收入	均值(元)	份额(%)	集中率	对总体基尼系数的贡献率(%)
工资性收入	2016	43.65	0.3973	45.72
经营性收入	2205	47.73	0.3432	43.19
财产性收入	164	3.55	0.6151	5.33
转移性收入	234	5.07	0.3992	5.76

按照与城市居民相同的讨论方式将农村居民纯收入根据基尼系数按分项收入来源构成进行分解分析。从中不难发现，财产性收入相对于全部纯收入的集中率最高，而经营性收入的集中率最低。也就是说，农村居民中

财产性收入较为严重地集中于高收入人群。从对总体基尼系数的贡献率来看，农村人均纯收入不均等程度的两个主要贡献者分别为工资性收入和经营性收入，尽管这两者相对于全部纯收入的集中率并不是最高的，但这两类收入在全部纯收入中占有比较大的份额。而财产性收入尽管具有比较高的集中率，但由于在总体收入中所占份额非常低，因而对总体基尼系数的贡献率也相对较低。转移性收入的份额和集中率都较低，因此对总体基尼系数的解释作用也就非常有限。

就各种分项收入本身分布的不均等程度而言，从图 4－2 中不难发现，工资性收入和经营性收入的不均等程度是最低的，而财产性收入的不均等性是最高的，转移性收入的分布也非常不均等。值得注意的是转移性收入的分布特征，其相对于总体收入的集中率和本身的基尼系数都是相对较高的，这两者可能表明转移性收入对于农村内部收入差距的缩小作用是有限的。

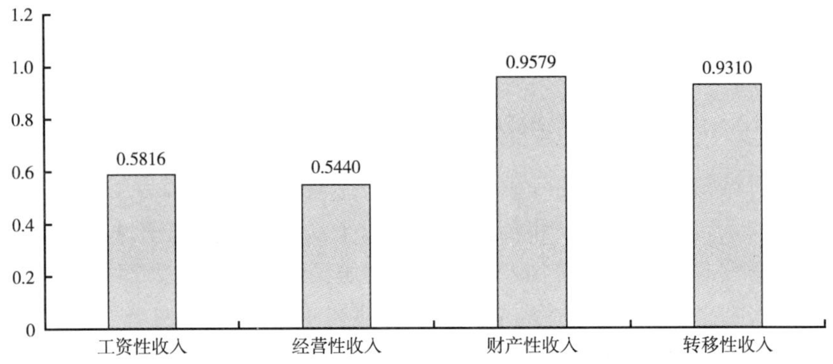

图 4－2　不同收入来源的基尼系数比较

4.2　人口特征与农村居民内部收入差距

1. 年龄

与对城镇居民的讨论相同，农村样本依据个人年龄和户主年龄高低分别划分为 12 组和 11 组，见表 4－4。31～60 岁之间的个人样本约占全部样本的 48%，比城镇样本要低 10 个百分点。而农村样本中 20 岁以下人口的比例要大大高于城镇样本。这种状况很可能与劳动力流动以及计划生育政策的实施有关，一方面农村劳动力大量外出，另一方面农村计划生育政策没有城市严格。这导致了农村住户中的年龄结构要比城市样本年轻一些。在农村样本中，16岁以下和60岁以上两类人群在总样本中所占的比例也为1/4左右。农村样本中，户主年龄大多集中在36～60岁之间，这类住户在总样本中所占比重接近79%。

表4－4　农村样本年龄构成

	个人		户主	
	人数	百分比(%)	户数	百分比(%)
16岁以下	8148	15.72		
16～20岁	5589	10.78	4	0.03
21～25岁	4785	9.23	25	0.19
26～30岁	3514	6.78	205	1.58
31～35岁	3183	6.14	750	5.77
36～40岁	4548	8.77	1831	14.08
41～45岁	5240	10.11	2448	18.83
46～50岁	3745	7.22	1776	13.66
51～55岁	4636	8.94	2337	17.98
56～60岁	3498	6.75	1784	13.72
61～65岁	2206	4.26	1094	8.42
65岁以上	2742	5.29	746	5.74

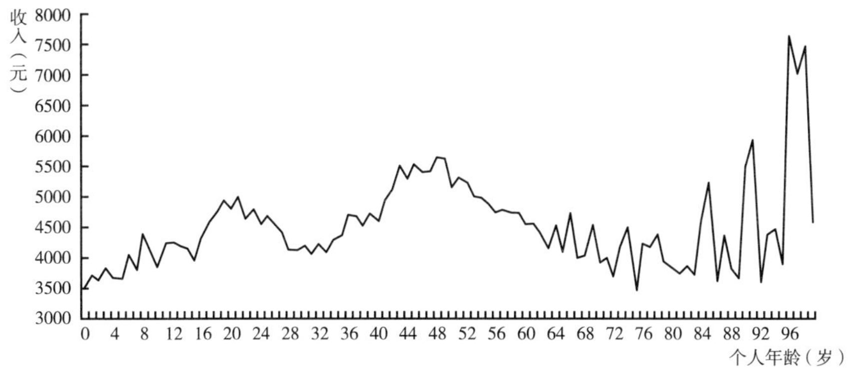

图4－3　个人年龄与农村居民收入（全部样本）

在表4－5、图4－4和表4－6、图4－5中分别给出了不同个人年龄组以及不同户主年龄组所对应的农村居民家庭人均收入水平。

从表4－5中可以看出，个人年龄与农村住户人均家庭收入之间大体上表现出倒“U”形特征，先随着年龄的增长而上升，在46～50岁年龄组中人均收入水平达到最高，然后随着年龄的增长而逐渐下降。

表 4-5 个人年龄与农村居民收入水平

年龄组	均值(元)	标准差(元)	相对收入
16 岁以下	3958	3316	100
16~20 岁	4579	3905	116
21~25 岁	4781	3977	121
26~30 岁	4386	4019	111
31~35 岁	4188	3529	106
36~40 岁	4575	4048	116
41~45 岁	5173	4428	131
46~50 岁	5467	4456	138
51~55 岁	5123	4377	129
56~60 岁	4774	3813	121
61~65 岁	4409	3795	111
65 岁以上	4181	3610	106
总样本	4620	3968	—

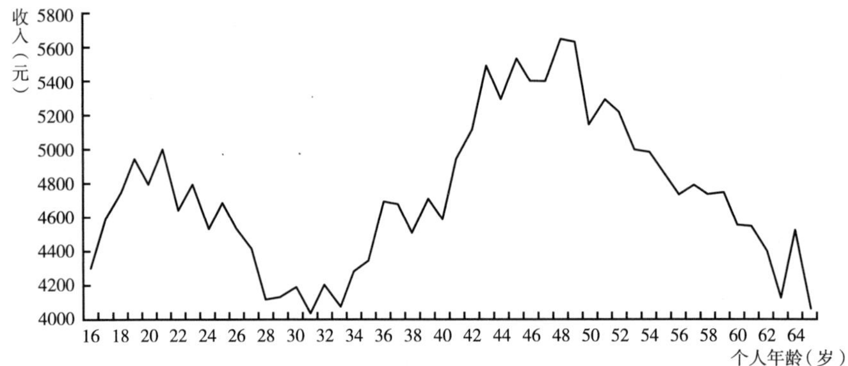

图 4-4 个人年龄与农村居民收入(16~65 岁样本)

表 4-6 户主年龄与农村居民收入水平

年龄组	均值(元)	标准差(元)	相对收入
31 岁以下	4159	4522	124
31~35 岁	4611	4231	116
36~40 岁	4692	4229	116
41~45 岁	5204	4464	122
46~50 岁	5449	4339	119
51~55 岁	5163	4490	123
56~60 岁	4916	3773	103
61~65 岁	4590	3648	100
65 岁以上	4344	3922	108

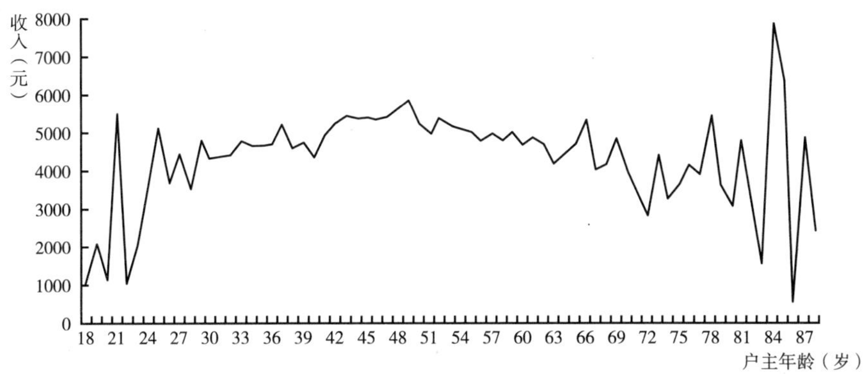

图 4－5　户主年龄与农村居民收入

进一步考虑不同年龄组内部的家庭收入差距，表 4－7 显示了个人年龄与农村居民收入分布之间的关系，而表 4－8 则显示了与不同户主年龄组所对应的农村居民家庭收入差距状况。可以看到，总体来说，低年龄组内部的收入差距平均比高年龄组内部的收入差距大。

表 4－7　个人年龄与农村居民收入差距

年龄组	变异系数	基尼系数	泰尔指数	平均对数离差	最高 20% 与最低 20% 之比	最高 10% 与最低 10% 之比
16 岁以下	0. 8378	0. 3752	0. 2425	0. 2364	7. 26	13. 52
16 ~20 岁	0. 8528	0. 3626	0. 2347	0. 2205	6. 61	11. 62
21 ~25 岁	0. 8318	0. 3658	0. 2340	0. 2273	6. 83	12. 10
26 ~30 岁	0. 9163	0. 3772	0. 2582	0. 2426	7. 21	13. 24
31 ~35 岁	0. 8427	0. 3894	0. 2567	0. 2560	7. 92	15. 31
36 ~40 岁	0. 8847	0. 3876	0. 2529	0. 2456	8. 11	17. 87
41 ~45 岁	0. 8560	0. 3730	0. 2425	0. 2312	7. 11	13. 25
46 ~50 岁	0. 8152	0. 3778	0. 2437	0. 2440	7. 46	13. 66
51 ~55 岁	0. 8543	0. 3723	0. 2410	0. 2328	7. 09	13. 27
56 ~60 岁	0. 7987	0. 3715	0. 2353	0. 2351	7. 04	12. 45
61 ~65 岁	0. 8607	0. 3892	0. 2574	0. 2569	8. 47	18. 17
65 岁以上	0. 8635	0. 3847	0. 2512	0. 2469	7. 93	16. 59

另外，表 4－9 给出了以年龄组为基础的泰尔指数分组分解结果。结果显示，年龄组别差异对农村内部居民家庭收入不均等程度的影响主要来自年龄组内部的差异，组间差异对总体差异的解释程度非常低，按户主年龄分组的组间差异的解释程度只有 1. 61%。

表 4－8　户主年龄与农村居民收入差距

年龄组	变异系数	基尼系数	泰尔指数	平均对数离差	最高 20% 与最低 20% 之比	最高 10% 与最低 10% 之比
30 岁及以下	1. 0872	0. 4220	0. 3489	0. 3050	8. 56	14. 91
31～35 岁	0. 9176	0. 4190	0. 2951	0. 2906	9. 58	20. 59
36～40 岁	0. 9013	0. 3893	0. 2557	0. 2471	8. 27	19. 19
41～45 岁	0. 8579	0. 3734	0. 2441	0. 2337	7. 12	13. 14
46～50 岁	0. 7963	0. 3731	0. 2370	0. 2378	7. 19	12. 75
51～55 岁	0. 8698	0. 3707	0. 2420	0. 2303	6. 96	13. 27
56～60 岁	0. 7674	0. 3655	0. 2231	0. 2241	6. 79	11. 65
61～65 岁	0. 7948	0. 3818	0. 2441	0. 2511	7. 58	13. 34
66 岁及以上	0. 9028	0. 4096	0. 2707	0. 2712	9. 50	28. 00
总样本	0. 8529	0. 3818	0. 2492	0. 2446	7. 60	14. 75

表 4－9　农村居民内部收入差距按年龄组的泰尔指数分解结果

分组依据	组内差距	组内差距比例（%）	组间差距	组间差距比例（%）
个人年龄	0. 244	97. 99	0. 005	2. 01
户主年龄	0. 245	98. 39	0. 004	1. 61

2. 性别

从性别分布看，个人样本中男性样本与女性样本的比例分别为 48% 和 52%；户主性别则以男性为主，男性户主比例占 95% 以上，而女性户主比例只有 4. 72%（见表 4－10）。

表 4－10　农村样本性别构成

	按个人划分			按户主性别划分	
	人数	百分比（%）		户数	百分比（%）
男性	25008	48. 25	男性户主	12386	95. 28
女性	26826	51. 75	女性户主	614	4. 72

总体来看，农村居民内部不同性别间的家庭收入差异较小，不同个人性别组以及不同户主性别组所对应的农村居民人均家庭收入水平分别参见表 4－11与表 4－12。结果显示，男性组的人均家庭收入比女性组略高，但差别并不明显，男性组的均值家庭收入均值仅比女性组高出不足 1. 1 个百分点；

不过就户主性别来说，户主为女性的人均家庭收入则比户主为男性的要高不少，女性户主的人均家庭收入均值比男性户主的高 1678 元，高出 34.4%。

表 4－11　个人性别与农村居民家庭收入水平

性别组	均值(元)	标准差(元)	相对收入
男　性	4644	4023	101
女　性	4595	3909	100
总样本	4620	3968	—

表 4－12　户主性别与农村居民家庭收入水平

性别组	均值(元)	标准差(元)	相对收入
男　性	4885	4194	100
女　性	6563	4703	134

从不同性别组内部的家庭收入差距看，女性个人样本内部的收入差异程度低于男性，其中，男性组收入的变异系数超过女性组 1.8 个百分点，基尼系数超过 0.8 个百分点；而就户主性别而言，女性户主家庭内部的收入差距同样低于男性户主，后者收入的变异系数比前者高 20%，基尼系数比前者高 3.6%（见表 4－13 与表 4－14）。根据表 4－15 所给出的泰尔指数性别分组分解结果，性别组内差异解释了 99.2% 以上的总体家庭收入差异，组间差异的解释程度非常小，约为 0.8%，这表明性别间差异并不是造成收入差距拉大的原因。

表 4－13　个人性别与农村居民收入差距

性别组	变异系数	基尼系数	泰尔指数	平均对数离差	最高 20% 与最低 20% 之比	最高 10% 与最低 10% 之比
男　性	0.8662	0.3810	0.2512	0.2439	7.52	14.37
女　性	0.8507	0.3779	0.2462	0.2402	7.38	13.80
总样本	0.8589	0.3795	0.2488	0.2421	7.45	14.10

表 4－14　户主性别与农村居民收入差距

性别组	变异系数	基尼系数	泰尔指数	平均对数离差	最高 20% 与最低 20% 之比	最高 10% 与最低 10% 之比
男　性	0.8585	0.3808	0.2489	0.2433	14.75	7.57
女　性	0.7167	0.3677	0.2172	0.2265	11.53	6.89
总样本	0.8529	0.3818	0.2492	0.2446	14.75	7.60

表 4－15　农村居民内部收入差距按性别的泰尔指数分解结果

分组依据	组内差距	组内差距比重(%)	组间差距	组间差距比例(%)
个人性别	0.24878	99.99	0.00002	0.01
户主性别	0.247	99.20	0.002	0.80

3. 户主受教育程度

从受教育程度的分布来看（见表 4－16），大部分农村样本都接受了小学至高中的正规教育，其比例为 93.8%，而分布在两端的受教育群体都比较小，如文盲的比例为 3.26%，中专的比例为 1.56%，大专及以上的比例为 1.37%。但是不同的受教育程度在家庭人均收入水平上则具有非常明显的差距。从表 4－17 可以看出，从没有接受过教育的人群所获得的人均收入只有 3939 元；接受了小学教育后，人均收入水平有了较大幅度的增加，其收入平均为 4454 元；而一旦接受了初中和高中的教育后，其收入分别增加至 4959 元和 5730 元。另外，接受了大专及以上的教育后，其平均收入水平骤然增至 8086 元，是不识字群体收入水平的 2.05 倍。

表 4－16　农村样本户户主文化程度分布

	样本户数	百分比(%)		样本户数	百分比(%)
文盲	423	3.26	高中	1930	14.89
小学	3696	28.52	中专	202	1.56
初中	6532	50.40	大专及以上	178	1.37

表 4－17　户主文化程度与农村居民家庭收入水平

文化程度组	均值(元)	标准差(元)	相对收入
文盲	3939	3371	100
小学	4454	3688	113
初中	4959	4065	126
高中	5731	4902	145
中专	6480	5513	165
大专及以上	8087	8280	205

图 4－6 显示了受教育程度与农村居民人均收入关系，从中可以看出，随着受教育程度的提高，人均收入水平快速增加，基本呈现一种加速上升

趋势，这表明受教育程度是影响收入水平和不平等程度的重要因素。收入水平随着受教育程度的增加而快速增加，它们呈现一种正向相关关系，本部分继续对不同受教育水平内部的收入不平等程度进行分析，从而量化受教育程度对总体收入不平等的影响。

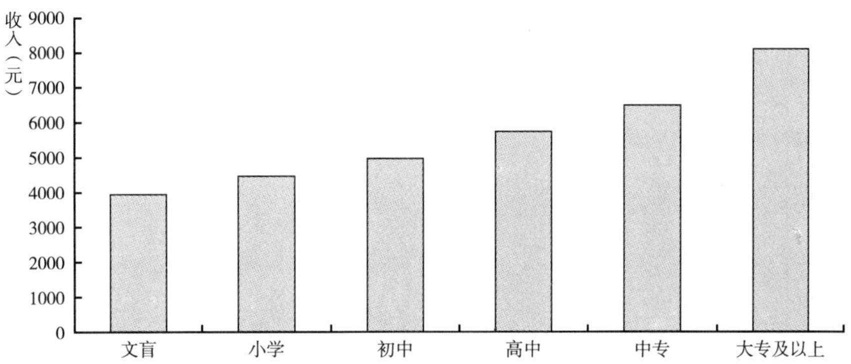

图 4-6　不同受教育程度的农村居民人均收入

从表 4-18 可以发现，不同受教育程度农村居民的内部的收入差距都比较大。以基尼系数和泰尔指数为例，同样接受小学教育程度的人群，其内部收入水平也有很大的差距，其基尼系数超过了 0.3769，泰尔指数也为 0.2394；而基尼系数在高中教育的人群中则更高，达到了 0.3844，泰尔指数为 0.2534。总的来看，最大的不平等来自接受大专及以上教育的人群组中，其内部基尼系数达到了最高，为 0.4247，泰尔指数为 0.3129。总体上，随着受教育程度的提高，基尼系数先有一个下降的过程，之后就不断上升。

表 4-18　户主文化程度与农村居民收入差距

文化程度组	变异系数	基尼系数	泰尔指数	平均对数离差	最高 20% 与最低 20% 之比	最高 10% 与最低 10% 之比
文盲	0.8558	0.4095	0.2838	0.2891	8.70	14.62
小学	0.8279	0.3769	0.2394	0.2374	7.47	14.93
初中	0.8198	0.3700	0.2331	0.2296	7.12	13.58
高中	0.8554	0.3844	0.2534	0.2463	7.63	14.13
中专	0.8507	0.3992	0.2754	0.2771	8.04	13.39
大专及以上	1.0240	0.4247	0.3129	0.2958	9.46	21.75
总样本	0.8529	0.3818	0.2492	0.2446	7.60	14.75

根据图 4 -7 可以直观地发现：首先，接受不同教育层次内部的不平等程度普遍较高，基尼系数都在 0.370 以上；其次，不同受教育程度内部的收入不平等程度也同样存在较大差别，接受初中教育群体中的收入差距最小，而大专及以上教育群体内的收入差距最大；再次，收入不平等程度随着受教育程度的提高而呈现一个“U”形变化，基尼系数先减小后增加。基尼系数在教育程度较低和较高的人群中都相对高一些。

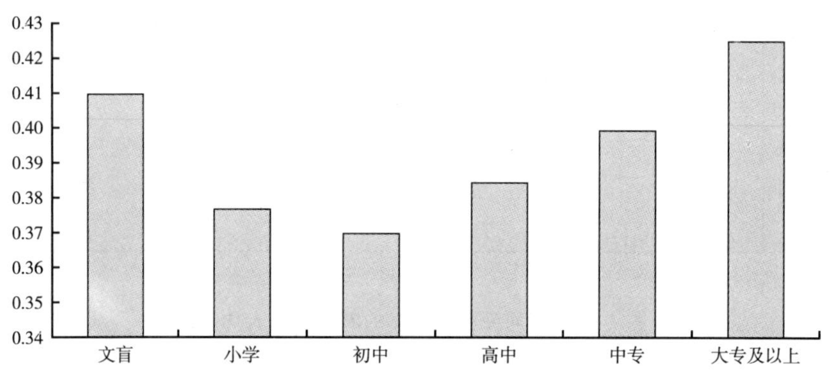

图 4 -7　农村居民不同受教育程度内部收入差距

从图 4 -7 中可以得出结论，接受过大专及以上教育的群体的平均收入最高，然而从表 4 -18 可以发现，接受过大专及以上教育的群体的内部收入差距也是最大的。综合考虑上述两个方面，使用泰尔指数来分解教育对总体不平等的影响，结果如表 4 -19 所示。

表 4 -19　农村居民内部收入差距按受教育程度的泰尔指数分解

分组依据	组内差距	组内差距比例(%)	组间差距	组间差距比例(%)
个体	0.241	96.40	0.009	3.60
户主	0.242	97.19	0.007	2.81

根据表 4 -19，如果使用泰尔指数衡量，对于个体样本来说，不同受教育程度的组间收入差距对于总体差距的解释程度为 3.60%；而对于户主来说，使用泰尔指数来解释的组间差距比例为 2.81%。也就是说，从人群组分解来看，受教育程度的差异平均可以解释总体收入差距的 3% 左右。由受教育程度差异所引起的组间收入差异对总体收入差距的解释程度相对说来是比较高的，这也意味着，教育在农村内部收入不平等的决定因素中起着重要的作用。

4.3 家庭特征与农村居民内部收入差距

接下来进一步讨论样本户家庭的总体特征对农村居民内部家庭收入差距的影响，主要从家庭人口规模和家庭所在地理位置两个方面进行讨论。

1. 家庭规模

这里用家庭人口数表示样本户的家庭规模，并根据家庭规模的大小将样本分为6组（见表4－20）。从表4－20可以看出，农村居民家庭规模普遍较大，主要集中于3～5人，其中4人家庭所占比例最大，达到30.16%；其次为3人规模家庭和5人规模家庭，分别占总样本的25.80%和19.13%。

表4－20　农村样本户的家庭规模分布

	1人	2人	3人	4人	5人	6人及以上
样本户数	42	1564	3354	3921	2487	1632
百分比(%)	0.32	12.03	25.80	30.16	19.13	12.55

从表4－21中可以观察到，农村居民家庭收入水平随着家庭规模的扩大而显著下降。总体而言，从图4－8也可以看出，农村居民家庭收入与家庭规模之间存在明显的负相关性，说明家庭人口数越少，家庭负担越轻，所以家庭人均收入就越高。1人收入水平最高，6人及以上收入最低，两者均值相差4021元，前者是后者的2.2倍。

表4－21　家庭规模与收入水平

家庭规模组	平均收入(元)	标准差(元)	相对收入
1人	7382.60	8003.30	220
2人	6304.86	5100.16	188
3人	6305.58	5000.36	188
4人	4546.71	3508.56	135
5人	3981.29	3155.17	118
6人及以上	3361.87	3185.64	100
全部样本	4964.27	4234.11	148

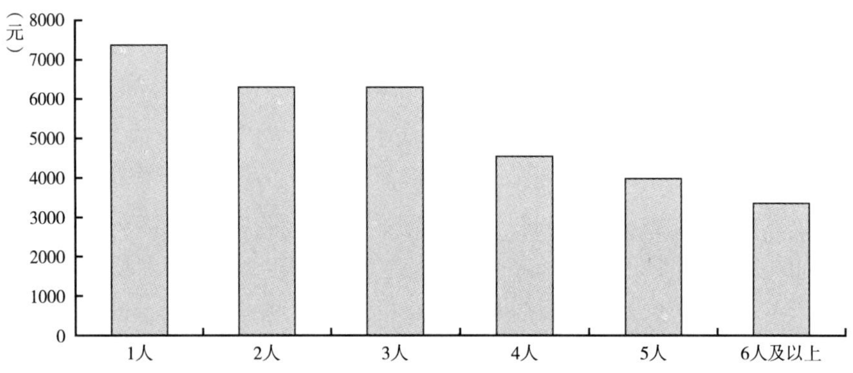

图4－8　不同家庭规模对应的农村居民人均家庭收入

如果考虑不同规模家庭组的内部收入差距，从表4－22各项不均等指标综合来看，1人家庭组内部的收入差异程度最大，其基尼系数为0.4757；而4人家庭组内部的收入差距最小，其基尼系数为0.3460。而表4－23中的泰尔指数分解结果也表明，以家庭规模为分组依据，组内差异对总体差异的解释程度只为89.31%，而组间差异则解释了10.69%的总体差异，从而说明家庭规模对农村居民家庭收入的影响非常显著，家庭规模因素是农村居民内部收入差距扩大的重要来源。

表4－22　家庭规模与农村居民收入差距

	变异系数	基尼系数	泰尔指数	平均对数离差	最高20%与最低20%之比	最高10%与最低10%之比
1人	1.0841	0.4757	0.4096	0.4519	14.67	28.57
2人	0.8088	0.3797	0.2324	0.2401	8.16	18.62
3人	0.7929	0.3679	0.2265	0.2270	7.11	13.99
4人	0.7716	0.3460	0.2078	0.2019	6.11	10.83
5人	0.7924	0.3541	0.2192	0.2120	6.40	11.32
6人及以上	0.9397	0.3649	0.2407	0.2232	6.77	11.84

表4－23　农村居民内部收入差距按家庭规模的泰尔指数分解

分组依据	组内差距	组内差距比例(%)	组间差距	组间差距比例(%)
家庭规模	0.2222	89.31	0.0266	10.69

2. 家庭地理位置因素

此次抽样调查所涉及的省（直辖市）总计 16 个，为了更详细地讨论该问题，又将这 16 个省份划分成五大地区。农村个体样本所在省份以及五大地区的分布情况如表 4－24 所示。

表 4－24 2007 年分地区的农村居民收入水平

地　　区	省份	家庭户数	个体样本	个体样本量百分比(%)	平均收入(元)	标准差(元)	相对收入(甘肃 =100)
大 城 市	北京	500	1717	3.31	9428	6378.385	413
东北地区	辽宁	800	2689	5.19	4636	3965.508	203
东部地区	江苏	1000	3714	7.17	6288	5410.787	276
	浙江	1000	3426	6.61	7970	5670.896	349
	广东	1000	5082	9.80	5679	4743.983	249
	福建	800	3430	6.62	5181	3795.758	227
	河北	500	1826	3.52	4597	3316.826	202
中部地区	河南	1000	4089	7.89	3770	3039.049	165
	湖北	1000	4026	7.77	4255	2622.473	187
	湖南	800	3165	6.11	3834	2248.724	168
	安徽	900	3683	7.11	3706	2221.496	163
	山西	700	2777	5.36	3526	2435.572	155
西部地区	重庆	500	1782	3.44	3682	2131.827	161
	四川	1100	4163	8.03	3589	1934.956	157
	云南	700	3015	5.82	2691	2052.174	118
	甘肃	700	3250	6.27	2280	1455.97	100

表 4－24 给出了 16 个省（直辖市）2007 年的相关收入数据。数据显示，位于不同省份的农村居民的家庭收入存在较大差距，农村居民人均家庭收入最高的省（直辖市）是北京市，最低的是甘肃省，二者的人均家庭收入相差 7148 元，人均家庭收入比为 4.13∶1。另外，收入高的省份主要集中在东部地区，调查样本中家庭收入高的几个省份分别为北京、浙江和江苏；而收入低的省份主要集中在西部地区。从五大地区看，北京农村的居民家庭收入水平最高，其次是东部其他地区，再次是东北地区与中部地区，西部地区的收入水平最低。调查数据显示，2007 年，北京农村的人均家庭收入比西部地区高出 6865 元；东部地区农村的人均家庭收入比西部地区高出 3178 元。北京农村的人均家庭收入是西部地区的 2.58 倍；

东部地区的人均家庭收入是西部地区的1.73倍。

进一步考察不同省份农村居民内部的家庭收入差距。如表4-25所示，从各项不均等指标综合来看，辽宁省内部的居民家庭收入差异程度最大，四川的最小，以基尼系数为例，前者收入的基尼系数是后者的1.42倍，这表明农村内部居民的家庭收入差距在不同省份之间存在明显差异。

表4-25　家庭所在省份与农村居民收入差距

省份	变异系数	基尼系数	泰尔指数	平均对数离差	最高20%与最低20%之比	最高10%与最低10%之比
北京	0.6765	0.3309	0.1862	0.1857	5.54	8.68
河北	0.7215	0.3611	0.2145	0.2233	6.68	11.32
山西	0.6907	0.3357	0.1911	0.1904	5.56	8.72
辽宁	0.8553	0.3970	0.2111	0.2173	12.19	-41.00
江苏	0.8605	0.3472	0.2210	0.1998	6.06	10.84
浙江	0.7116	0.3592	0.1994	0.2281	8.42	24.01
安徽	0.5995	0.3088	0.1567	0.1622	5.06	7.98
福建	0.7326	0.3439	0.1974	0.1954	6.28	11.75
河南	0.8061	0.3151	0.1962	0.1750	5.00	8.34
湖北	0.6163	0.2972	0.1505	0.1518	4.67	7.71
湖南	0.5865	0.2992	0.1500	0.1579	4.94	7.82
广东	0.8353	0.3307	0.2090	0.1854	5.38	8.52
重庆	0.5790	0.2974	0.1484	0.1630	4.79	7.70
四川	0.5392	0.2792	0.1280	0.1317	4.26	6.32
云南	0.7625	0.3691	0.2273	0.2265	6.74	10.89
甘肃	0.6385	0.3206	0.1702	0.1701	5.14	7.71

另外，从五大地区的角度观察，从表4-26中数据可看到，总体上来说，收入越高的地区，其基尼系数普遍越大，基尼系数与地区平均收入水平之间呈现一种正相关关系。

观察表4-27中的泰尔指数分解结果，可以发现，家庭所在省份位置的不同对农村居民家庭收入具有非常重要的作用，组内差异解释了75.56%的总体差异，组间差异对总体差异的解释度则达到了24.44%；同时，从家庭所在地区来看，组内差异解释了79.82%的总体差异，组间差异对总体差异的解释度则达到了20.18%。这也是所分析的各特征因素中对总体差异解释度最大的组间差异，从而表明地区间的差异构成了农村居民收入差距来源的最为重要的一部分。

表 4-26 2007 年家庭所在地区与农村居民收入差距

区域	变异系数	基尼系数	泰尔指数	平均对数离差	最高 20% 与最低 20% 之比	最高 10% 与最低 10% 之比
北京、上海	0.6765	0.3309	0.1862	0.1857	5.54	8.68
东部其他地区	0.8133	0.3611	0.2238	0.2184	6.81	12.63
中部地区	0.6692	0.3123	0.1699	0.1685	5.10	8.28
西部地区	0.6503	0.3320	0.1809	0.1894	5.78	9.13
东北地区	0.8553	0.3970	0.2111	0.2173	12.19	-41.00
总样本	0.8589	0.3795	0.2488	0.2421	7.45	14.10

表 4-27 农村居民内部收入差距按地区的泰尔指数分解

分组依据	组内差距	组内差距比例(%)	组间差距	组间差距比例(%)
家庭所在省份	0.1880	75.56	0.0608	24.44
家庭所在地区	0.1986	79.82	0.0502	20.18

4.4 本章总结

在国家统计局抽样调查数据的基础上，本章分析了中国农村居民内部的收入差距问题，其基本结论如下。

（1）农村内部收入差距水平总体较高。2007 年的基尼系数达到 0.3795；收入最高 20% 人群与最低 20% 人群的收入比率从 2002 年的 6.61 上升到了 2007 年的 7.45，收入最高 10% 人群与最低 10% 人群的收入比率从 11.17 上升到 14.10，农村内部的居民收入差距非常显著。

（2）在农村内部收入差距的所有决定因素中，既有市场化改革导致的要素报酬上升的结果，也有市场分割的因素。地区是解释农村内部收入差距最为重要的因素，地区间的差距能解释 25% 左右的收入差距。在较高的收入差距中，很大程度上都可以归结为地区等因素的作用，而这些非生产性特征所造成的收入差距成为人们认为收入差距缺乏合理性的重要原因。

（3）受教育程度对收入差距具有非常重要的影响。教育对于农村总体收入差距具有重要的解释作用，意味着教育扩展和普及、教育机会的均等化成为防止收入差距扩大的重要政策选择。同时，还值得注意的是，性别差异不能解释农村内部总体收入差距不断拉大的事实，性别因素并不是导致农村内部收入差距的原因。

5 农村劳动力非农就业工资收入分配

自改革开放以来，大量农村富余劳动力向非农产业转移。据国家统计局的数据，1978～2009年，第一产业就业人数占全国就业人口总数的比例已从70.5%下降到38.1%。[①] 农业劳动力向非农产业的转移，既可能通过向城镇地区的流动来实现（这就是中国社会当前所形成的一个特殊群体——农民工，在本书的随后几章中将专门讨论与此相关的收入分配问题），也可能通过在农村地区从事非农产业活动来实现。20世纪80年代，农村乡镇企业发展为农村非农经济活动提供了重要机会，“离土不离乡”成为当时各界所推崇的劳动力产业转移模式。农村当地的非农就业机会也成为影响农村居民收入增长和收入分配的重要因素。自从20世纪90年代以来，农村劳动力外出流动的规模逐渐增加，从而人们对于外出劳动力以及与此相关的社会经济状况的关注与日俱增。在本章中，将着重讨论农村劳动力非农就业工资收入的分配状况，这里的非农就业既包括农村劳动力在当地的非农经济活动，也包括外出就业行为。

本章将使用2007年农村住户调查数据，对农村非农就业者的分布以及工资收入状况进行分析。本章所使用样本与第3章有所差异，尽管所使用的都是农村住户调查数据。在农村全部16个省份数据中，只有其中的9个省份对劳动力就业状况等相关信息进行了详细的调查。本章所使用的只是这部分数据。这9个省份具体为：河北、江苏、浙江、安徽、河南、湖北、广东、重庆和四川。总样本包括8000个家庭和31791个个体，不同省份的样本分布结构见表5－1。

---

① 资料来源：《中国统计年鉴（2010）》。

表 5－1 不同调查省份农村常住家庭和个人样本分布

	家庭样本		个人样本	
	数量(个)	比例(%)	数量(个)	比例(%)
河北	500	6.25	1826	5.74
江苏	1000	12.50	3714	11.68
浙江	1000	12.50	3426	10.78
安徽	900	11.25	3683	11.59
河南	1000	12.50	4089	12.86
湖北	1000	12.50	4026	12.66
广东	1000	12.50	5082	15.99
重庆	500	6.25	1782	5.61
四川	1100	13.75	4163	13.09
总　计	8000	100	31791	100

5.1 农村劳动力非农就业特征

本章将劳动力样本的年龄限定在 16～60 岁，同时将不领工资的家庭帮工从非农就业者中剔除，也不考虑从事第二份非农工作所获得的少量收入。为了尽可能区分开非农就业中的本地打工者和外出打工者，并考虑到数据自身特点，本章将外出打工者定义为在本县农村①外（县外农村、本县县城、本省城市/县城和外省城市/县城）从事非农就业的农村劳动力。经过处理，本章所使用的调查数据显示，农村劳动年龄人口（包括失业、就业和没参加劳动的人）为 23512 人，其中，从事非农就业的有 9968 人，在农村劳动年龄人口总样本中占 42.4%。删除打工地点信息缺失的样本后，在所有非农就业样本中，本地打工和外出务工农村劳动力分别有 4179 人和 5763 人（总计 9942 人），分别占 42% 和 58%。非农就业呈现独特的个人、社会和地区特征差异。鉴于本地打工和外出务工农村劳动力的样本特征有不少差别，本章还分别讨论这两类非农就业者的分布。

1. 性别和年龄

非农就业存在性别差异。表 5－2 描述了非农就业农村劳动力的性别

① 国家统计局将外出务工定义为在本乡镇以外从事劳动，考虑到农村居民在本县其他农村从事非农就业的比例较低，定义的差别所造成的影响不大。此外，对外出时间的限定也可能会影响到农民工的规模。

和年龄结构。总体而言，从事非农就业的男性居多，占62.5%。从非农就业地点看，外出务工者的男性比例与本地打工者没有明显差异，外出务工者和本地打工者中的男性比例分别是62.2%和62.8%。这也说明，从事非农就业的农村劳动力在选择本地务工和外地打工上没有明显的性别差异。

表5-2 非农就业农村劳动力的性别和年龄特征

单位：%

		全部	本地打工	外出务工
性别	男	62.45	62.79	62.21
	女	37.55	37.21	37.79
年龄	全部(岁)	33.8	40.3	28.6
	16~20(岁)	12.75	4.50	18.74
	21~25(岁)	18.35	7.13	26.48
	26~30(岁)	13.39	7.42	17.72
	31~35(岁)	11.77	11.49	11.97
	36~40(岁)	13.48	17.35	10.67
	41~45(岁)	13.82	21.39	8.33
	46~50(岁)	6.24	11.15	2.67
	51~55(岁)	6.69	12.30	2.62
	56~60(岁)	3.52	7.27	0.80

表5-2还表明，从事非农就业农村劳动力的平均年龄是33.8岁。从年龄分组的结构来看，从事非农就业农村劳动力中比例最高的年龄段是21~25岁，占18.4%，而所占比例在10%以上的其他年龄组依次是41~45岁、36~40岁、26~30岁、16~20岁和31~35岁这5个年龄段，排在后面的分别是46~50岁、51~55岁和56~60岁这3个年龄段，各自占比都不到7%。这表明，非农就业的主力军是青年人（45岁以下的成年人）。另外，本地和外出打工者的年龄结构有很大差异，外出务工者比本地打工者更“年轻”。一方面，从平均年龄看，本地打工农村劳动力是40.3岁，而外出打工农村劳动力只有28.6岁；另一方面，从年龄结构看，外出务工者中处在21~25岁年龄段的最多，而本地打工者中41~45岁年龄段所占比例最高。外出务工者中16~30岁的比例高达62.9%，46~60岁的占6.09%；而与之相对照的是，本地打工者中16~30岁的只占19.05%，46~60岁的比例高达30.72%。

2. 婚姻状况

非农就业农村劳动力的婚姻状况显示（见表5－3），非农就业农村劳动力中已婚者居多，占71.36%。另外，从打工地点看，外出务工农村劳动力中未婚的比例远高于本地打工者，前者是40%，而后者只有10%。这也说明，单身未婚农村劳动力更倾向于选择外出，而不是留在本地从事非农就业。

表5－3　非农就业农村劳动力的婚姻状况

单位：%

	全部	本地打工	外出务工
未婚	27.46	10.22	39.96
已婚	71.36	88.73	58.77
其他	1.18	1.05	1.27

注：未婚指未曾结婚，已婚包括初婚和再婚，其他包括同居、离异和丧偶。

3. 教育和培训

表5－4给出了非农就业农村劳动力的受教育水平和接受培训的状况。总体而言，非农就业农村劳动力的平均受教育年限不高，以初中文化程度为主。具体而言，平均受教育年限只有8.6年，具有初中文化程度的比例最高，约占58.8%，其次是受过高中和小学及以下教育的，其占比分别是20%和16.4%，而具有大专及以上文化程度的比例最低，只有4%左右。

表5－4　非农就业农村劳动力的教育、培训状况

单位：年，%

		全部	本地打工	外出务工
教育	受教育年限	8.6	8.3	8.7
	小学及以下	16.39	21.58	12.61
	初中	58.75	51.59	63.94
	高中	20.09	22.21	18.55
	大专及以上	3.95	3.88	4.01
	缺失值	0.82	0.74	0.88
培训	无	65.81	66.55	65.26
	有	33.35	32.69	33.84
	缺失值	0.84	0.77	0.9

从打工地点看，外出打工农村劳动力受教育年限略高于本地打工农村劳动力，其中外出务工农村劳动力平均受教育年限为8.7年，本地打工农村劳动力平均受教育年限为8.3年。与本地打工农村劳动力相比，外出务工农村劳动力中受过小学及以下教育的比例较低，大多具有初中文化程度，而受过高中以上教育的比例略低。

从表5－4还可以发现，大部分从事非农就业的农村劳动力都没有接受过培训，占65.8%。外出打工者没有参加培训的比例略低于本地打工者，这可能跟国家于2003年开始实施的加快农村富余劳动力输出的农民工培训工程有关。

4. 健康水平

表5－5给出了非农就业农村劳动力的健康状况。从事非农就业的农村劳动力当中，大部分都自评健康“好”，只有极少一部分自评健康“不好”，其中，自评健康“好”、“一般”和“不好”的相对比例是87∶12∶1。另外，外出打工农村劳动力中自评健康“好”的比例高于本地打工者，自评健康“一般”或“不好”的比例低于本地打工者。这表明，健康水平高的农民更可能外出从事非农就业。

表5－5　非农就业的农村劳动力的健康水平差异

单位：%

	全部	本地打工	外出打工
不好	1.12	1.58	0.78
一般	11.79	14.05	10.15
好	87.10	84.37	89.07

5. 非农就业经历

表5－6列出了非农就业农村劳动力的工作或从业经历结构。非农就业农村劳动力的非农工作经历（从事当前工作的时间）较长，平均非农工作经历是7.4年，近63%的非农工作经历在7年及以下，近80%的农民在11年及以下，而拥有12～15年、16年及以上的分别占7.35%和12.4%。但是，外出打工农村劳动力的工作经历比本地打工劳动力的要短。平均而言，本地打工农村劳动力非农工作经历是9.5年，而外出打工者只有5.9年。这也与表5－2的结果是一致的，外出打工的农村劳动力

相对更年轻一些。从工作经历结构看，外出打工者中有 7 年及以下工作经历的占 71.56%，而本地打工者中具有相同工作经历的只占 50.78%；外出务工者中工作经历在 12 年及以上的只占 11.68%，而本地打工者中具有相同工作经历的却占 30.9%。不同从业经历（从事当前职业的时间）的非农就业比例与工作经历类似，这从另一个侧面说明，农村非农就业具有一定的稳定性。

表 5-6　非农就业农村劳动力的非农工作或从业经历

单位：年，%

		全部	本地打工	外出务工
工作经历	全部工作年数	7.40	9.50	5.90
	3 年及以下	35.50	28.14	40.83
	4～7 年	27.33	22.64	30.73
	8～11 年	17.23	18.21	16.52
	12～15 年	7.35	9.48	5.81
	16 年及以上	12.40	21.42	5.87
	缺失值	0.19	0.12	0.24
从业经历	全部从业年数	7.40	9.50	5.80
	3 年及以下	36.19	28.00	42.13
	4～7 年	27.07	23.00	30.02
	8～11 年	17.09	18.16	16.31
	12～15 年	7.38	9.74	5.67
	16 年及以上	12.09	20.94	5.67
	缺失值	0.18	0.17	0.19

6. 职业

从表 5-7 给出的非农就业农村劳动力职业分布来看，一半以上非农就业农村劳动力是生产运输工人，其次是私企或个体户老板和服务性工作人员，分别占 16% 和 12.6%，而其他职业，如商业工作人员、行政办公管理人员和专业技术人员等，各自占比都在 10% 以下。这也说明，非农就业农村劳动力主要从事需要消耗大量体力的职业。另外，外出务工农村劳动力所从事职业中占比高于本地打工者的是生产运输工人、服务性工作人员和商业工作人员，低于本地打工者的是私企或个体户老板、行政办公管理人员和专业技术人员。这表明，外出务工农村劳动力更多地从事对技术或人力资本要求低的职业。

表 5－7 非农就业农村劳动力的职业分布

单位：%

	全部	本地打工	外出务工
私企或个体户老板	15. 98	26. 39	8. 43
专业技术人员	4. 14	4. 26	4. 06
行政办公管理人员	4. 80	7. 11	3. 12
商业工作人员	4. 94	2. 66	6. 59
服务性工作人员	12. 63	9. 24	15. 10
生产运输工人	52. 69	43. 38	59. 43
其他	4. 65	6. 87	3. 04
缺失值	0. 17	0. 10	0. 23

7. 行业

表 5－8 反映了非农就业农村劳动力的行业分布。总体来看，非农就业最多的两大行业是制造业和服务业，两者合计占比高达 55. 6%。除了制造业和服务业外，其他行业按照就业比例由高到低排列，依次是建筑业，批发和零售，交通运输、仓储及邮政，住宿和餐饮，公共管理和社会组织。分本地打工和外出打工来看，非农就业最多的两大行业依然是制造业和建筑业，其中，本地打工农村劳动力中从事这两大行业的占 47. 4%，外出务工者中从事这两大行业的占 61. 3%。此外，外出打工的行业中所占比例高于本地打工的是制造业、建筑业、住宿和餐饮业，低于本地打工的是交通运输、仓储及邮政，批发和零售，公共管理和社会组织以及服务业。

表 5－8 非农就业农村劳动力的行业分布

单位：%

	全部	本地打工	外出务工
制造业	38. 95	34. 65	42. 06
建筑业	16. 52	12. 71	19. 28
交通运输、仓储及邮政	6. 34	7. 23	5. 69
批发和零售	8. 85	9. 91	8. 09
住宿和餐饮	4. 59	2. 9	5. 81
公共管理和社会组织	2. 66	5. 62	0. 5
服务业	16. 65	18. 21	15. 51
其他	4. 94	8. 26	2. 53
缺失值	0. 52	0. 53	0. 52

注：按照《国民经济行业分类》，服务业指除交通运输、仓储及邮政，批发和零售，住宿和餐饮以及公共管理和社会组织这四大行业以外的且与之平级的所有服务业大类。

8. 居住地和打工地

表5－9给出了不同居住地农标劳动力非农就业的流向。首先，总体来看，在外地从事非农就业的比重达到57%，其中，在本县县城、本省城市/其他县城、外省城市/县城务工的比例分别是10%、17.2%和26.9%。这也说明，在省内和省外从事非农就业的比例相近。其次，不同省市外出务工比例不同。重庆、湖北、四川、安徽、广东和河南农村劳动力非农就业中外地务工的比例超过50%，这表明，这6个省市从事非农就业的农村劳动力更愿意在外地打工；但河北、江苏和浙江的农村劳动力非农就业中外地打工的比例低于50%，这说明，这3个省份从事非农就业的农村劳动力更愿意在本地打工。最后，如果将外出打工地点进一步细分为本县县城、本省城市/其他县城、外省城市/县城和其他（包括县外农村），各省市农村非农就业分布又会呈现新的特征。一方面，从城乡角度看，大部分外出务工农村劳动力在城市，而不是在农村从事非农就业，其中，非农就业中在县外农村工作的农村劳动力的占比都不到6%。另一方面，不同省市的外出务工农村劳动力在选择外出城市的偏好上有所差异。例如，在前6个外出务工占非农就业比例超过50%的省份中，湖北、四川、安徽和河南的外出务工农村劳动力更偏好外省城市/县城，广东的外出务工农村劳动力更多地去本省城市/其他县城；在剩下的外出务工比例低于50%的省份中，河北的外出务工农村劳动力更多地去本县县城以及外省城市/县城，浙江的大多数外出务工农村劳动力更愿意留在本县县城。

表5－9　不同居住地农村劳动力的非农就业流向

单位：%

	本地打工	外出打工				
		全部	本县县城	本省城市/其他县城	外省城市/县城	其他(含县外农村)
重庆	20.09	79.9	13.48	32.15	29.55	4.72
湖北	22.99	77.01	4.14	10.02	60.54	2.31
四川	25.47	74.54	12.22	14.53	42.65	5.14
安徽	29.02	70.98	4.23	7.34	56.39	3.02
广东	36.39	63.60	10.46	48.07	1.73	3.34
河南	43.70	56.30	10.43	7.96	32.99	4.92
河北	54.71	45.30	19.34	6.62	14.25	5.09
江苏	56.33	43.67	10.51	16.35	11.42	5.39
浙江	76.42	23.59	13.05	6.06	2.09	2.39
合计	42.03	57.97	9.99	17.22	26.90	2.62

5.2 农村劳动力非农工资差距

1. 总体状况

调查数据显示，2007 年农村劳动力非农就业月工资均值是 1403 元，中位数是 1200 元。图 5 - 1 进一步给出了农村劳动力非农就业日工资的十等分组，它是按照非农工资由低到高排序，将非农就业农村劳动力分成人数相等的 10 个组，然后再分别计算各组非农工资平均水平和每组工资总额在全部工资中的比例所得。从中可见，最高 10% 人群组的平均非农月工资是 3397 元，其工资总额在全部工资中占 24.2%，而最低 10% 等分组的非农工资均值只有 428 元，所占比例只有 3.1%；最高 20% 等分组的非农均值是 2671 元，所占比例高达 38%，最低 20% 等分组的非农工资均值只有 599 元，所占份额只有 8.5%。另外，比较不同十等分组的平均工资及份额变化时可见，随着收入组等级的上升，前 9 个等分组相邻的平均收入及其份额增幅较平缓，但最高收入组的增幅很大。最高收入组与第九个等分组之间的工资差距是其他相邻等分组之间最高工资差距的 4.3 倍。

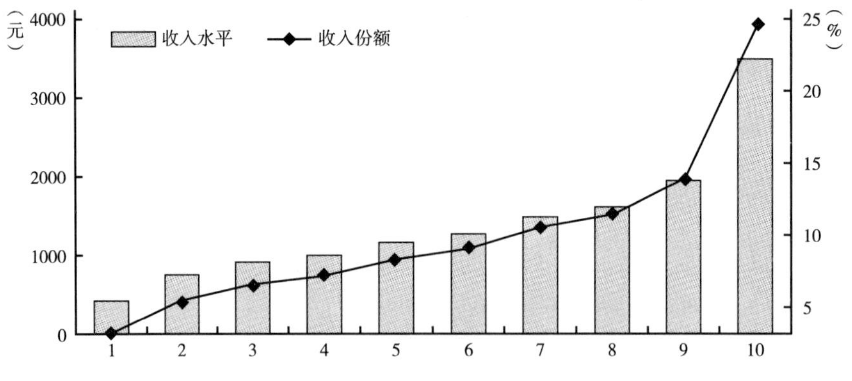

图 5 - 1　农村劳动力非农就业月工资十等分组

考察了非农工资的总体分布，进一步测算月工资①的不平等程度。如表 5 - 10 所示，总体来看，农村非农工资收入不平等程度比较合理。以常用基尼系数为例，月工资的基尼系数只有 0.292。从前面两章的结果中可

① 本章随后部分对农村非农工资收入差距的讨论也建立在月工资的基础上。

以看出，这比城市和农村内部收入的基尼系数都要低，也就是说，农村劳动力非农就业工资率的不均等程度相对是比较低的。

表 5－10　农村劳动力非农就业月工资的不平等程度

不平等指标	农村非农月工资	不平等指标	农村非农月工资
基尼系数	0.292	泰尔指数	0.197
平均对数离差	0.172	最高 10% 与最低 10% 比	7.937
变异系数	1.110	最高 20% 与最低 20% 比	4.778

2. 性别和年龄

男性农村劳动力的非农月工资要高于女性农村劳动力（见表 5－11），其中前者比后者高 364 元，为后者的 1.31 倍。进一步，本地打工者非农工资的性别差距高于外出务工者，其中，前者男女农村劳动力非农工资比例是 1.38∶1，而后者是 1.27∶1。

表 5－11　不同性别或年龄之间的农村劳动力非农工资差距

		全部样本		本地打工		外出打工	
		均值(元)	相对数	均值(元)	相对数	均值(元)	相对数
性别	男	1540	131	1483	138	1582	127
	女	1176	100	1072	100	1250	100
年龄	20 岁及以下	1146	100	1038	100	1165	100
	21～30 岁	1483	129	1345	130	1515	130
	31～40 岁	1459	127	1370	132	1542	132
	41～50 岁	1502	131	1460	141	1594	137
	51～60 岁	1148	100	1113	107	1294	111

从相同性别内部农村劳动力非农工资差距看（见表 5－12），男性内部非农工资不平等程度都要高于女性，这可能是因为男性的人力资本差异较大，职业选择较多，或者就业领域较宽广。由于男性的平均非农工资高于女性，男性较高的内部工资不平等体现为高工资上较高的不平等。

年龄是影响农村非农工资水平的重要因素。无论是本地打工农村劳动力，还是外出务工农村劳动力，非农工资都是随着年龄的增长，先增加后减少，而且峰值都处在 41～50 岁年龄段。但是，从全部样本看，农村劳动力非农工资除了在 41～50 岁达到最高外，在 21～30 岁上也出现了局部

表 5－12　不同性别或年龄组内部的非农工资差距

		变异系数	基尼系数	泰尔指数	平均对数离差
性别	男	1.201	0.293	0.209	0.175
	女	0.705	0.262	0.146	0.144
年龄	20 岁及以下	0.383	0.202	0.072	0.101
	21～30 岁	0.782	0.255	0.138	0.126
	31～40 岁	0.597	0.272	0.137	0.143
	41～50 岁	1.901	0.360	0.373	0.250
	51～60 岁	0.991	0.363	0.265	0.268

峰值，这是因为这个年龄段中外出务工农村劳动力占非农就业的比例远高于本地打工农村劳动力，而外出务工农村劳动力的平均工资又高于本地打工农村劳动力。在所有相同的年龄段上，外出务工农村劳动力的平均工资都高于本地打工农村劳动力，且他们各自在不同年龄段上的非农工资相对差距很相似。

从相同年龄组内部农村劳动力非农工资差距看（见表 5－12），非农工资内部差距最高的年龄段是 41～50 岁，内部差距最低的年龄段是 20 岁及以下。这可能是因为 41～50 岁从事非农就业的农村劳动力在个人健康、就业类型（受雇佣或自我经营）以及社会资本等方面具有较大的异质性，而 20 岁及以下从事非农就业的农村劳动力在人力资本（教育、经历和健康等）和社会资本等方面具有很大的同质性。需要提及的是，从事非农就业的农村劳动力中 51～60 岁年龄段的平均工资低，而且内部工资差距也很大，这体现为低工资上较高的不平等。

3. 教育和培训

表 5－13 给出了不同受教育程度或培训状态之间的农村劳动力非农工资水平及相对差距。总体而言，非农就业农村劳动力受教育程度越高，非农工资也越高。具有初中、高中和大专及以上文化程度的非农就业者非农工资分别比只有小学及以下文化程度的高出 15%、32% 和 45%。但是，分打工地点看，不同受教育程度之间的本地打工农村劳动力非农工资差距与外出务工者也是有差异的。最典型的是，在本地打工的具有高中文化程度的农村劳动力的工资与受过大专及以上教育的没有明显差异，而外地务工者则不同，受过高等教育者比受过高中文化程度者的收入要更高，这可能是因为，本地需要大专及以上文化程度的非农工作机会很少。另外，尽

管具有小学及以下、初中、大专及以上文化程度的外出务工者的非农工资高于本地打工者，但是具有高中文化程度的外出务工者的非农工资却低于本地打工者，这可能跟当地和外地对不同受教育程度的劳动力需求有关，这也可解释为什么当地非农就业者中高中生的比例高于外地务工者。从不同受教育程度内部农村劳动力非农工资差距看（见表 5 - 14），高中文化程度内的非农工资差距最高，其次是小学及以下文化程度，再次是初中文化程度，最后是大专及以上文化程度。

表 5 - 13　不同受教育程度或培训状态之间的农村劳动力非农工资差距

		全部样本		本地打工		外出务工	
		均值(元)	相对数	均值(元)	相对数	均值(元)	相对数
教育	小学及以下	1201	100	1100	100	1329	100
	初中	1379	115	1287	117	1433	108
	高中	1582	132	1610	146	1557	117
	大专及以上	1738	145	1604	146	1831	138
培训	无	1327	100	1236	100	1395	100
	有	1555	117	1515	123	1583	113

表 5 - 14　不同受教育程度或培训状态内部的农村劳动力非农工资差距

		变异系数	基尼系数	泰尔指数	平均对数离差
教育	小学及以下	0.772	0.296	0.177	0.177
	初中	0.631	0.265	0.137	0.142
	高中	1.892	0.349	0.364	0.240
	大专及以上	0.493	0.264	0.114	0.130
培训	无	0.769	0.281	0.163	0.161
	有	1.463	0.305	0.248	0.185

从表 5 - 13 还可看到，培训有利于非农工资的增加，参加过培训的非农工资比没有参加培训的高 17%。此外，培训对本地打工者和外出务工农村劳动力非农工资的影响是不同的，本地打工者中参与培训的非农工资比没有参与培训的高 23%，而外地务工者中参与培训的非农工资比没有参加培训的高 13%。从表 5 - 14 列出的两种培训状态内部不平等程度可见，参与培训的农村劳动力的非农工资不平等程度高于没有参与培训者。这意味着，参与过培训的农村劳动力中具有更大的异质性。

4. 非农就业经历

不同工作经历农民工之间的农村劳动力非农工资也是有差异的（见

表5－15）。就工作经历（从事当前工作的时间）而言，从全部样本看，非农工资在农村劳动力从事当前工作12～15年之前逐步上升，之后又下降，其中，最高的12～15年工作经历的非农工资是最低的3年及以下工作经历的1.28倍。分本地打工和外出务工来看，外出务工的农村劳动力中具有12～15年工作经历的工资最高，但是本地打工的农村劳动力中并非如此，而是拥有16年及以上工作经历的工资最高。另外，在所有工作经历人群中，外出务工农村劳动力的非农工资都高于本地打工者，但除了在12～15年工作经历上基本持平外，外出务工者的非农工资在不同经历上的相对差距低于本地打工农民。同样，不同从业经历（从事当前职业的时间）之间的农村劳动力非农工资差距与工作经历类似，在此不再赘述。

表5－15　不同工作（或从业）经历之间的农村劳动力非农工资差距

		全部样本		本地打工		外出务工	
		均值（元）	相对数	均值（元）	相对数	均值（元）	相对数
工作经历	3年及以下	1262	100	1125	100	1331	100
	4～7年	1393	110	1280	114	1454	109
	8～11年	1512	120	1438	128	1571	118
	12～15年	1613	128	1484	132	1765	133
	16年及以上	1557	123	1497	133	1719	129
从业经历	3年及以下	1256	100	1115	100	1324	100
	4～7年	1389	111	1280	115	1450	110
	8～11年	1515	121	1417	127	1594	120
	12～15年	1658	132	1549	139	1793	135
	16年及以上	1570	125	1500	135	1758	133

另外，不同工作经历组内部的农村劳动力非农工资差距也不甚相同（见表5－16）。就工作经历而言，总体上讲，内部工资收入差距最高的工作经历段是16年及以上，其基尼系数已达到0.358，远高于其他工作经历组。这也可能是16年及以上这个工作经历段上个别“异常”收入造成的。8～11年工作经历内部非农工资差距与12～15年工作经历较为接近，高于3年及以下工作经历组和4～7年工作经历组各自内部非农工资差距。同样，不同从业经历内部的农村劳动力非农工资差距与工作经历类似，在此也不再赘述。

表 5－16　不同工作（或从业）经历组内部的农村劳动力非农工资差距

		变异系数	基尼系数	泰尔指数	平均对数离差
工作经历	3 年及以下	0.879	0.262	0.154	0.147
	4～7 年	0.583	0.265	0.131	0.138
	8～11 年	1.157	0.306	0.228	0.189
	12～15 年	0.831	0.309	0.200	0.178
	16 年及以上	1.946	0.358	0.354	0.258
从业经历	3 年及以下	0.872	0.261	0.153	0.147
	4～7 年	0.581	0.263	0.130	0.137
	8～11 年	1.139	0.301	0.219	0.181
	12～15 年	0.878	0.325	0.221	0.199
	16 年及以上	1.950	0.358	0.356	0.259

5. 健康

健康是重要的人力资本，不同健康水平之间的农村劳动力非农工资也有差异。从表 5－17 可知，总体而言，随着自评健康等级的上升，非农工资会增加。其中，自评健康“好”和“一般”的农村劳动力的非农工资分别比自评健康“不好”的农民高出 40% 和 17%。分打工地点看，在 3 种健康等级上，外出务工者的非农工资都高于本地打工者，但是本地打工者自评健康“好”和“一般”的非农工资相对自评健康“不好”的非农工资差距都高于外出务工农村劳动力。这表明，健康对本地打工农村劳动力的影响要大于外出务工农村劳动力。

表 5－17　不同健康水平之间的农村劳动力非农工资差距

	全部样本		本地打工		外出务工	
	均值(元)	相对数	均值(元)	相对数	均值(元)	相对数
不好	1024	100	811	100	1337	104
一般	1194	117	1099	136	1290	100
好	1437	140	1379	170	1477	115

从表 5－18 所示的不同健康水平内部的农村劳动力非农工资差距可知，尽管 4 种不平等指标所测度的不平等程度有所差异，但是它们可以反映一个共同规律：自评健康“一般”的农村劳动力非农工资差距低于自评健康“不好”或者“好”的农村劳动力。这说明，相对于自评健

康“一般”的农村劳动力，自评健康“不好”或“好”的农村劳动力在影响非农工资的其他特征上具有更大的差异性。

表 5-18　不同健康水平内部的农村劳动力非农工资差距

	变异系数	基尼系数	泰尔指数	平均对数离差
不好	0.626	0.342	0.191	0.232
一般	0.600	0.284	0.147	0.159
好	1.144	0.290	0.200	0.170

6. 职业

从表 5-19 可以看到，不同职业之间的农村劳动力非农工资水平存在差异。首先，总体来看，非农工资收入最高的职业是私企或个体户老板和专业技术人员，其他职业按照相应的非农工资均值由高到低排列，依次是行政办公管理人员、生产运输工人、商业工作人员和服务性工作人员，其中，私企或个体户老板和专业技术人员的月工资都是服务性工作人员的 1.38 倍。其次，除了本地打工中专业技术人员和私企或个体户老板非农工资次序有差异外，本地打工和外地务工农村劳动力在不同职业下平均工资的排序基本相同。最后，除商业工作人员外，其他职业外出务工农村劳动力的工资都高于本地打工农村劳动力，但是，从不同职业平均工资与其他职业的比值看，不同职业之间外出务工农村劳动力非农工资相对差距要低于本地打工农村劳动力。

表 5-19　不同职业之间的农村劳动力非农工资差距

	全部样本		本地打工		外出务工	
	均值(元)	相对数	均值(元)	相对数	均值(元)	相对数
私企或个体户老板	1754	169	1648	189	1993	152
专业技术人员	1754	169	1701	195	1794	137
行政办公管理人员	1379	132	1331	152	1457	111
商业工作人员	1316	126	1316	151	1316	100
服务性工作人员	1271	122	1104	126	1346	102
生产运输工人	1342	129	1220	140	1407	107
其他	1041	100	874	100	1314	100

从表 5-20 所示的不同职业内部农村劳动力非农工资差距看，私人企业或个体户老板的非农工资不平等程度最高，其基尼系数高到 0.422，这

是因为该组农村劳动力既包括拥有私人企业的老板，又包括从事非正式个体经营的业主，而且经营风险的存在使得他们各自工资收入有很大差异性。行政办公管理人员、商业工作人员、专业技术人员和服务性工作人员次之，他们各自内部非农工资不平等程度较为接近。最后是生产运输工人，这些主要从事简单体力劳动的农村劳动力具有更大的同质性。

表 5 -20　不同职业内部的农村劳动力非农工资差距

	变异系数	基尼系数	泰尔指数	平均对数离差
私企或个体户老板	1.970	0.422	0.465	0.347
专业技术人员	0.686	0.284	0.158	0.170
行政办公管理人员	0.707	0.334	0.201	0.236
商业工作人员	0.756	0.284	0.162	0.135
服务性工作人员	0.643	0.280	0.147	0.148
生产运输工人	0.490	0.224	0.094	0.103
其他	0.620	0.333	0.181	0.210

7. 行业

表 5 -21 表明，不同行业之间的农村劳动力非农工资存在较大差异。首先，总体上看，交通运输、仓储及邮政业的农村劳动力平均非农工资最高，公共管理和社会组织最低，排在中间的行业依次是建筑业、批发和零售、服务业、制造业、住宿和餐饮，其中交通运输、仓储及邮政业，以及建筑业的农村劳动力平均非农工资分别比公共管理和社会组织高 45% 和 32%。其次，分本地打工者和外出务工者来看，除了排在前两位的交通运输、仓储及邮政业，建筑业以及排在最后的公共管理和社会组织的次序不变外，其他行业的次序有所不同。最后，并非在所有相同行业上，外出务工农村劳动力的工资都高于本地打工农村劳动力。尽管建筑业，批发和零售业，住宿和餐饮业，公共管理和社会组织以及服务业的外出务工农村劳动力非农工资高于本地打工农村劳动力，但交通运输、仓储及邮政业和制造业的外出务工者非农工资却低于本地打工者。

表 5 -22 列出了不同行业内部的农村劳动力非农工资差距。从中可知，4 种不平等指标所反映的行业内非农工资差距的相对大小有很大差异。值得注意的是，尽管公共管理和社会组织的农村劳动力非农工资平均水平最低，但其内部差距很大。除了变异系数外，其他 3 种不平等指标值所反映的该行业内部非农工资差距都是最大的。这种低水平上的高不平等，是需要加以关注的。

表 5-21 农村劳动力非农工资的行业差异

	全部样本		本地打工		外出务工	
	均值(元)	相对数	均值(元)	相对数	均值(元)	相对数
制造业	1350	115	1354	118	1348	101
建筑业	1549	132	1502	131	1571	118
交通运输、仓储及邮政	1702	145	1713	149	1692	127
批发和零售	1382	118	1238	108	1511	113
住宿和餐饮	1344	115	1206	105	1394	104
公共管理和社会组织	1171	100	1151	100	1336	100
服务业	1364	116	1198	104	1507	113
其他	1320	113	1211	105	1575	118

表 5-22 不同行业内部的农村劳动力非农工资差距

	变异系数	基尼系数	泰尔指数	平均对数离差
制造业	0.941	0.249	0.156	0.130
建筑业	1.637	0.264	0.222	0.153
交通运输、仓储及邮政	0.655	0.300	0.163	0.182
批发和零售	0.759	0.322	0.194	0.188
住宿和餐饮	0.858	0.323	0.219	0.195
公共管理和社会组织	0.914	0.418	0.309	0.354
服务业	1.072	0.318	0.215	0.182
其他	1.054	0.375	0.294	0.314

8. 打工地

表5-23给出了不同打工地之间的农村劳动力非农工资差距。可见，外出务工农村劳动力的非农工资均值高于本地打工，前者比后者高10%。此外，外出务工者中，在外省城镇打工所得非农工资均值最高，其次是本省其他城镇，最后是本县县城，它们分别比本地打工农村劳动力的非农工资多13%、7%和3%。从表5-24所示的不同打工地内部的农村劳动力非农工资差距可知，外出务工者内部非农工资差距低于本地打工者，而在外省城镇打工的农村劳动力的非农工资差距又低于在本县县城或者本省其他城镇打工的农村劳动力。

表 5－23　不同打工地之间的农村劳动力非农工资差距

	均值(元)	相对数	中位数(元)	标准差(元)
本地打工	1330	100	1100	2090
外出务工：	1457	110	1300	1008
本县县城	1364	103	1200	981
本省其他城镇	1425	107	1200	1375
外省城镇	1509	113	1450	722
其他	1468	110	1200	857

表 5－24　不同打工地内部的农村劳动力非农工资差距

	变异系数	基尼系数	泰尔指数	平均对数离差
本地打工	1.571	0.349	0.303	0.241
外出务工：	0.692	0.246	0.125	0.120
本县县城	0.719	0.283	0.163	0.157
本省其他城镇	0.965	0.252	0.153	0.119
外省城镇	0.479	0.224	0.094	0.106
其他	0.584	0.257	0.127	0.115

9. 居住地

表 5－25 显示了不同居住地之间的农村劳动力非农工资差距。从中可知，长三角省份江苏和浙江的农村劳动力非农工资水平排在前列，分别达到 1706 元和 1557 元，而河南的农村劳动力非农工资最低，只有 1145 元，江苏和浙江的农村劳动力非农工资分别比河南高 49% 和 36%。中部省份安徽和湖北的农村劳动力非农工资相当，略低于浙江。西部的重庆、四川以及东部广东的农村劳动力非农工资相近，低于安徽和湖北。河北农村劳动力非农工资水平与河南接近，前者只比后者高 4%。从本地打工农村劳动力的非农工资看，江苏和浙江最高，其次是安徽和广东，再次是河北和湖北，接着是四川，最后是河南和重庆。从外出务工农村劳动力的非农工资看，浙江和江苏依然最高，其次是安徽和湖北，剩余的省市依次是重庆、广东、四川、河南和河北。另外，除了江苏基本持平外，其他省市外出务工农村劳动力平均非农工资收入都高于本地打工农村劳动力。其中，外出务工对重庆和湖北农村居民收入增长的影响最大，其外出务工非农工资收入分别比本地打工的高 48% 和 34%。

表5-25 不同居住地之间的农村劳动力非农工资差距

	全部样本		本地打工		外出务工	
	均值(元)	相对数	均值(元)	相对数	均值(元)	相对数
河北	1190	104	1147	119	1242	100
江苏	1706	149	1717	179	1694	136
浙江	1557	136	1483	154	1798	145
安徽	1433	125	1197	125	1530	123
河南	1145	100	994	103	1265	102
湖北	1422	124	1126	117	1511	122
广东	1289	113	1185	123	1344	108
重庆	1330	116	961	100	1423	115
四川	1256	110	1041	108	1329	107

表5-26所示的不同居住省份农村劳动力非农工资差距表明，江苏农村劳动力非农工资差距最高，四川最低；尽管其他省市农村劳动力非农工资差距的排序因不平等指标的不同而有所差异，但都相对较低，尤其是安徽、河南、湖北、广东、重庆和四川的基尼系数都在0.28以下。另外，如果不考虑变异系数，河北和浙江各自内部农村劳动力非农工资差距接近，列于江苏之后；其次是河南、广东、湖北和重庆，尽管其各自农村劳动力非农工资差距还略有差异；再次是安徽，其农村劳动力非农工资差距比最低的四川略高。由此也可以看到，经济发达程度较高地区的农村劳动力非农就业工资水平相对更高。

表5-26 不同居住地内部的农村劳动力非农工资差距

	变异系数	基尼系数	泰尔指数	平均对数离差
河北	0.593	0.308	0.160	0.191
江苏	1.977	0.359	0.397	0.247
浙江	0.689	0.303	0.170	0.172
安徽	0.568	0.234	0.111	0.113
河南	0.691	0.262	0.147	0.168
湖北	0.716	0.277	0.156	0.162
广东	0.635	0.272	0.145	0.144
重庆	0.517	0.270	0.127	0.165
四川	0.466	0.233	0.098	0.112

10. 农村非农工资差距的组群分解

为了反映农村劳动力个人和就业特征对其非农工资差距的解释力度，

本部分将农村劳动力非农工资收入差距按照已讨论的8个特征进行泰尔指数分解，将总体差距分解成组间差距和组内差距。表5－27所示的分解结果表明，农村劳动力非农工资差距仍由各特征组内差距决定，组间差距对总体差距的解释份额都不足5%。相对而言，8个特征中对非农工资差距解释作用最高的是职业、性别和居住地，它们所占比重都略高于4%；其次是年龄、受教育程度、工作（或从业）经历，其所占份额在2%到3%之间；再次是培训、行业和健康，其对总体差距的解释作用在1%到2%之间；最后是工作地区，只有0.73%的解释力。但是，打工地对农村劳动力非农工资差距较低的解释力可能是由地区划分标准造成的。如果将打工地点划分为不同的省市，那么打工地对农村劳动力非农工资差距的解释力可能很高。

表5－27　农村劳动力非农就业工资收入差距的泰尔指数分解

	绝对量		百分比(%)	
	组内	组间	组内	组间
性别	0.1890	0.0081	95.89	4.11
年龄	0.1918	0.0053	97.33	2.67
受教育程度	0.1931	0.0045	97.73	2.27
培训	0.1949	0.0029	98.56	1.44
健康	0.1950	0.0021	98.94	1.06
工作经历	0.1932	0.0039	98.03	1.97
从业经历	0.1925	0.0046	97.68	2.32
职业	0.1885	0.0086	95.64	4.36
行业	0.1942	0.0031	98.43	1.57
打工地	0.1957	0.0014	99.27	0.73
居住地	0.1892	0.0079	95.99	4.01

5.3　本章总结

本章使用农村住户调查，对农村非农就业者的分布及其工资收入状况进行了研究。通过考察非农就业者的自然特征和就业分布，以及不同自然和社会特征之间的内部工资差距，得出了下面的主要结论。

就农村劳动力非农就业特征而言，从事非农就业的农村劳动力以男性和青年人为主，已婚者居多，受教育程度低，过半未接受过培训，多数自评健康“好”，工作经历和从业经历较长，大多从事体力劳动，大量分布在制造业和建筑业，更多地在本县农村、县外省内城镇以及省外城镇工作。另外，与本地打工者相比，外出务工农村劳动力男性比例相当，更加“年轻”，受教育程度、参与培训比例以及健康水平较高，工作或从业经历较短，更多的是从事生产运输工人、服务性工作人员以及商业性工作人员，在制造业、建筑业、住宿和餐饮业工作的比例较高。

总体来看，非农工资分布状况处于比较均等化的状态。从不同特征的农村劳动力之间的非农工资看，男性高于女性，随着年龄和经历先增后减，与人力资本（教育、培训和健康等）正相关，且存在职业、行业和地区（包括来源地和打工地）差异。而与本地打工农村劳动力相比，外出务工农村劳动力在不同性别、年龄、培训状态、工作（或从业）经历、健康水平、职业和居住地（除基本持平的江苏外）上的非农工资水平更高，但在不同受教育程度或行业上的非农工资水平互有高低。对农村劳动力非农工资收入差距进行泰尔指数分解可见，各影响因素对总差距的解释份额都不高，其中职业、性别和居住地对非农工资差距的解释作用相对较大。

6　农民工内部工资与家庭收入差距

随着改革开放的推进和社会主义市场经济体制的完善，农村劳动力外出规模不断上升。2009 年全国外出农民工总量达到 14533 万人，比 2002 年增加 4063 万人，增长 30%。① 外出务工不仅提高了农民自身收入，而且促进了中国经济总量的增长和经济结构的调整。进城务工农民工通常有两种就业方式可选择：受雇佣和自我经营。这两种收入②也构成农民工家庭的主要收入来源。此外，在相当长的一段时期中，农民工工资收入偏低，增长缓慢，拖欠农民工工资现象时有发生。为了解决这些问题，近年来国家大力建设农民工培训系统工程，出台一系列保证农民工合法权益的法律法规。这些举措取得了一定的效果，也促进了农民工工资收入的增长。

本章旨在讨论农民工群体内部的工资收入和家庭收入差距。这里的农民工家庭指的是农民工在外出打工地所形成的收入与消费单位。由于农民工内部存在个人特征（性别、年龄、包括教育和经历在内的人力资本等）、家庭特征以及地区特征差异，随着时间的推移，农民工工资收入和家庭收入差距可能有扩大化的趋势。这需要对农民工工资收入和家庭收入差距的总体现状及其影响因素进行研究。

6.1　农民工样本基本特征

为了全面而详细地讨论农民工工资收入和家庭收入差距，本章使用“中国城乡劳动力流动课题组”（RUMiC，Rural-Urban Migration in China）于 2008 年对 15 个城市外来务工人员所做的抽样调查。这 15 个城市分别

① 2009 年和 2002 年外出农民工数据来自《中国农村住户调查年鉴》（2010，2003）。

② 本章的工资收入指通过为别人打工获得的工资性收入，或者自我经营净收入。

是上海、杭州、宁波、深圳、南京、无锡、广州、东莞、合肥、蚌埠、成都、武汉、郑州、洛阳和重庆。该调查在农民工工作区域，而不是在城市社区进行抽样。由于大多数外出农民工住在工厂宿舍、餐馆后台、建筑工地或城市郊区，本章使用的调查数据更能代表进城务工的农民工总体。这份农民工调查总共包括5007个住户和8446个个体，其在不同城市的分布状况见表6－1。

表6－1　不同调查城市的农民工家庭和个人样本分布

	家庭样本		个人样本	
	数量	比例(%)	数量	比例(%)
广州	400	7.99	617	7.31
东莞	301	6.01	469	5.55
深圳	302	6.03	365	4.32
郑州	350	6.99	658	7.79
洛阳	200	3.99	366	4.33
合肥	350	6.99	705	8.35
蚌埠	200	3.99	428	5.07
重庆	400	7.99	682	8.07
上海	503	10.05	852	10.09
南京	400	7.99	611	7.23
无锡	200	3.99	331	3.92
杭州	400	7.99	639	7.57
宁波	200	3.99	331	3.92
武汉	400	7.99	692	8.19
成都	401	8.01	700	8.29
总计	5007	100.00	8446	100.00

根据研究需要，本章对个人样本进行如下选择：在考察个人就业和工资收入时，将劳动力年龄限定在16～65周岁，同时不考虑少数不领工资的家庭帮工样本；为便于对不同就业特征下的工资收入差距进行分析，也不考虑少数从事第二职业所获得的收入。在讨论户主的基本特征和就业情况时，不对户主的年龄施加限制，但删除家庭收入信息缺失的家庭样本。经过处理，得到4978个家庭样本和6662个个体样本。

由于农民工家庭户主的特征与所有已就业的个人相近，下面只讨论已就业的农民工个人的基本特征以及就业分布。① 从表6－2对就业者基本

① 个人或户主的某些特征有缺失值，但每个特征的缺失比例都不超过0.2%，故在进行统计分析时不予考虑，这对结果几乎没有影响。

表 6－2　农民工个人以及户主的基本特征

单位：年，%

特　征	类别	个人			户主
		全部	男	女	
性　别	男	60.78			69.38
	女	39.22			30.62
年　龄	全部(岁)	31.19	31.8	30.25	30.57
	20 岁及以下	14.64	13.24	16.80	16.87
	21～25 岁	22.19	21.17	23.77	23.87
	26～30 岁	16.09	16.52	15.42	15.79
	31～35 岁	13.78	14.08	13.32	12.43
	36～40 岁	14.61	14.79	14.31	13.38
	41～45 岁	9.95	9.73	10.29	8.96
	46～50 岁	4.47	5.06	3.56	4.22
	51～55 岁	2.49	3.14	1.49	2.41
	56 岁及以上	1.79	2.27	1.03	2.07
教　育	受教育年限	9.12	9.22	8.98	9.28
	小学及以下	13.85	11.73	17.15	11.98
	初中	55.66	55.72	55.57	54.65
	高中	25.55	27.29	22.85	27.97
	大专及以上	4.83	5.19	4.29	5.40
培　训	无	74.32	71.23	79.10	70.48
	有	25.58	28.70	20.74	29.52
工作经历	全部工作年数	3.91	4.19	3.47	3.71
	1 年及以下	41.12	39.36	43.85	43.80
	2～3 年	23.02	22.03	24.57	22.80
	4～5 年	12.86	13.40	12.04	11.94
	6 年及以上	22.99	25.22	19.55	21.46
从业经历	全部从业年数	4.65	5.10	3.94	4.52
	1 年及以下	34.25	31.22	38.95	36.09
	2～3 年	22.96	22.05	24.37	22.85
	4～5 年	13.35	13.62	12.93	12.64
	6 年及以上	29.44	33.10	23.75	28.43

特征的描述，可以得到以下规律：第一，男性农民工多于女性，高出55%。第二，农民工平均年龄约为31岁，其中，男性农民工的年龄略高于女性；如果对21岁到55岁的农民工每5年划分一个年龄组，那么，无论是男性农民工，还是女性农民工，21~25岁年龄段的比例最高。第三，农民工平均受教育年限是9.1年，具有初中文化程度的最多，其次是高中文化程度，而大专及以上文化程度的偏少；分性别来看，男性农民工受教育程度略高于女性。第四，74.3%的农民工没有参加过培训，而女性农民工没有参加培训的比例更高。第五，农民工的工作经历（从事当前工作的时间）和从业经历（从事当前职业的时间）分别是3.9年和4.7年，其中男性农民工的工作经历和从业经历都高于女性农民工。

同样，由于农民工个人和户主的就业分布①相似，下面也只分析农民工个人的就业分布。对于表6-3所描述的就业分布，可概括为以下几点。第一，24%的农民工自我经营，而76%的农民工从事工资性工作，其中，合同工的比例高于非合同工；从不同性别角度看，男性农民工中合同工和自我经营的比例高于女性农民工，非合同工的比例低于女性农民工。第二，大多数农民工的职业是服务性工作人员、生产运输工人、私营企业或个体户老板和商业工作人员，只有极少数的农民工的职业是行政办公管理人员和专业技术人员，其中，男性农民工中从事生产运输工作的比例显著高于女性农民工，而从事商业工作的比例明显低于女性农民工。第三，更多的农民工的就业分布在批发和零售业、服务业②、制造业、住宿和餐饮业及建筑业，而少数农民工在房地产业或交通运输、仓储及邮政业工作；从不同性别角度看，男性农民工中在建筑业和交通运输、仓储及邮政业工作的比例明显高于女性，而在批发和零售业，以及住宿和餐饮业工作的比例显著低于女性。

从表6-4所示的不同抽调城市的住户特征可知，1人户的比例最高，高达60.5%，其中，最高的深圳达到84.4%，最低的蚌埠也有44.5%；2人户和3人户的比例次之，而4人户、5人户、6人户及以上农民工住户很少。这可能是因为，不少农民工年纪较轻，尚未结婚，或者举家搬迁，但把老人留在农村。

---

① 属于不领工资的家庭帮工或者无工作的户主样本极少，所以已就业的户主的基本特征与表6-2所示的包括未工作户主在内的所有户主几乎相同。

② 这里的服务业包括租赁和商业服务业，服务业社会中介类，服务业导游类，以及服务业其他类。

表 6-3　农民工个人和户主的就业分布

单位：%

特征	类别	个人			户主
		全部	男	女	
工作性质	非合同工	27.60	26.35	29.54	28.96
	合同工	48.71	49.72	47.15	50.50
	自我经营	23.69	23.93	23.31	20.54
职业	私人企业或个体户老板	23.83	24.07	23.47	20.69
	专业技术人员	0.77	0.47	1.23	0.67
	行政办公管理人员	1.34	1.48	1.11	1.50
	商业工作人员	15.32	9.97	23.62	15.39
	服务性工作人员	31.84	32.50	30.83	34.30
	生产运输工人	26.70	31.34	19.52	27.14
	其他	0.20	0.17	0.23	0.30
行业	制造业	19.03	19.39	18.48	19.20
	建筑业	10.12	14.32	3.60	11.19
	交通运输、仓储及邮政业	2.45	3.53	0.77	2.52
	住宿和餐饮业	16.26	13.98	19.79	16.64
	批发和零售业	24.48	21.68	28.82	22.68
	房地产业	2.90	3.56	1.88	3.45
	服务业	19.27	18.60	20.32	19.20
	其他	5.49	4.94	6.35	5.11

表 6-4　不同调查城市农民工不同规模住户的分布

单位：%

城市	1人户	2人户	3人户	4人户	5人户	6人及以上户	合计
广州	66.00	18.50	12.25	2.25	0.50	0.50	100
东莞	66.91	17.28	9.93	3.68	2.21	0.00	100
深圳	84.44	12.25	1.66	1.32	0.33	0.00	100
郑州	56.86	14.86	14.86	10.29	3.14	0.00	100
洛阳	59.50	12.50	17.50	7.50	2.00	1.00	100
合肥	47.43	20.29	19.71	10.0	2.00	0.57	100
蚌埠	43.50	18.50	22.00	13.0	2.50	0.50	100
重庆	56.25	25.25	12.00	5.00	1.25	0.25	100
上海	58.25	20.48	15.71	4.97	0.40	0.20	100
南京	65.25	22.75	7.00	4.00	1.00	0.00	100
无锡	63.50	12.00	20.00	4.50	0.00	0.00	100
杭州	58.00	28.50	10.50	1.75	1.25	0.00	100
宁波	61.00	20.50	11.50	6.00	1.00	0.00	100
武汉	61.50	12.75	18.75	5.75	1.00	0.25	100
成都	57.86	18.95	16.46	4.99	1.25	0.50	100
全部	60.47	18.96	13.70	5.36	1.27	0.24	100

6.2 农民工月工资收入差距

1. 总体状况

表 6－5 给出了农民工月工资收入的总体状况。从中可见，农民工平均月工资约为 1597 元，最低是 120 元，最高达到 30000 元。

表 6－5 农民工月工资收入状况

样本量(个)	均值(元)	标准差(元)	最小值(元)	最大值(元)
6662	1597	1241	120	30000

图 6－1 是农民工月工资收入的十等分组图。它是按照农民工月工资收入从低到高排序，将农民工分成人数相等的十个组，然后再分别计算每组平均月工资水平和每组工资总额在总收入的份额而得。图 6－1 直观地表明了下面的规律。首先，高收入组和低收入组的工资收入份额差距较大，工资收入最低的 10% 农民工的工资份额比例只有 3.9%，最高 10% 农民工已达到 25.4%，工资收入最低的 20% 农民工的工资总额只占 9.24%，最高的 20% 农民工高达 39.2%。其次，随着收入等级的上升，相应等级组的工资收入水平和份额缓慢上升，但到了第十等分组，工资收入水平和份额大幅提高。具体而言，在第九组之前，工资收入水平以 5～278 元之间不等的幅度增加，而工资收入份额增幅在 1% 左右。但是，第十等分组工资收入水平及在工资总额所占比例分别达到了 4051 元和 25.4%，分别比第九等分组提高了 1852 元和 84.2%，比第一等分组增加了 3427 元和 548%。

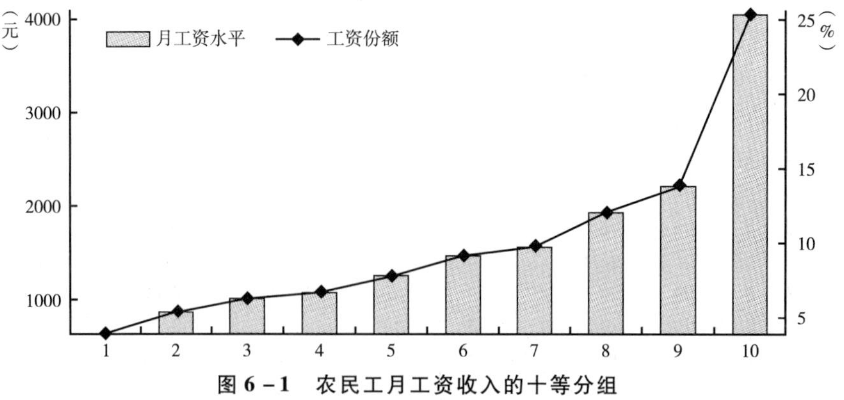

图 6－1 农民工月工资收入的十等分组

给定工资收入的分布特征，进一步讨论农民工月工资分配不平等问题。衡量不平等程度的指标有基尼系数、平均对数离差、变异系数、泰尔指数、最高10%与最低10%之比和最高20%与最低20%之比等。表6-6列出了以这些不平等指标衡量的不平等程度。农民工月工资收入基尼系数是0.3，低于城镇和农村住户的月收入基尼系数。

表6-6 农民工月工资收入的不平等程度

不平等指数	月工资	不平等指数	月工资
基尼系数	0.300	泰尔指数	0.178
平均对数离差	0.151	最高10%与最低10%比	6.484
变异系数	0.777	最高20%与最低20%比	4.234

2. 性别和年龄

图6-2给出了不同性别下农民工各年龄组的平均工资。总体上看，农民工工资在26~30岁之前随着年龄增加而呈现较快增长，之后缓慢下降，但过了46~50岁呈加速下降态势。尽管女性农民工工资收入最高的年龄段也是26~30岁，但男性农民工工资过了36~40岁才回落。在所有年龄段上，男性农民工的工资收入都高于女性。26~30岁之前，男性农民工工资增加的幅度高于女性，由此性别工资差距拉大。此后，由于男性农民工工资继续上升或持平，而同时女性农民工工资却下降，性别工资差距进一步拉大，到了36~40岁达到最大。36~40岁之后，男女农民工工资增幅此消彼长。但是，需要注意的是，过了51~55岁，性别工资差距有扩大的趋向。

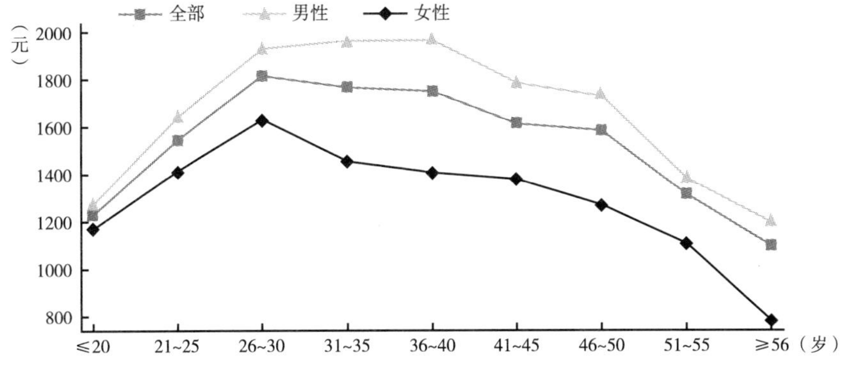

图6-2 不同性别下农民工各年龄组的工资水平

表6－7反映了农民工不同性别或年龄组内部的工资收入差距。从性别角度看，男性农民工内部工资收入差距高于女性农民工。从年龄角度看，在56岁之前，随着年龄的增长，农民工不同年龄组内部工资收入差距呈现先上升、后下降的态势。36～40岁的农民工内部工资收入差距高于其他年龄组，尽管基尼系数反映的36～40岁和26～30岁农民工各自内部工资不平等程度相近，而56岁及以上高龄组的农民工工资收入差距高于16～25岁低龄组的农民工。

表6－7　农民工不同性别和年龄组内部工资收入不平等程度

		变异系数	基尼系数	泰尔指数	平均对数离差
性别	男	0.780	0.300	0.181	0.152
	女	0.720	0.282	0.158	0.133
年龄	16～20岁	0.506	0.246	0.106	0.102
	21～25岁	0.612	0.264	0.132	0.116
	26～30岁	0.792	0.300	0.185	0.151
	31～35岁	0.746	0.317	0.191	0.167
	36～40岁	0.991	0.316	0.223	0.171
	41～45岁	0.804	0.315	0.195	0.164
	46～50岁	0.624	0.292	0.151	0.139
	51～55岁	0.592	0.280	0.141	0.135
	56岁及以上	0.583	0.306	0.151	0.152

3. 教育和培训

教育是重要的人力资本。从图6－3可知，随着受教育程度的提高，农民工的工资收入会增加。相比于小学及以下文化程度，受过初中、高中和大学及以上教育的农民工的工资收入要分别高出11%、15%和31%。此外，教育更有利于女性农民工的增收，进而降低了男女工资收入的相对差距。对于小学及以下文化程度的农民工，男女农民工工资收入比高达1.32∶1，但对于受教育水平是大学及以上的农民工，相应的工资收入比已降到了1.08∶1。培训可以弥补正规教育的不足，为农民工提供与工作更紧密的知识和技能。图6－4显示，总体而言，培训增加了农民工的工资收入，但是增幅不是很大。参加培训的农民工工资收入比没有参加培训的农民工高5%。另外，培训更有利于男性农民工工资收入的增长，参加培训的男女农民工分别比没有参加培训的高4%和2%。

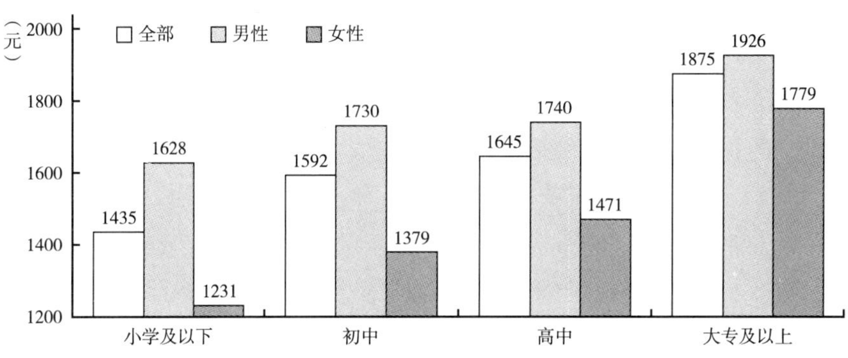

图 6－3　不同受教育程度的农民工平均工资

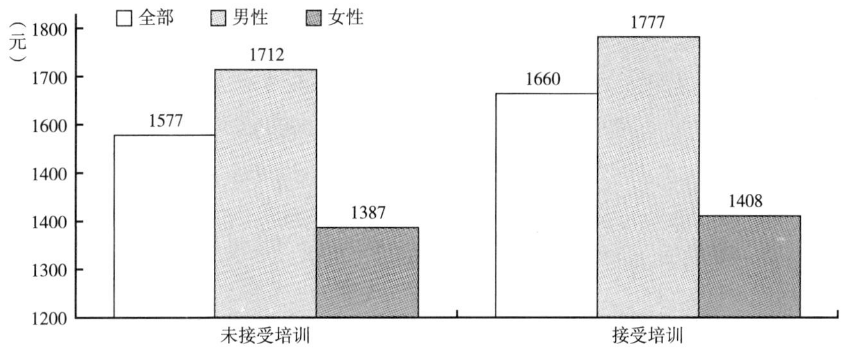

图 6－4　培训和农民工平均工资

表 6－8 列出了农民工不同受教育程度或培训状态内部工资收入的不平等程度。大专及以上文化程度的农民工工资收入差距最高，初中文化程度和小学及以下文化程度的略低且相当，而高中文化程度的最低。另外，受过培训的农民工工资收入差距与没有受过培训的农民工并无显著差异，尽管前者略高于后者。

表 6－8　农民工不同受教育程度或培训状态内部工资收入不平等程度

		变异系数	基尼系数	泰尔指数	平均对数离差
教育	小学及以下	0.776	0.308	0.184	0.159
	初中	0.803	0.299	0.181	0.150
	高中	0.690	0.284	0.156	0.135
	大专及以上	0.844	0.332	0.216	0.188
培训	无	0.789	0.301	0.182	0.153
	有	0.742	0.293	0.169	0.144

4. 工作和从业经历

农民工很多知识和技能都是通过“干中学”的形式积累起来的。图6－5和图6－6显示，从事当前工作或职业的经历（包括在其他单位从事该职业）都有助于提高农民工的工资收入，但随着工作或从业经历的增加，工资收入增长有减缓的趋势。其中，拥有6年及以上工作或从业经历的农民工的工资收入比拥有1年及以下工作或从业经历的要分别高出38%或41%。另外，工作或从业经历的增加趋向于更有助于男性农民工工资收入的增长。譬如，从事当前工作2～3年的男女农民工工资之比是1.17∶1，从事当前工作4～5年的为1.22∶1，而从事当前工作6年及以上的已增至1.29∶1。

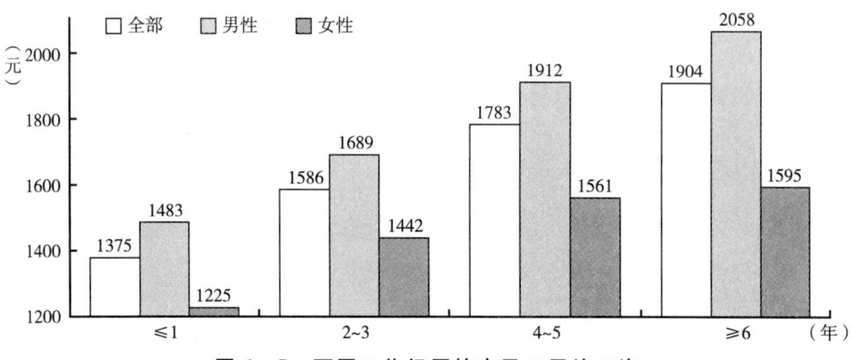

图6－5　不同工作经历的农民工平均工资

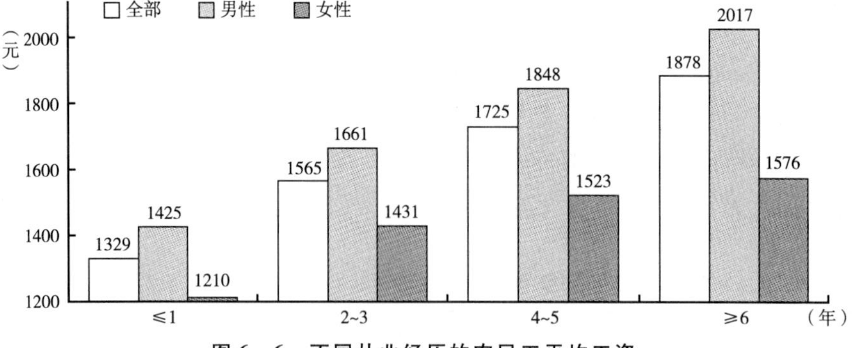

图6－6　不同从业经历的农民工平均工资

从表6－9农民工不同从业经历内部工资收入不平等程度可知，对于6年以下工作或从业经历的农民工而言，农民工工作或从业经历越长，其内部工资收入差距越高，但是，6年及以上工作或从业经历的农民工工资收入差距略微下降。

表 6－9 农民工不同从业（工作）经历内部工资收入不平等程度

		变异系数	基尼系数	泰尔指数	平均对数离差
工作经历	1 年及以下	0.606	0.272	0.136	0.123
	2～3 年	0.724	0.284	0.161	0.134
	4～5 年	0.919	0.312	0.213	0.168
	6 年及以上	0.820	0.314	0.197	0.167
从业经历	1 年及以下	0.614	0.270	0.137	0.122
	2～3 年	0.731	0.284	0.162	0.135
	4～5 年	0.899	0.306	0.204	0.161
	6 年及以上	0.786	0.305	0.185	0.158

5. 工作性质

进城农民工有两种就业方式：一是受雇佣，二是自我经营。受雇佣农民工又可细分为非合同工和合同工（包括一年以下的短期合同工和一年及以上的长期合同工）。合同既可以稳定农民工的就业，又可以保障他们的合法权益。图 6－7 表明，签订合同的农民工的工资收入要高于无合同的农民工，而且签订合同有助于缩小农民工工资收入的性别差距。具体而言，签订合同的农民工工资收入比无合同的农民工高 208 元，而他们内部性别工资比例分别是 1.21∶1 和 1.26∶1，前者比后者低 5 个百分点。另外，自我经营的农民工的平均工资高于合同工或非合同工，而其性别工资收入比例与非合同工相近，但高于合同工。然而，尽管自我经营的农民工的平均月工资较高，但他们的工作时间一般也相对较长。

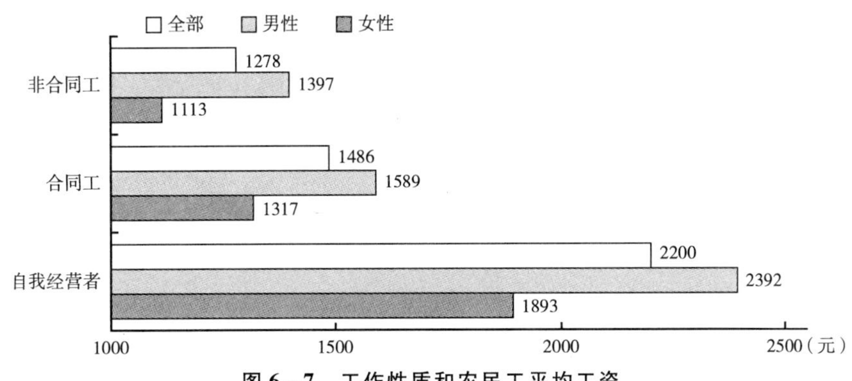

图 6－7 工作性质和农民工平均工资

从表 6－10 所示的农民工不同工作性质内部工资收入不平等程度看，受雇佣农民工中非合同工和合同工内部工资收入差距基本持平，但是自我经营者内部工资收入差距远高于非合同工和合同工。

表 6－10　农民工不同工作性质内部工资收入不平等程度

	变异系数	基尼系数	泰尔指数	平均对数离差
非合同工	0.474	0.241	0.097	0.095
合同工	0.467	0.234	0.093	0.090
自我经营者	0.973	0.383	0.283	0.251

6. 职业

不同职业的农民工工资收入是有差别的。图 6－8 表明，如果不考虑未归类的“其他”职业，将不同职业的农民工平均工资收入由高到低排列，依次是私企或个体户老板、行政办公管理人员、专业技术人员、生产运输工人、商业工作人员和服务性工作人员。另外，男性农民工在各类职业上的工资都高于女性，但幅度因职业不同而有所差异。如果不考虑未归类的“其他”职业，农民工性别工资收入比最高的职业是专业技术人员(1.66)，最低的是行政办公管理人员（1.03)，但从事这两类职业的农民工比例都很低。

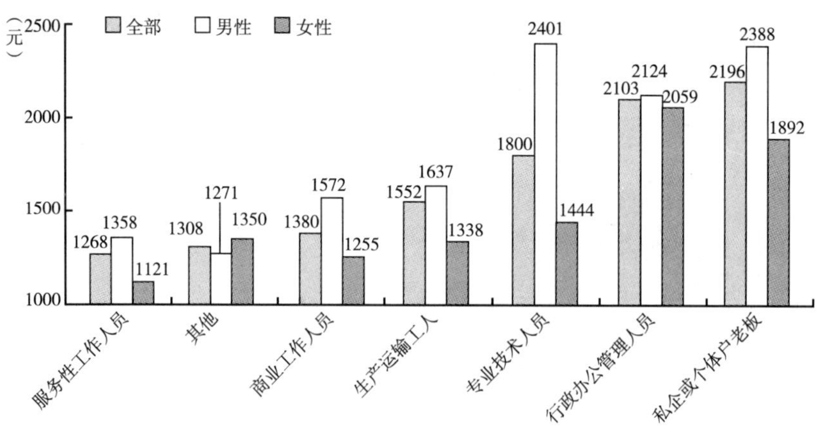

图 6－8　职业类型与农民工平均工资

从表 6－11 列示的农民工不同职业内部工资收入不平等程度看，如果不考虑未归类的“其他”职业，私企或个体户老板内部工资收入差距最高，其次是专业技术人员，再次是行政办公管理人员、商业工作人员，接着是服务性工作人员，而生产运输工人内部工资收入差距最低。

表 6-11 农民工不同职业内部工资收入不平等程度

	变异系数	基尼系数	泰尔指数	平均对数离差
私企或个体户老板	0.972	0.383	0.283	0.251
专业技术人员	0.632	0.340	0.183	0.196
行政办公管理人员	0.542	0.269	0.123	0.114
商业工作人员	0.486	0.239	0.099	0.092
服务性工作人员	0.482	0.237	0.097	0.092
生产运输工人	0.410	0.215	0.077	0.078
其他	0.340	0.185	0.053	0.055

7. 行业

行业特征对农民工工资收入也有重要影响。从图 6-9 可知，如果不考虑未归类的“其他”行业，总体来看，农民工工资收入最高的行业是建筑业，接着依次是批发和零售业，交通运输、仓储及邮政业，服务业，制造业，住宿和餐饮业，最后是房地产业，它们之间的相对比值是 1.24∶1.2∶1.12∶1.10∶1.06∶1.01∶1。此外，不同行业工资收入的性别差距也不尽相同。交通运输、仓储及邮政业的男女农民工工资收入比值（1.47）

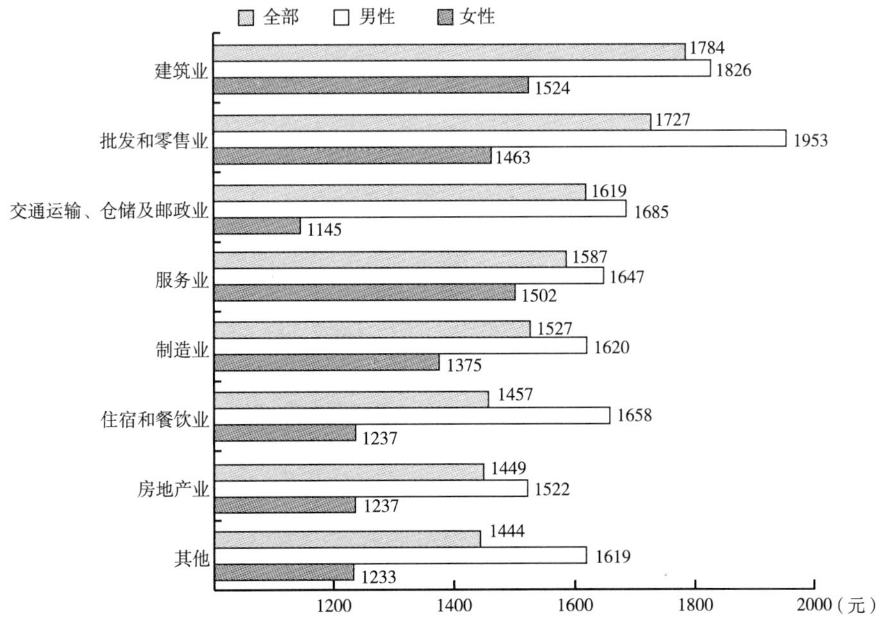

图 6-9 行业类型与农民工平均工资

最高，这是因为这个行业需要更多的体力，而男性农民工在这个行业更能发挥优势。同样，如果不考虑未归类的“其他”行业，其他行业按照性别工资收入比由高到低排序分别是住宿和餐饮业（1.34）、批发和零售业（1.33）、房地产业（1.23）、建筑业（1.2）、制造业（1.18）和服务业（1.1）。

表6－12给出了农民工不同行业内部工资收入不平等程度。如果不考虑未归类的“其他”行业，农民工行业内部工资收入差距最高的行业是批发和零售业、住宿和餐饮业，其次是服务业和建筑业，再次是房地产业，交通运输、仓储和邮政业，最后是制造业。

表6－12　农民工不同行业内部工资收入不平等程度

	变异系数	基尼系数	泰尔指数	平均对数离差
制造业	0.506	0.221	0.093	0.084
建筑业	0.754	0.272	0.158	0.132
交通运输、仓储及邮政业	0.535	0.254	0.115	0.109
住宿和餐饮业	0.804	0.318	0.199	0.166
批发和零售业	0.946	0.348	0.245	0.203
房地产业	0.540	0.267	0.121	0.113
服务业	0.757	0.299	0.176	0.150
其他	0.593	0.285	0.140	0.131

8. 地区

农民工工资收入存在着地区差异。表6－13所示的不同地区的农民工工资收入，是根据不同区域（东部、中部和西部）以及15个调查城市的农民工月平均工资收入由高到低排序而成。首先，可以直观地看到，排在第一位的是上海市，其农民工月平均工资收入是2011元，排在最后一位的是重庆市，其农民工月平均工资收入是1232元，比上海市低779元。其次，从东中西三大区域看，如果以农民工月平均收入为衡量标准，东部排在前列的城市的农民工收入超过中部或西部排在前列的城市，而且东部排在后面的城市的农民工收入也相对高于中部或西部靠后的城市，譬如，东部上海、杭州、深圳和南京的农民工工资收入都排在前4位，高于中部和西部的合肥、蚌埠和成都，而尽管东部城市中东莞的农民工收入较低，但高于中部的郑州和西部的重庆。注意，中西部合肥、蚌埠和成都的农民工工资收入相对较高，主要是因为这些城市自我经营的农民工所占的比例较高。最后，不同城市里的农民工性别工资收入差别也很不相同。东部城市东莞的性别差距最低，其男性农民工的工资收入只比女性高2.2%，中部城市合肥的性别差距最高，男性和女性农民工工资收入之比是1.44:1。

表6-13 不同调查城市的农民工工资水平

		全部		男性		女性	
		均值(元)	相对数	均值(元)	相对数	均值(元)	相对数
东部	上海	2010.84	163	2145.44	156	1808.68	172
	杭州	1855.13	151	2006.20	146	1607.88	153
	深圳	1779.00	144	1852.63	134	1639.16	155
	南京	1734.13	141	1846.60	134	1575.34	149
	无锡	1687.90	137	1810.43	131	1571.23	149
	广州	1590.21	129	1743.42	127	1394.25	132
	宁波	1534.09	125	1691.68	123	1312.94	125
	东莞	1399.37	114	1411.11	102	1380.33	131
中部	合肥	1714.12	139	1860.52	135	1290.61	122
	蚌埠	1515.40	123	1673.04	121	1089.55	103
	武汉	1454.19	118	1605.31	117	1234.85	117
	洛阳	1332.61	108	1395.58	101	1222.40	116
	郑州	1285.99	104	1394.77	101	1107.24	105
西部	成都	1574.07	128	1788.35	130	1261.75	120
	重庆	1232.06	100	1377.68	100	1054.26	100

表6-14表明，从不同区域内部的城市看，东部城市中上海农民工工资收入差距最大，而无锡最小，其他东部城市农民工工资差距尽管略有差异，但都比较小；中部城市中农民工工资收入差距最大的是洛阳，其基尼系数为0.366，最低的是武汉和郑州，其他中部城市合肥和蚌埠农民工工资收入差距处在高位；西部城市成都的农民工工资收入差距很大，基尼系数高达0.374，而重庆市农民工工资收入差距较小，基尼系数只有0.245。从不同区域城市之间的角度看，如果以农民工工资收入差距为衡量标准，东部排在前列的城市的农民工工资收入差距低于中部相应的城市，而中部城市低于相应的西部城市。例如，上海农民工收入差距低于洛阳，更低于成都。另外，东部靠后的城市的农民工工资收入差距低于中部或西部相应城市。譬如，无锡农民工收入差距低于武汉或郑州，也低于重庆。

9. 农民工工资收入差距的组群分解

为了进一步分析各因素在解释农民工工资收入差距上的相对重要性，

表 6－14　不同地区内部农民工工资收入差距

		变异系数	基尼系数	泰尔指数	平均对数离差
东部	上海	0.832	0.317	0.199	0.165
	杭州	0.651	0.278	0.147	0.127
	深圳	0.551	0.239	0.111	0.100
	南京	0.864	0.273	0.178	0.132
	无锡	0.584	0.208	0.098	0.079
	广州	0.490	0.231	0.095	0.088
	宁波	0.496	0.254	0.109	0.109
	东莞	0.471	0.223	0.091	0.084
中部	合肥	0.706	0.325	0.188	0.179
	蚌埠	0.783	0.360	0.230	0.216
	武汉	0.831	0.285	0.180	0.137
	洛阳	0.847	0.366	0.247	0.215
	郑州	0.674	0.302	0.165	0.150
西部	成都	1.249	0.374	0.331	0.234
	重庆	0.572	0.245	0.116	0.099

将农民工工资收入差距分别按照性别、年龄、受教育程度、培训、工作经历、从业经历、工作性质、职业、行业和城市进行泰尔指数分解，具体结果见表 6－15。从中可见，无论从哪个组别看，农民工工资收入差距都是由组内差距主导的。在所有因素当中，职业之间和工作性质之间工资收入差距在总差距中的比例最高，都超过了 10%，这可能是由受雇佣者和自我

表 6－15　农民工工资收入差距的泰尔指数分解

	绝对量		百分比(%)	
	组内	组间	组内	组间
性别	0.1730	0.0055	96.92	3.08
年龄	0.1699	0.0086	95.20	4.80
受教育程度	0.1770	0.0016	99.13	0.87
培训	0.1783	0.0003	99.85	0.15
工作经历	0.1696	0.0090	94.96	5.04
从业经历	0.1688	0.0099	94.48	5.52
工作性质	0.1563	0.0222	87.57	12.43
职业	0.1541	0.0246	86.25	13.75
行业	0.1758	0.0027	98.50	1.50
城市	0.1680	0.0105	94.14	5.86

经营者之间的工资收入差距决定的。城市之间工资收入差距所占的比例不是最高的，略高于年龄、性别或工作（或从业）经历所能解释的工资收入差距份额。行业之间工资收入差距较低，对总差距只解释了1.5%。值得注意的是，不同受教育程度之间或培训状态之间的工资收入差距对总差距的解释份额都不到1%，这说明教育和培训对农民工工资收入差距的影响非常有限。

6.3 农民工家庭收入差距

1. 总体状况

表6－16给出了农民工家庭人均月收入及其各分项的基本描述性统计。从中可知，农民工家庭人均月收入是1299元，其中，工资性收入①是860元，经营净收入是416元，财产性收入是14元，而转移性收入只有9元。图6－10所示的农民工家庭人均收入构成表明，工资性收入与经营净收入是农民工家庭的主要收入来源，财产性收入和转移性收入所占份额较低。无论从总体结构看（见图6－10），还是从不同收入等分组下的构成看（见表6－17），工资性收入和经营净收入所占的比例之和都超过90%。此外，从表6－17还能发现，随着收入等级提高，工资性收入份额先增加、后减少，而经营净收入份额先减少、后增加。这与两种收入风险特征和不同收入等分组家庭中两种就业方式的比例密切相关。

表6－16 农民工家庭人均月收入及其分项的基本状况

单位：元

	均值	标准差	最小值	最大值
全部	1299	10301	150	34320
工资性收入	860	775	0	8000
经营净收入	416	908	0	18500
财产性收入	14	476	0	30020
转移性收入	9	187	0	10000

① 与前面定义的工资收入不同，这里的工资性收入专指从事受雇佣获得的收入。

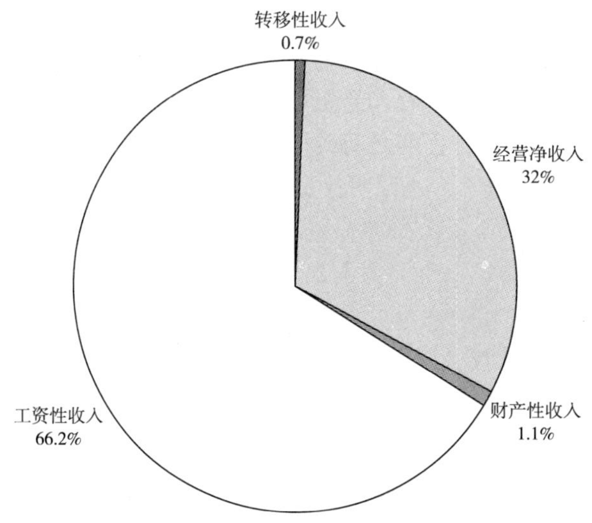

图 6-10　农民工家庭人均收入的构成

表 6-17　农民工家庭五等分组的收入结构

单位：%

收入等级组	工资性收入	经营净收入	财产性收入	转移性收入	合计
最低组	57.6	42.1	0.2	0.1	100
第二组	71.0	28.9	0.0	0.1	100
第三组	80.6	19.1	0.3	0.1	100
第四组	74.5	25.0	0.3	0.2	100
最高组	54.9	40.6	2.7	1.8	100

表 6-18 所示农民工家庭人均收入的十等分组，是按照农民工家庭人均收入从低到高对全部样本户进行十等分，然后计算每组收入占相应总收入的比例所得。首先，高收入和低收入农民工家庭组人均收入份额差异很明显。人均收入最低的 10% 的家庭收入份额只有 3.6%，最高的 10% 的家庭收入份额达到 26.4%；人均收入最低的 20% 的家庭收入占比是 9.2%，最高的 20% 的家庭收入占比高达 41.8%。其次，在最高组之前，随着十等分组等级的提高，每组家庭人均收入占全部样本户家庭人均总收入的比例匀速增长，增幅在 2% 左右，但是到最高组，收入份额大幅增加，上升了 11%。最后，从分项家庭人均收入看，随着收入等级的提高，每组经营净收入、财产性收入和转移性收入增长的态势跟家庭总收入相近，但工资性收入的增长较均匀。其中，总收入最高组是最低组的 7.3

倍，而其最高组对应的工资性收入、经营净收入、财产性收入以及转移性收入分别是最低组所对应的分项的6.3倍、7.6倍、81.4倍和112倍。

表6-18 农民工家庭人均收入十等分组

单位：%

收入等级组	总收入	工资性收入	经营净收入	财产性收入	转移性收入
最低组	3.6	2.9	5.2	1.2	0.7
第二组	5.6	5.3	6.6	0.5	0.0
第三组	6.9	8.2	4.7	0.4	1.8
第四组	7.7	7.4	8.7	0.0	0.0
第五组	8.8	11.7	3.1	0.2	0.2
第六组	10.0	11.2	7.9	4.2	1.9
第七组	11.4	13.7	7.2	2.5	2.4
第八组	12.7	13.5	11.4	3.6	5.4
第九组	15.4	16.6	13.1	5.6	27.1
最高组	26.4	18.3	39.6	97.7	78.4
合　计	100.0	100.0	100.0	100.0	100.0

进一步分析农民工家庭收入的不平等程度。表6-19表明，总体上讲，农民工家庭收入的不平等程度依然处在合理的范围。例如，常用的基尼系数是0.314，还没超过以0.4为临界的合理范围。从农民工家庭分项收入看，财产性收入的不平等程度最高，其次是转移性收入，再次是经营净收入，最后是工资性收入。需要注意的是，因为大部分农民家庭没有财产性和转移性收入或者只有少量，这两项的不平等程度远高于经营净收入和工资性收入。尽管如此，它们在家庭总收入中所占的比例极低，从而对农民工家庭人均总收入不平等程度的影响十分有限。

表6-19 农民工家庭收入的不平等程度

不平等指标	全部	工资性收入	经营净收入	财产性收入	转移性收入
基尼系数	0.314	0.486	0.796	0.997	0.995
泰尔指数	0.188	0.137	0.329	2.177	0.949
平均对数离差	0.171	0.151	0.314	2.028	0.876
变异系数	0.794	0.902	2.186	34.384	20.318
最高10%/最低10%	7.300	6.300	7.600	81.400	112.000
最高20%/最低20%	4.800	4.600	4.600	58.700	136.500

2. 户主性别和年龄

户主性别对家庭人均收入影响不大。表 6－20 显示，户主是男性的农民工家庭人均月收入只比户主是女性的农民工家庭高 1%。另外，农民工家庭人均收入与户主的年龄呈现倒“U”形关系。当户主年龄增加到 21～30 岁之间时，农民工家庭人均收入达到最高，此后随着年龄的增长而逐步下滑，到 51 岁及以上时达到最低。户主年龄在 21～30 岁之间的农民工家庭人均收入比户主年龄为 51 岁及以上的农民工家庭高 39%，而其他户主年龄组与家庭人均收入最低组的相对差距都在 10% 及以上。

表 6－20　不同性别、年龄的户主的农民工家庭人均收入

单位：元

	类别	均值	相对数	标准差	最小值	最大值
性别	男	1302	101	989	150	31200
	女	1291	100	1128	225	34320
年龄	20 岁及以下	1258	118	662	200	7020
	21～30 岁	1483	139	1297	200	34320
	31～40 岁	1232	116	997	150	12500
	41～50 岁	1167	110	683	160	6500
	51 岁及以上	1064	100	610	150	5000

表 6－21 给出了不同性别或年龄组户主的农民工家庭收入差距。不同性别的基尼系数、泰尔指数以及平均对数离差表明户主是男性的农民工家庭收入差距略高于户主为女性的农民工家庭，而变异系数给出的结果却相反，这是因为不同的不平等指标对工资收入分布的敏感方向和程度不同。

表 6－21　不同性别或年龄组户主的农民工家庭收入差距

	类别	变异系数	基尼系数	泰尔指数	平均对数离差
性别	男	0.760	0.322	0.191	0.180
	女	0.877	0.295	0.181	0.149
年龄	20 岁及以下	0.533	0.255	0.112	0.105
	21～30 岁	0.877	0.302	0.191	0.159
	31～40 岁	0.809	0.346	0.220	0.203
	41～50 岁	0.585	0.295	0.147	0.151
	51 岁及以上	0.574	0.275	0.134	0.134

另外，随着户主年龄的增长，相应年龄组内部的农民工家庭收入差距先上升、后下降，户主是 21 ~ 30 岁或 31 ~ 40 岁的农民工家庭收入差距显著高于其他年龄组。

3. 户主教育和培训

户主的受教育程度以及培训状态与农民工家庭收入水平息息相关。表 6 – 22 表明，随着受教育水平的提高，农民工家庭人均收入以较大幅度上升。户主具有初中、高中和大专及以上文化程度的农民工家庭人均收入比户主只有小学及以下文化程度的农民工家庭分别多 173 元、286 元和 603 元，相对增幅依次是 16%、26% 和 55%。另外，户主受过培训的农民工家庭人均月收入比没有受过培训的农民工家庭高 14%，多 180 元。

表 6 – 22　不同受教育程度或培训状态户主的农民工家庭人均收入

单位：元

	类别	均值	相对数	标准差	最小值	最大值
教育	小学及以下	1104.90	100	879.86	150	10500
	初中	1277.92	116	1059.88	150	34320
	高中	1391.04	126	973.49	220	18500
	大专及以上	1708.25	155	1256.37	200	10000
培训	无	1251.46	100	963.42	150	34320
	有	1431.00	114	1185.32	200	31200

表 6 – 23 给出了不同受教育程度或培训状态户主的农民工家庭收入差距。从中可见，户主是高中文化程度的农民工家庭收入差距最小。尽管户主具有小学及以下文化程度的家庭人均收入水平最低，但其内部收入差距处于较高水平。从户主培训状态看，户主受过培训的农民工家庭收入差距略大于户主没有受过培训的农民工家庭。

表 6 – 23　不同受教育程度或培训状态户主的农民工家庭收入差距

	类别	变异系数	基尼系数	泰尔指数	平均对数离差
教育	小学及以下	0.796	0.330	0.206	0.186
	初中	0.830	0.311	0.188	0.169
	高中	0.702	0.294	0.161	0.147
	大专及以上	0.738	0.333	0.199	0.185
培训	无	0.771	0.312	0.182	0.169
	有	0.829	0.315	0.196	0.170

4. 户主工作和从业经历

从表 6－24 可知，当户主工作（从事当前工作）或从业（从事当前职业）经历增加到 4～5 年时，农民工家庭人均收入达到最高值，随后略微下降。但是，不同工作或从业经历户主的农民工家庭人均收入之间的差异不显著。尽管户主工作经历（或从业经历）在 4～5 年之间的农民工家庭人均收入最高，但只比最低工作经历（或从业经历）的高了 10%（或 11%），而户主为其他工作经历的农民工家庭收入与最低工作经历之间的差距更小。表 6－25 表明，户主工作（或从业）经历在 1 年及以下的农民工家庭收入差距较小。这可能是因为，刚在城市工作不久的农民工在年龄、受教育程度以及工作性质等方面具有更大的同质性。

表 6－24　户主工作或从业经历与农民工家庭人均收入水平

单位：元

	类别	均值	相对数	标准差	最小值	最大值
工作经历	1 年及以下	1257	100	924	160	31200
	2～3 年	1332	106	1224	200	34320
	4～5 年	1378	110	993	200	10000
	6 年及以上	1297	103	1012	150	12500
从业经历	1 年及以下	1236	100	953	200	31200
	2～3 年	1320	107	974	175	18500
	4～5 年	1369	111	957	200	10000
	6 年及以上	1313	106	1141	150	34320

表 6－25　不同工作或从业经历户主的农民工家庭收入差距

	类别	变异系数	基尼系数	泰尔指数	平均对数离差
工作经历	1 年及以下	0.737	0.284	0.157	0.140
	2～3 年	0.919	0.314	0.202	0.172
	4～5 年	0.721	0.323	0.190	0.182
	6 年及以上	0.780	0.340	0.211	0.200
从业经历	1 年及以下	0.773	0.284	0.161	0.139
	2～3 年	0.738	0.306	0.176	0.163
	4～5 年	0.700	0.315	0.180	0.173
	6 年及以上	0.871	0.339	0.217	0.199

5. 户主工作性质

户主工作性质也影响农民工家庭收入。从表 6－26 可知，按照农民工家庭人均月收入由高到低排序，依次是户主为合同工、自我经营者和非合同工的农民工家庭。户主为合同工的农民工家庭人均收入略高于户主是自我经营者的农民工家庭人均收入，它们比户主是非合同工的农民工家庭人均收入分别高 145 元和 109 元，前两者与后者的比值分别是 1.12∶1 和 1.09∶1。

表 6－26　户主工作性质和农民工家庭人均收入水平

单位：元

类　别	均值	相对数	标准差	最小值	最大值
非合同工	1202	100	620	150	7000
合同工	1347	112	1010	225	34320
自我经营者	1311	109	1266	160	18500

表 6－27 列出了不同工作性质户主的农民工家庭收入差距。户主为自我经营者的农民工家庭收入差距远高于户主是非合同工和合同工的农民工家庭，而户主为合同工的家庭收入差距略高于户主是非合同工的农民工家庭。

表 6－27　不同工作性质户主的农民工家庭收入差距

类　别	变异系数	基尼系数	泰尔指数	平均对数离差
非合同工	0.517	0.258	0.113	0.111
合同工	0.750	0.268	0.143	0.125
自我经营者	0.966	0.399	0.295	0.270

6. 户主职业类型

户主的职业类型也会导致各自家庭人均收入存在差异。表 6－28 描述了户主不同职业类型对应的家庭人均收入水平。户主为行政办公管理人员的农民工家庭人均收入最高，比排在第二位的户主是专业技术人员的农民工家庭人均收入高 371 元，前者是后者的 1.22 倍。尽管户主为行政办公管理人员和专业技术人员的农民工家庭偏少，但其家庭人均收入明显高于户主其他职业类型的农民工家庭。户主为生产运输工人的农民工家庭人均收入次之，略高于户主是商业工作人员和私企或个体户老板的农民工家庭，而户主为服务性工作人员的农民工家庭人均收入排在最后。值得注意的是，尽管私企或个体户老板的个人收入较高，但其家庭人均收入并不高，这可能是因为私企或个体户以家庭经营为主。

表 6-28　户主职业类型与农民工家庭人均收入水平

单位：元

类别	均值	相对数	标准差	最小值	最大值
私企或个体户老板	1310	133	1263	160	18500
专业技术人员	1708	174	822	600	3600
行政办公管理人员	2079	212	3221	625	34320
商业工作人员	1311	133	746	220	9000
服务性工作人员	1186	121	876	150	31200
生产运输工人	1371	140	652	225	6250
其他	983	100	475	375	2000

从表 6-29 给出的不同职业类型户主的农民工家庭收入差距可知，户主为私企或个体户老板和行政办公管理人员的家庭收入差距居高，其基尼系数分别达到 0.398 和 0.332，户主是专业技术人员和商业工作人员的农民工家庭收入差距次之，户主为服务性工作人员和生产运输工人的农民工家庭收入差距最低。

表 6-29　不同职业类型户主的农民工家庭收入差距

类别	变异系数	基尼系数	泰尔指数	平均对数离差
私企或个体户老板	0.964	0.398	0.295	0.270
专业技术人员	0.481	0.265	0.110	0.115
行政办公管理人员	1.550	0.332	0.366	0.211
商业工作人员	0.569	0.264	0.127	0.119
服务性工作人员	0.738	0.261	0.138	0.118
生产运输工人	0.475	0.250	0.104	0.109
其他	0.483	0.268	0.114	0.125

7. 户主工作行业

农民工家庭收入也与户主所在行业密切相关（见表 6-30）。人均收入最高的是户主在建筑业工作的农民工家庭，最低的是户主在交通运输、仓储及邮政业工作的农民工家庭，前者人均收入比后者高 391 元，是后者的 1.34 倍。户主在制造业和服务业工作的农民工家庭人均收入相近，稍高于户主在房地产业工作的农民工家庭。紧随其后的是户主在住宿和餐饮业，以及批发和零售业工作的农民工家庭，其家庭人均收入分别只比户主在交通运输、仓储及邮政业工作的农民工家庭高 7% 和 5%。

表 6－30　户主工作行业与农民工家庭收入水平

单位：元

类别	均值	相对数	标准差	最小值	最大值
制造业	1347	117	1013	150	31200
建筑业	1542	134	945	300	10000
交通运输、仓储及邮政业	1151	100	643	233	4000
住宿和餐饮业	1231	107	1285	200	34320
批发和零售业	1206	105	970	160	10000
房地产业	1306	113	814	393	5000
服务业	1368	119	1070	200	18500
其他	1275	111	679	400	7000

从表 6－31 给出的不同工作行业户主的农民工家庭收入差距看，尽管户主在批发和零售业，以及住宿和餐饮业工作的农民工家庭人均收入相对水平较低，但其收入差距均高于户主在其他行业工作的农民工家庭。户主在服务业工作的农民工家庭收入差距次之，略高于户主在交通运输、仓储及邮政业和房地产、建筑业工作的农民工家庭。而户主在制造业工作的农民工家庭收入差距处于较低水平。

表 6－31　不同工作行业户主的农民工家庭收入差距

类别	变异系数	基尼系数	泰尔指数	平均对数离差
制造业	0.752	0.258	0.138	0.122
建筑业	0.613	0.286	0.146	0.139
交通运输、仓储及邮政业	0.558	0.301	0.147	0.159
住宿和餐饮业	1.044	0.318	0.226	0.174
批发和零售业	0.805	0.352	0.227	0.214
房地产业	0.623	0.294	0.153	0.140
服务业	0.784	0.312	0.186	0.166
其他	0.533	0.261	0.116	0.111

8. 农民工家庭规模

表 6－32 给出了不同家庭规模的农民工家庭人均收入水平。对于 6 人户以下的农民工家庭，随着家庭规模的增加，其人均收入在下降，但到了 6 人户，其家庭人均收入出现一定幅度的上涨。分析农民工家庭收入结构就会发现，6 人户人均收入的增加主要是由家庭人均经营收入的上升引起的，然而，由于 6 人户样本在总样本中的比例只有 0.24%，6 人户人均收入上涨的情况很可能不具代表性。此外，不同家庭规模之间的农民工家庭人均收入差距较大。1 人户的收入最高，与 2 人户的人均收入相近，它们分别是人均收入最低的 5 人户的 1.89 倍和 1.85 倍。而 3 人、4 人和 6 人户人均收入分别是 5 人户的 1.35 倍、1.1 倍和 1.21 倍。

表 6－32　不同家庭规模的农民工家庭人均收入水平和内部收入差距

	人均收入(元)	变异系数	基尼系数	泰尔指数	平均对数离差
1 人户	1525	0.785	0.278	0.158	0.129
2 人户	1487	0.711	0.276	0.153	0.132
3 人户	1092	0.702	0.300	0.169	0.151
4 人户	882	0.875	0.362	0.248	0.219
5 人户	805	0.503	0.280	0.124	0.136
6 人户	972	0.698	0.373	0.232	0.258

表 6－32 还列出了不同家庭规模内部的农民工家庭收入差距。从中可见，4 人和 6 人户各自内部的农民工家庭收入差距较高，而其他户较低。

9. 城市

农民工家庭收入也因打工地的不同而有所差异。如表 6－33 所示，不同城市之间的农民工家庭人均收入水平有以下特点。首先，农民工家庭人均收入最高的城市是深圳，最低的是重庆，前者农民工家庭人均收入比后者高 851 元，约为后者的 1.94 倍。其次，不同区域内城市之间的农民工家庭人均收入存在不小差距。譬如，分别比较三大区域内家庭人均收入最高的城市与最低的城市可发现，东部的深圳是东莞的 1.44 倍，中部的合肥是蚌埠的 1.16 倍，西部的成都是重庆的 1.1 倍。最后，农民工家庭收入的区域差异较大，东部 8 个城市的农民工家庭人均收入都高于中部五个城市和西部两个城市，其中，东部农民工家庭人均收入最高的城市是深圳，其家庭人均收入分别是中部和西部家庭人均收入最高的城市（分别是合肥和成都）的1.46倍和1.77倍，而东部家庭人均收入最低的城市是东莞，其家庭人均收入分别是中部和西部家庭人均收入最低的城市（分别是蚌埠和重庆）的1.18倍和1.35倍。

表6－33　不同城市之间的农民工家庭人均收入水平

单位：元

		均值	相对数	标准差	最小值	最大值
东部	深圳	1753	194	1030	350	10000
	上海	1659	184	1095	250	10000
	杭州	1651	183	931	300	8000
	南京	1578	175	1373	250	18500
	无锡	1481	164	739	467	5600
	广州	1419	157	1338	267	31200
	宁波	1356	150	663	175	5500
	东莞	1217	135	587	300	5000
中部	合肥	1202	133	883	150	7500
	武汉	1132	125	1484	200	34320
	洛阳	1078	119	781	200	8667
	郑州	1040	115	519	333	6000
	蚌埠	1032	114	1117	220	10500
西部	成都	992	110	670	200	6030
	重庆	902	100	668	150	4500

表6－34给出了不同城市内部的农民工家庭收入差距。从不同区域内部的城市看，东部8个城市农民工家庭收入差距相对较小，它们的基尼系数都没有超过0.3，其中，南京农民工家庭收入差距最大，东莞最小；中部城市农民工家庭收入差距普遍较大，其中，洛阳、合肥和蚌埠农民工家庭收入基尼系数都超过了0.35；西部成都市的农民工家庭收入差距较大，其基尼系数也达到0.32，而重庆市农民工家庭收入差距较小，其基尼系数还不足0.23。从不同区域城市之间的角度看，中部城市农民工家庭收入差距普遍高于东部城市，西部成都市农民工家庭收入差距更接近于中部的武汉和郑州，而重庆农民工家庭收入差距在所有的15个城市当中最小。

表 6－34　不同城市内部的农民工家庭收入差距

		变异系数	基尼系数	泰尔指数	平均对数离差
东部	深圳	0.587	0.242	0.119	0.103
	上海	0.660	0.295	0.160	0.148
	杭州	0.564	0.266	0.127	0.119
	南京	0.870	0.298	0.196	0.156
	无锡	0.499	0.241	0.102	0.096
	广州	0.943	0.240	0.154	0.105
	宁波	0.489	0.255	0.109	0.116
	东莞	0.482	0.238	0.099	0.096
中部	合肥	1.310	0.362	0.296	0.228
	武汉	0.724	0.299	0.172	0.155
	洛阳	1.083	0.391	0.316	0.256
	郑州	0.676	0.311	0.173	0.166
	蚌埠	0.741	0.366	0.224	0.222
西部	成都	0.735	0.323	0.193	0.176
	重庆	0.499	0.228	0.096	0.088

10. 农民工家庭收入差距的组群分解

为了考察不同户主特征和家庭特征在解释农民工家庭收入差距上的相对重要性，从户主性别、年龄、受教育程度、培训状态、工作经历、从业经历、工作性质、职业、工作行业、家庭规模以及城市角度将农民工家庭收入差距分解成组内和组间差距。从表 6－35 的分解结果可知，对农民工家庭收入差距解释能力最大的是家庭规模和城市，两者的组间差距在总差距中的份额都超过了 10%。户主特征对农民工家庭收入差距的解释作用较小，不同特征之间的家庭人均收入差距所占的比例都不足 4%。相对而言，在除工作的城市以外的所有户主特征中，年龄、受教育程度、职业以及工作行业对农民工家庭收入差距有相对重要的影响，但是工作（或从业）经历、培训的影响相当微弱，而性别几乎没有解释能力。

表 6-35 农民工家庭收入差距的泰尔指数分解

	绝对量		百分比(%)	
	组内	组间	组内	组间
户主性别	0.1880	0.00001	99.99	0.01
户主年龄	0.1818	0.0062	96.72	3.28
户主受教育程度	0.1837	0.0043	97.71	2.29
户主培训	0.1862	0.0018	99.03	0.97
户主工作经历	0.1871	0.0005	99.73	0.27
户主从业经历	0.1875	0.0006	99.69	0.31
户主工作性质	0.1865	0.0010	99.48	0.52
户主职业	0.1839	0.0038	97.97	2.02
户主工作行业	0.1844	0.0031	98.35	1.65
家庭规模	0.1663	0.0217	88.44	11.56
城市	0.1671	0.0209	88.87	11.13

6.4 本章总结

本章使用“中国城乡劳动力流动课题组”于 2008 年对 15 个城市外来务工人员所做的抽样调查数据，对农民工工资收入差距和家庭收入差距进行了分析，得出了下列主要结论。

从样本特征看，农民工以男性为主，年纪较轻，大多是初中文化程度，多数未接受培训，平均工作（或从业）经历在 4 年左右，签订合同的比例较低，主要从事服务性工作、生产运输、私营企业或个体户、商业工作等职业，大量分布在批发和零售业、服务业、制造业、住宿和餐饮业以及建筑业。与女性农民工相比，男性农民工年龄更大，受教育程度更高，工作（或从业）经历更长，签合同的比例更高，更多地从事体力劳动，更可能在建筑和交通运输、仓储及邮政业工作。从农民工家庭规模看，农民工家庭以 1 人户为主，2 人户或 3 人户次之，4 人及以上户严重偏少。

总体而言，农民工工资收入差距处在相对合理的范围之内。从农民工不同个人特征之间的工资收入看，男性高于女性，与年龄呈倒 U 形关系，与人力资本（教育和经历）正相关，且在不同工作性质、职业、行业和地区上存在差异。就不同性别农民工工资收入而言，男性农民工工资几乎在所有其他特征上都高于女性农民工，但是性别差距因为这些特征的不同而有所差异。对农民工工资收入差距进行泰尔指数分解后发现，相对而言，职业和工作性质是导致农民工工资收入差距的最重要因素，其次分别是城市、工作（或从业）经历和年龄。

总的来说，农民工家庭收入差距也处在相对合理的范围之内。对于农民工家庭人均收入水平，工资性收入和经营净收入占有绝对份额，而财产性收入和转移性收入则严重不足。另外，农民工家庭人均收入与户主特征之间的关系，类似于工资收入水平与个人特征之间的关系，而家庭人均收入水平随着家庭规模增加先下降后上升。而对农民工家庭收入差距进行泰尔指数分解后可见，不同于农民工个人工资收入差距，家庭规模和城市是影响农民工家庭收入差距的最重要的因素。

7　农民工和城镇居民家庭收入比较

本章主要分析农民工住户与城镇职工住户的家庭收入情况及相关内容，随后的第 8 章将进一步分析农民工就业者与城镇职工就业者的工资水平及其差距。本章所用样本包括两个部分，一部分是农民工样本，另一部分是城镇住户样本。其中农民工样本与第 5 章所采用的数据相同。剔除掉那些缺失住户收入信息的样本之后，农民工有效样本户为 4969 户①。在这里，有一点需要加以说明，关于农民工住户的定义，本章仅将工作或居住于城市的农民工看做是农民工住户中的成员，不考虑那些虽与农民工户主有亲情关系但居住于农村的那部分家庭成员。农民工调查数据仍然覆盖了 15 个城市，分别是广州、东莞、深圳、郑州、洛阳、合肥、蚌埠、重庆、上海、南京、无锡、杭州、宁波、武汉、成都。为便于比较，城镇住户也限定在与农民工相同的城市中，城镇职工有效样本户为 4605 户。

7.1　家庭规模及家庭结构

从表 7－1 中可以看出，工作于城镇的农民工大多为单人家庭，它占到全部被调查户的 60.43%；其次是 2 人家庭和 3 人家庭，它们分别占全部被调查户的 18.94% 和 13.73%。1～3 人的家庭总计占全部被调查户的 93.1%。对于城镇职工来说，3 人家庭居多，它占到全部被调查户的 54.33%；其次是 2 人家庭、4 人家庭，它们分别占全部被调查户的 23.67% 和 11.38%。与农民工存在很大不同的是，城镇职工中的单人家庭仅占全部被调查户的 3.67%。

---

① 如第 5 章所描述，农民工总样本规模为 5007 户。

表 7－1　农民工和城镇职工的家庭人口规模

人口数	农民工		城镇职工	
	户数	比例(%)	户数	比例(%)
1 人户	3003	60.43	169	3.67
2 人户	941	18.94	1090	23.67
3 人户	682	13.73	2502	54.33
4 人户	266	5.35	524	11.38
5 人户	64	1.29	259	5.62
6 人户	13	0.26	50	1.09
6 人以上户	0	0.00	11	0.24
共计	4969	100.00	4605	100.00

表 7－2 给出了 2～3 人核心家庭的家庭结构。对于 2 人家庭来说，约 85% 的农民工住户成员为夫妻关系，81% 的城镇职工住户成员为夫妻关系；对于 3 人家庭来说，95.89% 的农民工住户，其家庭成员为“夫—妻—子女”关系，96.24% 的城镇职工住户，其家庭成员为“夫—妻—子女”关系。

表 7－2　农民工样本户和城镇职工样本户的家庭结构

家庭规模	家庭关系	农民工		城镇职工	
		户数	比例(%)	户数	比例(%)
2 人家庭	夫—妻	800	85.02	883	81.00
	其他	141	14.98	207	19.00
3 人家庭	夫—妻—子女	654	95.89	2408	96.24
	其他	28	4.11	94	3.76

另外，从对数据的简单描述性统计中可以看出，对于农民工群体来说，小于 16 岁的农民工样本量占到农民工总样本量的 11%，并且平均一个农民工住户里面有 0.39 个小于 16 岁的家庭成员；大于 65 岁的农民工样本量占到农民工总样本量的 0.49%，平均一个农民工住户里面有 0.02 个大于 65 岁的家庭成员。对于城镇职工来说，小于 16 岁的城镇职工样本量占到城镇职工总样本量的 12.58%，并且平均一个城镇职工住户里面有 0.72 个小于 16 岁的家庭成员；大于 65 岁的城镇职工样本量占到城镇职工总样本量的 14.84%，平均一个城镇职工住户里面有 0.73 个大于 65 岁的家庭成员。

7.2 户主基本特征

本章首先详细分析按照简单平均法所得出的数据结果，而后再简要分析按照加权平均法所得出的数据结果。

1. 个人特征：性别、年龄、婚姻、子女数量

就性别而言，无论是农民工住户还是城镇职工住户，男性为户主的住户居多（见表7-3）。具体而言，在农民工住户中，69.51%住户的户主为男性，30.49%住户的户主为女性；在城镇职工住户中，64.39%住户的户主为男性，35.61%住户的户主为女性。

表7-3 农民工家庭和城镇居民家庭的户主特征

		农民工	城镇职工
户主总数(人)		4969	4605
性别(%)	男性	69.51	64.39
	女性	30.49	35.61
年龄组(%)	16岁以下	0.04	0.02
	16~20岁	16.76	0.09
	21~25岁	23.87	0.63
	26~30岁	15.78	4.67
	31~35岁	12.46	8.95
	36~40岁	13.40	12.25
	41~45岁	8.98	13.40
	46~50岁	4.23	12.90
	51~55岁	2.41	15.53
	56~60岁	1.37	10.71
	60岁以上	0.7	20.87
婚姻(%)	未婚	43.55	1.91
	已婚	56.45	98.09
子女数量(%)	0个	47.72	3.52
	1个	31.68	70.23
	2个及以上	20.61	24.08
	缺失值		2.17

就年龄而言，总体来说，农民工户主比城镇职工户主更趋年轻化，农民工住户的户主年龄更多地集中在30岁以下，而城镇职工住户的户主年

龄更多地集中在30岁以上（见表7-3）。具体而言，农民工户主的平均年龄为30.58岁，城镇职工户主的平均年龄为49.89岁；户主年龄小于30岁的农民工样本户数量占到农民工总户数的56.45%，而对于城镇职工住户来说，户主年龄在30岁以下的样本户数量仅占到城镇职工总户数的5.41%；户主年龄在31~60岁之间的农民工样本户数量占到农民工总户数的42.85%，户主年龄在31~60岁之间的城镇职工样本户数量占到城镇职工总户数的73.74%；另外，值得注意的是，城镇职工住户中，户主年龄在60岁以上的老人家庭占有很大的比例，达20.87%，这说明，老人家庭已经是城市居民家庭的一个非常重要的组成部分，而农民工的相应比例仅为0.7%。

就婚姻状况而言，无论是农民工住户还是城镇职工住户，都以已婚家庭为主，但是，城镇职工住户中已婚家庭所占的比例（98.09%）远远大于农民工住户中已婚家庭所占的比例（56.45%）。

就子女数量而言，没有孩子的农民工住户居多，拥有1个孩子的城镇职工住户居多。具体而言，在农民工住户中，没有孩子的住户占到47.72%，拥有1个孩子的住户占到31.68%；在城镇职工住户中，没有孩子的住户占到3.52%，拥有1个孩子的住户占到70.23%。

2. 人力资本：教育、培训、工作经验

农民工户主在教育、培训方面所体现的人力资本水平都低于城镇职工户主（见表7-4、表7-5）。

表7-4　农民工家庭和城镇居民家庭的户主人力资本差异

		农民工	城镇职工
受教育程度	小学及小学以下	10.44	7.97
	初中	48.64	26.91
	普通高中	23.34	25.69
	职高中技中专	12.18	9.12
	大专电大函授等	4.71	16.46
	本科及以上	0.68	13.12
	缺失值		0.74
培训经历	无	70.46	65.75
	有	29.54	31.36
	缺失值		2.89

表 7－5 农民工和城镇职工住户的户主特征（均值）比较

单位：年

	农民工	城镇职工	农民工/城镇职工
平均年龄	30.58	49.89	0.61
所受正规教育年限(年)	9.28	11.19	0.83
从事当前工作的年数	3.55	14.22	0.25
从事当前职业的年数	4.40	14.52	0.30
第一次外出务工距今的年数	7.81		

就户主学历而言，农民工户主的平均受教育年限是 9.28 年，以初中学历为主，占 48.64%；其次是普通高中、职高中技中专、小学及以下，分别占 23.34%、12.18%、10.44%，户主是大专电大函授、本科及以上这两个高学历层次的住户仅占到农民工家庭总数的 5.39%。对于城镇职工住户的户主来说，其平均受教育年限是 11.19 年，排在前 4 位的学历层次分别是初中、普通高中、大专电大函授、本科及以上，所占的比例依次是 26.91%、25.69%、16.46%、13.12%。由此看出，在小学及小学以下、初中这两个低学历组中，农民工户主相应的比例高于城镇职工；在普通高中、职高中技中专这两个中等学历组中，两群体的相应比例差别不大；但是在大专电大函授等、本科及以上这两个高学历组中，农民工户主相应的比例则远远低于城镇职工。

就培训而言，大多数的农民工户主和城镇职工户主都没有接受过培训，但是农民工户主中没有接受过培训的人员比例（70.46%）比城镇职工户主中没有接受过培训的人员比例（65.75%）更高。

就工作经验而言，农民工户主和城镇职工户主从事当前工作的平均年数分别是 3.55 年、14.22 年，从事当前职业的平均年数分别是 4.40 年、14.52 年。另外，农民工户主第一次外出务工距今的年数为 7.81 年，远远长于其从事当前工作的年数、从事当前职业的年数，这说明农民工户主变换工作的频率相对较高。

3. 就业状况：单位所有制、职业、行业、当前主要工作的性质

就单位所有制而言，农民工户主大多数工作于民营部门，而城镇职工户主则多数工作于公有部门（见表 7－6）。具体而言，将近 4/5（79.33%）的农民工户主就业于民营部门，其中工作于私营企业的农民工户主最多，达到 44.74%，其次是个体，达到 34.59%，仅有 1/5 的农

民工户主工作于公有部门（包括国有、集体企业及党政机关、事业单位）及其他企业。与农民工户主正好相反，仅有不到1/5（18.59%）的城镇职工户主工作于民营部门，大多数城镇职工户主工作于国有、集体企业及党政机关、事业单位等公有部门。

表7-6　农民工家庭和城镇居民家庭的户主就业状况

单位：%

		农民工	城镇职工
单位所有制	个体	34.59	8.49
	私营企业	44.74	10.10
	国有、集体企业	9.76	15.48
	党政机关、事业单位	4.99	24.58
	其他企业	5.47	4.06
	缺失值	0.44	37.29
职业	商业/服务性工作人员/个体经营	68.50	12.07
	生产运输工人	26.50	10.14
	各类专业技术人员	1.47	13.79
	行政办公/办事/管理人员	2.90	15.18
	国家机关/党群组织/企事业单位负责人	0.00	5.80
	其他	0.12	5.21
	缺失值	0.50	37.81
行业	批发和零售业	24.21	7.23
	制造业	19.62	11.68
	住宿和餐饮业	18.45	1.74
	建筑业	11.55	2.67
	服务业	10.14	9.38
	交通运输仓储及邮政业	3.26	6.78
	公共管理和社会组织	0.20	5.84
	其他	12.07	17.42
	缺失值	0.48	37.26
当前主要工作性质	有合同	50.31	50.29
	自我经营	20.45	6.02
	无合同	28.82	6.06
	缺失值	0.42	37.63

就职业而言，95%的农民工户主所从事的是“蓝领职业”，诸如商业、服务性工作、生产运输等技术含量低的职业，而城镇职工户主在各职业中的分布相对较均匀，其中，身份为专业技术人员、行政办公、管理人

员所占的比例远远大于农民工户主的相应比例。

就行业[①]而言，与职业分布类似，也是农民工户主所在的行业较集中，而城镇职工户主所在的行业较分散。

最后，就所从事的主要工作的性质而言，一半的农民工户主从事有合同的工作，占到总样本户的50.31%。大多数的城镇职工户主所从事的是有合同的工作。

7.3 家庭收入结构比较

考虑到农民工人群具有较强的流动性，因此为便于对农民工与城镇职工之间的比较，本部分比较的基础被设定为农民工和城镇职工家庭月人均总收入。从表7-7中可以看出，对于农民工家庭来说，其月人均总收入为1298元，其中，工资性收入为860元，占总收入的66.22%；经营净收入为415元，占总收入的32%；剩下的财产性收入、转移性收入加起来一共不到总收入的2%。对于城镇职工家庭来说，其月人均总收入为1650元，其中，劳动收入为1120元，占总收入的67.91%；经营净收入为129元，占总收入的7.82%；与农民工形成鲜明对比的是转移性收入这一项，转移性收入占到城镇职工家庭月人均总收入的21.58%，而农民工住户相应的比例仅为0.71%。转移收入的差异来源于城镇住户与农民工住户的人口构成和社会保障覆盖差异，因为城镇住户的转移性收入主要是由养老金或退休金构成的，而农民工住户一方面年龄相对要年轻得多，退休年龄成员要少得多；另一方面，目前的养老保障制度下农民工群体尚少有养老金领取者。

表7-7 农民工和城镇职工家庭月人均总收入结构

	月均收入均值(元)		比例(%)	
	农民工	城镇职工	农民工	城镇职工
工资性收入	860	1120	66.22	67.91
经营净收入	415	129	32.00	7.82
财产性收入	14	45	1.07	2.70
转移性收入	9	356	0.71	21.58
共 计	1298	1650	100.00	100.00

① 本章将农民工和城镇职工分布较多的几个行业、职业单独列出，其他的行业、职业都列入“其他”项。

7.4 家庭月人均总收入比较

1. 户主特征与家庭月人均总收入水平

(1) 户主性别

无论是农民工住户还是城镇职工住户，以男性为户主的样本户的家庭月人均总收入都高于以女性为户主的样本户的家庭月人均总收入；并且，不管是男性户主还是女性户主，所对应的农民工家庭月人均总收入水平都低于城镇职工家庭月人均总收入水平（见表7－8）。

表7－8 户主特征与家庭月人均总收入

		农民工（元）	城镇职工（元）	农/城（城＝100）
总样本		1298	1655	78.43
户主性别	男性	1301	1666	78.11
	女性	1291	1635	78.96
户主年龄组	16岁以下	1050	2083	50.40
	16～20岁	1258	934	134.69
	21～25岁	1531	1954	78.35
	26～30岁	1432	2136	67.04
	31～35岁	1269	1890	67.14
	36～40岁	1199	1970	60.84
	41～45岁	1155	1519	75.99
	46～50岁	1193	1609	74.12
	51～55岁	1152	1600	72.01
	56～60岁	952	1652	57.61
	60岁以上	883	1397	63.19
户主婚姻	未婚	1491	2204	67.65
	已婚	1225	1649	74.30
子女数量	0个	1498	2666	56.18
	1个	1309	1684	77.77
	2个及以上	1068	1443	74.01

(2) 户主年龄

从户主的年龄结构来看，户主在30岁以下的样本户中，无论是农民工住户还是城镇职工住户，其家庭月人均总收入都随着户主年龄的增长而增长；但是户主在30岁以上的各年龄组中，农民工住户的家庭月人均总收入是随着户主年龄的增长而下降的，城镇职工住户的家庭月人均总收入则随着户主年龄的增长没有呈现明显的趋势。另外，除了16~20岁这个年龄组以外，其他所有年龄组对应的农民工家庭月人均总收入都低于城镇职工家庭月人均总收入（见表7-8）。

（3）户主婚姻状况

无论是农民工住户还是城镇职工住户，未婚户主所对应的家庭月人均总收入都高于已婚户主所对应的家庭月人均总收入（见表7-8）。

（4）子女数量

无论是农民工家庭还是城镇职工家庭，随着子女数量的增加，被调查样本户的家庭月人均总收入都是逐渐下降的；在每一组中，所对应的农民工家庭月人均总收入都低于城镇职工家庭月人均总收入；未婚组所对应的农民工家庭月人均总收入与城镇职工家庭月人均总收入的差距小于已婚组对应的两群体家庭月人均总收入的差距（见表7-8）。

（5）户主受教育程度

无论是农民工住户还是城镇职工住户，随着户主受教育程度的提高，被调查样本户的家庭月人均总收入都呈现逐渐上升的趋势；每一层次的户主受教育程度所对应的农民工家庭月人均总收入，都低于城镇职工家庭月人均总收入；而且除了本科及以上学历组，随着户主受教育程度的逐渐提高，农民工家庭月人均总收入与城镇职工家庭月人均总收入之间的差距在不断扩大（见表7-9）。

表7-9 户主人力资本特征与家庭月人均总收入

		农民工(元)	城镇职工(元)	农/城(城=100)
受教育程度	小学及以下	1093	1181	92.55
	初中	1274	1348	94.51
	普通高中	1353	1523	88.84
	职高中技中专	1391	1695	82.07
	大专电大函授等	1662	2044	81.31
	本科及以上	2066	2302	89.75
培训经历	无	1250	1573	79.47
	有	1430	1779	80.38

（6）户主培训状况

无论是农民工住户还是城镇职工住户，户主未受过培训的家庭月人均总收入都低于户主受过培训的家庭月人均总收入，而且，这两组所对应的农民工家庭月人均总收入与城镇职工家庭月人均总收入之间的差距相近，未受过培训的农民工家庭月人均总收入是未受过培训的城镇家庭月人均总收入水平的79.47%；受过培训的农民工家庭月人均总收入占到后者的80.38%（见表7-9）。

（7）户主工作单位所有制

就不同工作单位所有制的户主而言，户主属于个体的家庭月人均总收入最低，其次是私营企业，无论是农民工住户还是城镇职工住户都如此（见表7-10）。

表7-10　户主就业状况与家庭月人均总收入

		农民工(元)	城镇职工(元)	农/城(城=100)
单位所有制	个体	1248	1604	77.81
	私营企业	1305	1707	76.45
	国有、集体企业	1410	1732	81.39
	党政机关事业单位	1381	1968	70.14
	其他企业	1429	1899	75.26
	缺失值	961	1380	69.65
职业	商业/服务性工作人员/个体经营	1271	1622	78.38
	生产运输工人	1352	1431	94.48
	各类专业技术人员	1725	2102	82.08
	行政办公/办事/管理人员	1390	1882	73.84
	国家机关/党群组织/企事业单位负责人	无样本	2216	
	其他	723	1609	44.93
	缺失值	1105	1385	79.76
行业	批发和零售	1238	1702	72.73
	制造业	1356	1699	79.84
	住宿和餐饮业	1243	1479	84.04
	建筑业	1536	1640	93.66
	服务业	1355	1561	86.81
	交通运输、仓储及邮政业	1221	1518	80.41
	公共管理和社会组织	1251	2021	61.91
	其他	1246	2180	57.18
	缺失值	924	1381	66.92
当前主要工作性质	有合同	1346	1865	72.17
	自我经营	1310	1933	67.77
	无合同	1202	1254	95.85
	缺失值	958	1384	69.22

（8）户主职业

就户主从事不同职业种类的样本户比较而言，对于农民工所有住户来说，户主身份为商业/服务性工作人员/个体经营的家庭月人均总收入最低；对于城镇职工所有住户来说，户主身份为生产运输工人的家庭月人均总收入最低。在所有样本户中，户主身份同为生产运输工人的样本户所存在的农民工家庭月人均总收入与城镇职工家庭月人均总收入的差距是最小的（见表7－10）。

（9）户主行业

就户主从事不同行业的样本户比较而言，对于农民工住户来说，户主从事交通运输、仓储及邮政业的样本户家庭月人均总收入最低，其次是户主工作于批发和零售业的样本户，而户主工作于建筑业的农民工样本户的家庭月人均总收入最高；对应城镇职工住户来说，户主从事住宿和餐饮业的样本户家庭月人均总收入最低，其次是户主工作于交通运输、仓储及邮政业的样本户。在所有样本户中，户主工作于建筑业的样本户所存在的农民工家庭月人均总收入与城镇职工家庭月人均总收入之间的差距最小，户主工作于公共管理和社会组织的样本户所存在的农民工家庭月人均总收入与城镇职工家庭月人均总收入之间的差距最大（见表7－10）。

（10）户主主要工作性质

就不同工作性质的户主而言，户主从事无合同工作的样本户家庭月人均总收入最低，无论是农民工住户还是城镇职工住户都如此；另外，在所有样本户中，户主从事无合同工作的样本户所存在的农民工家庭月人均总收入与城镇职工家庭月人均总收入之间的差距最小，前者的家庭月人均总收入占到后者家庭月人均总收入的95.85%。户主从事有合同工作的样本户所存在的农民工家庭月人均总收入与城镇职工家庭月人均总收入之间的差距较大，前者的家庭月人均总收入仅占到后者家庭月人均总收入的72.17%（见表7－10）。

（11）所在的城市

在所有15个城市中，农民工家庭月人均总收入排在前3位的城市依次是深圳、上海、杭州，排在最后3位的城市依次是蚌埠、郑州、重庆；城镇职工家庭月人均总收入排在前3位的城市依次是东莞、广州、深圳，排在最后3位的城市依次是蚌埠、洛阳、郑州、重庆；在所有的15个城市中，农民工家庭月人均总收入与城镇职工家庭月人均总收入差距最大的3个城市依次是东莞、广州、宁波，农民工住户月人均总收入只相当于城镇住户月人均总收入的58.67%、49.98%和65.19%。农民工家庭月人均总收入与城镇职工家庭月人均总收入差距最小的3个城市依次是蚌埠、成都、无锡，两群体的家庭月人均总收入之比分别是101.46%、101.35%、99.35%。在这里令人意外的是，蚌埠、成都这两个城市，农民工家庭月人均总收入比城镇职工家庭月人均总收入还要略高，虽然高出的份额不多，但也从另一个方面表明，在这3个城市，农民工家庭月人均总收入与城镇职工家庭月人均总收入相差无几（见表7－11）。

表7－11　所在城市与家庭月人均总收入

	农民工(元)	城镇职工(元)	农/城(城＝100)
广州	1419	2420	58.64
东莞	1217	2435	49.98
深圳	1753	2210	79.32
郑州	992	1136	87.32
洛阳	1032	1067	96.72
合肥	1128	1609	70.11
蚌埠	903	890	101.46
重庆	1040	1168	89.04
上海	1659	2055	80.73
南京	1578	1813	87.02
无锡	1481	1491	99.33
杭州	1651	1884	87.60
宁波	1356	2080	65.19
武汉	1077	1360	79.20
成都	1200	1184	101.35

2. 家庭月人均总收入十等分组比较

按照家庭月人均总收入对农民工样本户和城镇职工样本户分别进行十等分组，给出由低到高排列的每一组所对应的家庭月人均总收入，所得结果如表7－12所示。从中可以看出，在前3个低收入组，农民工家庭月人均总收入与城镇职工家庭月人均总收入差别不大，甚至还大于城镇职工家庭月人均总收入；从最低组到最高组，随着家庭月人均总收入的逐渐提高，农民工与城镇职工的家庭月人均总收入之间的差距越来越大，其中，在第十组中，农民工家庭月人均总收入仅占到城镇职工家庭月人均总收入的72%。

表 7－12　农民工与城镇住户分别十等分组

	农民工(元)	城镇职工(元)	农/城(城=100)
最低组	487.79	417.94	117
第二组	741.08	704.78	105
第三组	903.60	896.00	101
第四组	1000.00	1082.47	92
第五组	1147.99	1276.60	90
第六组	1299.70	1481.55	88
第七组	1483.79	1759.93	84
第八组	1647.95	2162.31	76
第九组	1995.39	2728.73	73
最高组	3453.63	4772.40	72

进一步将农民工样本户和城镇职工样本户混合在一块，按照家庭月人均总收入从低到高进行了十等分组，表 7－13 的 A 部分给出了在每组中农民工住户和城镇职工住户分别所占的户数比例，表 7－13 的 B 部分给出了在每组中，农民工住户和城镇职工住户分别所占的收入比例。从中可以看出，总体来说，农民工样本户户数占到总样本户户数的 51.95%，大于 50%，但其家庭收入所占的份额却为 46.92%，小于 50%；相应的，城镇职工样本户的户数所占的比例为 48.05%，但其家庭收入所占的份额则为 53.08%。

表 7－13　农民工和城镇住户合并十等分组

	A:户数比例(%)		B:家庭收入比例(%)	
	农民工	城镇职工	农民工	城镇职工
最低组	47.55	52.45	49.07	50.93
第二组	57.52	42.48	58.21	41.79
第三组	51.77	48.23	52.15	47.85
第四组	70.28	29.72	69.87	30.13
第五组	50.52	49.48	50.58	49.42
第六组	55.01	44.99	54.75	45.25
第七组	61.73	38.27	60.83	39.17
第八组	63.05	36.95	63.66	36.34
第九组	32.88	67.12	33.24	66.76
最高组	29.12	70.88	29.30	70.70
合　计	51.95	48.05	46.92	53.08

具体而言，在最低组中，农民工所占的户数比例、家庭收入比例都小于50%，分别为47.55%、49.07%，其家庭收入所占的比例稍稍大于其户数所占的比例，城镇职工则相反，其户数比例与家庭收入比例都超过50%，家庭收入所占的比例稍稍小于其户数所占的比例，在家庭收入最低的这部分人群，城镇职工家庭比农民工家庭的生活还要困难；从第二组到第八组，农民工家庭所占的户数比例、收入比例都高于城镇职工家庭所占比例；在第九组和最高组这两个高收入组中，与前面的情形正好相反，农民工家庭所占的户数比例（32.88%、29.12%）、家庭收入比例（33.24%、29.30%）都远远小于城镇职工家庭所占的户数比例（67.12%、70.88%）和收入比例（66.76%、70.70%），这说明，高收入家庭更多的是城镇职工家庭。

3. 家庭月人均总收入的绝对分组比较

按照家庭月人均总收入500元为一档，将农民工样本户和城镇职工样本户分别划分为11组，其中最低一组为500元及以下，最高一组为5000元及以上，具体结果如表7－14所示。

表7－14　农民工和城镇职工在各收入组的分布

单位：%

	农民工	城镇职工		农民工	城镇职工
500元及以下	5.74	6.99	3001～3500元	0.76	3.91
501～1000元	34.51	24.13	3501～4000元	0.83	2.67
1001～1500元	31.72	25.47	4001～4500元	0.18	1.37
1501～2000元	16.54	14.77	4501～5000元	0.52	1.13
2001～2500元	4.95	11.16	5000元及以上	0.74	2.50
2501～3000元	3.50	5.91			

农民工住户中，家庭月人均总收入为500元及以下的住户数所占的比例为5.74%，小于城镇职工住户中相应的比例（6.99%）；82.77%的农民工家庭月人均总收入处于500～2000元之间，城镇职工住户中，家庭月人均总收入在501～2000元之间的户数也占到64.37%；仅有11.48%的农民工家庭月人均总收入在2000元以上，而城镇职工住户中，则有28.65%的住户家庭月人均总收入在2000元以上，这进一步说明，高收入家庭中，农民工住户很少，更多的是城镇职工家庭。

7.5 农民工和城镇职工内部不平等程度比较

首先，计算并得出农民工住户和城镇职工住户所分别存在的不平等程度。表 7-15 给出了一些具体的衡量不平等的指标。

表 7-15 主要不平等指标

	农民工	城镇职工		农民工	城镇职工
变异系数	0.78	0.82	平均对数离差(GE(a),a=0)	0.15	0.23
基尼系数	0.30	0.37	最高 10%/最低 10%	7.08	11.42
泰尔指数(GE(a),a=1)	0.17	0.24	最高 20%/最低 20%	4.43	6.68

以较为常见的基尼系数和泰尔指数为例，农民工家庭月人均总收入的基尼系数是 0.30，城镇职工家庭月人均总收入的基尼系数是 0.37；农民工家庭月人均总收入的泰尔指数是 0.17，城镇职工家庭月人均总收入的泰尔指数是 0.24；对于农民工住户来说，最高 10% 家庭的月人均总收入相当于最低 10% 家庭月人均总收入的 7.08 倍，最高 20% 家庭的月人均总收入相当于最低 20% 家庭月人均总收入的 4.43 倍，而对于城镇职工住户来说，最高 10% 家庭的月人均总收入相当于最低 10% 家庭月人均总收入的 11.42 倍，最高 20% 家庭的月人均总收入相当于最低 20% 家庭月人均总收入的 6.68 倍。其他的指标也表明，农民工住户内部所存在的不平等程度要低于城镇职工住户内部所存在的不平等程度。

其次，按照户主特征将农民工住户样本和城镇职工住户样本分别进行细化分组，计算并得出各个组别相应的不平等程度（见表 7-16、表 7-17、表 7-18、表 7-19）。几乎所有组别中，城镇职工住户内部所存在的不平等程度都大于农民工住户内部所存在的不平等程度，仅有四个组别例外。这 4 个组别分别是：对于户主当前主要工作性质为自我经营的住户，农民工家庭月人均总收入对应的基尼系数是 0.41，泰尔指数是 0.30，大于城镇职工家庭月人均总收入对应的基尼系数（0.38）和泰尔指数（0.26）；在东莞、洛阳、合肥这 3 个城市中，农民工家庭月人均总收入对应的基尼系数和泰尔指数都大于城镇职工家庭月人均总收入对应的基尼系数和泰尔指数。

表7－16 户主人口特征与组内不平等

		农民工				城镇职工			
		变异系数	基尼系数	泰尔指数	平均对数离差	变异系数	基尼系数	泰尔指数	平均对数离差
性别	男	0.738	0.301	0.173	0.158	0.849	0.368	0.241	0.229
	女	0.894	0.278	0.172	0.134	0.775	0.365	0.229	0.231
年龄组	16岁以下	0.606	0.214	0.095	0.101	—	—	—	—
	16～20岁	0.527	0.250	0.111	0.104	0.664	0.308	0.207	0.332
	21～25岁	0.968	0.281	0.187	0.138	0.569	0.304	0.151	0.177
	26～30岁	0.734	0.299	0.175	0.155	0.839	0.354	0.229	0.225
	31～35岁	0.760	0.331	0.202	0.186	0.697	0.356	0.206	0.210
	36～40岁	0.749	0.322	0.192	0.180	1.002	0.411	0.315	0.291
	41～45岁	0.584	0.283	0.140	0.137	0.874	0.376	0.254	0.241
	46～50岁	0.516	0.278	0.125	0.135	0.941	0.385	0.278	0.261
	51～55岁	0.501	0.243	0.105	0.103	0.656	0.336	0.183	0.188
	56～60岁	0.484	0.264	0.111	0.120	0.758	0.356	0.218	0.214
	60岁以上	0.412	0.215	0.082	0.092	0.630	0.322	0.170	0.177
婚姻	未婚	0.852	0.276	0.168	0.131	0.671	0.349	0.201	0.224
	已婚	0.710	0.309	0.175	0.164	0.826	0.366	0.236	0.228
子女数量	0个	0.825	0.275	0.162	0.130	0.717	0.348	0.206	0.208
	1个	0.697	0.297	0.165	0.150	0.852	0.368	0.243	0.231
	≥2个	0.775	0.330	0.203	0.190	0.673	0.336	0.189	0.196

表7－17 户主人力资本状况与组内不平等

		农民工				城镇职工			
		变异系数	基尼系数	泰尔指数	平均对数离差	变异系数	基尼系数	泰尔指数	平均对数离差
受教育程度	小学及以下	0.776	0.314	0.191	0.170	0.617	0.318	0.168	0.183
	初中	0.876	0.292	0.180	0.149	0.705	0.338	0.197	0.195
	普通高中	0.718	0.294	0.167	0.149	0.840	0.355	0.230	0.215
	职高中技中专	0.564	0.265	0.125	0.118	0.736	0.336	0.200	0.197
	大专电大等	0.698	0.307	0.176	0.162	0.776	0.350	0.215	0.209
	本科及以上	0.563	0.299	0.142	0.146	0.781	0.350	0.214	0.210
培训经历	无	0.757	0.289	0.164	0.146	0.808	0.364	0.233	0.227
	有	0.825	0.304	0.187	0.158	0.842	0.364	0.237	0.226

表 7－18　户主就业状况与组内不平等

		农民工				城镇职工			
		变异系数	基尼系数	泰尔指数	平均对数离差	变异系数	基尼系数	泰尔指数	平均对数离差
单位所有制	个体	0.824	0.347	0.225	0.204	0.889	0.386	0.268	0.257
	私营企业	0.870	0.272	0.165	0.129	0.799	0.358	0.225	0.211
	国有、集体企业	0.458	0.246	0.099	0.104	0.849	0.370	0.243	0.230
	党政机关、事业单位	0.630	0.281	0.147	0.132	0.853	0.375	0.250	0.244
	其他企业	0.441	0.197	0.077	0.072	0.767	0.381	0.238	0.243
	缺失值	0.763	0.376	0.238	0.250	0.685	0.332	0.187	0.192
职业	商业/服务性工作人员/个体经营	0.906	0.315	0.207	0.171	0.897	0.378	0.264	0.246
	生产运输工人	0.483	0.243	0.101	0.102	0.833	0.344	0.218	0.193
	各类专业技术人员	0.459	0.253	0.100	0.105	0.793	0.362	0.227	0.224
	行政办公/办事/管理人员	0.420	0.219	0.080	0.080	0.753	0.344	0.206	0.203
	国家机关/党群组织/企事业单位负责人	无样本	无样本	无样本	无样本	0.790	0.365	0.228	0.223
	其他	0.588	0.301	0.151	0.172	1.116	0.435	0.361	0.333
	缺失值	0.822	0.417	0.285	0.311	0.690	0.334	0.189	0.194
行业	批发和零售业	0.838	0.341	0.224	0.200	0.917	0.366	0.259	0.228
	制造业	0.775	0.237	0.129	0.104	0.827	0.365	0.236	0.217
	住宿和餐饮业	1.073	0.306	0.221	0.162	0.664	0.345	0.198	0.221
	建筑业	0.552	0.264	0.122	0.118	0.717	0.373	0.225	0.239
	服务业	0.682	0.293	0.163	0.148	0.814	0.372	0.241	0.250
	交通运输仓储及邮政	0.541	0.275	0.128	0.133	0.868	0.359	0.239	0.219
	公共管理和社会组织	0.757	0.334	0.202	0.179	0.658	0.350	0.192	0.206
	其他	0.570	0.278	0.133	0.129	0.856	0.373	0.249	0.236
	缺失值	0.752	0.371	0.230	0.239	0.685	0.332	0.187	0.192
当前主要工作性质	有合同	0.790	0.260	0.144	0.118	0.836	0.370	0.242	0.230
	自我经营	0.957	0.405	0.301	0.280	0.886	0.380	0.262	0.246
	无合同	0.511	0.254	0.110	0.107	0.746	0.374	0.233	0.243

表 7-19 所在城市与组内不平等

	农民工				城镇职工			
	变异系数	基尼系数	泰尔指数	平均对数离差	变异系数	基尼系数	泰尔指数	平均对数离差
广州	1.054	0.247	0.179	0.115	0.547	0.288	0.136	0.141
东莞	0.469	0.225	0.091	0.086	0.404	0.213	0.075	0.080
深圳	0.551	0.232	0.108	0.094	0.688	0.352	0.199	0.207
郑州	0.639	0.296	0.158	0.148	0.828	0.357	0.230	0.218
洛阳	1.081	0.373	0.306	0.236	0.642	0.323	0.175	0.189
合肥	1.464	0.378	0.351	0.254	0.966	0.341	0.248	0.197
蚌埠	0.716	0.355	0.211	0.213	0.762	0.361	0.223	0.219
重庆	0.502	0.221	0.094	0.083	1.094	0.363	0.283	0.234
上海	0.648	0.289	0.155	0.139	0.627	0.318	0.167	0.166
南京	0.756	0.276	0.161	0.133	0.627	0.318	0.167	0.166
无锡	0.450	0.219	0.085	0.080	0.694	0.307	0.174	0.162
杭州	0.551	0.259	0.120	0.111	0.799	0.336	0.205	0.179
宁波	0.462	0.237	0.095	0.097	0.611	0.314	0.161	0.163
武汉	0.620	0.263	0.133	0.121	1.254	0.406	0.353	0.286
成都	0.632	0.283	0.148	0.135	0.849	0.337	0.220	0.195

对于农民工住户来说，在年龄组中，户主年龄在16岁以下、16~20岁的住户间所存在的家庭月人均总收入的不平等程度比较小，相应的基尼系数是0.21、0.25，泰尔指数是0.96、0.11；在婚姻组中，户主为未婚的住户间所存在的家庭月人均总收入的不平等程度最小，相应的基尼系数是0.28，泰尔指数是0.17；在子女数量组中，没有孩子的住户间所存在的家庭月人均总收入的不平等程度最小，相应的基尼系数是0.28，泰尔指数是0.16。在受教育程度组中，户主的受教育程度为职高中技中专的住户间所存在的家庭月人均总收入的不平等程度最小，相应的基尼系数是0.27，泰尔指数是0.13。在单位所有制组中，户主属于个体的住户间所存在的家庭月人均总收入的不平等程度最大，相应的基尼系数是0.35，泰尔指数是0.23；在职业组中，户主为商业/服务性工作人员/个体经营的住户间所存在的家庭月人均总收入的不平等程度最大，相应的基尼系数是0.32，泰尔指数是0.21；在行业组中，户主工作于批发和零售业的住户间所存在的家庭月人均总收入的不平等程度最大，相应的基尼系数是0.34，泰尔指数是0.22；在当前主要工作性质组中，户主从事的是自我经营工作的住户间所存在的家庭月人均总收入的不平等程度最大，相应的基尼系数是0.41，泰尔指数是0.30。在城市组中，合肥、洛阳、蚌埠这3

个城市的住户间所存在的家庭月人均总收入的不平等程度最大，无锡、重庆、东莞这3个城市的住户间所存在的家庭月人均总收入的不平等程度最小。

对于城镇职工住户来说，在年龄组中，户主年龄在36~40岁的住户间所存在的家庭月人均总收入的不平等程度最大，相应的基尼系数是0.41，泰尔指数是0.32；在婚姻组中，户主为未婚的住户间所存在的家庭月人均总收入的不平等程度最小，相应的基尼系数是0.35，泰尔指数是0.20；在子女数量组中，拥有1个孩子的住户间所存在的家庭月人均总收入的不平等程度最大，相应的基尼系数是0.37，泰尔指数是0.24。在受教育程度组中，户主的受教育程度为小学及以下的住户间所存在的家庭月人均总收入的不平等程度最小，相应的基尼系数是0.32，泰尔指数是0.17。在单位所有制组中，户主属于个体的住户间所存在的家庭月人均总收入的不平等程度最大，相应的基尼系数是0.39，泰尔指数是0.27；在职业组中，户主为商业/服务性工作人员/个体经营的住户间所存在的家庭月人均总收入的不平等程度最大，相应的基尼系数是0.38，泰尔指数是0.26；在行业组中，户主工作于住宿和餐饮业的住户间所存在的家庭月人均总收入的不平等程度最小，相应的基尼系数是0.35，泰尔指数是0.20；在当前主要工作性质组中，户主从事的是自我经营工作的住户间所存在的家庭月人均总收入的不平等程度最大，相应的基尼系数是0.38，泰尔指数是0.26。在城市组中，武汉、重庆、蚌埠这3个城市的住户间所存在的家庭月人均总收入的不平等程度最大，东莞、广州、无锡这3个城市的住户间所存在的家庭月人均总收入的不平等程度最小。

再次，将农民工样本户和城镇职工样本户混合在一起，计算并得出中国城市中包含农民工住户后总体所存在的家庭月人均总收入不平等程度，具体结果见表7-20。

农民工住户和城镇职工住户混合样本所存在的家庭月人均总收入不平等度大于农民工住户内部所存在的家庭月人均总收入不平等程度，但小于城镇职工住户内部所存在的家庭月人均总收入不平等程度。以基尼系数和泰尔指数为例，农民工住户和城镇职工住户混合样本对应的基尼系数为0.34，泰尔指数为0.21，其大于农民工住户对应的基尼系数（0.30）和泰尔指数（0.17），小于城镇职工住户对应的基尼系数（0.37）和泰尔指数（0.24）。

在这里需要指出的是，就城市组而言，广州、东莞这两个城市，农民工住户和城镇职工住户混合样本对应的家庭月人均总收入不平等程度不仅大于农民工住户内部存在的不平等程度，而且还大于城镇职工住户内部所存在的不平等程度，这说明，农民工群体的流入，扩大了这两个城市原本所存在的家庭月人均总收入的不平等程度。

表 7－20　农民工家庭和城镇居民家庭合并的组内不平等

		变异系数	基尼系数	泰尔指数	平均对数离差
	总体	0.818	0.338	0.212	0.194
性别	男	0.810	0.339	0.212	0.195
	女	0.834	0.335	0.212	0.191
年龄组	16 岁以下	0.536	0.236	0.105	0.123
	16～20 岁	0.528	0.250	0.112	0.106
	21～25 岁	0.957	0.283	0.187	0.140
	26～30 岁	0.811	0.331	0.208	0.186
	31～35 岁	0.752	0.354	0.217	0.209
	36～40 岁	0.962	0.383	0.281	0.251
	41～45 岁	0.798	0.345	0.216	0.202
	46～50 岁	0.892	0.365	0.251	0.234
	51～55 岁	0.656	0.331	0.180	0.182
	56～60 岁	0.768	0.358	0.222	0.216
	60 岁以上	0.633	0.322	0.171	0.178
婚姻	未婚	0.851	0.287	0.176	0.141
	已婚	0.808	0.352	0.223	0.210
子女数量	0 个	0.848	0.298	0.185	0.150
	1 个	0.826	0.352	0.225	0.209
	2 个及以上	0.725	0.340	0.200	0.198
受教育程度	小学及以下	0.714	0.316	0.181	0.176
	初中	0.821	0.309	0.185	0.165
	普通高中	0.787	0.327	0.201	0.183
	职高中技中专	0.663	0.301	0.163	0.154
	大专电大函授等	0.773	0.346	0.212	0.203
	本科及以上	0.776	0.348	0.212	0.208
培训	否	0.794	0.331	0.203	0.188
	是	0.844	0.341	0.219	0.197
单位所有制	个体	0.846	0.357	0.237	0.217
	私营企业	0.861	0.294	0.181	0.147
	国有、集体企业	0.751	0.328	0.194	0.182
	党政机关、事业单位	0.845	0.368	0.242	0.230
	其他企业	0.659	0.298	0.163	0.151
	缺失值	0.687	0.333	0.188	0.194

续表

		变异系数	基尼系数	泰尔指数	平均对数离差
职业	商业/服务性工作人员/个体经营	0.909	0.327	0.219	0.184
	生产运输工人	0.591	0.271	0.131	0.126
	各类专业技术人员	0.779	0.355	0.219	0.214
	行政办公/办事/管理人员	0.737	0.333	0.195	0.188
	国家机关/党群组织/企事业单位负责人	0.790	0.365	0.228	0.223
	其他	1.116	0.435	0.360	0.331
	缺失值	0.691	0.335	0.190	0.196
行业	批发和零售业	0.876	0.352	0.239	0.212
	制造业	0.806	0.293	0.175	0.148
	住宿和餐饮业	1.039	0.312	0.220	0.168
	建筑业	0.587	0.287	0.142	0.139
	服务业	0.755	0.334	0.202	0.196
	交通运输仓储及邮政业	0.790	0.334	0.206	0.191
	公共管理和社会组织	0.663	0.352	0.194	0.207
	其他	0.861	0.366	0.243	0.221
	缺失值	0.688	0.333	0.188	0.194
当前主要工作性质	有合同	0.841	0.331	0.209	0.183
	自我经营	0.948	0.404	0.297	0.278
	无合同	0.557	0.276	0.131	0.129
	缺失值	0.692	0.335	0.190	0.195
城市	广州	0.815	0.309	0.186	0.157
	东莞	0.548	0.290	0.134	0.135
	深圳	0.643	0.299	0.158	0.147
	郑州	0.753	0.330	0.198	0.185
	洛阳	0.886	0.351	0.240	0.212
	合肥	1.199	0.363	0.300	0.231
	蚌埠	0.738	0.359	0.218	0.216
	重庆	0.890	0.299	0.197	0.161
	上海	0.645	0.310	0.166	0.157
	南京	0.741	0.311	0.182	0.162
	无锡	0.581	0.265	0.129	0.121
	杭州	0.704	0.301	0.167	0.147
	宁波	0.602	0.297	0.150	0.146
	武汉	1.062	0.346	0.261	0.209
	成都	0.738	0.307	0.180	0.161

按照城市对农民工家庭月人均总收入对应的泰尔指数、城镇职工家庭月人均总收入对应的泰尔指数依次进行分解，所得结果如表7－21所示。表7－21的下半部分列出了组内差距（城市内部）和组间差距（城市之间）对农民工住户内部所存在的家庭月人均总收入差距、城镇职工住户内部所存在的家庭月人均总收入的贡献百分比。组内差距对农民工住户内部的家庭月人均总收入差距的贡献度为88.57%～90.13%，组间差距的贡献度为11.43%～9.87%；组内差距对城镇住户内部的家庭月人均总收入差距的贡献度为83.99%～84.91%，组间差距的贡献度为16.01%～15.09%；这说明，农民工住户内部所存在的月人均家庭总收入的差距、城镇职工住户内部所存在的家庭月人均总收入的差距更多的是由城市内部所存在的差距造成的。

表7－21　按城市对家庭月人均总收入的不平等程度进行泰尔分解的结果

	农民工		城镇职工	
	平均对数离差	泰尔指数	平均对数离差	泰尔指数
绝对值				
组内	0.13	0.16	0.19	0.20
组间	0.02	0.02	0.04	0.04
总计	0.15	0.17	0.23	0.24
比例(%)				
组内	88.57	90.13	83.99	84.91
组间	11.43	9.87	16.01	15.09

7.6　本章总结

本章利用2007年农民工与城镇职工住户调查数据，分析了农民工住户与城镇职工住户的家庭月人均总收入之间所存在的差距，具体分析结果如下。

（1）农民工住户以单人家庭为主，城镇职工住户以3人家庭为主；农民工户主比城镇职工户主更趋年轻化，城镇职工住户中户主年龄在60岁以上的老人家庭占有很大的比例（20.87%），老人家庭已经是城市居民家庭的一个非常重要的组成部分；没有孩子的农民工住户居多，拥有1个孩子的城镇职工住户居多；农民工户主在教育、培训、工作经验方面的人力资本水平都逊于城镇职工户主；农民工户主更多的就业于民营部门、从事“蓝领职业”、集中在所需技术水平较低的几个行业，而城镇职工户主更多的就业于公有部门，所从事的职业和所在的行业分布比较分散。

（2）农民工住户的家庭月人均总收入为1298元，城镇职工住户的家庭月人均总收入为1650元；与其他各分项收入相比，工资性收入在农民工住户、城镇职工住户的家庭月人均总收入中所占的比例都是最高的，而转移性收入占到城镇职工家庭月人均总收入的21.58%，农民工住户相应的比例仅为0.71%；随着家庭月人均总收入的逐渐提高，农民工与城镇职工的家庭月人均总收入之间的差距越来越大；高收入家庭中，农民工家庭很少，更多的是城镇职工家庭。

（3）农民工住户内部所存在的家庭月人均总收入之间的不平等程度要低于城镇职工住户内部所存在的家庭月人均总收入之间的不平等程度；农民工住户内部所存在的家庭月人均总收入之间的差距、城镇职工住户内部所存在的家庭月人均总收入之间的差距更多的是由城市内部所存在的差距造成的。

8 城市内部工资分配差距

8.1 工资分配差异总体状况

收入差距的不断扩张是中国经济转型过程中的一个基本特征，也是社会各界所关注的重要问题。在中国经济体制改革过程中，如何打破平均主义的分配倾向，通过建立起差异化的个人收入分配格局来实现有效的激励与约束，从而提高经济效率、推动经济增长，成为收入分配体制改革的基本取向，中国经济增长的实绩也表明这种取向的收入分配体制改革取得了一定程度的成功。但同时，关于收入差距过大、收入分配不合理的看法也几乎伴随着整个改革过程。这类判断所建立的基础并不完全简单地依存于收入差距不断扩张的现实，尽管这也是极为重要的原因，而在更大程度上可能与收入分配格局特征以及收入形成机制相关。而城镇居民收入差距的变化也在更大程度上与经济体制改革相关联。经济体制变迁以及城镇劳动力市场的发育对于城镇收入分配都具有重要影响。城镇劳动力市场转型加速直接作用于工资性收入分配的不均等程度及其决定机制。

根据国家统计局公布的数据，中国改革之初 1978 年的农村与城镇基尼系数分别为 0.21 和 0.16，但 2005 年，这两个指标分别上升到 0.38 和 0.34。在这期间，无论是城镇还是农村，基尼系数都表现出了明显的上升趋势。就相对幅度来说，城镇居民收入差距的扩张速度似乎更快。如图 8-1 所示，在城镇居民的收入构成中，工资性收入占可支配收入的比例一直都在 70% 以上，1995 年甚至接近 80%。由此可见，工资收入仍是城镇居民收入构成的主要来源，工资收入的分配状况对于城镇收入分配的总体状况具有非常重要的影响。事实上，从第 3 章中也可以发现，按照基尼系数分解分析，工资性收入对城镇总体收入不均等程度的贡献程度高达 3/4 以上。

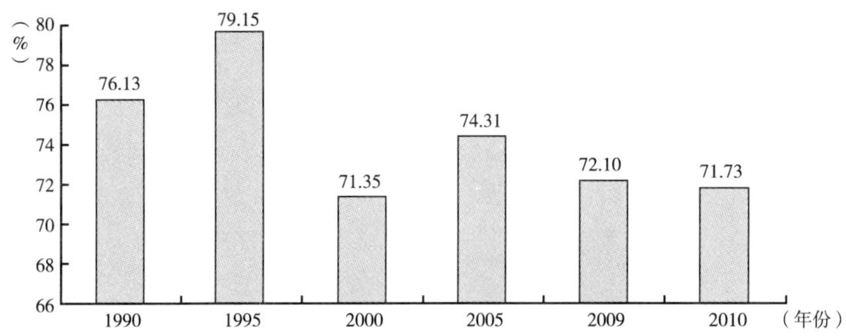

图 8-1 城镇居民工资性收入占可支配收入的比例

为此，本章以 CHIP2007 城镇住户调查数据为基础，讨论城镇内部工资分配差距状况。为了讨论工资差异，本章对个人样本做了一些限定，只保留了 16~60 周岁，且提供有效工资收入①和工作信息的就业个体样本，共计 14731 人，其中男性 8111 人，女性 6620 人。在本章所使用的个人样本中，工资性收入构成总收入的最重要来源，从表 8-1 中可以看出，工资性收入占到了总收入的 94%。

表 8-1 工资收入的简单描述性统计

相关变量	平均值（元）	份额（%）	基尼系数	泰尔指数	平均对数离差	变异系数
总收入	24389	100.00	0.379	0.248	0.249	0.806
工资性收入	22884	93.83	0.386	0.255	0.261	0.809
工资及补贴收入	22466	92.12	0.391	0.257	0.270	0.814
其他劳动收入	418	1.71	0.954	0.905	1.104	5.901

从表 8-1 中还可以看出，在本部分所限定的个人样本中，工资性收入分布具有非常强的不均等性。从各不均等指标来看，其不均等程度甚至高于总收入的不均等性。其中，其他劳动收入的不均等程度又大大高于工资及补贴收入的不均等程度。

按照国家统计局城镇住户调查方案，工资性收入即就业人员通过各种途径得到的全部劳动报酬，由工资及补贴收入和其他劳动收入构成，包括所从事主要职业的工资以及从事第二职业、其他兼职和零星劳动得到的其

① 工资收入限定在 1000 元以上的人群。

他劳动收入。工资及补贴收入是指劳动者从工作单位得到的全部劳动报酬和各种福利。既包括单位支付的计时计件劳动报酬、各种奖金，也包括根据国家的有关政策、法令规定，为避免职工工资受某些特殊因素影响而支付的工资性津贴、补贴，以及根据国家法律、法规和政策规定，因病、工伤、产假、计划生育假、婚丧假、事假、探亲假、定期休假、停工学习、执行国家或社会义务等原因按计时工资标准或计件工资标准的一定比例支付的工资。工资性收入按应发数计算，只要是在调查期内实际得到的工资性收入都应记账，无论该工资是补发还是预发〔不包括一次性辞职（退）金，一次性辞职（退）金记入转移性收入中〕。工资性收入中不包括单位出资交纳的各种社会保障费，如养老金、住房公积金、医疗基金和失业基金等（这部分在以后实际领取时记入工资性收入或转移性收入中）。工资性收入应包括各种扣款，如工作单位代扣的应由个人承担的养老金、住房公积金、医疗保险等；单位在工资中代扣的房租、水费、电费、托儿费、医疗费、借款等也应包括在工资性收入中，同时把所扣除的各项费用分别记入各项支出中。因企业停工发给职工的生活费用也统计在内。职工从单位得到的各种福利收入，如生活困难补助费、福利费（如洗理费）、上下班交通费（通勤津贴）、自行车补助费、独生子女费、冬季取暖费、防暑降温费、对接触有毒物质、矽尘作业、放射线作业、潜水、沉箱作业及高温作业等工种所享受的保健食品费、文娱费、出差伙食补助和交通补贴、误餐补助、调动工作的旅费和安家费、计划生育奖、创造发明奖、自然科学奖、合理化建议、技术改进奖等都应记入工资及补贴收入。实行医疗制度改革的单位直接支付给个人的医疗费、现金发放的劳保用品、相当于现金的购物卡等也都包括在内（离退休人员记入转移性收入）。不包括发给的实物和指定购买物品的票证（应记入非现金收入）；单位报销的医疗费，用医疗基金（医保卡）支付的药费都记入非现金收入。

其他劳动收入则是指劳动者从事第二职业、兼职、零星劳动等劳动所得的报酬。如稿费、翻译费、讲课费、课题费、咨询费、信息费、调查费、商品推销费等。

为讨论工资分布特征，首先将全部样本按照其工资收入的高低进行十等分组。各收入组的工资性收入水平及其分布的不均等程度见表 8 - 2，各组的工资性收入均值及在全部人群中所占的份额见图 8 - 2。工资性收入在不同分组人群中的分布是存在着比较严重的不均等性的。最高 10% 是最低 10% 人群组的 13 倍。从构成份额来看，工资最低 10% 人群组所占工资份额为 2. 14% ，而工资最高 10% 人群组所占工资份额为 28. 42% 。工资最低30%人群所占的工资份额也仅为10.62%。而从各组内部的不均等程度来看，总体而言，表8－2显示组内不均等程度通常是非常低的。只有最低10%和最高10%人群组中，不均等程度要稍微高一些，而其他各组的组内基尼系数都在0.1以下，也就是说，各收入组内部的不均等性基本上可以忽略。

表8－2　工资性收入十等分组统计信息

等分组	工资平均值(元)	累积份额(%)	基尼系数	泰尔指数	平均对数离差	变异系数
最低组	4888	2.14	0.175	0.056	0.068	0.313
第二组	8362	5.79	0.059	0.005	0.005	0.102
第三组	11027	10.62	0.040	0.002	0.002	0.070
第四组	13748	16.61	0.035	0.002	0.002	0.061
第五组	16633	24.06	0.030	0.001	0.001	0.052
第六组	19646	32.44	0.029	0.001	0.001	0.050
第七组	23497	42.70	0.030	0.001	0.001	0.051
第八组	28703	55.24	0.037	0.002	0.002	0.064
第九组	37387	71.58	0.054	0.004	0.004	0.095
最高组	65046	100.00	0.171	0.055	0.048	0.367

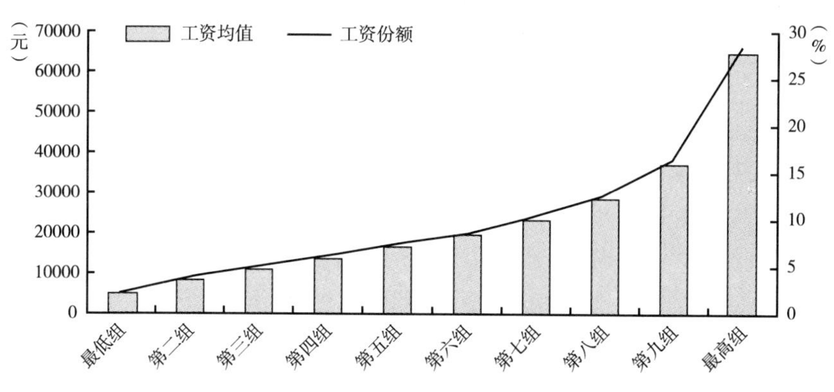

图8－2　城镇居民工资性收入十等分组

8.2　不同人群特征的工资差异

1. 地区因素

表8－3描述了按省份划分后工资性收入及其不均等性。人均工资性

收入在各个省份之间差异较大，收入比较高的是上海、广东、浙江和北京。工资收入最高省份是最低省份的2.31倍，绝对差额为19830元。

表8-3　城镇居民分省份工资性收入

省份	样本结构（%）	工资性收入（元）	基尼系数	泰尔指数	平均对数离差	变异系数
北京	8.41	30549	0.342	0.189	0.210	0.641
山西	5.49	18725	0.296	0.143	0.162	0.547
辽宁	7.08	16271	0.371	0.229	0.237	0.751
上海	5.38	35005	0.411	0.282	0.300	0.836
江苏	5.00	27935	0.398	0.267	0.267	0.821
浙江	5.44	30693	0.381	0.250	0.249	0.812
安徽	5.67	18065	0.317	0.162	0.167	0.602
福建	7.98	21710	0.350	0.206	0.226	0.696
河南	6.53	16542	0.301	0.150	0.173	0.561
湖北	4.03	20162	0.338	0.182	0.203	0.621
湖南	7.07	20047	0.324	0.177	0.190	0.645
广东	10.76	33278	0.385	0.243	0.268	0.748
重庆	4.24	16827	0.326	0.178	0.187	0.643
四川	5.74	18298	0.356	0.216	0.223	0.735
云南	5.36	16650	0.338	0.185	0.207	0.633
甘肃	5.84	15175	0.339	0.184	0.208	0.622

不仅工资水平在各个省份之间存在较大的差异性，各省份内部的工资不均等程度也很不相同。从省份内部工资基尼系数来看，最高的达0.411，而最低为0.296。平均工资水平与工资基尼系数之间的关系可见图8-3。总体而言，工资水平越高的省份，其工资基尼系数也越高，也就是说工资分布的不均等程度也越高。

为了方便进行区域之间的比较，根据对国内经济区域的划分，把调查涉及的16个省份划分成东部地区、中部地区、西部地区和东北地区四大部分。其中：东部包括北京、上海、江苏、浙江、福建和广东；中部包括山西、安徽、河南、湖南和湖北；西部包括重庆、四川、云南和甘肃；辽宁属于东北地区。分区域的结果可见表8-4。显然，东部地区工资收入水平要高于其他地区，而西部、东北部是最低的。从地区内部收入差距来看，东部地区也是最高的，这是由于这里的东部地区中没有单列出北京、上海这两个经济发展程度相对更高的大城市所致。

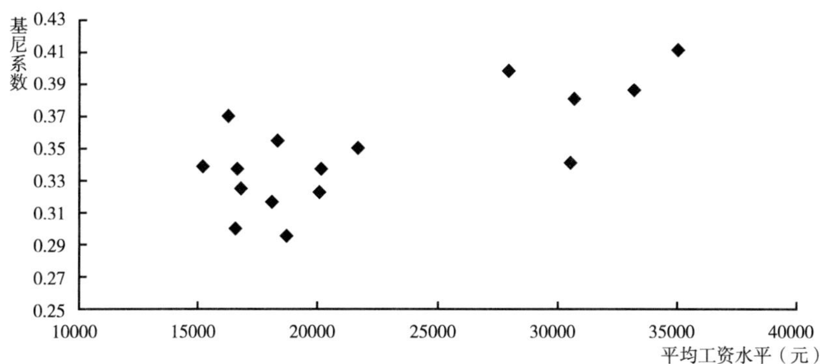

图 8－3 省份平均工资水平与工资基尼系数的关系

表 8－4 各地区城镇居民工资性收入统计

地区	样本结构（%）	工资性收入（元）	基尼系数	泰尔指数	平均对数离差	变异系数
东部	42.96	29862	0.385	0.248	0.262	0.777
中部	28.79	18626	0.317	0.166	0.181	0.606
西部	21.17	16725	0.343	0.195	0.210	0.672
东北	7.08	16271	0.371	0.229	0.237	0.751

城镇居民工资性收入差距究竟是由地区内部的因素造成的还是由区域之间的差异性造成的？表 8－5 根据泰尔指数和平均对数离差进行了组内和组间分解，结果表明，80%以上的工资性收入差距是由区域内部造成的，而地区之间的因素能解释其中的 16%左右。区域因素在工资收入差距中具有较强的解释作用，不难理解，居民工资性收入与区域经济发展程度之间存在着非常密切的关联性。

表 8－5 城镇居民工资性收入差距的地区内与地区间分解

	按省份划分		按区域划分	
	泰尔指数	平均对数离差	泰尔指数	平均对数离差
地区内部	0.212 [83.14]	0.220 [83.97]	0.219 [86.22]	0.226 [86.59]
地区之间	0.043 [16.86]	0.042 [16.03]	0.035 [16.78]	0.035 [13.41]

2. 个人特征

个人特征是影响就业和工资水平的重要因素。这其中既包括由教育等所构成的人力资本效应，也包括基于某些非生产性特征所形成的歧视。本部分只描述个人特征与工资收入差距之间的关联性，并不深究这种差异是基于生产性特征还是歧视因素，所涉及的个人特征包括性别、年龄、教育程度等。

（1）性别

已有的研究结果表明，性别是影响人们就业和工资水平的重要因素之一。从表 8－6 中可以看到，不同性别就业者之间存在着较为严重的工资性收入差距。男性人均工资性收入比女性高出 35.54%。从样本构成来看，男性样本占全部样本的 55%，但工资性收入比例则为 58%。比较相应的不均等指标还可发现，不仅女性人均工资性水平相对较低，在其内部的不均等程度也通常相对较高。如女性内部工资性收入的基尼系数比男性要高出 1 个百分点，其他不均等指数也有类似特征。

表 8－6 男性与女性的工资性收入比较

性别	样本结构（%）	工资性收入（元）	基尼系数	泰尔指数	平均对数离差	变异系数
男性	55.06	25941	0.374	0.239	0.246	0.779
女性	44.94	19139	0.384	0.251	0.256	0.803

（2）年龄

年龄是除了人力资本投资外，另一个会影响到工作效率和工资水平的重要因素。以 5 岁为界，把 16～60 岁的目标群体分为 9 组，并分别计算各个组别的平均工资性收入。如图 8－4 所示，男性和女性的工资性收入在16～60 岁期间均呈倒“U”形，即女性在 31～35 岁达到峰值，而男性在 36～40 岁之间工资性收入达到最高，具有比较明显的生命周期性特征。这种倒“U”形关系在不同年龄分组的工资性收入中也得到了体现。从表 8－7 中也可以发现：无论是男性还是女性，工资水平在 26～50 岁之间的变动很小；而在 25 岁前和 50 岁后，工资水平的上升或下降幅度较大。

各年龄组内部不均等程度变化特征可见表 8－7，从中可以看出，年轻的人群中，工资性收入的组内差距要相对较低一些；而年龄较大的人群组中，工资性收入的组内差距则相对要高一些。如 16～20 岁全部人群组

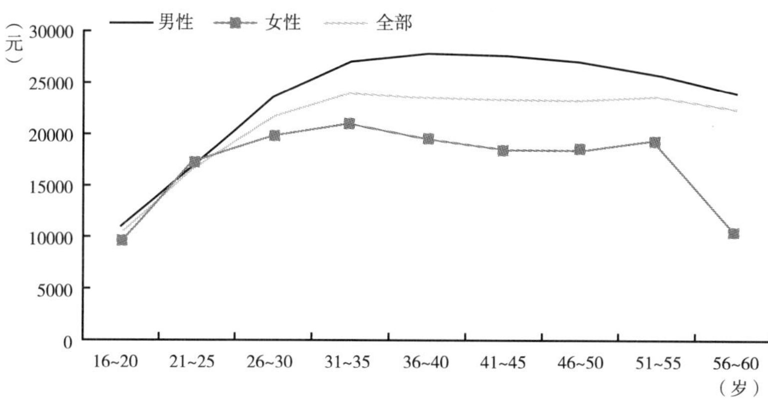

图 8－4 不同年龄组分性别工资收入

表 8－7 不同年龄组男女性工资性收入情况

年龄组	样本结构（%）	工资性收入（元）	基尼系数	泰尔指数	平均对数离差	变异系数
全部						
16～20 岁	0.36	10676	0.327	0.175	0.205	0.605
21～25 岁	5.55	17237	0.355	0.209	0.222	0.699
26～30 岁	9.05	21688	0.380	0.249	0.247	0.811
31～35 岁	12.64	23831	0.383	0.256	0.261	0.825
36～40 岁	17.91	23502	0.389	0.262	0.264	0.832
41～45 岁	21.31	23222	0.378	0.242	0.251	0.777
46～50 岁	15.04	23297	0.388	0.258	0.263	0.816
51～55 岁	12.90	23841	0.382	0.241	0.260	0.758
56～60 岁	5.25	22459	0.414	0.293	0.299	0.882
男性						
16～20 岁	0.38	11266	0.315	0.160	0.188	0.573
21～25 岁	5.02	16933	0.346	0.197	0.211	0.668
26～30 岁	7.77	23550	0.374	0.238	0.241	0.777
31～35 岁	10.60	27013	0.377	0.241	0.249	0.773
36～40 岁	15.77	27825	0.378	0.250	0.249	0.814
41～45 岁	20.38	27461	0.356	0.216	0.223	0.734
46～50 岁	15.26	26962	0.366	0.230	0.231	0.772
51～55 岁	16.47	25735	0.369	0.228	0.244	0.737
56～60 岁	8.35	24155	0.396	0.268	0.273	0.840
女性						
16～20 岁	0.33	9845	0.336	0.194	0.224	0.661

续表

年龄组	样本结构（%）	工资性收入（元）	基尼系数	泰尔指数	平均对数离差	变异系数
21～25 岁	6.19	17539	0.362	0.219	0.233	0.726
26～30 岁	10.62	20020	0.381	0.254	0.246	0.839
31～35 岁	15.14	21101	0.379	0.257	0.257	0.857
36～40 岁	20.53	19433	0.378	0.242	0.248	0.773
41～45 岁	22.45	18506	0.376	0.235	0.243	0.751
46～50 岁	14.76	18652	0.393	0.263	0.266	0.818
51～55 岁	8.52	19357	0.394	0.253	0.272	0.766
56～60 岁	1.47	10621	0.382	0.278	0.243	0.954

中，工资性收入组内基尼系数为 0.327。随着年龄组的上升，工资性收入基尼系数值总体上是上升的，到 56～60 岁人群组中，高达 0.414。其他不均等指标以及分性别的结果中，也大致有相同的规律性特征。

（3）受教育程度

教育是人力资本积累的重要形式。一般而言，受教育程度较高，则收入水平也会相对较高。从图 8－5 中可以看到：不论是男性工资还是女性工资均会随着受教育水平的提高而增加，且在到达研究生阶段前后变得更加陡峭。这种关系体现了由市场决定的对生产性人力资本的报酬。从组内工资性收入差距来看，受教育程度越高的人群中，组内工资性收入差距越低。对于受教育水平较低群体来说，由于工作的波动性和竞争性都较强，所以工资分配在他们之中显得更为不均（见表 8－8）。

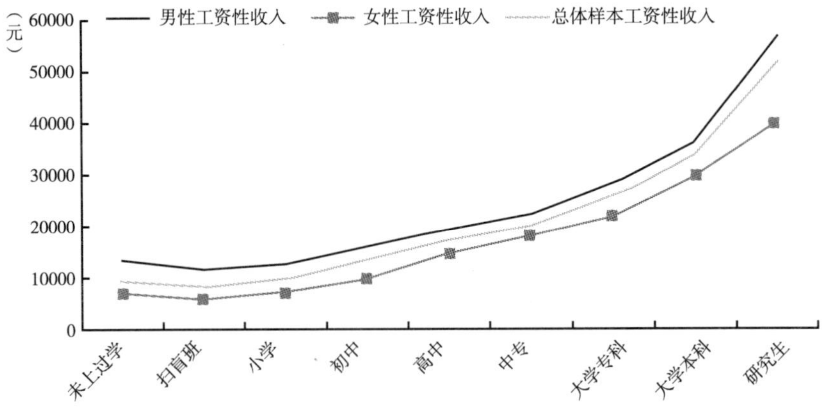

图 8－5　受教育程度对男女性工资性收入影响趋势

表 8-8 受教育程度对男女性工资性收入的影响

年 龄 组	样本结构（%）	工资性收入（元）	基尼系数	泰尔指数	平均对数离差	变异系数
全 部						
未上过学	0.12	10680	0.470	0.370	0.390	0.976
扫 盲 班	0.07	10148	0.417	0.315	0.296	0.964
小 学	1.90	12788	0.356	0.217	0.224	0.741
初 中	18.67	15672	0.357	0.214	0.218	0.724
高 中	25.82	18919	0.362	0.221	0.229	0.735
中 专	11.87	21084	0.352	0.210	0.217	0.719
大学专科	26.15	26177	0.354	0.213	0.219	0.727
本 科	14.33	34217	0.351	0.210	0.217	0.718
研 究 生	1.07	52499	0.320	0.173	0.189	0.622
男 性						
未上过学	0.09	15290	0.441	0.331	0.370	0.919
扫 盲 班	0.06	14049	0.404	0.301	0.286	0.954
小 学	1.98	14690	0.350	0.211	0.217	0.732
初 中	20.23	18101	0.339	0.191	0.198	0.671
高 中	24.79	21845	0.348	0.204	0.214	0.700
中 专	10.62	23619	0.348	0.205	0.215	0.704
大学专科	24.63	29535	0.343	0.201	0.206	0.705
本 科	16.21	36828	0.348	0.204	0.210	0.705
研 究 生	1.38	57599	0.322	0.169	0.181	0.615
女 性						
未上过学	0.17	7747	0.416	0.291	0.310	0.836
扫 盲 班	0.09	6897	0.322	0.174	0.190	0.647
小 学	1.80	10215	0.332	0.184	0.196	0.648
初 中	16.77	12081	0.345	0.207	0.201	0.738
高 中	27.07	15635	0.353	0.212	0.216	0.723
中 专	13.40	18623	0.345	0.201	0.205	0.706
大学专科	28.01	22557	0.351	0.208	0.214	0.714
本 科	12.02	29904	0.346	0.205	0.216	0.717
研 究 生	0.68	39806	0.269	0.127	0.163	0.497

（4）其他个人特征

除此之外，一些其他的个人特征属性，如婚姻状况、民族、户口状况等，也可能会影响到个人工资水平。

首先看婚姻状况。对于男性而言，有配偶的个体平均工资性收入最高；对于女性而言，情况就不尽相同，未婚的个体平均工资性收入较高。这可能是已婚的男性出于对家庭的责任，需要承担起家庭财政的重担，因此他们会更加努力地工作，最大限度地发挥个人工作潜能；相反，女方在婚后因为要照顾家庭，特别是孩子和老人，生活的重心从工作向家庭转移，因而平均工资性收入较之单身女性会低一些。从不同性别的比较来看，未婚女性的工资收入水平与未婚男性基本持平。但在有配偶者中，男性的工资性收入则要比女性高出40%（见表8－9）。

表8－9　婚姻状态对男女性工资性收入的影响

婚姻状况	男性				女性			
	样本结构（%）	工资性收入(元)	基尼系数	泰尔指数	样本结构（%）	工资性收入(元)	基尼系数	泰尔指数
未婚	10.95	19818	0.380	0.247	10.34	19781	0.394	0.271
有配偶	88.34	26764	0.370	0.234	86.45	19101	0.382	0.248
离婚/丧偶	0.70	18601	0.394	0.298	3.22	18225	0.392	0.253

其次是户口状况。户口状况与工资性收入的关系可见表8－10。从中可以看出，拥有非农业户口的个体比拥有农业户口的个体工资性收入高。同时，对于农业户口个体来说，拥有本市户口的个体比拥有外地户口的个体工资性收入略高；而对于非农业户口个体来说，情况则恰好相反。

表8－10　户口状况对工资性收入的影响

户口状况	样本结构(%)	工资性收入(元)	基尼系数	泰尔指数
本市(县)非农业户口	97.73	22932	0.385	0.253
本市(县)农业户口	1.05	18229	0.426	0.341
外地非农业户口	0.79	27127	0.429	0.307
外地农业户口	0.44	15793	0.392	0.252

最后讨论不同民族的工资性收入差距。由表8－11可以看到，所讨论样本中，97.22%的个体是汉族，同时汉族与少数民族的工资性收入水平也较为接近，体现了国家促进民族平等的成果。但是，应该注意，在汉族内部以及各民族之间的工资性收入差距仍然存在。

表8－11　民族对工资性收入的影响

民　　族	样本结构(%)	平均工资收入(元)	基尼系数	泰尔指数
汉　　族	97.22	22951	0.386	0.255
少数民族	2.78	20490	0.369	0.235

3. 就业特征

在分析了个人因素对工资性收入的影响后，就会发现就业者所处的行业、职业以及由此产生的就业（身份）状况等特征属性也是工资性收入很重要的影响因素。不同行业和职业的工资分布不均等，同时高工资群体在不同行业和职位间的分布也存在差异。

（1）行业

不同行业之间所存在的较大工资性收入差距已引起社会各界的广泛关注。人们对于行业之间收入差距的质疑，一方面与差距程度有关，而更为重要的是行业之间的收入差距被认为缺乏合理的基础。但在本部分，只是对行业之间的工资性收入差距状况进行简要的描述性说明，并不深入讨论这种状况合理与否、公平与否。

从图 8－6 可以看到，男女性工资性收入排在前面的行业绝大部分都是相同的，例如：科学研究、技术服务和地质勘查业，公共管理和社会组织、教育、金融业，信息传输、计算机服务和软件业，等等。

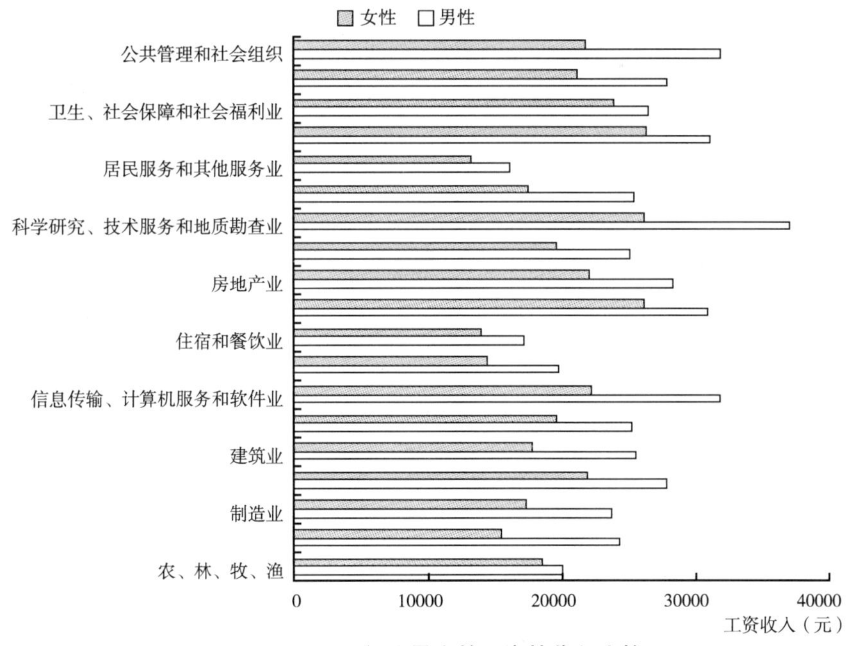

图 8－6　不同行业男女性工资性收入比较

对男性而言，最低工资性收入行业（居民服务和其他服务业）与最高工资性收入行业（科学研究、技术服务和地质勘查业）的工资比例为 1∶2.318；

对女性而言，最低工资性收入行业（批发和零售业）与最高工资性收入行业（科学研究、技术服务和地质勘查业）的工资比例为1∶1.822（见表8-12）。

表8-12　不同行业男女性工资性收入情况

行业	男性				女性			
	样本结构（%）	工资性收入（元）	基尼系数	泰尔指数	样本结构（%）	工资性收入（元）	基尼系数	泰尔指数
农、林、牧、渔	1.06	19974	0.332	0.184	0.71	18469	0.280	0.126
采矿业	1.54	24329	0.315	0.164	0.56	15509	0.237	0.089
制造业	22.62	23696	0.381	0.259	15.21	17313	0.370	0.240
电力、燃气及水的生产和供应业	4.09	27834	0.330	0.181	2.27	21827	0.326	0.176
建筑业	4.12	25513	0.375	0.232	1.81	17750	0.348	0.205
交通运输、仓储和邮政业	11.11	25180	0.371	0.243	4.49	19542	0.346	0.204
信息传输、计算机服务和软件业	2.64	31868	0.430	0.326	2.02	22172	0.380	0.234
批发和零售业	7.14	19796	0.366	0.228	13.37	14407	0.357	0.212
住宿和餐饮业	2.31	17145	0.363	0.243	3.38	13905	0.350	0.206
金融业	2.92	30953	0.335	0.186	4.05	26222	0.390	0.282
房地产业	2.17	28331	0.406	0.265	2.08	22088	0.413	0.299
租赁和商务服务业	1.41	25140	0.393	0.270	1.60	19568	0.410	0.275
科学研究、技术服务和地质勘查业	2.53	37034	0.325	0.176	1.60	26253	0.322	0.175
水利、环境和公共设施管理业	1.50	25381	0.335	0.187	1.01	17380	0.309	0.161
居民服务和其他服务业	6.23	15980	0.385	0.255	13.39	13136	0.392	0.288
教育	6.18	31112	0.308	0.160	8.79	26357	0.308	0.157
卫生、社会保障和社会福利业	3.08	26429	0.330	0.190	5.62	23853	0.365	0.221
文化体育和娱乐业	2.16	27829	0.378	0.243	2.02	21126	0.398	0.273
公共管理和社会组织	15.20	31804	0.332	0.185	16.00	21700	0.365	0.222

（2）职业

职业工资差别在很大程度上可以由补偿性工资差别来解释。由于不同职业在安全、声誉、辛苦程度和环境等方面有着很大的差别，因而劳动者对于不同职业的心理成本也不尽相同。如果不保持工资差别，不给那些心理成本高、人们不太愿意从事的职业以特殊的收入补偿，就难以保证这些部门的劳动供求达到均衡。

如图8-7、表8-13所示，对男性而言，最低工资性收入职业（商业/服务业人员）与最高工资性收入职业（国家机关/党群组织/企事业单位负责人）的工资比例为1∶3.018；对女性而言，最低工资性收入职业

（不便分类的其他从业人员）与最高工资性收入职业（专业技术人员）的工资比例为 1∶2.598。

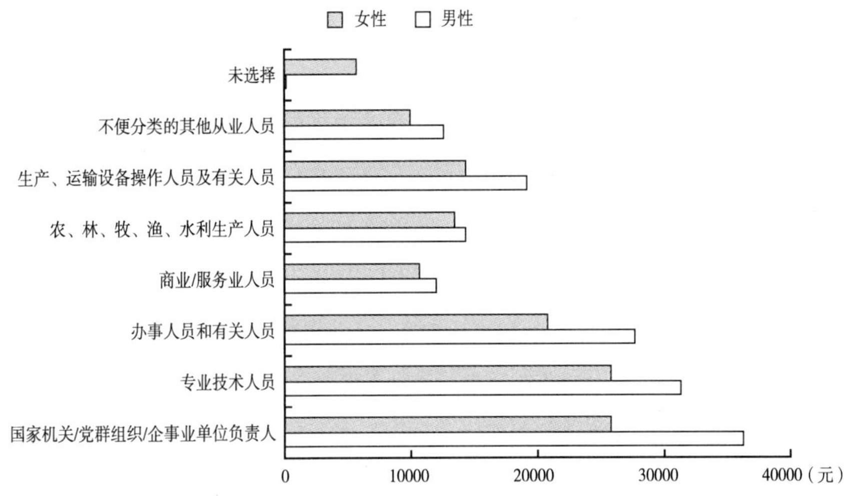

图 8－7 不同职业男女性工资性收入比较

表 8－13 不同职业男女性工资性收入对比

职业	男性				女性			
	样本结构（%）	工资性收入（元）	基尼系数	泰尔指数	样本结构（%）	工资性收入（元）	基尼系数	泰尔指数
国家机关/党群组织/企事业单位负责人	3.52	36137	0.354	0.215	1.21	25665	0.335	0.176
专业技术人员	10.78	31185	0.371	0.215	8.20	25742	0.339	0.177
办事人员和有关人员	17.51	27610	0.371	0.215	16.00	20677	0.377	0.238
商业/服务业人员	7.75	11973	0.543	0.256	12.05	10706	0.480	0.250
农、林、牧、渔、水利生产人员	0.37	14248	0.510	0.283	0.50	13433	0.452	0.247
生产、运输设备操作人员及有关人员	12.95	19118	0.366	0.191	5.03	14343	0.366	0.225
不便分类的其他从业人员	1.71	12564	0.457	0.254	1.73	9910	0.433	0.252
未选择	0.08	123	0.923	0.000	0.06	5690	0.813	0.009

4. 单位所有制

上述对于工资性收入的分析都是针对 16～60 岁的提供有效信息的就业人群样本。这其中必然包括了各种类型的已就业人员。因此，为了完善以上分析，本部分特别针对问卷调查时的就业群体进一步细分，根据就业或身份情况进行分析。在这里，就业者分为7类，分别为国有经济单位职工、城镇集体经济单位职工、其他经济类型单位职工、城镇个体或私营企业主、城镇个体或私营企业被雇者、离退休再就业人员、其他就业者。

从表8－14中可以看到，在就业者中，最高工资性收入者为国有经济单位职工、最低工资性收入者为城镇个体或私营企业主，二者收入比例达到32.538∶1。这一结果与前面的职业分类结果相差不大。

表8－14　单位所有制对工资性收入的影响

就业(身份)情况	样本结构(%)	平均工资收入(元)	基尼系数	泰尔指数
国有经济单位职工	51.97	26453	0.352	0.210
城镇集体经济单位职工	5.61	18230	0.382	0.253
其他经济类型单位职工	15.81	24115	0.393	0.271
城镇个体或私营企业主	7.35	813	0.939	0.788
城镇个体或私营企业被雇者	10.97	15107	0.375	0.250
离退休再就业人员	2.53	11911	0.327	0.179
其他就业者	5.62	11978	0.358	0.227
未填写	0.13	76	0.952	0.000

8.3　本章总结

本章利用2007年城镇住户调查数据，对城镇内部居民工资分配差异进行了多角度研究。研究数据显示，由于个人因素、地区因素和企业因素等影响工资性收入的外生和内生因素，工资性收入在城镇内部居民的分配是不均等的。这里，个人因素包括性别、年龄、受教育程度、婚姻状况、户口等个人特征；而地区和企业因素均属于与环境相关的潜在特征，包括所在省份、所在区域、用人单位所处行业、职业等。

因此，要想提高城镇居民的普遍工资性收入，必须开展和重视多方面的工作：摒弃有意或无意的歧视性政策，特别是关注女性就业者的福利；取消职业和行业的进入限制；加快落后地区的对外开放和所有制改革的步伐等。从长远来看，大力发展教育事业，改善教育服务的数量和质量，对缩小工资性收入差距起着至关重要的作用。

由于在现实中个体存在非同质性，用人单位分属于不同的行业和部门，且劳动市场是不完全竞争的，因此城镇居民的工资性收入存在明显差异。从宏观调控的角度来看，应该运用恰当的政策手段来缩小由这些因素带来的影响。具体措施包括以下几个方面。

（1）缩小由性别带来的不平等。在分析结果中，性别、户口等变量均体现了劳动力市场上的歧视现象。以性别歧视为例，近年来，中国在促进男女平等、消除对女性的歧视方面取得了很大成绩，但仍然可以观察到男女两性在就业机会和工资等方面的差异。除了应该继续努力消除对女性的歧视外，缩小性别之间的受教育水平差距，也是缩小性别在就业机会和工资差距方面的重要手段。由于女性在生理、家庭责任和社会地位等方面的原因，家庭对男孩的投资偏向很难避免。因此，必须借助教育所具有的显著外部性特征，由政府和社会提供一定程度的公共资源，提高对于女性的教育投资。

（2）加大社会的人力资本投入，特别是针对失业和弱势群体。失业是导致工资性收入分配不平等的一个重要因素。失业率越高，社会上丧失工资性收入来源的人越多；失业时间越长，因失业所导致的收入分配问题越严重。因此在市场经济国家，政府都把解决失业问题当作缓解工资分配乃至收入分配矛盾的一种重要手段。

（3）提高劳动力市场的竞争性和灵活性。在就业情况、行业、职业和地区因素的工资性收入分析中，均体现出了政府所属单位、国有企业以及经济发达城市的高工资水平。这些差异都是劳动力市场受到分割的表现。

9　农民工和城镇职工工资差距

中国长期实行城市优先发展战略，这加快了城镇经济的发展，从而使城市劳动力市场对农村劳动力的需求不断增加；另外，由于城乡收入差距的不断扩大，农村劳动力自身也有很大的动力进城务工。于是，随着中国户籍制度的逐渐放松，大量的农村劳动力便涌入城镇，形成了“农民工”这样一个特殊的群体。众所周知，农民工现已成为当前中国城镇劳动力市场上一支不可或缺的产业大军，他们对中国经济的高速发展作出了不可磨灭的贡献，但是，他们所获得的劳动补偿却与其所作出的贡献形成很大反差。他们主要从事城镇职工所不愿从事的“脏、险、苦、累”的工作，不仅工资水平低，还不能与城镇职工同等享有社保待遇和公共服务。总之，他们属于城镇劳动力市场上的弱势群体。

本章利用 2007 年的 CHIP 数据，主要分析农民工与城镇职工的个人工资水平及其差距。本章将研究对象限定为年龄大于 16 岁小于 60 岁且有工作和工资的农民工与城镇职工，并要求农民工与城镇职工处在相同的城市，进一步剔除掉那些遗漏个人特征、就业和收入信息的样本之后，农民工样本量为 6351 人，城镇职工样本量为 5760 人。调查数据覆盖了 15 个具有代表性的城市，它们分别是广州、东莞、深圳、郑州、洛阳、合肥、蚌埠、重庆、上海、南京、无锡、杭州、宁波、武汉、成都。

9.1　农民工与城镇职工的基本特征

1. 个人特征：性别、年龄、婚姻

就性别而言，无论是农民工还是城镇职工，都是男性居多，分别占到各自群体人数的 61.06%、57.86%，女性则分别占到 38.94%、42.14%；

从年龄上看，总体来说，农民工比城镇职工更趋年轻化，农民工的平均年龄为30.8岁，城镇职工的平均年龄为39.41岁，若以30岁为界，农民工中处于16~20岁、21~25岁、26~30岁这三个年龄组的样本量所占的比例要分别高于城镇职工相应的比例，而在30岁以上的各年龄组中，基本上是城镇职工的相应比例高于农民工；从婚姻状况来看，虽然农民工和城镇职工都是未婚者占少数，已婚者占多数，但农民工的未婚者比例（37.63%）却远高于城镇职工的未婚者比例（13.8%）（见表9-1）。

表9-1　农民工和城镇职工样本分布——个人特征

单位：%

		总样本		工资性收入	
		农民工	城镇职工	农民工	城镇职工
总样本量(人)		6351	5760	4858	5315
性别	男性	61.06	57.86	60.62	57.37
	女性	38.94	42.14	39.38	42.63
年龄组	16~20岁	15.24	0.00	19.02	0.38
	21~25岁	22.58	7.00	25.77	7.68
	26~30岁	16.36	13.68	16.18	14.13
	31~35岁	13.67	15.35	12.23	15.15
	36~40岁	14.42	17.47	11.47	17.05
	41~45岁	9.94	17.14	8.28	16.82
	46~50岁	4.33	14.13	3.83	14.28
	51~55岁	2.25	10.33	2.00	10.27
	56~60岁	1.21	4.15	1.24	4.25
婚姻状况	未婚	37.63	13.8	45.82	14.49
	已婚	62.37	86.2	54.18	85.51

2. 人力资本：教育、培训、工作经验

在受教育程度、培训、工作经验方面，农民工的整体水平都逊于城镇职工（见表9-2）。首先来看受教育程度，农民工的平均受教育年限是9.14年，城镇职工的平均受教育年限是12.13年，具体而言，在小学及以下、初中这两个低学历组中，农民工相应的比例分别高于城镇职工，其中一半以上的农民工（51.25%）为初中学历；在普通高中、职高中技中专这两个中等学历组中，两群体的相应比例差别不大；但是，在大专电大函授等、本科及以上这两个高学历组中，农民工相应的比例则低于城镇职

工。其次，在培训方面，大多数的农民工和城镇职工都没有接受过培训，但是，农民工中没有接受过培训的人员比例（73.94%）比城镇职工中没有接受过培训的人员比例（60.64%）更高。再次，在工作经验方面，农民工和城镇职工从事当前工作的平均年数分别是3.72年、12.40年，从事当前职业的平均年数分别是4.49年、12.51年（见表9－3）。

表9－2　农民工和城镇职工样本分布——人力资本

单位：%

		总样本		工资性收入	
		农民工	城镇职工	农民工	城镇职工
受教育程度	小学及以下	10.50	3.02	8.67	2.48
	初中	51.25	19.67	49.96	18.33
	普通高中	22.08	26.15	22.79	25.89
	职高中技中专	11.23	10.43	12.80	10.69
	大专电大函授等	4.94	23.16	5.78	24.10
	本科及以上	0	17.57	0	18.51
培训	否	73.94	60.64	70.40	59.00
	是	26.06	39.36	29.60	40.81

表9－3　农民工和城镇职工的一些基本特征变量的均值

	总样本			工资性收入		
	农民工	城镇职工	农民工/城镇职工（城＝100）	农民工	城镇职工	农民工/城镇职工（城＝100）
年龄（岁）	30.80	39.41	78.15	29.48	39.35	74.92
所受正规教育年限（年）	9.14	12.13	75.35	9.38	12.27	76.45
从事当前工作的年数（年）	3.72	12.40	30.00	3.12	12.66	24.64
从事当前职业的年数（年）	4.49	12.51	35.89	3.92	12.78	30.67
第一次外出务工距今的年数（年）	7.79			6.99		

在这里，有两个问题值得注意：一是，由于城乡教育质量差异较大，用受教育年限和受教育程度来度量他们从教育中获得的人力资本，会高估农民工的人力资本水平，从这个角度来说，农民工和城镇职工实际上在受教育方面所存在的人力资本差距要比本书中揭示的可能更大；二是，农民工第一次外出务工距今的平均年数是7.79年，远远大于其从事当前工作和从事当前职业的年数，这说明，农民工变换工作的频率较高，考虑到跨行业、跨职业变换工作会造成技能累积中断，因此，用工作年限来衡量工作经验，会高估农民工在工作经验方面的人力资本，换句话说，农民工和城镇职工实际上在工

作经验方面所存在的人力资本差距要比本书中揭示的可能更大。总体来说，农民工的人力资本水平与城镇职工的人力资本水平差距较大。

3. 就业状况

（1）就单位所有制而言，农民工和城镇职工形成鲜明的反差，农民工大多数工作于民营部门，而城镇职工则多数工作于公有部门。具体而言，将近4/5（79.41%）的农民工就业于民营部门，其中私营企业吸纳的农民工最多，达到42.69%，其次是个体经营，占到36.72%，仅有1/5的务工者工作于公有部门（包括国有、集体企业及党政机关、事业单位）及其他企业。与农民工正好相反，仅有约1/3（31.23%）的城镇职工工作于民营部门，将近2/3（60.76%）的城镇职工工作于公有部门（见表9－4）。

表9－4 农民工和城镇职工样本分布——就业状况

单位：%

		总样本		工资性收入	
		农民工	城镇职工	农民工	城镇职工
单位所有制	个体	36.72	12.15	22.58	6.15
	私营企业	42.69	19.08	51.79	19.81
	国有、集体企业	9.40	25.33	11.28	27.11
	党政机关、事业单位	5.05	35.43	6.46	38.00
	其他企业	6.00	8.00	7.88	9.00
职业	商业/服务性工作人员/个体经营	66.86	22.43	56.67	19.04
	生产运输工人	27.78	15.63	36.31	16.41
	各类专业技术人员	1.18	23.00	1.54	24.27
	行政办事/办公/管理人员	3.94	24.00	5.15	25.55
	国家机关/党群组织/企事业单位负责人	0.00	7.00	0.00	6.81
	其他	0.25	8.26	0.33	7.92
行业	批发和零售	26.28	13.00	15.69	10.07
	制造业	19.38	18.40	24.27	19.51
	住宿和餐饮业	18.30	3.54	19.23	3.18
	建筑业	10.44	3.72	12.84	3.54
	服务业	9.78	14.20	10.27	13.72
	交通运输、仓储及邮政业	3.15	9.69	3.27	10.03
	公共管理和社会组织	0.17	7.71	0.23	8.35
	其他	12.50	29.86	14.20	31.61
当前工作性质	有合同	49.05	82.86	64.00	89.80
	自我经营	23.40	7.73	0.00	0.00
	无合同	27.55	9.41	36.00	10.20

（2）就职业而言，大约95%的农民工所从事的是“蓝领职业”，诸如商业/服务性工作人员/个体经营、生产运输工人等技术含量低的职业，而城镇职工在各职业中的分布相对较均匀，其中，身份为专业技术人员、行政办事/办公/管理人员所占的比例远远大于农民工的相应比例。就所从事的行业①而言，农民工所在的行业较集中，而城镇职工所在的行业较分散，这一点可以从“其他”项所占的人员比例看出来，其中，农民工并入“其他”项的人员比例为12.5%，而城镇职工的相应比例则为29.86%。另外，吸纳农民工最多的六大行业依次是批发和零售业，制造业，住宿和餐饮业，建筑业，服务业，交通运输、仓储及邮政业，而吸纳城镇职工排在前3位的行业分别是制造业、服务业、批发和零售业。

（3）就所从事的主要工作的性质而言，有合同的城镇职工的人员比例要远远大于农民工的相应比例，前者为82.96%，后者为49.05%，而从事无合同的工作、自我经营者这两类人员，农民工的相应比例（27.55%、23.4%）则远远大于城镇职工的相应比例（9.41%、7.73%）。农民工和城镇职工在16个城市的样本分布见表9-5。

表9-5　农民工和城镇职工样本分布——城市

单位：%

	总样本		工资性收入	
	农民工	城镇职工	农民工	城镇职工
广州	7.87	7.24	9.45	7.38
东莞	5.59	5.14	6.73	4.97
深圳	5.37	5.19	6.53	4.72
郑州	7.13	5.78	5.66	5.70
洛阳	4.13	4.05	2.92	4.10
合肥	6.64	9.32	5.37	9.11
蚌埠	3.67	3.54	2.72	3.20
重庆	8.82	8.39	9.24	8.73
上海	10.17	12.81	9.30	13.41
南京	7.87	8.23	8.36	8.49
无锡	4.42	4.27	4.80	4.38
杭州	8.53	8.61	8.60	8.43
宁波	4.19	4.43	4.67	4.38
武汉	7.73	7.53	8.23	7.41
成都	7.86	5.47	7.41	5.59

① 本章将农民工和城镇职工分布较多的几个行业、职业单独列出，其他的行业、职业都列入“其他”项。

考虑到身份为“自我经营”这部分人群很难将自己的收入分清具体哪些属于工资性收入，哪些属于其他类型的收入，即他们所提供的收入可能不仅仅包含工资性收入，可能还包含其他类型的收入，基于此，从总样本量中将身份为“自我经营”这部分样本排除掉，又对剩下的“工资性收入”样本做了类似的分析。可以看出，这部分人群所呈现的特征和总样本所呈现的特征区别不大。

9.2 农民工和城镇职工的月工资比较

1. 两群体月工资的均值比较

总体上看，农民工的平均月工资水平为1606元，城镇职工的平均月工资水平为2407元，前者为后者的67%。

本章不仅计算了农民工和城镇职工总体的月工资水平，还进一步计算了不同特征的农民工和城镇职工的月工资水平。

从年龄分组来看，农民工的月工资先是随着年龄的增加而增加，而到30岁以后，工资则开始下降；对于城镇职工来说，30岁以前，月工资也是随着年龄的增加而上升的，但到了30岁以后，随着年龄的增加，城镇职工的工资变化则没有呈现明显的规律。此外，对于同属一个年龄组的农民工和城镇职工而言，前者的月工资总是低于后者，并且，随着年龄的增加，农民工和城镇职工之间的工资比例是不断下降的，这说明，农民工和城镇职工间的月工资差异随着年龄的增加不断扩大（见表9-6）。

从婚姻分组来看，无论是农民工还是城镇职工，未婚者的月工资都要低于已婚者；另外，未婚农民工与未婚城镇职工之间的工资差距要大于已婚农民工与已婚城镇职工之间的差距，具体而言，两群体未婚者之间的相对工资比为65%，两群体已婚者之间的相对工资比为70%。

分受教育程度来看，农民工和城镇职工的月工资都随着受教育程度的提高而上升，两群体间的月工资差距也随着受教育水平的提高，呈现逐渐扩大的趋势；从培训方面来看，无论是农民工还是城镇职工，参加过培训的人员的工资明显高于未参加过培训的人员，同时，两群体中参加过培训的人员之间的工资差距要大于两群体中未参加过培训的人员之间的工资差距（见表9-7）。

表 9-6　农民工和城镇职工的月工资比较——个人特征

		总样本			工资性收入		
		农民工（元）	城镇职工（元）	农/城（城=100）	农民工（元）	城镇职工（元）	农/城（城=100）
总样本		1606	2407	66.72	1415	2341	60.44
性别	男性	1735	2684	64.64	1529	2610	58.58
	女性	1403	2026	69.25	1241	1978	62.74
年龄组	16～20岁	1230	1263	97.39	1192	1293	92.19
	21～25岁	1550	1823	85.02	1428	1789	79.82
	26～30岁	1822	2613	69.73	1596	2603	61.31
	31～35岁	1776	2548	69.70	1542	2532	60.90
	36～40岁	1766	2649	66.67	1485	2524	58.84
	41～45岁	1594	2347	67.92	1378	2179	63.24
	46～50岁	1601	2112	75.80	1367	2039	67.04
	51～55岁	1355	2372	57.12	1180	2368	49.83
	56～60岁	1185	2665	44.47	1116	2728	40.91
婚姻	未婚	1440	2220	64.86	1365	2216	61.60
	已婚	1706	2437	70.00	1458	2362	61.73

表 9-7　农民工和城镇职工的月工资比较——人力资本

		总样本			工资性收入		
		农民工（元）	城镇职工（元）	农/城（城=100）	农民工（元）	城镇职工（元）	农/城（城=100）
受教育程度	小学及以下	1454	1528	95.16	1237	1522	81.27
	初中	1584	1888	83.90	1371	1675	81.85
	普通高中	1676	2051	81.72	1465	1923	76.18
	职高中技中专	1584	2249	70.43	1470	2208	66.58
	大专电大函授等	1880	2699	69.66	1750	2646	66.14
	本科及以上	无	3377		无	3372	
培训	否	1589	2253	70.53	1375	2178	63.13
	是	1654	2644	62.56	1512	2576	58.70

从单位所有制来看，每个组别中城镇职工的月平均工资都要高于农民工的月平均工资。具体而言，对于农民工群体来说，各个组别的月平均工资水平都在2000元以下，其中，个体组的平均月工资水平最高，为1775元；对于城镇职工来说，各个组别的月平均工资水平都在2000元以上，各类单位所有制人员之间的月平均工资水平差距不大。另外，在所有的组别中，“个体”这一组所存在的两群体之间的月平均工资差距

最小，农民工个体组的月平均工资占到城镇职工个体组月平均工资的80%（见表9-8）。

表9-8　农民工和城镇职工的月工资比较——就业状况

		总样本			工资性收入		
		农民工（元）	城镇职工（元）	农/城（城=100）	农民工（元）	城镇职工（元）	农/城（城=100）
单位所有制	个体	1775	2221	79.92	1305	1545	84.47
	私营企业	1465	2231	65.67	1398	2051	68.16
	国有、集体企业	1683	2347	71.71	1597	2333	68.45
	党政机关、事业单位	1470	2517	58.40	1449	2516	57.59
	其他企业	1560	2810	55.52	1563	2817	55.48
职业	商业/服务业人员/个体经营	1614	1892	85.31	1282	1678	76.40
	生产运输工人	1561	1966	79.40	1561	1901	82.11
	各类专业技术人员	1949	2927	66.59	1949	2912	66.93
	行政办公/办事/管理人员	1689	2432	69.45	1689	2409	70.11
	国家机关/党群组织/企事业单位负责人	无	3626		无	3601	
	其他	1534	2127	72.12	1534	1791	85.65
行业	批发和零售业	1765	2345	75.27	1305	2040	63.97
	制造业	1536	2335	65.78	1491	2282	65.34
	住宿和餐饮业	1471	1821	80.78	1219	1630	74.79
	建筑业	1778	2570	69.18	1690	2300	73.48
	服务业	1550	1750	88.57	1363	1660	82.11
	交通运输、仓储及邮政业	1716	2245	76.44	1618	2154	75.12
	公共管理和社会组织	992	2907	34.12	992	2907	34.12
	其他	1455	2763	52.66	1425	2753	51.76
当前主要工作性质	有合同	1399	2451	57.08	1489	2451	60.75
	自我经营	1530	3198	47.84	无	无	
	无合同	1443	1365	105.71	1284	1365	94.07

从职业来看，各个职业组别的城镇职工的月平均工资都高于农民工的月平均工资，其中，“商业和服务业人员及个体经营”这一组所存在的两群体之间的月平均工资差距最小，农民工的月平均工资占城镇职工月平均工资的85%。对于农民工来说，各类专业技术人员的月平均工资最高；对于城镇职工来说，国家机关/党群组织/企事业单位负责人以及各类专业技术人员的月平均工资比较高。

分行业来看，仍是各个行业组别的城镇职工的月平均工资都高于农民工的月平均工资，其中，服务业、住宿和餐饮业这两个组所存在的农民工和城镇职工之间的月平均工资差距是最小的，两群体的平均工资之比分别是89%和81%。

分工作性质来看，表9-8数据显示，无合同这一组两群体之间的工资比是106%，由于无合同这一组中，城镇职工的所占人员比例较小，所以106%这一数据的可信性不大，不过这也从一个侧面反映，从事无合同工作的农民工与城镇职工之间的工资差距较小。

分城市来看，广州和深圳这两个城市所存在的农民工和城镇职工之间的月平均工资差距是比较大的，两群体的工资之比分别是46%、47%；蚌埠、成都、合肥这三个城市所存在的农民工和城镇职工之间的月平均工资差距比较小，两群体的工资之比分别是123%、82%、82%；对于农民工来说，月平均工资排在前3位的城市分别是上海、杭州、深圳，月平均工资排在后3位的城市分别是重庆、郑州、洛阳；对于城镇职工来说，月平均工资排在前3位的城市分别是深圳、广州、上海，月平均工资排在后3位的城市分别是蚌埠、洛阳、郑州（见表9-9）。

表9-9　农民工和城镇职工的月工资比较——城市

	总样本			工资性收入		
	农民工（元）	城镇职工（元）	农/城（城=100）	农民工（元）	城镇职工（元）	农/城（城=100）
广州	1585	3474	45.62	1510	3401	44.40
东莞	1403	2681	52.33	1365	2229	61.24
深圳	1760	3748	46.96	1695	3676	46.11
郑州	1303	1749	74.50	1170	1705	68.62
洛阳	1334	1663	80.22	901	1606	56.10
合肥	1736	2129	81.54	1173	1385	67.33
蚌埠	1552	1266	122.59	1054	1246	84.59
重庆	1237	1773	69.77	1173	1734	67.65
上海	2033	3005	67.65	1644	2999	54.82
南京	1757	2479	70.88	1627	2484	65.50
无锡	1695	2154	78.69	1560	2096	74.43
杭州	1869	2473	75.58	1710	2384	71.73
宁波	1557	2880	54.06	1450	2894	50.10
武汉	1456	1834	79.39	1255	1766	71.06
成都	1542	1882	81.93	1139	1790	63.63

若不考虑从事“自我经营”的样本信息，单独看“工资性收入”的工资水平，数据显示，无论是农民工还是城镇职工，工资性收入者的月平均收入都低于包含有“自我经营者”的全部样本量的月平均工资水平。

2. 两群体月平均工资的分布区间

农民工与城镇职工的工资分布也存在着一定的差异。如表 9 – 10 所示，工资在 2000 元以下的四个组别中，农民工所分布的相应人数比例都高于城镇职工的相应人数比例，而在 2000 元以上的各个组别中，农民工所分布的相应人数比例则都低于城镇职工的相应人数比例。

表 9 – 10　农民工和城镇职工月收入所属区间

	总样本(%)		工资性收入(%)	
	农民工	城镇职工	农民工	城镇职工
1 ~ 500 元	2. 39	2. 15	1. 77	2. 13
501 ~ 1000 元	32. 33	19. 18	34. 38	19. 40
1001 ~ 1500 元	31. 1	20. 66	35. 59	21. 09
1501 ~ 2000 元	18. 93	16. 89	18. 05	17. 01
2001 ~ 2500 元	5. 07	9. 86	4. 82	10. 07
2501 ~ 3000 元	5. 56	10. 19	3. 52	9. 95
3001 ~ 3500 元	0. 76	4. 34	0. 58	4. 38
3501 ~ 4000 元	1. 46	5. 03	0. 64	4. 85
4000 元以上	2. 41	11. 68	0. 66	11. 12

3. 两群体月工资的十等分组分析结果

另一种分析农民工与城镇职工工资差异的方法是“十等分组”分析法，也就是将个人样本根据工资的大小首先从低到高进行排序，然后分成十个样本相等的人群组，这一方法的优点是从中可以观察到不同工资组的工资水平及其在总工资收入中所占的相对份额。

对农民工和城镇职工的月平均工资十等分组的结果如表 9 – 11 所示。从中可以看到，在各个组别中，城镇职工的月平均工资都高于农民工的月平均工资，而且，从最低到最高组，农民工与城镇职工的月平均工资之比基本上是逐渐下降的，从 99% 下降到了 58%，这说明，随着工资水平的逐渐提高，农民工与城镇职工之间的工资差距是逐渐扩大的。若不考虑自我经营这部分样本而只考虑工资性收入的工资，从表 9－11 中可以看到，工资性收入者这部分人群的农民工与城镇职工之比较所呈现的规律，与两群体总样本之比较所呈现的规律类似。

表 9－11　农民工和城镇职工样本分别十等分组的分析结果

	总样本			工资性收入		
	农民工（元）	城镇职工（元）	农/城（城＝100）	农民工（元）	城镇职工（元）	农/城（城＝100）
最低组	633	642	98.60	645	641	100.62
第二组	859	945	90.90	838	938	89.34
第三组	1000	1150	86.96	985	1140	86.40
第四组	1077	1434	75.10	1042	1419	73.43
第五组	1246	1675	74.39	1207	1651	73.11
第六组	1471	2003	73.44	1374	1975	69.57
第七组	1561	2434	64.13	1500	2389	62.79
第八组	1931	2960	65.24	1673	2902	57.65
第九组	2210	3824	57.78	1988	3731	53.28
最高组	4068	7003	58.09	2905	6623	43.86

若不考虑自我经营、只考虑工资性收入，无论是农民工还是城镇职工，每个组别的月平均工资几乎都小于考虑自我经营的总体样本的相应组别的月平均工资。

进而，又将农民工样本和城镇职工样本混合在一块按照收入的高低进行了十等分组，表 9－12 给出了在每组中农民工和城镇职工分别所占的人数比例和收入比例。从中可以看出，在最低组到第七组中，每组农民工所占的人数比例和收入比例都超过 50%，但从第八组到最高组这 3 个高收入组，每组中农民工所占的人数比例和收入比例则都远低于 50%。这进一步说明，农民工更多地集中在低收入组，而城镇职工更多地集中在高收入组。

4. 农民工和城镇职工所存在的月工资不平等程度

首先计算农民工和城镇职工两群体内部分别存在的不平等程度。表 9－13给出了一些具体的衡量不平等的指标。

表 9-12　农民工和城镇职工混合样本的十等分组

单位：%

	人数比例			收入比例		
	农民工	城镇职工	共计	农民工	城镇职工	共计
最低组	60.15	39.85	100	61.78	38.22	100
第二组	62.76	37.24	100	63.23	36.77	100
第三组	68.21	31.79	100	68.07	31.93	100
第四组	60.53	39.47	100	60.59	39.41	100
第五组	62.35	37.65	100	62.29	37.71	100
第六组	59.04	40.96	100	58.48	41.52	100
第七组	55.57	44.43	100	55.74	44.26	100
第八组	42.53	57.47	100	41.68	58.32	100
第九组	32.87	67.13	100	32.52	67.48	100
最高组	20.40	79.60	100	20.19	79.81	100
共　计	52.44	47.56	100	52.46	47.54	100

表 9-13　农民工和城镇职工两群体内部月工资和小时工资的不平等程度

衡量不平等指标	总样本				工资性收入			
	月工资		小时工资		月工资		小时工资	
	农民工	城镇职工	农民工	城镇职工	农民工	城镇职工	农民工	城镇职工
变异系数	0.769	0.995	0.751	1.517	0.477	0.915	0.566	1.386
基尼系数	0.299	0.382	0.324	0.427	0.240	0.373	0.287	0.414
泰尔指数	0.177	0.275	0.191	0.385	0.098	0.255	0.137	0.351
平均对数离差	0.149	0.250	0.176	0.318	0.095	0.237	0.136	0.298
最高 10%/最低 10%	6.42	10.91	7.79	15.25	4.51	10.33	6.11	14.02
最高 20%/最低 20%	4.21	6.82	5.06	8.64	3.30	6.56	4.26	8.11

以较为常见的基尼系数和泰尔指数为例，农民工月工资的基尼系数是 0.30，城镇职工月工资的基尼系数是 0.38；农民工月工资的泰尔指数是 0.18，城镇职工月工资的泰尔指数是 0.28；对于农民工来说，最高 10% 工资组的人均月工资相当于最低 10% 工资组的 6.42 倍，最高 20% 工资组的人均月工资相当于最低 20% 工资组的 4.21 倍，而对于城镇职工来说，最高 10% 工资组的人均月工资相当于最低 10% 工资组的 10.91 倍，最高 20% 工资组的人均月工资相当于最低 20% 工资组的 6.82 倍。其他的指标也表明，农民工内部所存在的不平等程度要低于城镇职工内部所存在的不

平等程度。

若只考虑工资性收入，对于农民工来说，工资性收入内部所存在的不平等程度也明显低于农民工总体内部所存在的不平等程度，相应的基尼系数为0.24，泰尔指数为0.10；而对于城镇职工来说，工资性收入内部所存在的不平等程度与城镇职工总体内部所存在的不平等程度相差不大，相应的基尼系数为0.37，泰尔指数为0.26。

其次按照不同人群特征将农民工样本和城镇职工样本分别进行细化分组，计算各个组别相应的不平等程度（见表9－14、表9－15、表9－16、表9－17）。几乎所有组别中，城镇职工内部所存在的不平等程度都大于农民工内部所存在的不平等程度。

表9－14　农民工与城镇职工月工资的不平等程度——个人特征

		农民工				城镇职工			
		变异系数	基尼系数	泰尔指数	平均对数离差	变异系数	基尼系数	泰尔指数	平均对数离差
性别	男	0.772	0.300	0.178	0.152	0.994	0.381	0.275	0.250
	女	0.725	0.282	0.158	0.132	0.933	0.366	0.249	0.227
年龄组	16～20岁	0.507	0.247	0.107	0.102	0.561	0.272	0.128	0.119
	21～25岁	0.617	0.265	0.134	0.118	0.641	0.313	0.165	0.158
	26～30岁	0.800	0.303	0.189	0.154	1.048	0.354	0.255	0.219
	31～35岁	0.741	0.318	0.190	0.167	0.824	0.375	0.246	0.245
	36～40岁	1.005	0.318	0.227	0.173	0.821	0.377	0.246	0.242
	41～45岁	0.687	0.305	0.170	0.152	1.331	0.413	0.366	0.298
	46～50岁	0.610	0.283	0.143	0.131	0.867	0.382	0.260	0.241
	51～55岁	0.593	0.276	0.139	0.128	1.010	0.366	0.261	0.230
	56～60岁	0.575	0.308	0.151	0.156	1.018	0.417	0.320	0.301
婚姻	未婚	0.594	0.264	0.130	0.117	1.212	0.377	0.301	0.245
	已婚	0.824	0.313	0.195	0.163	0.961	0.382	0.271	0.250

对于农民工来说，在年龄组中，小于25岁这部分人群所存在的不平等程度较小，相应的基尼系数为0.25～0.27，泰尔指数为0.11～0.13；在婚姻组中，未婚群体的不平等程度低于已婚群体的不平等程度，未婚者对应的基尼系数为0.26，泰尔指数为0.13，已婚者对应的基尼系数为0.31，泰尔指数为0.20；在受教育程度组中，职高中技中专对应的不平等程度最低，其基尼系数为0.26，泰尔指数为0.12。

表 9-15 农民工与城镇职工不同特征人群月工资的不平等程度

		农民工				城镇职工			
		变异系数	基尼系数	泰尔指数	平均对数离差	变异系数	基尼系数	泰尔指数	平均对数离差
教育程度	小学及以下	0.655	0.300	0.161	0.148	0.665	0.312	0.171	0.164
	初中	0.795	0.295	0.177	0.146	1.397	0.389	0.343	0.256
	普通高中	0.798	0.310	0.192	0.160	0.963	0.365	0.256	0.224
	职高中技中专	0.560	0.261	0.122	0.114	0.856	0.358	0.234	0.215
	大专电大等	0.852	0.335	0.220	0.191	0.782	0.353	0.222	0.216
	本科及以上	无	无	无	无	0.894	0.346	0.231	0.221
培训	否	0.793	0.301	0.182	0.152	0.909	0.386	0.270	0.251
	是	0.702	0.291	0.161	0.141	1.070	0.370	0.275	0.239

在各个单位所有制组中，个体对应的不平等程度最高，其基尼系数为0.36，泰尔指数为0.26；在各个职业组中，商业/服务人员/个体经营对应的不平等程度最高，其基尼系数为0.33，泰尔指数为0.22，生产运输工人对应的不平等程度最低，其基尼系数为0.21，泰尔指数为0.08；在各个行业组中，批发和零售业对应的不平等程度最高，其基尼系数为0.35，泰尔指数为0.25；在“当前主要工作性质”组中，自我经营对应的不平等程度最高，其基尼系数为0.38，泰尔指数为0.28。

表 9-16 农民工与城镇职工月工资的不平等程度——就业状况

		农民工				城镇职工			
		变异系数	基尼系数	泰尔指数	平均对数离差	变异系数	基尼系数	泰尔指数	平均对数离差
单位所有制	个体	0.958	0.359	0.256	0.215	0.992	0.414	0.314	0.288
	私营企业	0.588	0.256	0.123	0.109	1.291	0.388	0.332	0.254
	国有、集体企业	0.533	0.263	0.119	0.115	0.946	0.366	0.255	0.232
	党政机关、事业单位	0.533	0.263	0.119	0.115	0.733	0.355	0.212	0.217
	其他企业	0.349	0.177	0.056	0.057	1.309	0.449	0.399	0.349
职业	商业/服务人员/个体经营	0.886	0.331	0.222	0.182	1.309	0.449	0.399	0.349
	生产运输工人	0.407	0.214	0.076	0.077	1.093	0.349	0.261	0.208
	各类专业技术人员	0.550	0.301	0.145	0.159	0.878	0.344	0.222	0.206
	行政办事/办公/管理人员	0.509	0.245	0.106	0.097	0.803	0.355	0.223	0.216
	国家机关/党群组织/企事业单位负责人	无	无	无	无	0.774	0.360	0.226	0.221
	其他	0.386	0.204	0.067	0.069	1.818	0.461	0.520	0.363

续表

		农民工				城镇职工			
		变异系数	基尼系数	泰尔指数	平均对数离差	变异系数	基尼系数	泰尔指数	平均对数离差
行业	批发和零售	0.955	0.350	0.249	0.204	1.443	0.421	0.400	0.302
	制造业	0.501	0.218	0.091	0.082	1.087	0.390	0.304	0.263
	住宿和餐饮业	0.815	0.315	0.198	0.163	1.078	0.365	0.279	0.224
	建筑业	0.656	0.266	0.138	0.123	0.769	0.362	0.226	0.227
	服务业	0.744	0.294	0.173	0.149	0.859	0.374	0.253	0.236
	交通运输、仓储及邮政业	0.525	0.256	0.114	0.109	0.699	0.328	0.186	0.178
	公共管理和社会组织	0.356	0.169	0.051	0.048	0.661	0.356	0.201	0.219
	其他	0.569	0.280	0.133	0.126	0.893	0.355	0.235	0.220
当前主要工作性质	有合同	0.468	0.234	0.094	0.090	0.899	0.365	0.245	0.227
	自我经营	0.954	0.378	0.275	0.243	1.354	0.444	0.417	0.344
	无合同	0.477	0.242	0.099	0.096	0.786	0.345	0.218	0.195

在各个城市中，洛阳、成都、蚌埠对应的不平等程度较高，基尼系数都约为0.36，泰尔指数依次为0.25、0.31和0.23，无锡、东莞、深圳、广州对应的不平等程度比较低，基尼系数在0.22左右，泰尔指数都约为0.1。

表9-17　月工资——农民工样本—城镇职工样本

	农民工				城镇职工			
	变异系数	基尼系数	泰尔指数	平均对数离差	变异系数	基尼系数	泰尔指数	平均对数离差
广州	0.494	0.230	0.096	0.088	0.590	0.313	0.159	0.171
东莞	0.469	0.222	0.090	0.082	1.635	0.391	0.418	0.268
深圳	0.498	0.230	0.097	0.091	0.666	0.343	0.194	0.209
郑州	0.675	0.300	0.164	0.147	0.621	0.312	0.164	0.175
洛阳	0.848	0.365	0.246	0.214	0.899	0.329	0.220	0.195
合肥	0.704	0.324	0.188	0.179	0.680	0.321	0.178	0.174
蚌埠	0.778	0.358	0.227	0.214	0.875	0.351	0.236	0.204
重庆	0.574	0.246	0.117	0.100	0.637	0.312	0.165	0.160
上海	0.839	0.319	0.202	0.167	1.148	0.382	0.304	0.251
南京	0.874	0.274	0.181	0.132	1.126	0.398	0.326	0.278
无锡	0.584	0.208	0.098	0.079	1.041	0.365	0.271	0.217
杭州	0.653	0.278	0.147	0.127	0.764	0.338	0.207	0.189
宁波	0.492	0.251	0.107	0.106	0.675	0.337	0.188	0.186
武汉	0.839	0.287	0.182	0.139	0.712	0.363	0.216	0.233
成都	1.184	0.364	0.306	0.221	1.086	0.411	0.331	0.287

对于城镇职工来说，在年龄组中，同样是小于25岁这部分人群所存在的不平等程度较低，16～20岁、21～25岁这两个年龄组的基尼系数依次为0.27、0.31，泰尔指数依次为0.13、0.17；在婚姻组中，未婚群体所存在的不平等程度与已婚群体所存在的不平等程度区别不大，对应的基尼系数都为0.38，泰尔指数依次为0.30、0.27；在受教育程度组中，初中组对应的不平等程度最高，其基尼系数为0.39，泰尔指数为0.34；在各个单位所有制组中，个体对应的不平等程度最高，其基尼系数为0.41，泰尔指数为0.31；在各个职业组中，商业/服务人员/个体经营对应的不平等程度最高，其基尼系数为0.45，泰尔指数为0.40；在各个行业组中，批发和零售业对应的不平等程度最高，其基尼系数为0.42，泰尔指数为0.40，交通运输仓储及邮政业对应的不平等程度最低，其基尼系数为0.33，泰尔指数为0.19；在当前主要工作性质组中，自我经营对应的不平等程度最高，其基尼系数为0.44，泰尔指数为0.42；在各个城市中，成都、南京、东莞对应的不平等程度较高，其基尼系数依次为0.41、0.40、0.39，泰尔指数依次为0.33、0.33、0.42，广州、郑州、重庆对应的不平等程度比较低，其基尼系数都为0.31，泰尔指数都为0.17左右。

再次，又将农民工样本和城镇职工样本混合在一起，计算并得出了城镇劳动力市场上包含农民工群体后总体所存在的不平等程度，表9－18至表9－20给出了具体结果。

表9－18　农民工与城镇职工混合样本月工资的不平等程度——个人特征

总体		变异系数	基尼系数	泰尔指数	平均对数离差
		0.966	0.362	0.254	0.217
性别	男	0.974	0.363	0.257	0.221
	女	0.903	0.344	0.228	0.196
年龄组	16～20岁	0.508	0.248	0.107	0.103
	21～25岁	0.629	0.281	0.145	0.130
	26～30岁	0.991	0.344	0.239	0.198
	31～35岁	0.830	0.365	0.239	0.222
	36～40岁	0.916	0.372	0.259	0.229
	41～45岁	1.246	0.389	0.323	0.258
	46～50岁	0.843	0.367	0.242	0.220
	51～55岁	1.019	0.371	0.265	0.232
	56～60岁	1.070	0.431	0.343	0.318
婚姻	未婚	0.961	0.315	0.208	0.168
	已婚	0.954	0.369	0.259	0.227

表9-19　农民工与城镇职工混合样本月工资的不平等程度——人力资本

		变异系数	基尼系数	泰尔指数	平均对数离差
受教育程度	小学及以下	0.657	0.303	0.164	0.152
	初中	1.040	0.324	0.228	0.177
	普通高中	0.913	0.345	0.234	0.198
	职高中技中专	0.791	0.326	0.198	0.175
	大专电大函授等	0.805	0.359	0.230	0.220
	本科及以上	0.894	0.346	0.231	0.221
培训	否	0.895	0.356	0.243	0.210
	是	1.047	0.364	0.264	0.224

表9-20　农民工与城镇职工混合样本月工资的不平等程度——就业状况和城市

		变异系数	基尼系数	泰尔指数	平均对数离差
单位所有制	个体	0.979	0.377	0.277	0.236
	私营企业	1.034	0.318	0.223	0.170
	国有、集体企业	0.908	0.350	0.234	0.209
	党政机关、事业单位	0.748	0.359	0.218	0.218
	其他企业	1.252	0.389	0.329	0.257
职业	商业/服务人员/个体经营	0.877	0.344	0.231	0.196
	生产运输工人	0.804	0.271	0.155	0.127
	各类专业技术人员	0.877	0.344	0.222	0.207
	行政办事/办公/管理人员	0.797	0.349	0.217	0.205
	国家机关/党群组织/企事业单位负责人	0.774	0.360	0.226	0.221
	其他	1.806	0.455	0.511	0.355
行业	批发和零售业	1.213	0.381	0.314	0.243
	制造业	0.975	0.330	0.233	0.187
	住宿和餐饮业	0.884	0.326	0.215	0.175
	建筑业	0.734	0.308	0.180	0.162
	服务业	0.821	0.345	0.222	0.200
	交通运输、仓储及邮政	0.685	0.318	0.177	0.166
	公共管理和社会组织	0.671	0.361	0.207	0.224
	其他	0.928	0.370	0.252	0.231
当前工作性质	有合同	0.468	0.234	0.094	0.090
	自我经营	0.954	0.378	0.275	0.243
	无合同	0.477	0.242	0.099	0.096

续表

		变异系数	基尼系数	泰尔指数	平均对数离差
城市	广州	0.723	0.355	0.211	0.202
	东莞	1.542	0.356	0.343	0.219
	深圳	0.771	0.365	0.229	0.217
	郑州	0.668	0.318	0.175	0.170
	洛阳	0.889	0.356	0.238	0.211
	合肥	0.699	0.328	0.187	0.181
	蚌埠	0.824	0.360	0.236	0.214
	重庆	0.650	0.300	0.160	0.144
	上海	1.104	0.372	0.285	0.230
	南京	1.074	0.355	0.279	0.218
	无锡	0.895	0.299	0.197	0.150
	杭州	0.743	0.319	0.190	0.166
	宁波	0.729	0.344	0.204	0.192
	武汉	0.781	0.336	0.207	0.189
	成都	1.146	0.388	0.322	0.251

农民工和城镇职工混合样本所存在的不平等程度大于农民工内部所存在的不平等程度，小于城镇职工内部所存在的不平等程度。以基尼系数和泰尔指数为例，农民工和城镇职工混合样本对应的基尼系数为0.36，泰尔指数为0.25，农民工样本对应的基尼系数为0.30，泰尔指数为0.18，城镇职工样本对应的基尼系数为0.38，泰尔指数为0.28。若以性别、年龄、婚姻、受教育程度等特征分组，农民工和城镇职工混合样本对应的不平等程度也是介于农民工样本对应的不平等程度和城镇职工样本对应的不平等程度之间。在这里需要指出的是，就城市组而言，广州、深圳、宁波这三个城市，农民工和城镇职工混合样本对应的不平等程度不仅大于农民工内部所存在的不平等程度，而且还大于城镇职工内部所存在的不平等程度，这说明，农民工群体的流入，扩大了这三个城市原本存在的工资收入不平等程度；东莞、洛阳、重庆、上海、南京、无锡、杭州、武汉、成都这九个城市，农民工和城镇职工混合样本对应的不平等程度介于农民工样本对应的不平等程度和城镇职工样本对应的工资收入不平等程度之间，这说明，农民工群体的流入，缩小了这九个城市原本所存在的不平等程度；郑州、合肥、蚌埠这三个城市，农民工混合样本对应的不平等程度与农民工内部、城镇职工内部所存在的不平等程度

差别不大，这说明，农民工群体的流入，对这三个城市所存在的工资收入不平等程度影响不大。

5. 两群体月工资差距按城市的泰尔分解结果

按照城市将农民工对应的泰尔指数、城镇职工对应的泰尔指数依次进行分解，所得结果如表9－21所示。表9－21的下半部分列出了组内差距（城市内部）和组间差距（城市之间）对农民工内部所存在的工资差距、城镇职工内部所存在的工资差距的贡献百分数。组内差距对农民工群体的内部月工资差距的贡献度为92.78%～93.94%，组间差距的贡献度为6.06%～7.22%；组内差距对城镇群体的内部月工资差距的贡献度为85.72%～87.21%，组间差距的贡献度为12.79%～14.28%。这说明，农民工内部所存在的月工资差距、城镇职工内部所存在的月工资差距更多的是由城市内部所存在的差距造成的。

表9－21　按照城市将农民工月工资差距和城镇职工月工资差距分别进行泰尔分解

	月工资				小时工资			
	农民工		城镇职工		农民工		城镇职工	
	平均对数离差	泰尔指数	平均对数离差	泰尔指数	平均对数离差	泰尔指数	平均对数离差	泰尔指数
绝对值								
组内	0.14	0.17	0.21	0.24	0.16	0.17	0.28	0.35
组间	0.01	0.01	0.04	0.04	0.02	0.02	0.04	0.04
总计	0.15	0.18	0.25	0.28	0.18	0.19	0.32	0.39
比例(%)								
组内	92.78	93.94	85.72	87.21	90.02	91.01	87.39	89.98
组间	7.22	6.06	14.28	12.79	9.98	8.99	12.61	10.02
总计	100.00	100.00	100.00	100.00	100.00	100.00	100.00	100.00

若将农民工样本和城镇职工样本混合在一起，对混合样本所存在的月工资差距也进行了泰尔分解，所得结果如表9－22所示。可以看出，农民工和城镇职工样本混合在一起后，所对应的泰尔指数绝对值（0.22、0.25）介于农民工样本所对应的泰尔指数（0.15、0.18）和城镇职工所对应的泰尔指数（0.25、0.28）之间，这说明，农民工群体的流入，降

低了城市劳动力市场上原本所存在的月工资不平等程度。但是，对于混合样本来说，组内差距的贡献度为 80.21% ~82.23%，既小于农民工样本对应的组内差距贡献度（92.78% ~93.94%），也小于城镇职工样本对应的组内差距贡献度（85.72% ~87.21%）；相应的，混合样本对应的组间差距的贡献度（17.77% ~19.79%），既大于农民工样本对应的组间差距贡献度（6.06% ~7.22%），也大于城镇职工样本对应的组间差距贡献度（12.79% ~14.28%），这说明，农民工群体的流入，降低了城市内部所存在的月工资不平等程度对整体不平等程度的解释力，提高了城市之间所存在的月工资不平等程度对整体不平等程度的解释力。

表 9 -22　按照城市对农民工城镇职工混合样本所存在的月工资差距进行泰尔分解

	月工资		小时工资	
	平均对数离差	泰尔指数	平均对数离差	泰尔指数
绝对值				
组内	0.17	0.21	0.21	0.29
组间	0.04	0.05	0.11	0.11
总计	0.22	0.25	0.32	0.40
比例(%)				
组内	80.21	82.23	66.99	73.14
组间	19.79	17.77	33.01	26.86
总计	100.00	100.00	100.00	100.00

9.3　农民工与城镇职工的小时工资率比较

从表 9 -23 中可以看出，农民工的平均周劳动时间是 63.03 小时，城镇职工的平均周劳动时间是 44.35 小时，二者比例是 1.42∶1；若不考虑自我经营者，只考虑工资性收入者，可以看出，农民工工资性收入者的平均周劳动时间是 58.31 小时，城镇职工工资性收入者的平均周劳动小时数是 43.09 小时，二者的比例是 1.35∶1；从表 9 -24 中可以看出，整体而言，农民工的平均小时工资为 6.79 元，城镇职工的平均小时工资为 15.03 元，前者占后者的 45%；农民工工资性收入者的平均小时工资为 6.51 元，城镇职工工资性收入者的平均小时工资为 14.83 元，前者占后者的 44%。

表 9－23　农民工和城镇职工的周劳动小时数比较

	农民工(小时)	城镇职工(小时)	农/城(城 = 100)
总部样本	63.03	44.35	142.12
工资性收入者	58.31	43.09	135.32

表 9－24　农民工和城镇职工的小时工资比较

	农民工(元)	城镇职工(元)	农/城(城 = 100)
总样本	6.79	15.03	45.18
工资性收入者	6.51	14.83	43.90

表 9－25 和表 9－26 给出了按照不同人群特征分组后各个组别所对应的周劳动小时数，数据显示，所有组别的农民工平均周劳动小时数都长于城镇职工。各个组别的农民工工资性收入者的平均周劳动小时数也都长于城镇职工工资性收入者的平均周劳动小时数。表 9－25 和表 9－26 也进一步给出了分不同的组别后小时工资所呈现出的特征，所有组别的农民工平均小时工资都低于城镇职工平均小时工资。

表 9－25　农民工和城镇职工的小时工资、周劳动小时数比较——总样本

		小时收入			周劳动小时数		
		农民工(元)	城镇职工(元)	农/城(城 = 100)	农民工(小时)	城镇职工(小时)	农/城(城 = 100)
总样本		7	15	45	63	44	142
性别	男性	7	17	44	64	45	142
	女性	6	13	47	62	44	142
年龄组	16～20 岁	5	8	66	60	45	134
	21～25 岁	7	11	62	59	44	135
	26～30 岁	8	16	48	62	44	142
	31～35 岁	7	16	47	64	45	143
	36～40 岁	7	18	40	67	45	151
	41～45 岁	6	14	46	67	45	150
	46～50 岁	7	13	52	64	44	145
	51～55 岁	5	16	33	70	44	160
	56～60 岁	5	17	31	63	44	143
婚姻	未婚	7	14	47	59	43	136
	已婚	7	15	46	66	45	147

续表

		小时收入			周劳动小时数		
		农民工（元）	城镇职工（元）	农/城（城=100）	农民工（小时）	城镇职工（小时）	农/城（城=100）
受教育程度	小学及以下	5	8	65	70	52	135
	初中	7	11	57	64	47	135
	普通高中	7	13	55	62	45	140
	职高中技中专	7	14	52	58	44	131
	大专电大函授等	9	17	53	56	42	132
	本科及以上	无	21		无	42	
培训	否	7	14	46	64	45	142
	是	7	16	45	60	43	139
单位所有制	个体	7	11	57	72	55	129
	私营企业	6	13	48	60	46	131
	国有、集体企业	8	15	51	57	43	133
	党政机关、事业单位	7	16	44	56	41	136
	其他企业	8	17	48	50	43	117
职业	商业/服务业人员/个体经营	6	12	52	66	49	135
	生产运输工人	7	12	62	58	45	128
	各类专业技术人员	10	18	53	53	43	125
	行政办公/办事/管理人员	8	15	56	53	42	127
	国家机关/党群组织/企事业单位负责人	无	23		无	42	
	其他	8	13	63	48	45	106
行业	批发和零售业	7	13	50	70	49	143
	制造业	7	14	53	55	44	127
	住宿和餐饮业	6	11	56	65	49	131
	建筑业	7	16	48	62	46	136
	服务业	7	13	50	64	45	141
	交通运输、仓储及邮政业	7	13	54	62	45	138
	公共管理和社会组织	4	18	23	63	41	155
	其他	7	17	39	58	42	138
当前主要工作性质	有合同	7	15	46	56	43	132
	自我经营	8	17	44	78	59	132
	无合同	5	10	53	62	48	131

续表

		小时收入			周劳动小时数		
		农民工（元）	城镇职工（元）	农/城（城=100）	农民工（小时）	城镇职工（小时）	农/城（城=100）
城市	广州	8	22	35	53	42	124
	东莞	6	16	36	62	44	140
	深圳	8	22	37	58	47	125
	郑州	5	11	44	71	46	155
	洛阳	5	10	51	68	46	147
	合肥	6	12	51	73	45	163
	蚌埠	6	8	75	69	51	133
	重庆	5	10	51	63	46	139
	上海	8	19	45	64	42	154
	南京	8	15	50	62	42	146
	无锡	9	12	74	51	45	113
	杭州	8	19	44	64	45	142
	宁波	7	17	39	61	44	140
	武汉	6	14	44	60	42	143
	成都	6	10	59	66	47	141

表 9-26 农民工和城镇职工的小时工资、周劳动小时数比较——工资性收入者

		小时收入			周劳动小时数		
		农民工（元）	城镇职工（元）	农/城（城=100）	农民工（小时）	城镇职工（小时）	农/城（城=100）
总体平均值		7	15	44	58	43	135
性别	男性	7	17	42	59	44	136
	女性	6	12	47	57	43	134
年龄组	16~20 岁	5	9	62	60	43	138
	21~25 岁	7	11	60	57	43	132
	26~30 岁	7	16	46	57	43	133
	31~35 岁	7	16	46	57	44	131
	36~40 岁	7	17	41	59	43	137
	41~45 岁	6	13	47	59	43	138
	46~50 岁	6	13	50	58	43	135
	51~55 岁	5	16	31	64	42	153
	56~60 岁	5	17	28	63	43	147

续表

		小时收入			周劳动小时数		
		农民工（元）	城镇职工（元）	农/城（城=100）	农民工（小时）	城镇职工（小时）	农/城（城=100）
婚姻	未婚	6	14	45	58	43	135
	已婚	7	15	45	59	43	136
受教育程度	小学及以下	5	9	59	63	47	136
	初中	6	11	57	59	45	130
	普通高中	7	12	56	58	43	133
	职高中技中专	7	14	51	56	43	129
	大专电大函授等	9	17	52	53	42	128
	本科及以上	无	21		无	42	
培训	否	6	14	45	59	43	135
	是	7	16	43	58	43	135
单位所有制	个体	6	9	63	63	49	129
	私营企业	6	13	50	59	45	130
	国有、集体企业	8	15	52	55	43	129
	党政机关、事业单位	7	16	43	56	41	135
	其他企业	8	17	48	50	43	117
职业	商业/服务业人员/个体经营	6	11	51	59	45	131
	生产运输工人	7	11	64	58	45	129
	各类专业技术人员	10	18	53	53	42	126
	行政办公/办事/管理人员	8	15	56	53	41	127
	国家机关/党群组织/企事业单位负责人	无	23		无	41	
	其他	8	12	69	48	43	110
行业	批发和零售业	6	13	46	59	44	133
	制造业	7	14	53	54	43	126
	住宿和餐饮业	5	10	53	61	47	130
	建筑业	7	14	50	62	45	137
	服务业	6	12	52	60	43	139
	交通运输、仓储及邮政业	7	13	55	61	45	136
	公共管理和社会组织	4	18	23	63	41	155
	其他	7	17	39	56	42	133
当前主要工作性质	有合同	7	15	46	56	43	132
	自我经营	无	无		无	无	
	无合同	5	10	53	62	48	131

续表

		小时收入			周劳动小时数		
		农民工（元）	城镇职工（元）	农/城（城=100）	农民工（小时）	城镇职工（小时）	农/城（城=100）
城市	广州	8	22	35	50	42	121
	东莞	6	15	40	60	43	140
	深圳	8	22	36	56	44	128
	郑州	5	11	46	63	45	139
	洛阳	4	10	39	62	45	140
	合肥	6	12	46	65	43	151
	蚌埠	4	7	57	64	49	131
	重庆	5	10	50	61	45	137
	上海	8	19	40	58	41	141
	南京	7	15	48	58	42	140
	无锡	9	12	74	46	45	104
	杭州	8	17	46	58	43	137
	宁波	7	18	38	59	42	140
	武汉	6	14	42	57	41	142
	成都	5	10	49	61	46	133

类似月工资的分析，上文也给出了衡量农民工内部与城镇职工内部分别所存在的小时工资不平等程度的一些指标。仍以较为常见的基尼系数和泰尔指数为例，农民工小时工资对应的基尼系数为0.32，泰尔指数为0.19；城镇职工小时工资的基尼系数为0.43，泰尔指数为0.39。其他的指标也表明，农民工内部所存在的小时工资不平等程度要低于城镇职工内部所存在的小时工资不平等程度。另外，农民工工资性收入者小时工资对应的基尼系数为0.29，泰尔指数为0.14，城镇职工工资性收入者小时工资对应的基尼系数为0.41，泰尔指数为0.35，这说明，无论是农民工还是城镇职工，工资性收入者所存在的不平等程度都要低于总体（包含工资性收入者和自我经营者）所存在的不平等程度。

若将农民工样本和城镇职工样本混合在一起，计算所得到的小时工资基尼系数为0.43，泰尔指数为0.40，与城镇职工样本小时工资对应的基尼系数（0.43）、泰尔指数（0.39）大小差别不大，这说明，随着农民工群体流入城市，城市劳动力市场上所存在的小时工资不平等程度并未发生太大的变化。

按照小时工资对应的泰尔指数进行分解，所得结果如表9－21 所示。从中可以看出，组内差距对农民工群体的内部小时工资差距的贡献度为90.02%～91.01%，组间差距的贡献度为8.99%～9.98%；组内差距对城镇群体的内部小时工资差距的贡献度为87.39%～89.98%，组间差距的贡献度为10.02～12.61%。这说明，农民工内部所存在的小时工资差距、城镇职工内部所存在的小时工资差距更多的是由城市内部所存在的差距造成的。

将农民工样本和城镇职工样本合并在一起后，如前所述，所对应的泰尔指数绝对值（0.32、0.40）与城镇职工样本所对应的泰尔指数绝对值（0.32、0.39）差别不大，但是，对于混合样本来说，组内差距的贡献度为66.99%～73.14%，既小于农民工样本对应的组内差距贡献度（90.02%～91.01%），也小于城镇职工样本对应的组内差距贡献度（87.39%～89.98%）；相应的，混合样本对应的组间差距的贡献度（26.86%～33.01%），既大于农民工样本对应的组间差距贡献度（8.99%～9.98%），也大于城镇职工样本对应的组间差距贡献度（10.02%～12.61%）。这说明，农民工群体的流入，降低了城市内部所存在的小时工资不平等程度对总不平等程度的解释力，提高了城市之间所存在的月工资不平等程度对总不平等程度的解释力。

9.4 本章总结

本章利用2007 年的 CHIP 数据，分析了农民工与城镇职工的工资差距，本章的主要结果如下。

（1）农民工比城镇职工更趋年轻化，且农民工群体中未婚人员所占的比例高于城镇职工群体中未婚人员所占的比例；在受教育程度、培训、工作经验方面，农民工的整体水平都逊于城镇职工，即农民工的人力资本水平与城镇职工的人力资本水平差距较大；农民工多数工作于民营部门，而城镇职工则多数工作于公有部门；大约95%的农民工所从事的是“蓝领职业”，而城镇职工在各职业中的分布相对较均匀；农民工所在的行业较集中，较多的分布在批发和零售业、制造业、住宿和餐饮业、建筑业，而城镇职工所在的行业较分散；有合同的城镇职工的人员比例要远远大于农民工的相应比例，而从事无合同的工作、自我经营者这两类人员，农民工的相应比例则远远大于城镇职工的相应比例。

（2）农民工的平均月工资水平为1606 元，城镇职工的平均月工资水平为 2407 元，前者为后者的 67%；农民工更多地集中在低收入组中，而城镇职工更多地集中在高收入组中；随着工资水平的逐渐提高，农民工与城镇职工的工资差距是逐渐扩大的；农民工内部所存在的不平等程度要低于城镇职工内部所存在的不平等程度；农民工和城镇职工混合样本所存在的不平等程度大于农民工内部所存在的不平等程度，小于城镇职工内部所存在的不平等程度；农民工内部所存在的月工资差距、城镇职工内部所存在的月工资差距更多的是由城市内部所存在的差距造成的，但是，农民工群体的流入，降低了城市内部所存在的月工资不平等程度对整体不平等程度的解释力，提高了城市之间所存在的月工资不平等程度对整体不平等程度的解释力。

（3）农民工的平均周劳动时间是 63.03 小时，城镇职工的平均周劳动时间是 44.35 小时，二者比例是 1.42∶1，农民工的劳动时间远远长于城镇职工的劳动时间。

（4）农民工的平均小时工资为 6.79 元，城镇职工的平均小时工资为 15.03 元，前者占后者的 45%；农民工内部所存在的小时工资不平等程度低于城镇职工内部所存在的小时工资不平等程度；随着农民工群体流入城市，城市劳动力市场上所存在的小时工资不平等程度并未发生太大的变化；农民工内部所存在的小时工资差距、城镇职工内部所存在的小时工资差距更多的是由城市内部所存在的差距造成的，但是，农民工群体的流入，降低了城市内部所存在的小时工资不平等程度对总不平等程度的解释力，提高了城市之间所存在的月工资不平等程度对总不平等程度的解释力。

10 城乡之间居民收入差距

长期以来，中国城乡被分割成两个不同的系统。城乡居民之间也存在着较大的收入差距。改革开放初期，由于农村地区先行经济体制改革等原因，曾一度出现城乡居民收入差距缩小的状况，然而自从20世纪90年代以来，城乡居民收入差距的长期趋势基本上表现为持续扩张的状态，即便是近些年来，城乡居民收入差距也处在高位徘徊状态。一些研究表明，城乡之间的居民收入差距在全国居民收入差距中具有非常重要的解释作用，并在较长一段时期内，城乡之间的收入差距对全国居民收入差距的解释作用处在不断上升的状态。本章对城乡居民收入差距状况进行比较性描述，以便增进对中国整体收入差距变化的理解。

本章所使用的数据与以前相关章节中对城镇和农村内部收入分配特征的讨论相同，都是来自北师大收入分配课题组对城镇和农村所做的住户调查。城镇和农村住户调查样本量分别为1万户和1.3万户。从省份分布来看，除了城镇数据中的上海和农村数据中的河北外，其他各省份都同时涵盖了城镇和农村样本。但本章没有对城乡样本中的人口构成比例进行加权处理以调整城镇和农村样本内部权重结构。在城乡居民收入差距讨论中，城镇居民使用的是家庭人均可支配收入，农村居民使用的是家庭人均纯收入。尽管有学者认为这两个概念在内涵上存有某些差异性，但在现有关于城乡居民收入差距的讨论中，大多仍如此沿用。

10.1 城乡绝对收入水平的整体差距状况

1. 总体概述

依据2007年城乡住户调查的数据，当年城镇居民人均可支配收入

15117 元，其中工资性收入 11380 元，经营性收入 1271 元，财产性收入 249 元，转移性收入 2217 元。2007 年农村居民人均纯收入 4619 元，其中工资性收入 2016 元，经营性收入 2205 元，财产性收入 164 元，转移性收入 234 元。

就总体的收入差距而言，城市居民人均可支配收入同农村居民人均纯收入之间的比率达到了 3.27。其中，工资性收入的城乡差距为 5.64 倍，转移性收入的差距为 9.47 倍，经营性收入和财产性收入的差距分别为 0.58 倍和 1.52 倍。具体数据见表 10－1。从城乡居民收入差距的分项构成来看，工资性收入和转移性收入是造成这一差距的两个主要来源，分别占城乡居民收入差额的 89% 和 19%。这也与城乡居民在就业、养老保障等方面所存在的体制差异相关。

表 10－1　2007 年中国城乡收入差距总体状况

	城市(元)	农村(元)	城乡收入之比(农村:100)	城乡收入之差(元,%)	
人均总收入	15117	4619	3.27	10498	[100]
工资性收入	11380	2016	5.64	9364	[89.20]
经营性收入	1271	2205	0.58	－934	[－8.90]
财产性收入	249	164	1.52	85	[0.81]
转移性收入	2217	234	9.47	1983	[18.89]

注：[　] 内的数据为各分项收入在总体收入差距中所占份额。

2. 分来源收入的城乡差距状况

按收入来源看，城乡收入差距最大的部分是转移性收入。依据调查方案中的指标解释，将农村居民的转移性收入定义为农村住户和住户成员无须付出任何对应物而获得的货物、服务、资金或资产所有权等，不包括无偿提供的用于固定资本形成的资金。城市居民的转移性收入定义为国家、单位、社会团体对居民家庭的各种转移支付和居民家庭间的收入转移。包括政府对个人转移的离退休金、失业救济金、赔偿等，单位对个人转移的辞退金、保险索赔、住房公积金、家庭间的赠送和赡养等。城乡之间转移性收入的差距巨大，并且远远超过其他类别收入的城乡比率，特别是城市居民人均转移性收入的绝对数值达到了 2217 元，已经占到当年农村居民人均纯收入的 48%。养老金是城镇居民转移性收入的主要来源，而农村居民中显然还缺乏适当的养老保险制度，其他来源的转移性收入也比较缺乏。这也反映了城乡居民所享有的社会保障等公共福利的差异性。

工资性收入的城乡差距也较大，并且从绝对数值上来看是城乡收入差距的主导性因素。相对于农村居民而言，城镇居民对于工资性收入的依赖程度更大。工资性收入在城镇居民总收入中的比例为75.28%，而在农村居民收入中的比重仅为43.65%。对于农村居民来讲，其工资性收入的主要来源是外出打工收入。外出打工的人群主要集中在农村的青壮年劳动力，这部分人群占农村人口的比例要远远低于城市人口中工薪阶层所占的比例。即使是同样的工资领取者，一方面农村居民从事的行业较城市居民来讲相对低端，另一方面由于存在着对农村人口的歧视，使得无论是在相对水平还是在绝对水平上，进城务工的农村居民的工资水平都比本地城市人口的工资水平低。在本书的其他章节将对进城务工的农民工与城镇职工之间的工资性收入差距进行详细描述。

人均经营性收入的城乡比率仅有0.58，低于1。对于农村居民而言，其收入的很大一部分源于农业收入，这部分收入是农村居民所特有的。农业收入在农村居民人均纯收入中的比例达到了35.70%，在人均经营性收入中的比例为74.78%。实际上，由于城市居民不存在农业经营性收入，如果将城市和农村各自的人均经营性收入直接进行比较的话，是没有太大意义的。如果将农村居民的经营性收入中的农业收入减掉，然后再同城市居民的经营性收入进行比较，使用这种方法得出的城乡收入比率为2.29。①

人均财产性收入的城乡比率也仅为1.52，远低于总的城乡收入比率以及其他类别收入的城乡比率。依据现行核算标准，财产性收入包括资本收益、投资收益、租金等，一般而言，收入越高，其总收入中这部分收入的比例也应当越高。但是依数据来看，农村居民人均总收入中财产性收入的比例为3.55%，而在城镇居民中这一比例仅为1.65%。城镇居民的收入要远远高于农村居民，但是其收入中财产性收入的比例却大大低于农村居民。这或许意味着城镇居民财产性收入被严重低估。

3. 收入差距的地区分布状况

在全部数据中，依据省份的不同将其分成东部地区、中部地区、西部地区3个地域。其中西部地区包括重庆、四川、云南、甘肃；中部地区包括山西、安徽、河南、湖北、湖南；东部地区包括北京、河北、辽宁、江苏、

① 2007年农村居民人均经营性收入2205元，其中第一产业收入1649元，第二、三产业收入556元。

浙江、福建、广东、上海，其中上海仅有城市数据，河北仅有农村数据。

从地区分布来看，不同地区城乡之间的收入差距是有差异的。城乡之间人均收入的地区分布情况如表 10－2 所示。

表 10－2　分地区城乡收入差距状况

地　区	城市(元)	农村(元)	城乡收入之比(农村＝100)	城乡收入之差(元)
东部地区	14356	6136	2.34	8220
中部地区	12547	3839	3.27	8708
西部地区	11188	3033	3.69	8155

东部地区的城乡收入之比为 2.34，城乡收入之差为 8220 元；中部地区的城乡收入之比为 3.27，城乡收入之差为 8708 元；西部地区的城乡收入之比为 3.69，城乡收入之差为 8155 元。从城乡收入之差的绝对水平来看，中部地区的城乡收入之差最大，东部、西部地区次之。但从反映实际收入差距水平的城乡收入之比的数据来看，西部地区的城乡收入差距水平要高于中部地区，中部地区又要高于东部地区。一般而言，东部地区经济发展水平最高，中部地区次之，西部地区最低。经济发展水平越落后，其城乡间的相对收入差距越大。

10.2　城乡收入差距对整体收入差距的影响

衡量城乡收入差距对整体收入差距的影响，可以用贡献度这一概念进行测度，分析城乡收入差距对于整体收入差距的贡献程度。

1. 基于基尼系数的简单分析

基尼系数是衡量收入差距水平最为常用的指标。不同区域城乡内部以及城乡合并的基尼系数如表 10－3 所示。从中可以看出，中部地区的基尼系数相对较低，无论是城乡内部还是城乡合并所构成的总体基尼系数都如此。

表 10－3　分城乡基尼系数状况

地　区	城市内部基尼系数	农村内部基尼系数	总体基尼系数
东部地区	0.345	0.371	0.426
中部地区	0.283	0.312	0.388
西部地区	0.316	0.332	0.437
合　计	0.339	0.379	0.474

表10－3反映出的另一个重要现象是，农村内部的基尼系数要比城市内部的基尼系数大，也就是说，农村内部的收入分配不平等程度要比城市内部高。并且东部和西部地区城乡内部基尼系数之间的差距要高于中部地区。

总体基尼系数比城市内部基尼系数和农村内部基尼系数都要大。无论是城市内部的收入差距，还是农村内部的收入差距，都要比总体的收入差距小。这表明城乡之间的居民收入差距对总体收入差距具有重要的贡献度。

2. 基于泰尔指数的分解分析

为了讨论城乡居民收入差距对总体收入差距的贡献程度，可以采用泰尔指数和平均对数离差将总体差距按照人群组分解为组内差距和组间差距两个部分。将全部样本分为城市和农村两个组别。城乡收入差距对全国收入差距的贡献程度就是将全国收入差距分解后的组间部分。表10－4给出了分地区的收入数据和当年的泰尔指数、平均对数离差及其分解结果，并列出了组间差距（城乡收入差距）和组内差距（城市、农村内部收入差距）对全国收入差距的贡献比例。

表10－4　总体收入差距的分解

	东部地区		中部地区		西部地区		全　国	
	泰尔指数	平均对数离差	泰尔指数	平均对数离差	泰尔指数	平均对数离差	泰尔指数	平均对数离差
绝对数值								
总体收入差距	0.305	0.311	0.249	0.26	0.323	0.335	0.331	0.338
城乡之间差距	0.093	0.096	0.104	0.105	0.151	0.154	0.111	0.114
城乡内部差距	0.212	0.215	0.145	0.155	0.172	0.181	0.220	0.224
组间差距和组内差距的贡献度（%）								
总体收入差距	100.00	100.00	100.00	100.00	100.00	100.00	100.00	100.00
城乡之间差距	30.49	30.87	41.77	40.38	46.75	45.97	33.53	33.73
城乡内部差距	69.51	69.13	58.23	59.62	53.25	54.03	66.47	66.27

从城乡收入差距的地区分布来看，东部地区城乡之间的收入差距最小，中部次之，西部最高。中西部地区的城乡收入差距要大于东部地区，同前面的结论相同。

从城乡收入差距对总体收入差距的贡献比例分析，东部地区的比例最低，中部地区其次，西部地区最高；同时，中、西部地区的比例要高于全国平均水平，城乡收入差距成为影响总体收入差距水平的重要因素。

10.3　城乡收入差距的层次分布

1. 不同收入组别之间的差异

十等分组方法是研究数据层次分布特点的一种较为常用的方法。依据个体的收入信息，将城市居民的收入数据按由低至高的顺序分为 10 组，每一组的个体数量相同，然后计算出每一组的平均收入水平。农村居民的数据依据同样的方式进行处理。比较城市和农村相对位置相同的收入组的收入差距状况。其具体结果如表 10－5 所示。

表 10－5　不同收入组别之间城乡收入差距的差异

组　别	城市人均收入(元)	农村人均收入(元)	城乡收入之比	城乡收入之差
最低组	4222	1077	3.92	3145
第二组	6611	1812	3.65	4799
第三组	8356	2347	3.56	6009
第四组	10003	2849	3.51	7154
第五组	11661	3390	3.44	8271
第六组	13484	3990	3.38	9494
第七组	15664	4738	3.31	10926
第八组	18698	5740	3.26	12958
第九组	23430	7344	3.19	16086
最高组	39051	13073	2.99	25978

随着收入水平的提高，依据收入组划分的样本的城乡收入之差也在不断扩大。但是，实际反映城乡收入差距水平的城乡收入之比却随收入组收入的提高而不断减小。最低 10% 收入组的城乡收入之比为 3.92，大大高于整体的城乡收入之比 3.27。而最高 10% 收入组内部的城乡收入之比已经下降到 2.99。

此外，城乡收入差距随着收入组收入的提高而减小，高收入组的数据拉低了整体的城乡收入差距。就大部分组别的样本而言，其城乡收入差距要大于平均水平。

此外，即使是最高 10% 收入的农村居民的人均收入也仅为 13073 元，仍低于城市居民的平均收入 15117 元。这也从一个侧面反映了城乡之间收入水平的巨大差距。①

2. 相同收入组内部的比例分布

使用十等分组的方法研究城乡收入差距，还有一个思路是将所有样本按收入水平分为 10 组，每一组的个体数量相同，比较每一分组内部城市样本数量和农村样本数量的相对比例。具体数据如表 10－6 所示。

表 10－6　相同收入组内部的样本分布状况

组　别	总样本数量	城市样本数量	农村样本数量	城市样本比例[a]（%）	农村样本比例[b]（%）
最低组	8867	238	8629	2.68	97.32
第二组	8867	518	8349	5.84	94.16
第三组	8867	1024	7843	11.55	88.45
第四组	8867	1718	7149	19.38	80.62
第五组	8867	2655	6212	29.94	70.06
第六组	8867	3874	4993	43.69	56.31
第七组	8867	5136	3731	57.92	42.08
第八组	8867	6386	2481	72.02	27.98
第九组	8867	7263	1604	81.91	18.09
最高组	8867	8011	856	90.35	9.65
全　部	88670	36823	51847	41.53	58.47

注：a. 表示城市样本数量占该组所有样本数量的比例。b. 表示农村样本数量占该组所有样本数量的比例。

城市样本和农村样本的数量分布状况十分明显。由低收入组到高收入组，城市样本的比例不断扩大，而农村样本的比例不断缩小。最低 10% 收入组中，城市样本仅占 2.68%；而最高 10% 收入组中，农村样本比例仅为 9.65%。在低收入分组中，农村样本占据主导地位，而在高收入分组中，城市样本占据绝对优势。

---

① 依据数据，在一共 51847 个农村样本中，人均纯收入达到城市平均收入的样本数量仅有 1994 个，占农村样本数量的比例仅为 3.85%；而在 36823 个城市样本中，人均收入达到城市平均收入水平的样本有 13409 个，占到城市样本数量的 36.41%。即使是依据总体的平均收入水平 7739 元，那么达到此收入水平的农村样本数量也仅为 6755 个，比例为 13.03%；相对应的城市样本数量为 24383 个，比例为 66.22%。

另外，即使是同一收入组内部，农村样本和城市样本之间也依然存在着收入水平的差距。计算出每一收入组内部的组内平均收入、组内城市人均收入、组内农村人均收入，以及它们之间的收入差距状况。具体数据如表 10 －7 所示。

表 10 －7　相同收入组内部的城乡收入差距

组　别	组　　内 平均收入(元)	组内城市 人均收入(元)	组内农村 人均收入(元)	组内城乡 收入之比	组内城乡 收入之差
最低组	1246	1453	1241	1.171	212
第二组	2331	2375	2329	1.020	46
第三组	3137	3156	3135	1.007	21
第四组	3988	4023	3979	1.011	44
第五组	4988	5010	4978	1.006	32
第六组	6221	6267	6186	1.013	81
第七组	7786	7817	7742	1.010	75
第八组	9877	9910	9792	1.012	118
第九组	13254	13275	13161	1.009	114
最高组	24566	24668	23604	1.045	1064

所有收入组别内部的城乡收入之比均大于 1，且每一组的城乡收入之差均大于 0。对于各个收入组而言，其内部的农村样本人均收入要低于城市样本的人均收入。这说明，即使在相同收入组内部也存在一定的城乡收入差距。

10.4　城乡收入差距的住户特征分布

由于之前的分析中，个人收入是由家庭总收入平均而来，因此，在分析城乡收入差距的时候，有必要将住户特征引入，考察不同住户特征的情况下城乡收入差距的差异。但是在考察住户特征时，需要确定一个研究的标准。通常情况下，将户主的个体特征作为住户特征的标准。在数据的调查方案中，户主被定义为其家庭成员所公认的、在家庭事务中起决定作用者。在大多数情况下，户主是家庭经济的主要支撑者，而并不一定是户口本上的户主概念。因此，在以家庭人均收入为主要考察对象的情况下，可以把户主的身份特征作为住户特征研究的分组标准。

从总体上看，在总计 23000 个家庭数据中，男性户主家庭 19116 户，占83.11%；女性户主家庭3884户，占16.89%。在户主的年龄分布上，16~25岁的户主有64户，占0.28%；26~35岁的户主有2166户，占9.42%；36~45岁的户主有7564户，占32.89%；46~55岁的户主有7145户，占31.07%；56岁及以上的户主有6061户，占26.35%。

从城市家庭来看，在总共10000个户主信息中，男性户主6729户，占67.29%；女性户主3271户，占32.71%。在户主的年龄分布上，16~25岁的户主有27户，占0.27%；26~35岁的户主有1070户，占10.70%；36~45岁的户主有3149户，占31.49%；46~55岁的户主有3015户，占30.15%；56岁及以上的户主有2739户，占27.39%。

从农村家庭来看，在总共13000个户主信息中，男性户主12387户，占95.28%；女性户主613户，占4.72%。在户主的年龄分布上，16~25岁的户主有37户，占0.28%；26~35岁的户主有1096户，占8.43%；36~45岁的户主有4415户，占33.96%；46~55岁的户主有4130户，占31.77%；56岁及以上的户主有3322户，占25.55%。

1. 户主的性别差异对城乡收入差距的影响

从户主数量的性别分布来看，农村女性户主在总户数中所占的比例为4.72%，而城市女性户主在其总户数中所占的比例为32.71%。第一，无论是城市，还是农村，女性户主家庭在全部家庭中所占的比例都是相对较低的；第二，这一比例在农村要远远低于城市，表明农村中男性在家庭经济生活中的支配地位更为明显。由于我们对户主的定义，客观上造成了女性户主家庭的比例偏少，主要原因在于女性的收入水平普遍要比男性低；此外，这种现象在农村更为普遍，造成了农村家庭女性户主的比例更低。

分别计算不同户主性别下的城市和农村居民的人均收入水平，具体结果如表10－8所示。

表10－8　城乡收入差距的户主性别差异

户主性别	城市人均收入(元)	农村人均收入(元)	城乡收入之比	城乡收入之差(元)
男性	14746	4544	3.25	10202
女性	15914	6267	2.54	9647

从数据分析的结果来看，男性户主家庭的城乡人均收入之比为3.25，女性户主家庭的城乡人均收入之比为2.54。以女性为户主的家庭组城乡收入差距较小，而以男性为户主的家庭组城乡收入差距较大。另外还有一

个比较有意思的现象：无论城市还是农村，女性户主家庭的人均收入均要高于男性户主家庭的人均收入。

2. 户主的年龄分布对城乡收入差距的影响

以户主的实际年龄作为分组标准将所有个体进行分组，计算出每一组的城市人均收入、农村人均收入以及它们之间的比值和差值。具体数据见表10－9。

表10－9 城乡收入差距的户主年龄分布差异

户主年龄	城市人均收入(元)	农村人均收入(元)	城乡收入之比	城乡收入之差(元)
31岁以下	16936	4159	4.07	12777
31～35岁	15793	4611	3.43	11182
36～40岁	14393	4692	3.07	9701
41～45岁	13732	5204	2.64	8528
46～50岁	15350	5449	2.82	9901
51～55岁	16279	5163	3.15	11116
56～60岁	15937	4916	3.24	11021
61～65岁	15077	4590	3.28	10487
65岁以上	14711	4344	3.39	10367

从数据中可以看出，城乡收入差距的比值呈“两头高，中间低”的特点。户主年龄31岁以下的人群组中城乡差距最大，达到了4.07；然后随着户主年龄组的上升，城乡收入差距之比有缩小的倾向；在户主年龄介于41～45岁之间的人群组中，城乡差距最小，为2.64，低于总体的城乡收入差距水平；接下来，城乡收入差距之比随着户主年龄的上升又表现出上升的倾向；在户主年龄65岁以上的人群组中，城乡收入之比上升到了3.39。城乡人均收入的绝对差值也反映了相似的变化特征。

另外一个特点同上一个特点是相联系的。城市居民的人均收入随户主年龄出现了“两头高，中间低”的特点，而农村居民的人均收入随户主年龄出现了“中间高，两头低”的特点。这也是造成城乡收入差距出现“两头高，中间低”特点的直接原因。

3. 户主的受教育程度对城乡收入差距的影响

本部分讨论户主受教育程度与城乡收入差距之间的关系，考虑的是户主受教育程度相同的城乡住户人均收入差距。根据调查数据，户主受教育程度被划分为5组，从第2章和第3章分别对城乡样本按照户主受教育程度所做的结构描述中可以看到，在城市样本内部，大专及以上受教育程度的分组所占的比例最高；农村样本内部，初中文化程度的分组所占的比例最高。此外，从每一受教育程度分组内部的城乡分布来看，城市样本在高受教育程度组别所占的比例较大，而农村样本在低受教育程度组别所占的比例较大。这也表明城乡住户之间存在着较大的受教育程度差距，而这显然也将成为城乡居民之间收入差距的重要影响因素。不过，在表10－10中可以看到，即便是相同受教育程度的城乡住户，家庭人均收入水平仍存有较大的差异性。

表10－10　城乡收入差距的户主受教育程度差异

户主受教育程度	城市（元）	农村（元）	城乡收入之比	城乡收入之差（元）
小学及以下	10390	4401	2.36	5989
初　中	12310	4959	2.48	7351
高　中	14331	5731	2.50	8600
中　专	10390	6480	1.60	3910
大专及以上	19194	8087	2.37	11107

就不同受教育程度组别的城乡收入差距来看，同为高中文化程度户主的城乡住户人均收入差距最大，达到了2.5（见表10－10）。此外，所有受教育程度分组的城乡收入差距均要小于总体的城乡收入差距。这说明不同受教育程度分组之间的差距对总的收入差距产生了重要的影响，受教育水平的不同能够在一定程度上解释城乡之间收入差距的原因。然而在相同的受教育程度下，城乡之间的收入差距依然存在。这说明除了受教育程度不同的因素外，还有其他的因素影响城乡收入差距。

10.5　本章总结

本章比较分析了城镇住户人均可支配收入与农村住户人均纯收入之间的差异性。从中表明，城乡居民之间存在着巨大的收入差距。从相关的分解分析中可以看出，城乡之间的收入差距在总体收入差距中所占比例高达1/3。近年来，在农村劳动力向城镇地区转移规模加剧、国家对农村经济发展加大扶持力度的背景下，城乡之间收入差距尽管在总体收入差距中所占份额略有下降，但仍占有十分重要的份额，是总体收入差距的重要来源。从这种意义上说，缩小城乡差距对于缩小总体收入差距具有至关重要的作用。

本章还进一步描述了城乡居民收入差距在不同地区、不同人群组间的表现形式。结果表明，各相关特征的人群组中，城乡收入差距都比较严重地存在，这也意味着城乡收入差距普遍地发生于相关的人群组特征之中。

11 全国地区之间居民收入差距

中国的市场化改革已经走过了30多个年头，初步实现了从农业为主导的经济体系向工业和服务业为主导的经济体系转变过程。1978～2007年中国经济保持了9%的年均增长率，经济的高速发展带来了居民收入水平的大幅度提高。但是，这一过程也伴随着居民收入差距的不断扩大，正如一些研究表明，20世纪80年代和90年代中国收入差距出现了明显的扩大并且有新的变化趋势。

这里集中讨论了中国收入不平等中的地区差异。大量相关文献表明，地区收入差距在相当大的程度上影响了中国的收入不平等程度。中国的地区收入差异最明显的特点在于城市和乡村之间的差异。在典型的二元经济体制下，中国的城乡差异和世界上多数国家相比尤为明显。尽管在改革开放的初期，城乡收入差距曾在短时间内缩小，但是后来基本上一直呈现扩大的趋势，并达到了一个不容忽视的地步。20世纪80年代以后实行的对外开放政策进一步扩大了地区之间的收入差距。东部沿海地区通过率先进行市场化改革引进了大量的外国直接投资和先进技术，出口和投资的增加在带动经济发展的同时也迅速提高了东部地区居民的收入水平。与东部地区相比，中部和西部地区的经济发展相对滞后，居民收入水平的增长不如东部地区来得迅速。中央政府先后实施西部开发和中部崛起战略也是为了在一定程度上缓解地区之间的发展差异。

本章将合并使用北师大收入分配课题组在2007年所做的城市和农村住户调查数据，来讨论中国地区之间的收入差距状况。第2章和第3章已经分别对城镇和农村内部居民的收入分配状况进行了较为详细的描述，同时也对样本数据规模和结构性特征进行了相应说明，因此在本章就不再重复说明。

本章对地区的划分除了传统的东部、中部和西部划分之外还加上了直辖市和东北地区，这样全部样本就被划分为直辖市（北京、上海）、东北地区，以及东部、中部和西部地区五大区域。同时考虑到重庆市的特殊性，仍然把重庆划归到西部地区。这样划分的目的在于可以更加清晰地区分出不同地区之间的收入差异，去除一些不同地区之间非经济因素的影响，从而更大程度地把具有不同地域特征的省份区分开来。图 11－1 描述了各地区样本的分布状况。

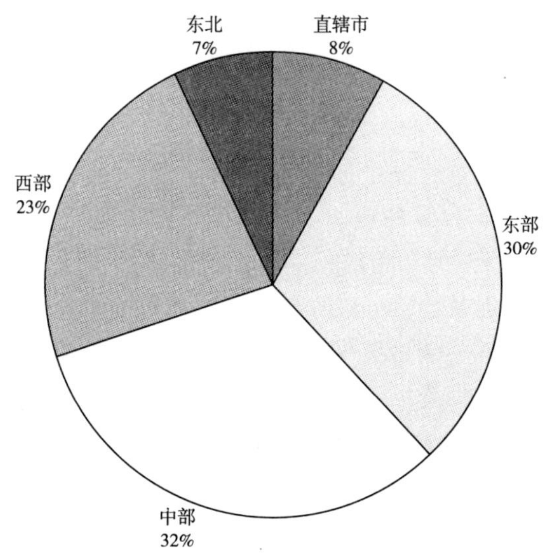

图 11－1　调查样本中各地区样本户分布

本章中所使用的收入概念，城镇居民收入是指除去居民所缴纳的各种税（收）费后的全年可支配收入；农村居民收入是指居民的全年纯收入，并且这两种收入没有经过价格指数和住房租金等的调整，以直接调查结果为准。此外，本章提到的个人收入或家庭人均收入均指对家庭总收入按照家庭总人口数进行平均化处理，而不考虑总收入在家庭内部的分配情况，这是由于经济资源在家庭内部不同成员之间具有较强的共享性。

11.1　地区之间居民家庭和就业的基本状况

本章对所调查省份样本户的人口规模分布情况进行了计算，如表 11－1所示。第一，从中可以看出，2007 年除了中部和西部地区，其余每个地区中 3 人户的家庭所占的比例都是最大的，最高的直辖市比例为

61.1%，最低的东部地区也达到了33%；中部和西部地区4人户家庭所占的比例略超过3人户家庭所占的比例。其次是2人户和5人户，这也说明中国目前的家庭结构以2~5人的家庭为主。从不同地区来看，直辖市中2人户到5人户的家庭所占的比例为98.7%，为5个不同地区之间的最高水平；同时直辖市的平均家庭规模也是全国最低的，平均每个家庭为3.02个人。第二，可以看出，东部和西部地区5人及以上的家庭占到了地区总样本的26.1%，在所有家庭结构中仅次于3人户家庭所占的比例。第三，东部、中部和西部地区的家庭结构比较接近，平均家庭规模相差无几并且高于直辖市和东北地区，基本反映了中国人口分布的现实状况。

表11-1 不同家庭规模样本的地区分布

单位：%，人

	1人户	2人户	3人户	4人户	5人户	6人及以上户	总计	平均家庭规模（人）
直辖市	0.6	21.2	61.1	10.8	5.6	0.7	100	3.02
东　部	0.6	11.6	33.0	28.7	15.2	10.9	100	3.85
中　部	0.2	8.4	25.2	40.9	16.4	9.0	100	3.94
西　部	0.7	11.3	29.8	32.2	15.8	10.3	100	3.86
东　北	1.6	28.7	43.8	15.4	8.3	2.2	100	3.07

从户主的年龄分布来看，不同地区之间户主的年龄分布比较接近。户主的年龄大部分集中在30~59岁之间，占到总样本的80%以上。30岁以下的年轻户主所占比例很低，最多的西部地区也只有2.4%。另一个值得注意的现象是，各个地区60岁以上的户主所占的比例较高，基本上和30~39岁户主的数量持平，在直辖市和东北地区甚至超过了30~39岁户主的数量。这说明老龄化家庭在我国家庭结构中已经占有较大的份额（见表11-2）。

表11-2 地区之间户主年龄构成分布

单位：%

	30岁以下	30~39岁	40~49岁	50~59岁	60岁及以上	总计
直辖市	1.43	14.35	33.11	35.76	15.34	100
东　部	1.54	19.08	32.22	30.26	16.91	100
中　部	1.67	19.86	32.26	29.90	16.32	100
西　部	2.41	21.40	30.87	29.38	15.94	100
东　北	1.37	15.53	29.75	33.91	19.44	100

表 11 - 3 反映了不同地区之间家庭户主受教育程度的分布情况。从中可以看出，各个地区初中和高中/中专毕业的户主均占较大的比例，合计占到总样本的 60% 以上。在其他学历层次上，不同地区户主的受教育程度显现出差别。直辖市基本上学历为小学及以下的户主已经很少，只有 4.1%，但是西部地区这一比例还是达到了 28.7%，仅次于学历为初中的户主人数。从高学历层次的户主所占比例来看，直辖市明显要高于其他地区，本科及以上学历户主所占的比例达到了 10.9%，比其他几个地区比例的两倍还要多。

表 11 - 3　地区之间户主受教育程度构成分布

单位：%

	小学及以下	初中	高中/中专	大专	本科及以上	总计
直辖市	4.05	35.46	34.13	15.43	10.93	100
东　部	21.74	39.86	25.61	7.97	4.81	100
中　部	19.39	41.68	24.62	9.25	5.05	100
西　部	28.68	36.29	21.21	9.35	4.46	100
东　北	13.35	48.94	21.99	11.18	4.53	100

居民所从事的工作是其获得收入的重要保证，不同行业的工资收入差距比较明显。因此，本章统计了样本中居民所从事工作的行业分布，如表 11 - 4 所示。表中选取了各地区居民所从事工作占全部有工作人员样本比例前 8 位的行业，其结果是农业、制造业、建筑业、交通运输业、批发和零售业、服务业、教育业、公共管理和社会组织部门。各地区中除了直辖市的居民从事农业的比例较低外，其他地区居民从事农业的比例还处于很高的位置，例如东部地区、中部地区、西部地区和东北地区居民从事农业的比例分别是 37.03%、44.54%、51.86% 和 41.59%，远高于其他行业从业人员所占的比例。除农业外，制造业是从业比例最高的一个行业，在不同地区占到了全部从业人员的10% ~20%。东部地区中制造业从业人员的比例是 19.52%，这一较高的比例和东部地区发达的制造业是分不开的。批发和零售业、服务业也是在各地区占较高比例的行业，一般占从业人员的 5% ~11%。其他几个行业的比例稍小，但也分布在 2% ~10% 之间。除直辖市这 8 个行业的从业人员占总从业人员的比例是 67.28% 外，其他几个地区这 8 个行业的从业人员比例都在 80% 以上，这说明这 8 种行业较好地显示

了居民从业的分布。同时，在直辖市中这一比例最低也说明了直辖市居民相对其他地区居民在行业选择时有更大的范围，表现出了就业行业的多样性。

表 11－4　地区之间居民行业分布比例

单位：%

	农业	制造业	建筑业	交通运输业	批发和零售业	服务业	教育业	公共管理和社会组织	总计
直辖市	6.71	15.61	3.97	7.31	8.59	10.47	4.95	9.67	67.28
东　部	37.03	19.52	4.70	4.75	7.99	6.11	2.44	4.80	87.34
中　部	44.54	15.24	6.03	3.61	5.13	5.27	2.47	4.05	86.34
西　部	51.86	10.78	5.21	3.18	4.95	5.78	2.18	4.33	88.27
东　北	41.59	10.24	4.42	5.34	5.31	6.54	2.75	4.87	81.06

制造业和建筑业是农村居民比较集中的行业，吸纳了较多的农村劳动力。一个明显的现象是随着地区经济发展程度的提高，农村居民从事非农业劳动的比例也逐渐增大。例如在直辖市，农村居民从事服务业的比例要明显高于其他几个地区，是农村居民就业的一个重要的组成部分；另一方面在西部地区，除了农业和建筑业从业人员比例比较高外，其他几个行业的就业比例明显要低于其他几个地区。

农村劳动力要想进入其他非农行业工作，一条重要的实现途径就是参加劳动技能培训。这里的培训指参加种植业、林业、养殖业、工业、建筑业、交通运输业、批发和零售业，以及餐饮、社会服务、文教卫生等其他行业的劳动技能培训。各地区参加劳动技能培训的农村劳动力所占的比例与参加劳动培训的组织方式，如表 11－5 和表 11－6 所示。

表 11－5　地区之间农民参加劳动技能培训的比例

单位：%

	参加技能培训的比例	未参加技能培训的比例	总计
直辖市	57.37	42.63	100
东　部	20.10	79.90	100
中　部	16.88	83.12	100
西　部	21.81	78.19	100
东　北	17.56	82.44	100

表 11－6　地区之间获得技能培训的农民参与方式的比例

单位：%

	政府组织	企业组织	自发参加	总计
直辖市	43.08	15.54	41.38	100
东　部	34.81	22.85	42.34	100
中　部	26.60	28.54	44.86	100
西　部	47.85	15.78	36.37	100
东　北	34.36	14.53	51.12	100

首先，可以看出，除了直辖市参加劳动技能培训的农村居民较多，超过了未参加劳动技能培训的农村居民以外，其他几个地区农村居民参加劳动技能培训的均较少，大部分在 20% 左右，中部地区更是只有 16.9%。其次，注意到这一比例仅仅是根据调查中明确回答了是否参加过技能培训的人员而计算出来的，还有相当一部分被访者没有回答这一问题，可以认为这部分人参加技能培训的可能性并不大。因此，总体来看农村居民参加技能培训的比例要低于本书中给出的数值。这一较低的比例反映了在推动农村劳动力向非农劳动转移方面做得还不够，同时也凸显了农村居民进入非农劳动市场时的弱势。

表 11－6 反映了农村劳动力获得劳动技能培训所采取的方式。在直辖市、西部地区政府组织的形式占了较大的比例，而东部、中部和东北地区则是自发参加的农村居民占了较大的比例，在 42%～51% 之间。这说明从农村居民自身的角度讲是比较希望参加劳动技能培训的。企业组织农村居民参加劳动技能培训的比例在各地区都比较低，只有在东部和中部地区这一比例超过了 20%。这说明政府应该鼓励企业承担更多的社会责任，加大对农村居民劳动技能培训的支持；另外在东部、中部和东北地区，地方政府也应当更多地起到组织农村居民学习劳动技能的作用。

11.2　地区之间不同人群特征的收入比较

从以上样本的家庭规模分布可以看出，2～5 人户的家庭占了中国住户总数的较大比例。因此表 11－7 统计了不同地区之间 2～5 人户的人均可支配收入情况，并和地区平均可支配收入做了比较。从表 11－7 中可以看出，每个地区的家庭人均可支配收入都有随着人口规模的增大而降低的趋势，即2人户家庭和3人户家庭的人均可支配收入较高，4人户和5人户家庭的人均可支配收入较低。除了东北地区以外，其他4个地区的2人户、3人户和4人户家庭的人均可支配收入几乎都超过了地区的平均可支配收入，而5人户家庭的人均可支配收入均在地区的平均可支配收入之下，并且5人户家庭的人均可支配收入要远低于其他规模家庭的人均可支配收入。这也和日常所观察到的现象相吻合，即人口数量多的家庭，多数是人均收入水平较低的家庭。图11－2反映了地区之间不同家庭规模的人均收入水平。

表11－7　地区之间不同家庭规模的人均收入

单位：元

	2人户	3人户	4人户	5人户	地区平均收入
直辖市	16023	15082	15489	11257	14923
东　部	13562	13771	9289	7022	9587
中　部	7056	8135	6638	4508	6123
西　部	8932	7412	5728	3970	5491
东　北	5455	7769	6853	5044	6726

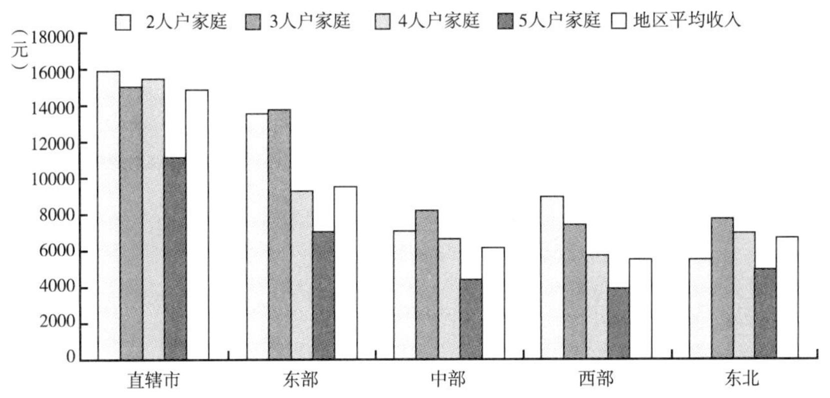

图11－2　地区之间不同规模家庭的人均收入水平比较

由于户主在家庭经济决策中具有重要影响，有必要讨论户主所接受的教育程度与家庭收入状况之间的关联性。表11－8计算了地区之间户主接受不同教育水平下的家庭人均可支配收入，图11－3采用柱状图比较了这一情况。此处所得到的结论是显然的：户主的受教育水平越高，其家庭人均可支配收入也越高。这在各个地区都成立，户主的受教育层次每升高一级，家庭平均收入就会大幅度提升。特别是户主受教育程度从高中/中专变成大专以后，各个地区的家庭人均收入均上升一个相当大的比例，东部地区人均收入的上升幅度达到了82.4%，西部地区人均收入的上升幅度为78.8%，其他3个地区的上升幅度也在16%～54%之间。一般来说，各个地区受教育水平为高中/中专的户主家庭人均收入接近地区的人均收入值，而受教育水平为初中或者小学及以下的户主家庭，其家庭人均收入处于地区人均收入值之下。特别是在西部地区，受教育水平为小学及以下的户主占到了28.7%，他们的人均收入水平在全国范围内都是最低的。因此，要提高居民的收入水平，就要提高居民的受教育程度，这就要求政府要在全国保证初中教育的覆盖范围和质量，尽可能地让人们接受高中/中专或者更高层次的教育。

表11－8　地区之间户主不同受教育程度的人均收入

单位：元

	小学及以下	初中	高中/中专	大专	大学及以上
直辖市	12332	12192	14645	17066	21336
东　部	7712	7755	9687	17667	23812
中　部	4534	4835	6716	10343	12707
西　部	3906	4743	5857	10472	12989
东　北	5166	5521	7376	9328	12138

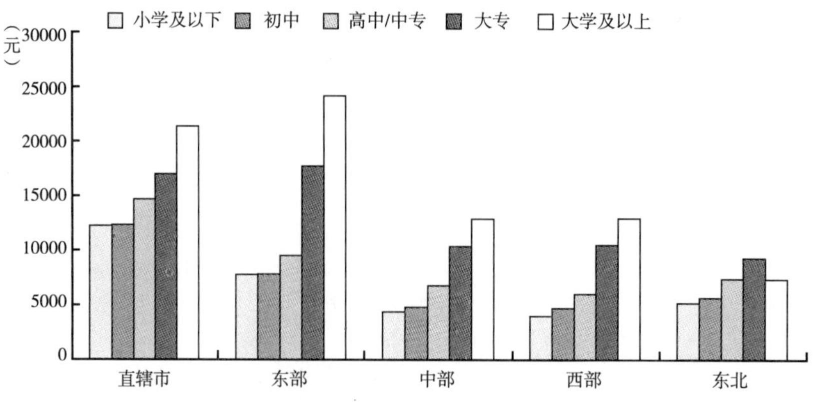

图11－3　不同地区户主受教育程度的家庭人均收入水平比较

对于所有的样本来说，居民人均收入水平的地区差异如表 11－9 所示。其中，直辖市和中部地区男性居民的人均收入略高于或等于女性居民的人均收入，男性和女性的收入比率分别是 1.02 和 1.00；其他 3 个地区的男性居民人均收入水平略低于女性居民的人均收入水平，收入比率分别是 0.98、0.98 和 0.99。但是总体来看，这种性别收入差别相对较小，在差别最大的直辖市也只是相差 249 元。

表 11－9　地区之间分性别的人均收入及收入比

	男性(元)	女性(元)	男性相对收入（女性＝100）
直辖市	14784	14535	102
东　部	9501	9662	98
中　部	5943	5938	100
西　部	5394	5521	98
东　北	6530	6546	100

表 11－10 反映了不同地区之间居民所从事的主要行业的平均收入。其中，教育部门和公共管理部门从业人员的人均收入水平明显高于其他行业，各个地区教育部门的人均收入水平为本地区农业人员人均收入水平的 2.5～4 倍，公共管理部门的人均收入水平为本地区农业收入水平的 2.5～3.6 倍，其中在西部地区这两个比例分别是 4 倍和 3.6 倍。导致出现这种现象的原因可能是教育部门和公共管理部门都属于比较稳定的工作单位，有稳定的收入来源，并且可以随着工作经验的积累而获得较快的收入增加，而其他几个行业的收入则不那么稳定，并且随着经济状况的变化存在着一些波动。农业在各个地区都是收入水平最低的行业，并且地区之间的差异也很大，直辖市从事农业的收入水平是西部地区从事农业收入水平的 2.5 倍。其余 5 个行业是收入水平居中行业，在各地区互有高低，但是纵向来看，直辖市各行业的收入水平明显高于其他地区，为其他地区各行业收入水平的 1.1～3.4 倍。同时也可以看到，地区经济发展水平影响了各种从业人员的工资水平，西部地区的大部分行业从业人员人均收入水平在地区之间都是最低的，只有教育部门的平均收入明显超过了中部和东北地区的水平，这或许是因为教育行业的收入部分来自国家财政，国家对西部地区的教育提供了较多的资金支持。

表 11－10　地区之间居民从事行业的平均收入

单位：元

	农业	制造业	建筑业	交通运输	批发零售	服务业	教育部门	公共管理
直辖市	7845	15105	14450	14897	13829	13607	19711	19417
东　部	6459	9110	7675	11464	10595	10453	17385	17359
中　部	3890	5860	4576	6963	7075	6167	10692	11358
西　部	3145	6028	4276	6820	6673	6366	12412	11337
东　北	4276	7412	5563	7414	7709	6468	10912	10945

相关研究文献表明，农村居民接受劳动技能培训对其收入水平的提高是有帮助的。表 11－11 分别计算了地区之间农村居民参加劳动技能培训和不参加劳动技能培训的平均收入以及两者之间的比值，计算发现接受劳动技能培训后能显著地提高农村居民的收入水平。特别是在西部地区参加培训后的平均收入是未参加培训平均收入的 1.25 倍，这就说明提供劳动技能培训对提高西部农村居民的收入水平是有较大帮助的，应该作为一项措施在低收入人群中普及。其他地区参与劳动培训后收入较未参加培训的收入提高了 17%～25%，这也说明从全国来看，劳动技能培训对提高农村居民收入水平是有益的。

表 11－11　地区之间农村居民是否参加技能培训的平均收入和收入比

	参加劳动技能培训（元）	未参加劳动技能培训（元）	相对收入（未参加劳动技能培训＝100）
直辖市	10422	8519	122
东　部	7042	6016	117
中　部	4558	3777	121
西　部	3740	3000	125
东　北	5534	4526	122

11.3　地区之间和地区内部收入差距

表 11－12 和图 11－4 反映了不同地区之间居民的人均可支配收入和按照不同收入来源计算的各分项收入占总收入的比例。人均可支配收入方面，直辖市明显高于其他地区，分别是东部地区的 1.6 倍，中部地区的 2.4 倍，西部地区的 2.7 倍，东北地区的 2.2 倍。从各分项收入占总收入

的比例来看，收入的4个分项来源表现出很明显的规律性和一致性，工资性收入仍然是总收入中最为重要的一部分，基本上占总收入的一半以上，在直辖市中甚至占到了总收入的将近70%。同时，财产性收入在各个地区都是所占比例最小的部分，最高的东部地区也没有超过4%。其他几项收入来源所占的比例在地区之间出现了差异，直辖市和东北地区中转移性收入的比例超过了经营性收入的比例，而在东部、中部和西部地区则恰恰相反，经营性收入的比例超过了转移性收入。这一结果是否意味着国家应适当提高向中部和西部转移支付的水平还值得思考。

表 11－12　地区之间人均收入来源构成

单位：%

	工资性收入	经营性收入	财产性收入	转移性收入
直辖市	69.9	6.7	2.0	21.3
东　部	60.1	22.2	3.1	14.7
中　部	57.4	25.1	1.3	16.3
西　部	57.6	23.3	1.5	17.6
东　北	52.9	20.9	2.2	23.9

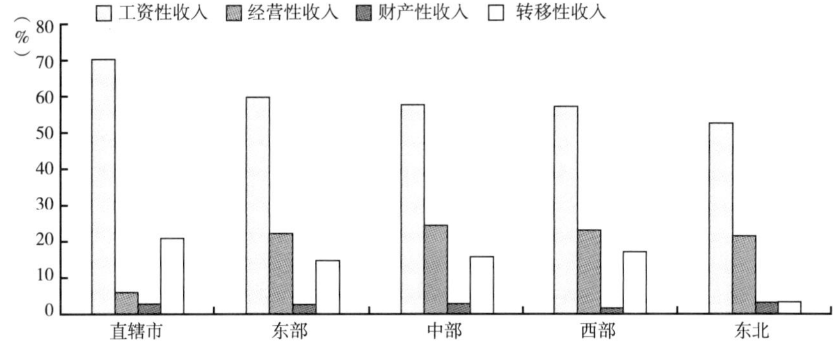

图 11－4　地区之间人均收入来源分布情况

表11－13给出了全国的住户人均可支配收入的平均值和五大地区之间的住户人均可支配收入的平均值。表11－13还包括了地区收入差距的两个度量：地区收入之比和地区收入之差。其中地区收入之比衡量了地区之间的相对差距，地区收入之差则衡量了地区之间的绝对收入差距。可以看出，不同地区之间的收入比还是很高的。直辖市住户的人均可支配收入达到了西部住户人均可支配收入的2.72倍，绝对差额也有9432元，这说明中国目前地区之间的发展不均衡还是比较明显的。

表 11－13　住户人均可支配收入的平均值及地区差距

单位：元，%

	直辖市	东部	中部	西部	东北	全国
人均可支配收入	14923	9587	6123	5491	6726	7739
地区收入之比	272	175	112	100	122	141
地区收入之差	9432	4096	632	—	1235	2248

注：地区收入之比和地区收入之差的计算以西部地区作为基准。

表 11－14 反映了全部调查样本的人均收入十等分组和各等分组内部不同地区样本所占的比例情况。首先从十等分组的情况看，样本中收入最低 10% 的居民拥有的收入只占总收入的 1.61%，而收入最高 10% 的居民拥有的收入占到总收入的 31.74%，是收入最低 10% 的居民的 19.7 倍。其次从各等分组内部地区居民的构成比例来看，随着等分组的提高即收入水平的提高，直辖市和东部地区居民所占的比例在逐步上升，而西部地区居民所占的比例则逐渐下降，中部和东北地区的居民所占的比例出现了先上升后下降的过程。这说明直辖市和东部地区的居民多处在高收入组别里面，特别是在收入最高的十等分组里面直辖市居民所占的比例为 27.7%，远远超过了总样本中直辖市居民 7.6% 的比例；西部地区的居民多处在低收入组的组别中，在收入最低的 10% 居民中，西部地区的居民占到了几乎一半的比例，而在收入最高的 10% 居民中，西部地区的居民仅占到 10.1%；中部和东北地区的居民多处于收入的中间层次，通过观察也可以发现，中部地区的居民多处于收入的中下层，而东北地区的居民所处的组别则略高于中部地区。

表 11－14　全国人均收入的十等分组及组别内部各地区所占比例

单位：%

十等分组	全国（累计收入比例）	组内人口占比					
		直辖市	东部	中部	西部	东北	合计
最低组	1.61	0.5	15.8	34.3	44.9	4.6	100
第二组	4.62	0.5	21.9	41.4	31.1	5.0	100
第三组	8.68	1.3	22.8	41.2	27.9	6.7	100
第四组	13.83	1.6	28.4	40.0	23.4	6.5	100
第五组	20.27	3.2	32.4	35.3	20.0	9.1	100
第六组	28.31	4.6	34.0	32.8	20.0	8.6	100
第七组	38.37	7.5	34.0	31.8	18.5	8.2	100
第八组	51.13	11.9	32.7	31.1	16.7	7.6	100
第九组	68.26	17.1	35.9	27.5	13.8	5.6	100
最高组	100.00	27.7	45.7	13.6	10.1	2.9	100

表11－15计算了将全国样本分为五大地区后，各个地区内部的洛伦兹曲线和不平等指数。按照收入水平由低到高的顺序排列后，收入水平最低10%的居民所拥有的可支配收入占全部总可支配收入的比例在最高的直辖市是2.76%，在最低的东北地区只有1.29%。收入水平最高的10%居民所拥有的可支配收入占全部总可支配收入的比例在最高的东部地区达到了32.48%，在最低的直辖市也达到了23.53%。因此，东部地区收入水平最高的10%居民和收入水平最低的10%居民的收入比达到了19:1，也就是说最高收入的10%群体的收入水平是最低收入10%群体的19倍；在两者相差最小的直辖市这一比例也达到了8.5:1，其他几个地区的收入比则处于西部和直辖市之间。因此，东部地区的洛伦兹曲线较平缓，而直辖市的洛伦兹曲线则更加陡峭，其余地区的洛伦兹曲线则位于两者的中间。和洛伦兹曲线一样，各个地区的基尼系数也体现出相同的特征。东部地区的基尼系数最高，为0.439，其次是西部地区的0.437，再次是中部地区的0.388，东北地区的0.368，最后是直辖市的0.317。这意味着5个地区中收入分配最不平等的是东部地区，分配较为平等的是直辖市。

表11－15　2007年分地区洛伦兹曲线与不平等指数

十等分组	直辖市	东部	中部	西部	东北
最低组	2.76	1.71	2.19	1.77	1.29
第二组	7.32	4.87	5.83	4.75	5.33
第三组	13.12	9.07	10.51	8.75	10.60
第四组	20.03	14.33	16.25	13.87	17.15
第五组	28.06	20.74	23.17	20.23	24.92
第六组	37.44	28.58	31.64	28.17	34.12
第七组	48.24	38.24	42.17	38.26	44.91
第八组	60.85	50.61	55.42	51.34	57.85
第九组	76.47	67.52	72.55	68.84	74.03
最高组	100.00	100.00	100.00	100.00	100.00
基尼系数	0.317	0.439	0.388	0.437	0.368
泰尔指数	0.165	0.334	0.249	0.323	0.210
平均对数离差	0.175	0.329	0.260	0.335	0.219
人均收入(元)	14923	9587	6123	5491	6726

表 11－15 中还计算了各地区的泰尔指数和平均对数离差，这两个指标表现出了和基尼系数相同的特征。这说明基尼系数的结果是可信的，同时由于泰尔指数的可分解性，也为后面收入不平等的地区之间分解打下基础。

表 11－16 计算了按照收入来源的基尼系数分解。从单项收入占总收入的份额来看，工资性收入、经营性收入和转移性收入构成了总收入来源的绝大部分，财产性收入只占了很小的比例。从单项收入的基尼系数来看，工资性收入和经营性收入的内部分配状况相对更加均等一些，都集中在 0.6～0.7 附近；但是财产性收入和转移性收入的内部分布就相对集中在少数人的手中，超过了 0.8。此外，从单项收入不均等占总收入不均等的份额来看，工资性收入的比例最高，达到了 68.9%，其次为转移性收入，达到了 20.9%。这两种收入来源的不平等解释了将近 90% 的总体收入不平等；而经营性收入和财产性收入解释了剩余的 10% 的总体收入不均等。

表 11－16　收入来源的基尼系数分解

收入来源	单项收入占总收入的份额	单项收入的基尼系数	单项收入与总收入分布的相关性	单项收入不均等占总收入不均等的份额
工资性收入	0.60	0.627	0.836	0.689
经营性收入	0.207	0.730	0.226	0.075
财产性收入	0.022	0.966	0.591	0.027
转移性收入	0.171	0.833	0.671	0.209

从全国基尼系数的分解来看，工资性收入和转移性收入既是总收入的重要组成部分，又对总收入的不平等程度有极大的解释力。因此，可以把提高低收入群体的工资性收入，缩小工资性收入差距作为缩小总收入差距的一项措施。

11.4　地区之间收入差距对全国收入差距的贡献

测度地区收入差距对总收入差距贡献度的方法是将总收入差距分解为地区内收入差距和地区之间收入差距。一般情况下使用一组收入差距的熵指数对总收入差距加以分组分解。由于满足分解可加性，泰尔 L 指数（或称为平均对数离差）和泰尔 T 指数经常被用于分组分解的工具。泰尔

L 指数定义如下：

$$I_{TL} = \frac{1}{n}\sum_{i=1}^{n}\ln\left(\frac{\mu}{y_i}\right) \tag{11.1}$$

泰尔 T 指数定义为：

$$I_{TT} = \frac{1}{n\mu}\sum_{i=1}^{n}\left[\ln\left(\frac{y_i}{\mu}\right)\right]y_i \tag{11.2}$$

其中，μ 是平均可支配收入，y_i 是第 i 个人的收入，n 是人数总和。

上面两个收入差距指数可以使用下面的一般公式在各个分组之间进行分解：

$$I = \sum_{g=1}^{k} w_g I_g + \mathrm{I}(\mu_1, \mu_2, \cdots, \mu_g) \tag{11.3}$$

其中，w_g 是第 g 组的权重，I_g 是第 g 组的组内差距，μ_g 是第 g 组的平均收入。这一公式说明，总的收入差距等于每一分组的组内差距的加权总和加上各分组平均收入水平之间的差距。每一分组组内差距的加权总和被称为组内差距，各分组平均收入水平之间的差距被称为组间差距。

本章所关注的是地区之间收入差距对全国收入差距的贡献度，因此将样本分为直辖市、东部地区、中部地区、西部地区和东北地区 5 个组。地区之间收入差距对全国收入差距的贡献度就是将全国收入差距分解后的组间部分，等于 5 个地区之间平均收入水平的差距。

表 11 - 17 列出了计算出的 2007 年全国的平均对数离差、泰尔指数及其在地区之间的分解。两个指数的分解结果是比较相似的，地区之间收入差距均相对较小，地区内部的收入差距则较大。表 11 - 17 的下半部分列出了地区之间的收入差距（组间差距）和地区内部的收入差距（组内差距）对全国收入差距的贡献百分数。根据这两个结果来看，地区之间收入差距对全国收入差距的贡献度在 2007 年大约在 14.5% ~16% 之间。从地区之间收入差距和地区内部收入差距对全国收入差距的贡献度的对比来看，地区之间收入差距对全国收入差距的影响要远小于地区内部收入差距对全国收入差距的影响。因此，在关注全国收入差距时应更多地关注地区内部收入差距所造成的影响。

在考察了全国范围内地区之间和地区内部收入差距的贡献度之后，本章从两个维度对五大地区进行了细分，分别是在城镇农村内部按照不同地

表 11－17　全国收入差距在地区之间的分解

	平均对数离差	泰尔指数
全国收入差距	0.338	0.331
地区之间收入差距	0.049	0.053
地区内部收入差距	0.289	0.278
组间差距和组内差距的贡献度(%)		
全国收入差距	100.0	100.0
地区之间差距	14.5	16.0
地区之内差距	85.5	84.0

区对收入差距进行分解和在不同地区内部按照城镇和农村对收入差距进行分解，这样做的目的在于更加清晰地看出在城镇和农村内部地区之间的不同收入对收入差距的影响以及城镇和农村收入差距在不同地区的贡献，进而可以更好地理解地区内部收入差距的形成原因。

表 11－18 按照城镇和农村的划分将总收入差距在地区之间进行了分解。结果表明：不论是在城镇还是在农村，地区内部的收入差距都远远大于地区之间的收入差距。平均对数离差和泰尔指数的结果非常接近，没有明显的差别。从地区之间差距和地区内部差距的贡献度来看，城镇内部地区之间差距约占总收入差距的 19%，地区内部收入差距约占总收入差距的 81%；农村内部地区之间收入差距约占总收入差距的 18%～19%，地区内部收入差距约占总收入差距的 81%～82%。这说明造成总收入差距的 80% 以上的原因可以用地区内部收入差距来解释。从这个角度来说，不论是城镇还是在农村，各个地区都应该把解决地区内部收入差距作为缩小收入差距问题的一个主要途径。

表 11－18　按照城乡将总收入差距在地区之间进行分解

	城　镇		农　村	
	平均对数离差	泰尔指数	平均对数离差	泰尔指数
总收入差距	0.199	0.205	0.242	0.249
地区之间差距	0.038	0.039	0.046	0.045
地区内部差距	0.161	0.166	0.196	0.203
组间差距和组内差距的贡献度(%)				
总收入差距	100.00	100.00	100.00	100.00
地区之间差距	19.25	18.98	18.85	18.16
地区内部差距	80.75	81.02	81.15	81.84

表 11－19 对直辖市、东部、中部、西部和东北地区每一个区域的收入差距都进行了分解，其结果表现出了明显的地区差异性。在 5 个地区内部，城乡之间差距对总收入差距贡献最大的是西部地区，其贡献度大约为 1/2，与其相比，贡献度最小的直辖市和东北地区只有不足 1/5。其他地区中，东部地区的贡献度大约为 1/3，而中部地区的贡献度则略高，约为 2/5。西部地区总收入差距相对其他地区较高，然而城镇和农村各自内部的收入差距和东部地区、中部地区相差不大，就是说西部地区城镇和农村之间的收入差距明显偏高（以泰尔 L 指数为例，东部地区城乡内部差距值为 0.214，中部地区城乡内部差距值为 0.155，西部地区城乡内部差距值为 0.181；而西部地区的总收入差距值为 0.335，高于东部地区的 0.329 和中部地区的 0.26）。因此，这样的结果就给予一些启示：不同地区内部收入差距的形成原因是不一样的，在制定收入分配政策时，应该对不同地区有不同的政策侧重点。具体而言就是，在直辖市、东部地区、中部地区和东北地区应该集中力量解决地区城镇和农村各自

表 11－19　各地区将总收入差距按照城镇和农村进行分解

单位：%

	平均对数离差	泰尔指数
直辖市		
总收入差距	100.0	100.0
城乡之间收入差距	16.6	15.8
城乡内部收入差距	83.4	84.2
东部地区		
总收入差距	100.0	100.0
城乡之间收入差距	35.0	35.0
城乡内部收入差距	65.0	65.0
中部地区		
总收入差距	100.0	100.0
城乡之间收入差距	40.4	41.8
城乡内部收入差距	59.6	58.2
西部地区		
总收入差距	100.0	100.0
城乡之间收入差距	46.0	46.7
城乡内部收入差距	54.0	53.3
东北地区		
总收入差距	100.0	100.0
城乡之间收入差距	17.8	18.1
城乡内部收入差距	82.2	81.9

内部的收入差距问题；在西部地区则应该偏重于解决城镇和农村之间的收入差距问题。

11.5 本章总结

本章采用CHIP住户调查数据考察了2007年全国地区之间的收入差异。在传统的把全国分为东部、中部和西部三大地区的基础上，本章进一步细化了地区的划分，增加了直辖市和东北地区。在这一前提下，本章衡量了五大地区居民的家庭规模、户主的年龄及受教育程度和从事的行业，并且横向比较了地区之间相同特征家庭和个人的收入差别。本章的结论表明，2007年全国的收入分配状况是比较严峻的，全国的基尼系数达到了0.439。同时，各个地区内部的收入分配状况也不令人乐观，直辖市基尼系数最小为0.317，东部地区最大，达到了0.438。此外，计算结果还表明，地区之间收入差距对全国收入差距的贡献度在14.5%～16%之间，就是说，地区分解的结果表明全国收入差距的主要原因来自地区内部的收入差异。本章进一步在地区内部区分了城镇和农村对地区收入差距的贡献度，结果表明城乡内部收入差距是导致各地区收入差距的主要原因，但是城乡之间收入差距对地区收入差距的产生所带来的影响也不可忽视，尤其是在西部地区，城乡之间收入差距对地区收入差距的贡献度达到了1/2。

按照上面的分析和结论，有几点现象需要引起注意。从分地区的收入差距来看，各地区的收入差距均较大，努力提高低收入居民群体的收入水平，缩小地区内部收入差距，是每个地方政府的重要任务之一。特别是在收入差距较大的西部地区，城乡差距明显，提高西部农村居民收入水平是缩小西部地区收入差距的有效手段。

首先，计算结果显示，家庭户主受教育水平的高低直接影响到了家庭的人均收入水平。努力提高居民受教育水平，对提高居民收入水平尤其是西部地区的居民收入水平有较大影响。其次，要推动农村地区居民向非农行业中流动和就业。大部分地区非农业行业的平均收入水平高于农业的收入水平，因此，鼓励农村居民在非农行业中就业一方面可以减少农村地区的剩余劳动力，另一方面也可以增加农村居民的收入水平。在推动农村居民向非农行业流动的过程中，各地方政府要加大对农村居民劳动技能培训的支持，组织更多的农村劳动力参加技能培训，同时各地方企业也应加强社会责任，承担更多的对农村居民的技能培训，只有得到技能培训，农村居民才能更容易进入非农行业中就业，才能有效地提高农村居民的收入水平，从而缩小地区内部的城乡差距。最后，应该看到，中国各地区之间的收入差距还是比较大的，直辖市和东部地区的快速发展拉开了和其他地区的差距，因此，怎样促进中部、西部和东北地区的快速发展进而缩小与东部地区的差距也是需要解决的问题，中部崛起和西部大开发的国家战略应该起到关键的作用。

12 城市内部居民收入的地区差距

在第 2 章对城镇居民内部收入差距的讨论中，已经发现地区因素在城镇居民收入差距中占有较高的比例。根据泰尔指数分解的结果，省份和东、中、西部地区之间的收入差距对于城镇居民内部总体收入差距的解释作用分别为 20.31% 和 17.41%。从个人或家庭特征来看，这是一个相对比较高的比例。为此，本章拟对城市内部居民收入的地区差距进行更为深入的讨论，以揭示城市内部居民收入地区差距的影响因素。

本章的讨论仍基于北师大收入分配课题组的 2007 年全国城镇住户调查数据。在前面的相关章节中已经对本数据进行了比较详细的说明，本数据涵盖 16 个省份的 1 万户、29553 人。对于样本数据的结构性特征可参阅相关章节，本章不再重复。本章对地区的划分仍遵照此前的大多数章节，分为五个区域：北京、上海和东部地区、东北地区、中部地区、西部地区。本章所采用的收入概念也仍为人均可支配收入，即家庭全部可支配收入在家庭成员之间平均分配。可支配收入被分解为四个部分：工资性收入、经营性收入、财产性收入和转移性收入。

本章对城市内部居民收入地区差距的讨论也将从微观个体的个人和住户特征两个方面展开，具体包括性别、年龄、受教育程度、职业和行业等。

12.1 城市内部居民收入地区差距的总体状况

1. 城市内部居民收入的地区差距

图 12－1 和图 12－2 分别给出了按照省份和区域计算的各地区城市内部居民人均收入和基尼系数状况。表 12－1 给出了不同地区城市居民人均

收入水平和基尼系数的极值比，即最大值除以最小值。在本章所使用的16个省份城市住户调查数据中，上海市的家庭人均收入22402元，位列最高；最低的是甘肃省，二者的家庭人均收入相差12814元，家庭人均收入比为2.34∶1，由此可见，地区之间仍存在较大的居民收入差距。收入最高的省份主要集中在东部地区，调查样本中家庭人均收入最高的5个省份分别为上海、北京、广东、浙江和江苏；而收入最低的省份主要集中在西部，调查样本中家庭人均收入最低的5个省份中，除了山西和辽宁外，其他3个都属于西部地区。16个省份样本总体的家庭人均收入为15117元，东部地区家庭人均收入最高的5个省份位于调查平均水平之上，其他地区的家庭人均收入水平均低于样本的平均水平。

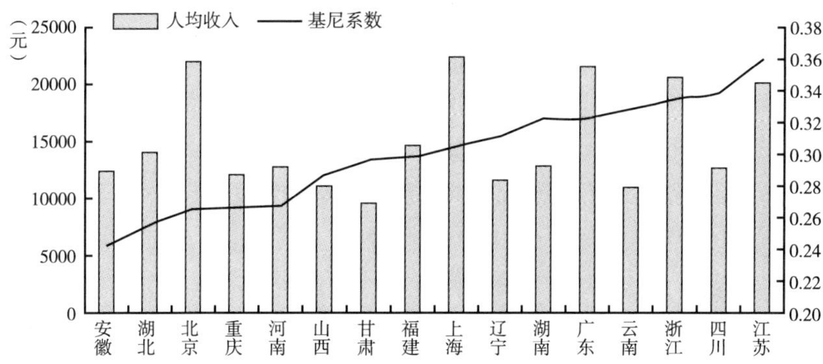

图12－1　各省份城市居民人均收入及基尼系数

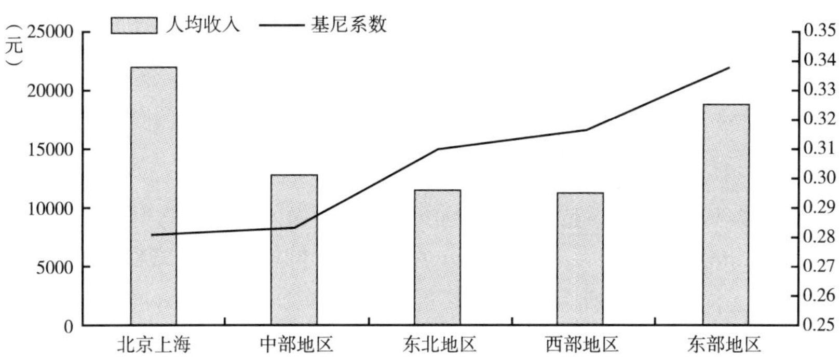

图12－2　各区域城市居民人均收入及基尼系数

表 12-1　不同地区城市居民人均收入与基尼系数的极值比

	省份			五大区域		
	最小值	最大值	最大/最小	最小值	最大值	最大/最小
人均收入(元)	9588	22402	2.34	11188	21966	1.96
中位数收入(元)	8444	19539	2.31	9590	19367	2.02
组内基尼系数	0.243	0.359	1.48	0.281	0.338	1.20

进一步分析不同省份或地区城市居民内部的家庭收入差距。从各项不均等指标综合来看，江苏省内部的居民家庭收入差距程度最大，安徽省的最小，以基尼系数为例，前者收入的基尼系数是后者的1.5倍，这表明城市内部居民的家庭收入差距在不同省份之间存在明显的差异。另外，北京和上海这两个高收入城市的收入不均等程度较低，而江苏、浙江、广东这三个高收入省份的收入不均等程度较高；安徽、湖北、河南这三个中部地区省份的收入不均等程度较低。不平等指数显示，江苏省和浙江省内部的居民家庭收入差距较大，原因可能有以下几点：第一，江浙地区居民的财产积累情况不相同。第二，近些年经济结构调整使得城市中非国有经济发展水平不同。第三，城镇化率的不同也导致了江浙地区的居民收入差距较大。相关统计结果显示，与2000年相比，2006年江苏省城镇化率总体上有所提高，但是苏南地区的城镇化率明显高于苏北地区，苏中地区居中。这些原因都使得江浙地区成为这16个省份中居民家庭收入差距最大的地区。

从五大区域来看，北京、上海的居民家庭人均收入高达21966元，位于五大地区之首；东部地区的居民家庭人均收入位居第二，为18820元；中部地区的居民家庭人均收入水平次之，为12547元；西部地区的家庭人均收入最低，为11188元，仅为北京、上海居民家庭人均收入的50.93%。从这五大地区的居民收入水平来看，北京和上海是直辖市，经济政策开放，政治中心和经济中心的位置优越，科技发达，人才众多，这些都为其发展提供了相当多的有利因素。相对而言，尽管近些年来国家加大了西部扶贫力度，大力发展西部经济，但西部地区的经济状况仍然落后于其他地区。

从基尼系数来看，五大地区中东部地区城市之间的居民收入差距最大，基尼系数高达0.338。西部地区的基尼系数其次，为0.316。而北京、上海的基尼系数最低，仅为0.281。这样的结果也是东部地区各城市特殊的地理位置和经济发展政策所影响和导致的。从这样的结果也可以看出，基尼系数与经济发展状况存在一定的相关性，大力发展区域经济，提高落后地区经济发展程度，促进各地区平衡发展，也是缩小基尼系数的一条有效途径。

2. 城市内部居民收入结构的地区差异

城市居民收入构成的地区差异可见表 12－2，其中分别给出了分 5 大区域和 16 个省份的分项收入绝对数量及其相对结构。

表 12－2　城市居民收入构成的地区差异

	绝对数量(元)				结构(%)			
	工资性收入	经营性收入	财产性收入	转移性收入	工资性收入	经营性收入	财产性收入	转移性收入
北京、上海	17560	887	200	5789	71.86	3.63	0.82	23.69
东北地区	7631	815	214	4054	60.02	6.41	1.68	31.89
东部地区	14247	2135	471	4307	67.33	10.09	2.23	20.35
中部地区	9373	1072	136	3217	67.93	7.77	0.99	23.31
西部地区	8203	853	168	2811	68.16	7.09	1.40	23.36
最大/最小	2.30	2.62	3.46	2.06	1.20	2.78	2.72	1.57
北　京	16981	728	317	3648	78.35	3.36	1.46	16.83
山　西	8687	876	157	1367	78.35	7.90	1.42	12.33
辽　宁	7631	815	214	2952	65.72	7.02	1.84	25.42
上　海	18430	1126	24	2823	82.27	5.03	0.11	12.60
江　苏	12631	1433	554	5222	63.66	7.22	2.79	26.32
浙　江	15290	2308	569	2271	74.81	11.29	2.78	11.11
安　徽	9763	965	97	1592	78.63	7.77	0.78	12.82
福　建	10529	1646	312	2059	72.38	11.32	2.14	14.16
河　南	9315	839	83	2536	72.93	6.57	0.65	19.85
湖　北	10382	468	73	3021	74.45	3.36	0.52	21.67
湖　南	9173	1789	222	1678	71.32	13.91	1.73	13.05
广　东	18693	3052	512	-736	86.86	14.18	2.38	-3.42
重　庆	8998	849	62	1890	76.26	7.20	0.53	16.02
四　川	9059	814	285	2505	71.54	6.43	2.25	19.78
云　南	7393	1084	233	2166	67.98	9.97	2.14	19.92
甘　肃	7630	652	55	1251	79.58	6.80	0.57	13.05
最大/最小	2.53	6.52	23.71	—	1.36	4.22	25.36	—

从中可以看出，北京、上海的居民家庭人均工资性收入最高，为 17560 元；东部地区的居民家庭人均工资性收入其次，为 14247 元；东北地区的居民家庭人工资性收入水平最低，为 7631 元。经营性收入数据显示：东部地区家庭人均经营性收入最高，为 2135 元；东北地区的家庭人均经营性收入最低，仅为 815 元。财产性收入方面，东北地区的家庭人均财产性收入水平最高，为 214 元；中部地区的家庭人均财产性收入水平最

低，为136元。五大地区的转移性收入数据比较可以看出：北京、上海的居民家庭人均转移性收入最高，为5789元；东部地区其次，为4307元；西部地区的居民家庭人均转移性收入水平最低，仅为2811元。从收入构成份额来看，在五大地区居民家庭的可支配收入中，工资性收入占据大部分比例，在五大地区都占据了家庭人均收入的60%以上。所以工资收入家庭平均值的高低变化也在一定程度上反映着五大地区经济发展水平的不同。各地区转移性收入水平在家庭平均收入中占据第二的位置。相比之下，财产性收入和经营性收入所占比例较小。

从分省份的结果来看，人均工资性收入最高的是广东，而最低的是云南，前者是后者的2.5倍。人均经营性收入最高的也是广东，最低的是湖北，极值之比为6.5倍。人均财产性收入的极值比则达到23.7倍①。从收入构成来看，人均工资性收入在人均总收入中所占比例处在64%到87%之间，两者相差23个百分点。另一项比重较大的分项收入是人均转移性收入，大多在10%~20%之间。由此可见，不同地区的收入结构也存有较大的差异性。其他分项收入的构成比中在地区之间也存有较大的差异。

表12-3将人均收入最高和最低的省份与区域之间的城市居民收入差异按收入来源进行了分解。从中可以看到，人均工资性收入和人均转移性收入是造成地区城市居民收入差距最为重要的两个解释分项。人均工资性收入所占份额在区域和省份差异之间分别占到了75%和84%；而人均转移性收入的份额也分别达到24%和12%。

表12-3　城市居民收入地区差距的分项收入构成（最高—最低）

	省份		五大区域	
	绝对差额(元)	结构(%)	绝对差额(元)	结构(%)
工资性收入	10800	84.28	9357	75.45
经营性收入	474	3.70	34	0.27
财产性收入	-31	-0.24	32	0.26
转移性收入	1572	12.27	2978	24.01
可支配收入	12815	100.00	12401	100.00

① 值得注意的是，人均财产性收入虽然极值比很高，但从其分布特征中可以看到，一些人均收入比较高的省份中，对应的人均财产性收入却并不很高，这很可能是由于财产性收入通常未能得到准确的核算造成的。也就是说，如果对财产性收入进行更为准确的核算，高收入地区的收入水平可能会更高，地区之间的收入差距可能也会更大。

12.2　城市内部居民收入地区差距的影响因素

本部分进一步从性别、年龄、户主受教育程度、户主职业和户主行业等方面讨论其对城市内部居民收入地区差距的影响。

1. 性别因素

由于我们假定了家庭内部收入的平均分配，也就是说赋予所有家庭成员以家庭收入均值，因此从家庭人均收入来看，性别差异对居民收入的影响并不明显。从五大区域来看，男性收入通常比女性收入高出 1 ~2 个百分点，并且各区域中男性和女性的相对收入也是基本相当的。无论是男性还是女性，西部地区的人均收入都是最低的，如果以此为基准（西部地区收入设为 100），则北京、上海男性和女性的相对收入都为 196，大约均相当于西部地区的 2 倍。从省份来看，性别收入差距最大的大约表现为男性比女性收入高出 3 个百分点。也有一些省份中，性别收入差距并不明显，如北京、浙江、广东、四川和云南。而从省份相对收入来看，无论是男性还是女性，上海的人均收入水平都是最高的，分别相当于甘肃的 2.33 倍和 2.34 倍。总体说来，经过家庭层面的均等化分配，性别对居民收入差距的影响并不明显（见表 12 -4）。

从地区内部分性别的收入不均等程度来看，无论是男性还是女性，北京、上海以及中部地区中，给定性别的地区内部收入差距都是最低的，而东部地区男性和女性内部收入差距都是最高的。此外，在相同地区内部，女性之间的收入差距通常都要略高于男性人群。从分省份的结果来看，江苏男性和女性内部收入基尼系数分别为 0.362 和 0.357，相对是比较高的；较低的省份为安徽，男性和女性内部收入基尼系数分别为 0.245 和 0.240。其余省份男性和女性收入分布的不均等程度都处在这两者之间。大多数情形下，同一省份女性内部收入不均等程度略高于男性，例外的省份有江苏、安徽、福建、湖北、重庆和甘肃，在这些省份中男性内部收入基尼系数略高于女性。大多数省份男性和女性内部收入基尼系数都非常接近。性别内部收入差距最大的应该是河南，女性收入基尼系数比男性要高 1.3 个百分点。基尼系数和泰尔指数的衡量结果都表现出了基本相同的特征（见表 12 -5）。

表 12－4　地区之间的居民性别收入水平

	男性收入		女性收入		男性/女性
	绝对值(元)	相对值	绝对值(元)	相对值	(女性＝100)
北京、上海	22069	196	21860	196	101
东部地区	18889	168	18753	168	101
中部地区	12677	113	12418	112	102
西部地区	11247	100	11131	100	101
东北地区	11643	104	11584	104	101
北　京	21704	223	21644	229	100
山　西	11140	115	11032	117	101
辽　宁	11643	120	11584	122	101
上　海	22636	233	22174	234	102
江　苏	20096	207	19588	207	103
浙　江	20458	211	20416	216	100
安　徽	12578	129	12259	130	103
福　建	14602	150	14494	153	101
河　南	12923	133	12631	133	102
湖　北	14049	145	13840	146	102
湖　南	13055	134	12670	134	103
广　东	21476	221	21564	228	100
重　庆	11963	123	11640	123	103
四　川	12650	130	12676	134	100
云　南	10876	112	10876	115	100
甘　肃	9715	100	9464	100	103

表 12－5　地区之间的居民性别收入差距

	男　性		女　性	
	基尼系数	泰尔指数	基尼系数	泰尔指数
北京、上海	0.280	0.130	0.283	0.132
东部地区	0.337	0.197	0.338	0.200
中部地区	0.282	0.133	0.284	0.135
西北地区	0.315	0.166	0.318	0.170
东北地区	0.309	0.162	0.310	0.167
北　京	0.265	0.117	0.265	0.117
山　西	0.286	0.135	0.288	0.136
辽　宁	0.309	0.162	0.310	0.167
上　海	0.301	0.148	0.307	0.155
江　苏	0.362	0.233	0.357	0.226
浙　江	0.333	0.193	0.336	0.202
安　徽	0.245	0.104	0.240	0.100
福　建	0.298	0.156	0.294	0.149
河　南	0.259	0.112	0.272	0.125
湖　北	0.257	0.105	0.253	0.104
湖　南	0.319	0.173	0.321	0.175
广　东	0.316	0.166	0.326	0.180
重　庆	0.266	0.123	0.265	0.123
四　川	0.336	0.188	0.337	0.190
云　南	0.326	0.175	0.331	0.183
甘　肃	0.296	0.142	0.295	0.141

把居民性别收入差距按照地区利用泰尔指数分解，结果发现，组间差距在其总体差距中所占份额非常接近，没有明显差异，如表 12－6 所示。

表 12－6 居民性别收入差距的组间解释程度（泰尔指数分解）

年龄组	省份		五大区域	
	组间泰尔指数	在总体差距中的份额(%)	组间泰尔指数	在总体差距中的份额(%)
男　性	0.03966	20.33	0.03406	17.46
女　性	0.04046	20.31	0.03458	17.36

2. 年龄因素

依据年龄高低，我们将个人年龄分为 11 组，表 12－7 给出了五大地区不同年龄组内部的家庭人均收入状况。从表 12－7 可以看出，从不同年龄组群体的整体状况来看，31～40 岁的年龄组群体人均家庭收入较高。五大地区中北京、上海各个年龄组群体的家庭人均收入较高，东部地区各个年龄组的家庭人均收入其次，东北地区和西部地区在各个年龄段群体的家庭人均收入水平较低。从分省份来看，表 12－7 将各年龄组中收入最高和最低的省份人均收入值分别用“═”和“～”标识。从中不难发现，各年龄组收入较高人群集中在上海、北京、浙江和广东等经济发展程度较高省份；而各年龄组中收入较低人群集中在甘肃、云南和辽宁。从极值比（最大值与最小值之比）来看，31～35 岁人群组中，人均收入在省份间的差异程度是最高的，极值比为 3.27，即这一年龄组中，上海人均收入比甘肃要高 3.27 倍；省份之间极值比最低的年龄组为 46～50 岁人群，为 1.91 倍。

类似地，如果将各居民年龄组内部收入差距根据泰尔指数按照地区分解，在省份层面上，组间差距在年龄组内部收入差距中所占份额最低的为 46～50 岁人群，组间差距在总体差距中只占 13.67%，最高的为 31～35 岁人群，组间差距所占份额达 28.21%；而从五大区域来看，组间差距所占份额最高的人群组为 16 岁以下人群，占 22.88%，而组间差距所占份额最小的人群仍为 46～50 岁人群，只有 12.03%。但从组间泰尔指数的绝对数值来看，31～35 岁人群中在省份之间和五大区域之间的泰尔指数都是最高的，而 46～50 岁人群中在省份间和区域间的泰尔指数都是各年龄组中最低的（见表 12－8）。

表 12－7　地区之间的居民年龄收入水平

单位：元

	16 岁以下	16～20 岁	21～25 岁	26～30 岁	31～35 岁	36～40 岁	41～45 岁	46～50 岁	51～55 岁	56～60 岁	60 岁以上
北京、上海	21143	18421	21082	24841	24266	22583	19898	19452	23528	23929	23085
东部地区	18410	15660	18581	20011	20080	18706	17436	19423	19808	18828	19848
中部地区	10939	11312	11955	13673	12351	11482	12045	13203	14337	13753	13775
西部地区	9699	9674	10384	11758	10422	10006	11227	11973	12967	12885	12094
东北地区	9468	9060	11600	12182	11758	10238	9713	11981	14126	12894	12553
北　京	19531	18762	20872	23491	19951	21746	19749	20232	23640	24120	23985
山　西	9734	10033	9704	12345	10538	10151	10711	12012	14169	12097	13001
辽　宁	9468	9060	11600	12182	11758	10238	9713	11981	14126	12894	12553
上　海	22967	17788	21388	26793	28948	23996	20231	18258	23358	23653	21881
江　苏	18276	15494	18715	19474	20134	17453	18363	20658	21359	19687	22667
浙　江	20161	19037	19351	22843	24225	20007	18681	20244	20514	19970	21257
安　徽	11439	11783	11618	15225	11614	11947	11946	12283	13425	12743	13664
福　建	13711	12327	15021	13982	13739	13638	14698	16519	16753	15017	14858
河　南	11203	10488	11553	14047	12428	11586	11611	13366	14433	15258	14761
湖　北	12878	11764	13626	13884	14561	12634	12800	12960	15655	16487	14947
湖　南	10976	12361	12866	12915	13506	12001	13179	15058	14109	12664	12879
广　东	21402	17317	20594	23762	23034	23606	19399	20717	21176	22355	22319
重　庆	10437	10270	12430	11257	10665	11363	12128	12519	13862	13119	10933
四　川	11543	11177	11423	15002	10737	10800	12212	13491	14084	13989	14304
云　南	9407	9482	8389	11562	11407	10065	11221	11135	11870	12587	11812
甘　肃	8340	7940	9522	9466	8840	8705	9890	10858	11724	11593	9916
最大/最小	2.75	2.40	2.55	2.83	3.27	2.76	2.08	1.91	2.02	2.08	2.42

注：收入最高和最低的省份人均收入值分别用“═”和“～”标识。

表 12-8 各居民年龄组收入差距的组间解释程度（泰尔指数分解）

年龄组	省份		五大区域	
	组间泰尔指数	在总体差距中的份额(%)	组间泰尔指数	在总体差距中的份额(%)
16岁以下	0.05721	27.20	0.04811	22.88
16～20岁	0.03631	18.96	0.02939	15.34
21～25岁	0.04507	24.88	0.04023	22.20
26～30岁	0.04924	25.61	0.03921	20.39
31～35岁	0.06213	28.21	0.04822	21.89
36～40岁	0.05795	27.79	0.04626	22.33
41～45岁	0.03183	16.68	0.02803	14.69
46～50岁	0.02712	13.67	0.02386	12.03
51～55岁	0.02879	16.00	0.02659	14.78
56～60岁	0.03459	20.08	0.02942	17.08
60岁以上	0.03743	20.16	0.02979	16.05

如果将样本户按照户主年龄划分为8组，各户主年龄组住户在各地区的人均收入水平如表12-9所示。从样本总体各个年龄组的户主收入水平来看，北京、上海的年龄段在31～35岁的户主群体人均收入水平较高，西部地区的年龄组在60岁以上的户主群体人均收入水平较低。从五大地区看，北京、上海的户主在各个年龄组群体中的收入都处于最高水平，其次是东部地区，中部地区与东北地区、西部地区的收入水平相对较低。五大地区的户主在31～40岁年龄组的差距较大，调查数据显示，2007年，直辖市的31～35年龄组的户主家庭人均收入是西部地区户主家庭人均水平的2.43倍。这表明，家庭位于直辖市以及东部地区的城市户主与家庭位于中部、西部、东北地区的城市户主之间存在明显的收入差距。从省份来看，各户主年龄组中，高收入人群也多集中在上海、江苏、浙江和北京等经济发展程度较高的省份，而各年龄组的低收入人群则主要集中在甘肃、云南和重庆。户主年龄在31～35岁人群中，省份之间人均收入的极值比达到最大，为3.32；而在户主年龄为56～60岁人群中，省份之间人均收入的极值比为2.14，是最低的。

根据户主年龄分组后，各人群组收入差距如果按照省份和区域分解，则按照泰尔指数分解的组间泰尔指数以及组间差距在总体差距中所占份额可见表12-10。从中可以看出，户主年龄在31～35岁人群中，组间泰尔指数的绝对值和在总体差距中的份额都是最高的。如果按照省份分解，组间泰尔指数为0.069，相对贡献份额达30.48%；而按照五大区域的分解结果中，组间泰尔指数为0.056，相对贡献份额达24.88%。在省份和区域之间，

表 12-9 地区之间的户主年龄收入水平

单位：元

	31岁以下	31~35岁	36~40岁	41~45岁	46~50岁	51~55岁	56~60岁	60岁以上
北京、上海	20270	24558	22306	19941	19235	23432	23237	22233
东部地区	21549	21258	19022	17242	18950	19289	17161	18352
中部地区	15008	12371	11307	11674	12497	13447	13456	12962
西部地区	11200	10086	10044	10667	11663	12171	12378	11064
东北地区	18350	11415	10815	9354	11470	12851	11710	11831
北京	20377	20742	21133	19529	19999	23417	23124	22525
山西	10401	11037	9903	10117	10857	13273	12303	12566
辽宁	18350	11415	10815	9354	11470	12851	11710	11831
上海	20107	28574	24049	20798	18089	23453	23380	21792
江苏	23789	22632	19187	17734	21174	20268	17729	20158
浙江	25681	25392	21024	20133	19673	20136	15748	20454
安徽	17597	11490	12508	11814	12152	12421	13225	12988
福建	11339	14578	12786	14171	15542	16769	14601	14372
河南	14398	13049	11209	11074	11666	14037	14272	13731
湖北	13764	16378	12126	12130	13003	14362	16831	13641
湖南	17098	12753	11920	13008	14560	13065	11814	12089
广东	23338	23524	23691	18849	20185	20359	20972	19943
重庆	8727	10618	10406	12206	12836	13213	12675	10353
四川	13942	10682	10965	11842	13143	13281	13564	13759
云南	11643	10719	10602	10196	9815	11755	11873	10528
甘肃	9567	8594	8764	9277	10961	10208	10931	9405
最大/最小	2.94	3.32	2.74	2.24	2.16	2.30	2.14	2.40

注：收入最高和最低的省份人均收入值分别用“=”和“~”标识。

表 12-10 各户主年龄组收入差距的组间解释程度（泰尔指数分解）

	省份		五大区域	
	组间泰尔指数	在总体差距中的份额(%)	组间泰尔指数	在总体差距中的份额(%)
31岁以下	0.0519	25.26	0.03336	16.23
31~35岁	0.06908	30.48	0.05638	24.88
36~40岁	0.06198	28.73	0.04738	21.96
41~45岁	0.03757	19.14	0.03201	16.31
46~50岁	0.03084	14.85	0.02602	12.53
51~55岁	0.03532	19.49	0.03324	18.35
56~60岁	0.03460	20.51	0.02943	17.45
60岁以上	0.03669	19.62	0.03089	16.52

组间差距最小的为户主年龄在 46～50 岁的人群组，按省份和区域分解的泰尔指数值分别为 0.031 和 0.026，相对贡献份额也分别只有 14.85% 和 12.53%。

3. 户主受教育程度

户主在家庭经济生活决策中通常具有主导性地位，因此户主受教育程度对于家庭收入水平具有重要影响。本部分讨论户主受教育程度差异与居民收入的地区差距之间的关系。表 12－11 给出了地区之间户主受教育程度的收入水平，其中五大区域中不同户主受教育程度的人均收入水平变化特征同时表示在图 12－3 中。从五大区域来看，北京、上海和东部地区中，各户主受教育程度下的人均收入水平都要高于中、西部以及东北地区。从图 12－3 中所表现出的另一个重要特征是，区域之间的收入差距总体上是随着户主受教育程度的提高而扩大的，也就是说，在户主受教育程度较高的人群中，地区之间收入差距相对会更高一些。从图形上看，北京、上海和东部地区中，人均收入随着户主受教育程度变化的曲线显得更为陡峭，这也意味着这些地区的教育收益率可能会更高一些。在省份之间，所表现出的变化特征也基本类似。各种户主受教育程度相同状态下，人均收入水平最高的人群通常集中在上海、江苏，而最低的则集中在甘肃。按户主受教育程度划分，省份之间的极值比在高中/中专中最小，而在本科及以上中最高。类似地，图 12－4 给出了不同户主受教育程度下人均收入最高的 3 个省份（上海、江苏和浙江）以及人均收入较低的云南和甘肃。从不同户主受教育程度人均收入的变化曲线中可以看出，人均收入较高的省份中描述受教育程度与收入水平之间关系的曲线较为陡峭，而人均收入较低省份中这一曲线则相对更为平坦，这也表明，经济发达地区的教育收益率相对更高。

表 12－11　地区之间户主不同受教育程度的收入水平

单位：元

	小学及以下	初中	高中/中专	专科	本科及以上
北京、上海	14428	19156	19679	24432	28363
东部地区	13078	14550	17369	22295	28990
中部地区	8965	10430	11998	14147	16821
西部地区	9014	9454	10355	12800	16384
东北地区	9237	9291	11376	14030	17566
北　京	13331	18658	19326	23295	27102
山　西	8918	9579	10895	12651	14380
辽　宁	9237	9291	11376	14030	17566
上　海	16349	19692	20104	27083	31543

续表

	小学及以下	初中	高中/中专	专科	本科及以上
江　苏	12681	14611	17603	25033	33963
浙　江	13798	16022	19886	26695	32926
安　徽	9183	10854	11832	14526	14845
福　建	9263	11920	14682	16226	19800
河　南	10524	11507	11906	13311	15522
湖　北	10432	11963	13534	15524	17551
湖　南	7916	9577	12112	15210	20369
广　东	19461	16392	19124	23408	30542
重　庆	9229	10993	11149	12520	16685
四　川	9636	10308	11124	15316	18534
云　南	9082	8671	10942	11657	17219
甘　肃	7817	8093	8689	11348	13187
最大/最小	2.49	2.43	2.31	2.39	2.58

注：收入最高和最低的省份人均收入值分别用“＝”和“〰”标识。

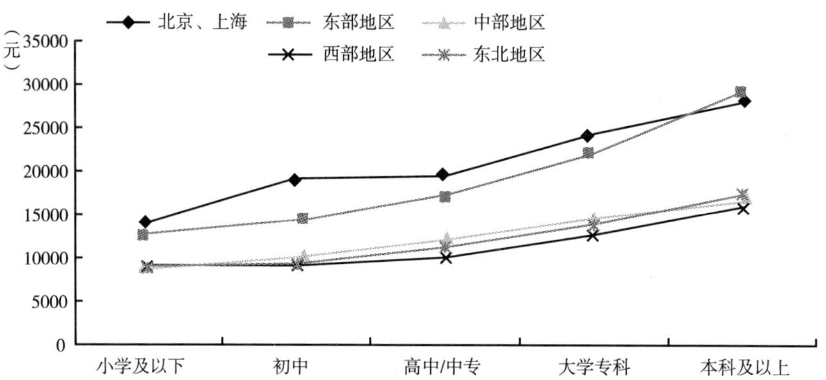

图 12－3　各区域不同户主受教育程度的人均收入水平

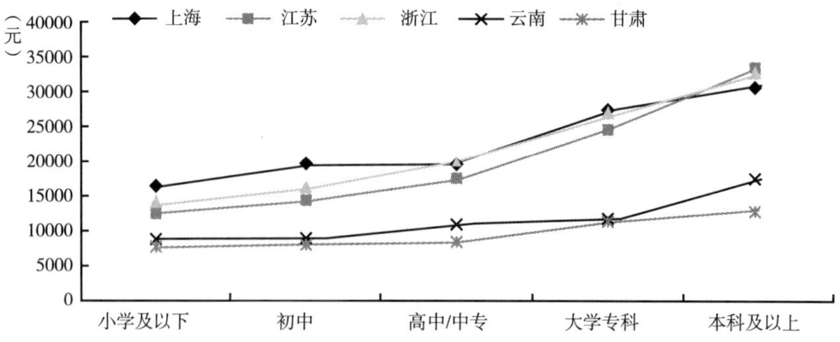

图 12－4　部分省份不同户主受教育程度的人均收入水平

表 12－12 将给定户主受教育程度人群的收入差距根据泰尔指数进行按地区分解。总体而言，无论是从组间泰尔指数的绝对数值还是从其在总体差距中所占的份额来看，在户主受教育程度较高的人群中，组间差距都要相对更高一些。如户主受教育程度在大学专科和本科及以上的人群中，省份之间泰尔指数分别为 0.04289 和 0.04733，而省份之间的差距在该人群组人均收入总体差距中所占份额也分别为 24.93% 和 26.42%，都要高于其他各组。按照五大区域分解结果的基本特征也是类似的。

表 12－12　各户主受教育程度收入差距的组间解释程度（泰尔指数分解）

	省　份		五大区域	
	组间泰尔指数	在总体差距中的份额(%)	组间泰尔指数	在总体差距中的份额(%)
小学及以下	0.03004	18.94	0.01728	10.90
初　中	0.03914	22.43	0.03433	19.67
高中/中专	0.03342	18.55	0.02938	16.30
大学专科	0.04289	24.93	0.03485	20.26
本科及以上	0.04733	26.42	0.03613	20.17

4. 户主职业

根据户主职业类型，可以将全部人群划分为 7 组①，五大地区内部不同职业的户主的人均家庭收入水平如表 12－13 所示。从表 12－13 可以看出：同一职业的户主在北京、上海和东部地区的人均家庭收入水平较高，中部地区和东北地区、西部地区的收入水平相对较低。其中，差异较大的户主职业性质为商业与服务业人员和生产运输设备操作及有关人员的职业，最高收入的北京、上海是最低收入的西部地区的 2.1 倍。差距较小的“机关企事业单位负责人”和“专业技术人员”的人均家庭收入在北京、上海和西部地区之间也相差 1.8～1.9 倍。由于地区之间经济发展水平不同，相同职业的人群在地区之间收入也不相同，这也是造成城市内部居民收入地区差距的一个重要原因。

① 户主职业类型为军人和农业、水利生产人员的样本数量非常少，可参见第 2 章的描述，所以就没有单独列入了。

表 12－13　地区之间不同户主职业的收入水平

单位：元

	机关企事业单位负责人	专业技术人员	办事人员及有关人员	商业与服务业人员	生产运输设备操作及有关人员	其他从业人员	缺失
北京、上海	27635	25355	22848	18416	18269	17369	20687
东部地区	25167	23116	21360	14842	14300	15990	16868
中部地区	15324	14388	13285	10875	10711	8736	12185
西部地区	14766	14083	11802	8921	8680	9676	10781
东北地区	16588	13661	14391	9162	8769	9244	11362
北　京	26637	24209	21262	19343	17980	17369	20751
山　西	16131	12940	11059	8374	10453	4620	11084
辽　宁	16588	13661	14391	9162	8769	9244	11362
上　海	35864	28439	25289	17724	18626		20611
江　苏	28217	25432	25762	15181	14982	12274	17744
浙　江	26644	28222	24818	15975	15783	16690	17947
安　徽	12569	15009	13560	10034	10493	11384	12336
福　建	19078	17632	14893	11695	11118	11021	14477
河　南	13820	13100	12845	12216	10694	7181	13170
湖　北	17293	15102	14898	12621	13050	9665	13469
湖　南	17685	15726	14505	10634	9358	9506	11244
广　东	29730	25310	23161	17252	16052	19610	18129
重　庆	17424	13360	12170	9020	11113	10777	11560
四　川	16704	17604	12754	9338	8734	13637	12335
云　南	13217	13799	11482	9307	9944	7471	9966
甘　肃	14046	11171	10905	7207	7314	6787	9294
最大/最小	2.85	2.55	2.36	2.68	2.55	4.24	2.23

注：收入最高和最低的省份人均收入值分别用“═”和“～”标识。

从各户主职业人群组收入差距按照省份和区域的地区分解来看，表12－14根据泰尔指数的分解结果表明，地区之间收入差距（组间差距）较大的为机关企事业单位负责人和办事人员及有关人员，省份之间的差距在总体差距中的份额分别为26.19%和26.86%，在五大区域之间的差距在总体差距中的份额分别为20.62%和20.91%。

表12－14　各户主职业收入差距的组间解释程度（泰尔指数分解）

	省份		五大区域	
	组间泰尔指数	在总体差距中的份额（%）	组间泰尔指数	在总体差距中的份额（%）
机关企事业单位负责人	0.04451	26.19	0.03504	20.62
专业技术人员	0.04380	22.13	0.03427	17.32
办事人员及有关人员	0.04719	26.86	0.03674	20.91
商业与服务业人员	0.03965	19.51	0.03229	15.89
生产运输设备操作及有关人员	0.03802	21.42	0.03086	17.39
其他从业人员	0.05717	26.21	0.03199	14.66

5. 户主行业

五大地区之间的居民在不同户主行业之间的收入水平如表12－15所示。从整体来看，五大地区中北京、上海的户主在相同行业的群组中家庭人均收入水平比较高，中部地区、西部地区和东北地区的户主在相同行业的群组中的家庭人均收入水平比较低。行业之间收入较高的北京、上海和收入较低的西部地区的收入差距都在1.3倍以上，其中地区之间差异最大的行业是住宿和餐饮业，家庭人均收入水平最高的北京、上海是家庭人均收入最低的东北地区的3.36倍，这主要是由于地区之间地理位置和经济发展水平的差异所造成的。各户主行业在不同省份之间的差异性也非常明显。

从户主行业收入差距按省份和五大区域进行泰尔指数分解的结果来看，户主从事水利、环境和公共设施管理业的，省份之间的组间差距在总体差距中的份额最大，其次为信息传输、计算机服务和软件业与租赁和商务服务业；从五大区域来看，上述3个户主行业内的租赁和商务服务业与水利、环境和公共设施管理业的人群中也具有较高的组间差距（见表12－16）。

表 12－15　地区之间不同户主行业的收入水平

单位：元

	北京、上海	东部地区	中部地区	西部地区	东北地区	北京	山西	辽宁	上海	江苏	浙江	安徽	福建	河南	湖北	湖南	广东	重庆	四川	云南	甘肃
农林牧渔	23864	17851	13140	11995	12699	23864	11271	12699	—	7942	39486	10904	11893	11374	17708	14981	23500	9862	12419	12170	11529
采矿业	14476	10504	11595	10952	10031	12898	11859	10031	17317	13119	12465	10538	7759	19354	—	9165	—	15783	9935	7421	12144
制造业	22004	17416	12362	9989	11038	20226	10022	11038	23517	18818	20736	12532	11851	12197	14138	14048	18123	11163	11431	10028	8347
电力、燃气及水的生产和供应业	21450	18498	12523	12429	10185	21416	12067	10185	21525	15582	21637	11682	14422	11467	14074	13112	21351	18849	11880	11391	10614
建筑业	23804	18864	10225	11020	10177	22091	9387	10177	28291	18225	22230	11224	12837	11113	9225	10238	22605	10773	20615	8229	7887
交通运输、仓储和邮政业	20719	17130	11054	9027	10321	18003	10566	10321	24960	14973	19385	11607	14470	10729	13679	9909	18271	11378	9667	9247	7748
信息传输、计算机服务和软件业	27794	23492	14044	16901	11506	28722	9701	11506	26086	18050	16186	16092	11961	11471	10179	18014	41646	8694	21482	15973	9804
批发和零售业	18915	16405	11046	8919	10074	18731	8367	10074	19055	20572	15784	11427	12348	11860	9658	12568	18861	9016	9597	8116	8252
住宿和餐饮业	23039	13675	11346	9222	6857	24582	6041	6857	13268	11307	20099	9754	10487	14218	16603	10878	13100	10857	9408	7720	8228
金融业	20147	22303	14391	10495	10936	22140	15549	10936	16849	33859	22845	12238	15507	12455	17507	16211	25504	12138	10451	11826	9270
房地产业	20905	23100	10653	14222	13829	19377	—	13829	21725	18752	25080	12425	14832	9398	11868	8564	28026	17217	14386	13226	10801
租赁和商务服务业	20634	22067	12426	11237	9105	18258	12448	9105	25819	32107	17987	8997	17895	10438	18527	16377	22501	8134	11378	11303	15080
科学研究技术服务和地质勘查业	24789	33148	15787	15718	12220	23485	15917	12220	37825	30462	48123	10009	20145	15399	18975	19833	38945	37089	18236	11793	13983
水利、环境和公共设施管理业	18633	20827	10597	14532	9317	19396	10489	9317	17336	20772	17865	8564	16229	11495	13690	8842	26367	8517	16026	24201	8117
居民服务和其他服务业	17807	16463	10593	9475	9431	18252	7948	9431	16804	14598	15503	9037	12114	10779	11327	10880	21152	10654	10452	9019	6183
教育业	27293	23922	15546	14658	16523	25102	12586	16523	32916	36606	29372	15012	17862	15635	18599	16690	26468	16784	16896	14918	12163
卫生、社会保障和社会福利业	22858	24890	13611	13423	13795	22510	11519	13795	23518	25732	30364	14023	18354	11988	16250	16048	31944	12678	21335	12728	9714
文化体育和娱乐业	22172	19044	14074	10655	19617	22137	15049	19617	22356	18085	19331	13577	15407	14122	15319	13441	22948	10737	14497	10096	8738
公共管理和社会组织	24071	22338	14374	12632	16975	23849	11995	16975	24593	31401	26867	14109	16415	14229	15657	17117	24707	12464	13681	12767	12051
缺失	20687	16868	12185	10781	11362	20751	11084	11362	20611	17744	17947	12336	14477	13170	13469	11244	18129	11560	12335	9966	9294

表 12－16　各户主行业收入差距的组间解释程度（泰尔指数分解）

	省　份		五大区域	
	组间泰尔指数	在总体差距中的份额(%)	组间泰尔指数	在总体差距中的份额(%)
农、林、牧、渔	0.04568	25.05	0.02069	11.35
采矿业	0.01539	12.03	0.00357	2.79
制造业	0.04713	22.31	0.03666	17.35
电力、燃气及水的生产和供应业	0.03653	26.89	0.02748	20.23
建筑业	0.08044	33.95	0.05903	24.91
交通运输、仓储和邮政业	0.04800	24.76	0.04106	21.18
信息传输、计算机服务和软件业	0.10038	37.81	0.03816	14.37
批发和零售业	0.04733	23.99	0.03582	18.16
住宿和餐饮业	0.06766	32.18	0.04352	20.70
金融业	0.06032	34.99	0.04101	23.79
房地产业	0.05428	28.86	0.03700	19.68
租赁和商务服务业	0.06949	37.25	0.05334	28.59
科学研究技术服务和地质勘查业	0.06956	34.17	0.04624	22.71
水利、环境和公共设施管理业	0.07364	42.10	0.04286	24.51
居民服务和其他服务业	0.04577	19.81	0.03477	15.05
教育业	0.05050	26.29	0.03265	17.00
卫生、社会保障和社会福利业	0.06006	34.13	0.04129	23.47
文化体育和娱乐业	0.03437	21.35	0.02812	17.46
公共管理和社会组织	0.04562	28.59	0.03335	20.90

12.3　本章总结

本章分析了中国城市内部居民的收入地区差距问题，其基本结论如下。

（1）在本章所讨论的16个省份中，上海市的家庭人均收入最高，为22402元。相比而言，甘肃省的家庭人均收入最低，仅为9588元。最高的上海市的家庭人均收入为甘肃省家庭人均收入的2.34倍。地区之间仍然存在着一定程度的收入差距。

（2）我们把数据中的省份分成北京、上海和东北地区、东部地区、中部地区、西部地区五大地区。其中，北京、上海的家庭人均收入高达21966元，位于五大地区之首。东部地区的家庭人均收入位居第二，为

18820 元。中部地区的家庭人均收入水平为 12547 元。西部地区的家庭人均收入最低，为 11188 元，仅为北京、上海家庭人均收入的 50.93%。从基尼系数的角度来看，五大地区中，东部地区城市之间的收入差距最大，基尼系数高达 0.338。西部地区的基尼系数其次，为 0.316。而北京、上海的基尼系数最低，仅为 0.281。可见，基尼系数与经济发展状况存在一定的相关性，大力发展经济，早日实现共同富裕，也是缩小基尼系数的一条有效途径。

（3）就收入来源而言，五大地区中工资性收入都在居民收入中占据大部分比例，因而工资收入家庭平均值的高低变化也在一定程度上反映着五大地区经济发展水平的不同。各地区转移性收入水平在家庭平均收入所占比例中占据第二的位置。相比之下，财产性收入和经营性收入所占比例较小。

（4）户主受教育程度对地区之间的收入差距具有非常重要的影响。各个地区内部居民家庭人均收入随着户主受教育程度的提高而提高，这体现了教育对于城市内部居民总体收入差距的影响。因而，继续大力支持和发展教育事业，提高全民的素质以及教育水平，对于地区经济水平的提高乃至经济的发展都有重要的推动作用。此外，地区之间的不同文化程度对城市内部居民家庭收入的提高也具有比较重要的作用，政府加大教育投入力度，居民提高自身的受教育水平，也是一条缩小城市内部居民收入差距的重要途径。

（5）从其他特征因素来看，家庭成员的行业性质以及职业类型也是影响城市内部地区之间居民收入差距的重要因素，但性别差异、年龄差异不是导致地区之间居民内部家庭收入差距的主要原因。

13 城市内部居民工资收入的地区差距

在第 3 章对城镇居民内部收入差距的讨论中，已经发现地区因素在城镇居民收入差距中占有较高的比例。根据泰尔指数分解的结果，省份和东、中、西部地区之间的收入差距对于城镇居民内部总体收入差距的解释作用分别为 20.31% 和 17.41%。从个人或家庭特征来看，这是一个相对比较高的比例。为此，本章拟对城市内部居民工资收入的地区差距进行更为深入的讨论，以揭示城市内部居民工资收入地区差距的影响因素。

改革开放以来，中国工资制度经过了多次调整，居民工资水平发生了很大变化，工资收入差距问题逐渐显现出来。本章的讨论仍基于北师大收入分配课题组的 2007 年全国城镇住户调查数据。在前面的相关章节中已经对本数据进行了比较详细的说明，本数据涵盖 16 个省份的 10000 户 29553 人。对于样本数据的结构性特征可参阅相关章节，本章不再重复。本章对地区的划分仍遵照此前的大多数章节，分为 5 个区域：北京、上海和东部地区、东北地区、中部地区、西部地区。我们将样本进行一定的处理，本章主要涉及的是城市内部居民的工资收入，所以我们只保留 16 ~ 60 周岁且提供有效问卷信息的个体样本，共计 15847 人，其中男性 8737 人，女性 7110 人。

13.1 城市内部居民工资收入差距的总体状况

1. 城市内部居民工资收入的地区差距

图 13 - 1 和图 13 - 2 分别给出了按照省份和区域计算的各地区城市内部居民人均工资收入和基尼系数状况。表 13 - 1 给出了不同地区城市居民人均工资收入水平和基尼系数的极值比，即最大值除以最小值。在本章所使用的 16 个省份城市住户调查数据中，上海市的人均工资收入 33485 元，位列最高；最低的是甘肃省，二者的人均工资收入相差 19712 元，人均工

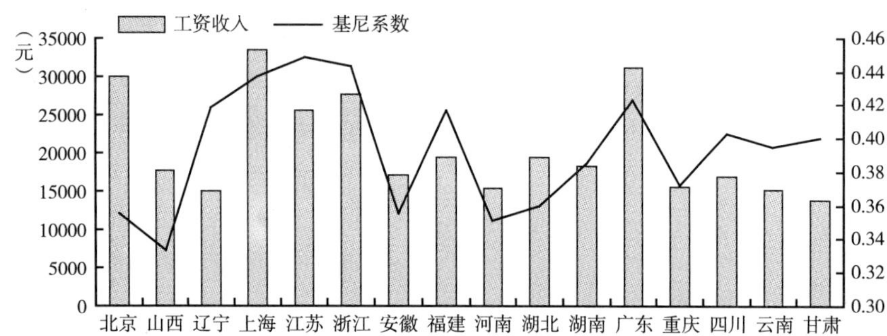

图 13－1　各省份城市居民人均工资收入及基尼系数

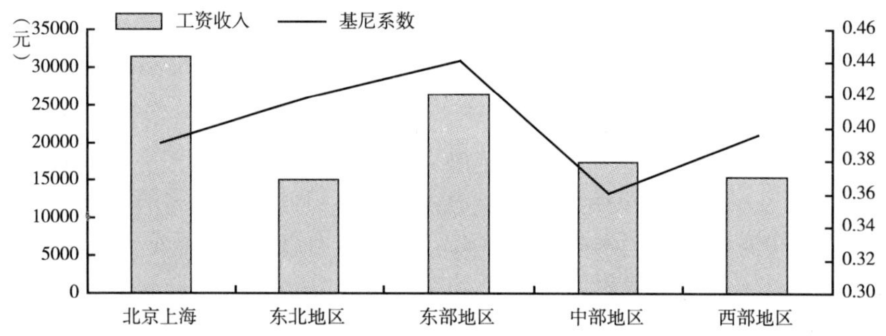

图 13－2　各区域居民人均工资收入及基尼系数

表 13－1　不同地区城市人均工资收入与基尼系数的极值比

	省　　份			五大区域		
	最小值	最大值	最大/最小	最小值	最大值	最大/最小
人均工资收入(元)	13773	33485	2.43	15010	31347	2.09
中位数工资(元)	11954	26164	2.19	11954	25851	2.16
组内基尼系数	0.33	0.45	1.36	0.36	0.44	1.22

资收入比为 2.43∶1，由此可见，地区之间仍存在较大的工资收入差距。工资最高的省份主要集中在东部地区，调查样本中家庭人均工资收入最高的 5 个省份分别为上海、广东、北京、浙江和江苏；而工资最低的省份主要集中在西部，调查样本中工资收入最低的 5 个省份中，除了山西和辽宁外，其他 3 个都属于西部地区。16 个省份样本总体的人均工资收入为 21276 元，东部地区人均工资收入最高的 5 个省份位于平均水平之上，其他地区的人均工资收入水平均低于样本的平均水平。

进一步考查不同省份或地区城市居民内部的工资收入差距。从各项不均等指标综合来看，江苏省内部的居民工资收入差异程度最大，山西省的最小，以基尼系数为例，前者收入的基尼系数是后者的 1.36 倍，这表明城市内部居民的工资收入差距在不同省份之间存在明显的差异。另外，北京这个高工资城市的收入不平等程度较低，而上海、广东、江苏、浙江这 4 个高收入省份的收入不平等程度较高；安徽、湖北、河南这 3 个中部地区省份的收入不平等程度较低。不平等指数显示，江苏省和浙江省内部的居民工资收入差距较大，原因可能有以下几点。第一，江浙地区居民的财产积累情况不相同。第二，近些年经济结构调整使得城市中非国有经济发展水平不同。第三，城镇化率的不同也导致江浙地区的居民收入差距较大。相关统计结果显示，与 2000 年相比，2006 年江苏省城镇化率总体上有所提高，但是苏南地区的城镇化率明显高于苏北地区，苏中地区居中。这些原因都使得江浙地区成为这 16 个省份中居民工资收入差距最大的地区。

从五大区域来看，北京、上海的居民人均工资收入高达 31347 元，位于五大地区之首；东部地区的居民人均工资收入位居第二，为 26302 元；中部地区的居民人均工资收入水平次之，为 17421 元；东北地区的居民人均工资收入最低，为 15010 元，仅为北京、上海居民人均收入的 47.88%。从这五大地区的居民工资水平来看，北京、上海是直辖市，经济政策开放，政治中心和经济中心的位置优越，科技发达，人才众多，这些都为其发展提供了相当多的有利因素。而相对而言，尽管近些年来国家加大西部扶贫力度，大力发展西部经济，但西部地区的经济状况仍然落后于其他地区。

从基尼系数来看，五大地区中东部地区城市之间的收入差距最大，基尼系数高达 0.441。西部地区的基尼系数其次，为 0.396。工资收入较高的北京、上海的基尼系数较低，仅为 0.391。这样的结果也是东部地区各城市特殊的地理位置和经济发展政策所影响和导致的。从这样的结果也可以看出，基尼系数与经济发展状况存在一定的相关性，大力发展区域经济，提高落后地区经济发展程度，促进各地区平衡发展，也是缩小基尼系数的一条有效途径。

2. 城市内部居民工资收入结构的地区差异

根据 2007 年城镇住户调查方案的说明，城市居民的工资收入主要是指就业人员通过各种途径得到的全部劳动报酬，包括所从事主要职业的工资以及从事第二职业、其他兼职和零星劳动得到的其他劳动收入。工资收入包括工资及补贴收入（指劳动者从工作单位得到的全部劳动报酬和各种福利）以及其他劳动收入（指家庭成员从事第二职业、兼职、零星劳动等劳动所得的报酬）。为了更好地显示城市内部居民工资收入的地区差异原因，我们将居民工资收入的两个构成部分分别进行了分析和比较。城市居民工资收入构成的地区差异可见表 13－2，其中分别给出了分五大区域和省份居民工资收入的分项收入绝对数量及其相对结构。

表 13－2　城市居民工资收入构成的地区差异

	收入总额(元)		结构(%)	
	工资及补贴收入	其他劳动收入	工资及补贴收入	其他劳动收入
北京、上海	30958	390	98.76	1.24
东北地区	14461	549	96.34	3.66
东部地区	25897	406	98.46	1.54
中部地区	17036	385	97.79	2.21
西部地区	15043	321	97.91	2.09
最大/最小	2.14	1.71		
北　京	29485	462	98.46	1.54
山　西	17139	600	96.62	3.38
辽　宁	14461	549	96.34	3.66
上　海	33206	279	99.17	0.83
江　苏	25302	244	99.04	0.96
浙　江	27444	183	99.34	0.66
安　徽	16743	323	98.11	1.89
福　建	18871	622	96.81	3.19
河　南	15187	162	98.94	1.06
湖　北	18900	609	96.88	3.12
湖　南	17859	355	98.05	1.95
广　东	30816	433	98.61	1.39
重　庆	15423	233	98.51	1.49
四　川	16497	460	97.29	2.71
云　南	14797	403	97.35	2.65
甘　肃	13598	175	98.73	1.27
最大/最小	2.44	3.84		

从中可以看出，北京、上海的居民人均工资收入最高，为 30958 元；东部地区的居民家庭人均工资收入其次，为 25897 元；东北地区的居民家庭人均工资收入水平最低，为 14461 元。其他劳动收入数据显示：东北地

区家庭其他劳动收入最高，为549元。

从分省份的结果来看，人均工资收入最高的是上海，而最低的是甘肃，前者是后者的2.44倍。其他劳动收入最高的是福建，最低的是河南，极值之比为3.84。

表13－3将人均工资收入最高和最低的省份与区域之间的城市居民工资收入差异按收入来源进行了分解。从中可以看到，工资及补贴收入是造成地区城市居民工资收入差距最为重要的两个解释分项。工资及补贴收入所占份额在区域和省份差异之间占到了98%以上，而其他劳动收入的份额只占到1%～2%。

表13－3 城市居民工资收入地区差距的分项收入构成（最高—最低）

	省份		五大区域	
	绝对差额(元)	结构(%)	绝对差额(元)	结构(%)
工资及补贴收入	16497	99	19608	98
其他劳动收入	228	1	460	2

13.2 城市内部居民工资收入地区差距的影响因素

本部分进一步从性别、年龄、户主受教育程度、户主职业和户主行业等方面讨论其对城市内部居民工资收入地区差距的影响。

1. 性别因素

从人均工资收入来看，性别差异对居民工资收入的影响较大。从五大区域来看，男性工资收入通常比女性工资收入高出25个百分点以上，并且各区域中男性和女性的相对工资收入相差也较大。男性的工资收入在西部地区是最低的，而女性的工资收入在东北地区最低。我们以此为基准（西部地区男性工资收入设为100，东北地区女性工资收入设为100），则北京、上海男性和女性的相对工资收入分别为206和237，均大于最低地区工资收入的2倍。从省份来看，性别工资收入差距最大的大约表现为男性比女性工资收入高出61个百分点。而从省份相对工资收入来看，无论是男性还是女性，上海的工资收入水平都是最高的，分别相当于甘肃的2.33倍和2.54倍。总体说来，性别对于居民工资收入影响较大（见表13－4）。

表 13-4 地区之间的居民性别工资收入水平

	男性工资		女性工资		男性/女性
	绝对值(元)	相对值（最低=100）	绝对值(元)	相对值（最低=100）	（女性=100）
北京、上海	35040	206	26532	237	132
东北地区	17982	106	11176	100	161
东部地区	30070	177	21726	194	138
中部地区	19509	115	14804	132	132
西部地区	16971	100	13507	121	126
北京	33367	207	25689	234	130
山西	19700	122	14916	136	132
辽宁	17982	112	11176	102	161
上海	37469	233	27907	254	134
江苏	29339	182	20715	188	142
浙江	31280	194	23311	212	134
安徽	20164	125	13334	121	151
福建	22340	139	16040	146	139
河南	16686	104	13786	125	121
湖北	22862	142	15248	139	150
湖南	19533	121	16590	151	118
广东	35808	222	25748	234	139
重庆	16914	105	14198	129	119
四川	18601	115	15106	137	123
云南	16271	101	13972	127	116
甘肃	16110	100	10994	100	147

从地区内部分性别的工资收入不均等程度来看，无论是男性还是女性，北京、上海以及中部地区中，给定性别的地区内部工资收入差距都是较低的，而东部地区男性和女性内部工资收入差距都是最高的。此外，在相同地区内部，女性之间的工资收入差距通常要略高于男性人群。从分省份的结果来看，浙江男性工资收入基尼系数为 0.446，相对是最高的；上海女性工资收入的基尼系数为 0.447，相对是最高的。较低的省份为山西，男性和女性内部工资收入基尼系数分别为 0.312 和 0.351（见表 13-5）。其余省份男性和女性工资收入分布的不均等程度大都处在这两者之间。对于同一省份中，大多数情形下，女性内部工资收入不均等程度略高于男性，例外的省份包括浙江、广东和重庆，在这些省份中男性内部工资收入基尼系数略高于女性。大多数省份男性和女性内部工资收入基尼系数都非常接近。性别内部工资收入差距最大的应该是甘肃，女性工资收入基尼系数比男性要高 0.056。

表 13-5　地区之间的居民性别工资收入差距

	男性		女性	
	基尼系数	泰尔指数	基尼系数	泰尔指数
北京、上海	0.376	0.206	0.395	0.251
东北地区	0.394	0.207	0.412	0.216
东部地区	0.436	0.251	0.425	0.246
中部地区	0.343	0.149	0.369	0.180
西部地区	0.379	0.191	0.407	0.215
北京	0.341	0.172	0.357	0.198
山西	0.312	0.125	0.351	0.159
辽宁	0.394	0.207	0.412	0.216
上海	0.417	0.244	0.447	0.328
江苏	0.437	0.268	0.442	0.286
浙江	0.446	0.263	0.423	0.218
安徽	0.326	0.139	0.351	0.159
福建	0.400	0.192	0.416	0.211
河南	0.345	0.142	0.348	0.159
湖北	0.337	0.154	0.344	0.184
湖南	0.366	0.163	0.406	0.203
广东	0.422	0.232	0.397	0.228
重庆	0.378	0.185	0.354	0.179
四川	0.396	0.223	0.403	0.209
云南	0.372	0.176	0.418	0.230
甘肃	0.365	0.167	0.421	0.211

如果把居民性别工资收入差距按照地区利用泰尔指数分解，结果发现，组间差距在其总体差距中所占份额非常接近，没有明显差异，如表 13-6 所示。

表 13-6　居民性别工资收入差距的组间解释程度（泰尔指数分解）

性别组	省份		五大区域	
	组间泰尔指数	在总体差距中的份额(%)	组间泰尔指数	在总体差距中的份额(%)
男性	0.046	18.67	0.033	12.88
女性	0.041	15.79	0.039	15.83

2. 年龄因素

依据年龄高低，我们将个人年龄分为 9 组，表 13-7 给出了五大地区不同年龄组内部的人均工资收入状况。从不同年龄组群体的整体状况来看，31～40岁的年龄组群体工资收入较高。五大地区中北京、上海各个年龄组群体的工资收入较高，东部地区各个年龄组的工资收入其次，东北地区和西部地区各个年龄段群体的工资收入水平较低。从分省份来看，表13－7将各年龄组中工资收入最高和最低的省份人均工资收入值分别用“＝”和“～”标识。从中不难发现，各年龄组工资收入较高人群集中在上海、北京和广东等经济发展程度较高省份，而各年龄组中工资收入较低人群集中在甘肃、云南、四川、河南和辽宁。

表13－7　地区之间的居民年龄与工资收入水平

单位：元

	16～20岁	21～25岁	26～30岁	31～35岁	36～40岁	41～45岁	46～50岁	51～55岁	56～60岁
北京上海	12915	23900	35504	40644	34744	32124	27538	30797	29738
东北地区	141	11754	14476	16357	14642	13575	15561	17978	15926
东部地区	11700	19088	24633	26823	28362	26540	26580	26605	25545
中部地区	7470	12046	15323	17405	17162	17897	18061	19874	18132
西部地区	5343	11486	14257	14196	15128	16526	16484	16680	14465
北　京	8195	22227	30101	30217	32197	32412	29356	30510	28746
山　西	8286	9679	14983	17157	17263	18405	18315	22308	19637
辽　宁	141	11754	14476	16357	14642	13575	15561	17978	15926
上　海	16961	25723	42644	51302	39106	31472	24664	31244	31152
江　苏	5890	17598	23099	24003	27235	25757	28000	27351	27878
浙　江	13958	20245	27120	29616	29647	27288	27654	27489	29938
安　徽	8843	11180	15803	17024	17257	18323	17123	17570	15872
福　建	12500	18803	16889	16866	19843	21109	17662	22725	20993
河　南	—	11052	15545	15356	15252	14816	15023	17553	16439
湖　北	9484	13837	16266	20761	20748	19458	18174	24514	20244
湖　南	7335	13241	14426	18596	17659	18871	20948	19186	18935
广　东	9993	19414	29029	33287	34881	31413	32151	28712	25950
重　庆	9620	12841	15311	14767	16648	17037	15182	17128	12644
四　川	3050	14697	19121	14028	16484	17808	18867	18158	13815
云　南	1900	9905	12656	15594	15219	17280	15712	14937	16045
甘　肃	6900	7711	11192	12443	13274	14464	15431	15910	16335

注：收入最高和最低的省份人均收入值分别用“＝”和“～”标识。

类似的，如果将各居民年龄组工资收入差距根据泰尔指数按照地区分解，在省份层面上，组间差距所占份额最高的人群组为26～30岁人群，占21.47%，而组间差距所占份额最小的人群为46～50岁人群，只有9.56%。从五大区域来看，组间差距在年龄组内部工资收入差距中所占份额最低的为51～55岁人群，组间差距在总体差距中只占11.60%，最高的为16～20岁人群，组间差距所占份额达33.03%。但从组间泰尔指数的绝对数值来看，31～35岁人群在省份之间和五大区域之间的泰尔指数都是最高的（见表13－8）。

表13－8 各居民年龄组工资收入差距的组间解释程度（泰尔指数分解）

年龄组	五大区域		省份	
	组间泰尔指数	在总体差距中的份额(%)	组间泰尔指数	在总体差距中的份额(%)
16～20岁	0.070	33.03	0.036	16.85
21～25岁	0.049	22.58	0.043	20.10
26～30岁	0.068	26.64	0.055	21.47
31～35岁	0.073	27.47	0.056	21.02
36～40岁	0.060	22.58	0.049	18.27
41～45岁	0.041	16.52	0.035	14.19
46～50岁	0.036	13.43	0.025	9.56
51～55岁	0.029	11.60	0.025	10.29
56～60岁	0.039	12.95	0.034	11.37

3. 受教育程度

按照统计局的问卷，我们将个体样本的受教育程度划分为小学及以下、初中、高中/中专、大专和本科及以上五类。样本统计数据显示，样本文化程度中，比例最大的是高中，其次为大专。总体样本中文化程度是高中/中专以上的人数占到总体人数的45.31%，可见城市内部居民的受教育水平较高。本部分讨论城市内部居民受教育程度差异与工资收入的地区差距之间的关系。

表13－9给出了地区之间不同居民受教育程度的工资收入水平，其中五大区域不同受教育程度的工资收入水平变化特征见图13－3。从五大区域来看，北京、上海和东部地区中，相同居民受教育程度下的工资收入水平都要高于中、西部以及东北地区。图13－3中所表现出的另一个重要特征是，区域之间的工资收入差距总体上随着居民受教育程度的提高而扩

大，也就是说，在居民受教育程度较高的人群中，地区之间工资收入差距相对会更高一些。北京、上海和东部地区中，工资收入随着居民受教育程度变化的曲线显得更为陡峭，这也意味着这些地区的教育收益率可能会更高一些。在省份之间，所表现出的变化特征也基本类似。不同居民受教育程度状态下，其工资收入水平比较高的人群通常集中在上海、江苏，而比较低的则集中在甘肃。类似的，图13－4 给出了不同居民受教育程度的工资收入比较高的两个省份（上海、江苏）以及工资收入较低的云南和甘肃。从不同居民受教育程度下工资收入的变化曲线中可以看出，工资收入比较高的省份中描述居民受教育程度与工资收入水平之间关系的曲线较为陡峭，而工资收入比较低省份中这一曲线则相对更为平坦，这也表明，经济发达地区的教育收益率相对更高。

表 13－9　地区之间不同居民受教育程度的工资收入水平

单位：元

	小学及以下	初中	高中/中专	大专	本科及以上
北京、上海	16278	20249	24726	35759	46883
东北地区	10804	10303	14101	17820	23591
东部地区	11495	15386	22118	33404	46098
中部地区	12311	12831	15116	19557	25853
西部地区	7136	10658	13109	19399	24714
北　京	29050	19634	24072	32428	41053
山　西	14830	15361	15845	20029	23627
辽　宁	10804	10303	14101	17820	23591
上　海	12020	20799	25570	42385	61061
江　苏	14541	14898	19311	33179	45287
浙　江	12094	17263	23994	37776	49679
安　徽	17907	12604	15420	19470	25414
福　建	7767	11531	18544	25269	31672
河　南	9389	10476	12846	17061	21818
湖　北	15090	14157	16972	20583	28114
湖　南	9814	11609	15236	21615	30405
广　东	13826	17856	25763	36123	53258
重　庆	8932	12786	13328	17533	24780
四　川	8608	10292	13673	21016	29830
云　南	6266	10562	14511	20198	23727
甘　肃	7393	9491	11595	18314	20387

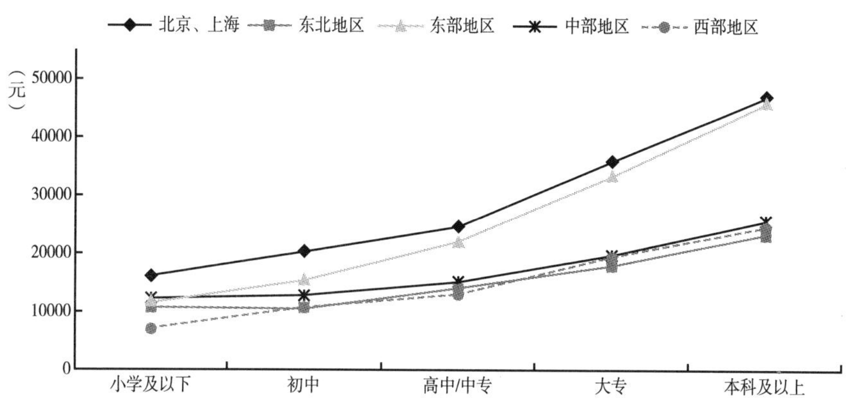

图 13－3 各区域不同居民受教育程度的工资收入水平

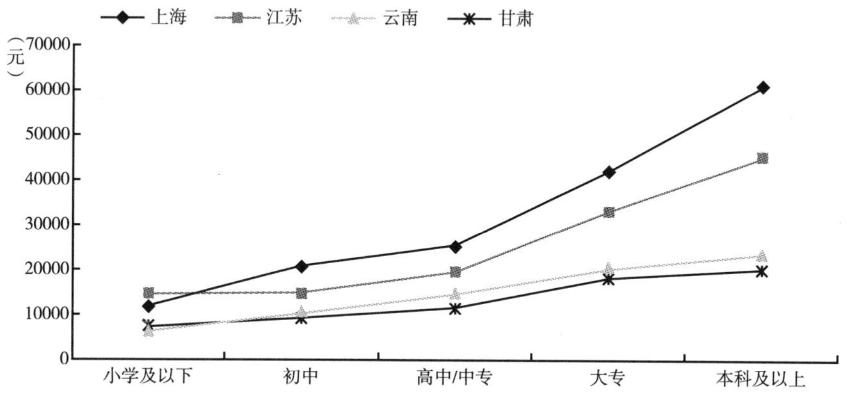

图 13－4 部分省份不同居民受教育程度的工资收入水平

表 13－10 将给定居民按照受教育程度的工资收入差距根据泰尔指数进行按地区分解。总体而言，无论是从组间泰尔指数的绝对数值还是从其在总体差距中所占的份额来看，在居民受教育程度较高的人群中，组间差距都要相对更高一些。如居民受教育程度在大专和本科及以上的人群中，五大区域之间泰尔指数分别为 0.040 和 0.046，而五大区域之间的差距在该人群组工资收入总体差距中所占份额分别为 18.54% 和 21.35%，都要高于其他各组。按照省份分解结果的基本特征也是类似的。

表 13－10 各居民受教育程度工资收入差距的组间解释程度（泰尔指数分解）

	五大区域		省份	
	组间泰尔指数	在总体差距中的份额（%）	组间泰尔指数	在总体差距中的份额（%）
小学及以下	0.027	10.44	0.041	16.23
初中	0.021	9.28	0.026	11.38
高中/中专	0.028	12.50	0.034	14.96
大专	0.040	18.54	0.046	21.31
本科及以上	0.046	21.35	0.060	28.07

4. 职业

根据居民职业类型，可以将全部人群划分为 6 组①，五大地区内部不同居民职业的工资收入水平如表 13－11 所示。从表 13－11 可以看出，同一职业的居民在北京、上海和东部地区的工资收入水平较高，中部地区和东北地区、西部地区的收入水平较低。其中，差异最大的居民职业性质为其他从业人员的职业，最高收入的北京、上海是最低收入的东北地区的 2.7 倍。差距最小的办事人员及有关人员的居民工资收入在北京、上海和东北地区之间也相差近 1.87 倍。由于地区之间经济发展水平不同，相同职业的人群在地区之间工资收入也不相同，这也成为造成城市内部居民工资收入地区差距的一个重要原因。

表 13－11 地区之间不同居民职业的工资收入水平

单位：元

	机关企事业单位负责人	专业技术人员	办事人员及有关人员	商业与服务业人员	生产运输设备操作及有关人员	其他从业人员
北京、上海	47503	41355	32611	15977	26736	22134
东北地区	28764	22081	17400	7952	13592	8212
东部地区	50513	34518	31587	13390	19947	14130
中部地区	24958	22462	18092	9628	17128	10837
西部地区	24148	21455	17546	8257	13196	9738
北京	47358	36620	28888	18092	24666	22134
山西	25962	21275	17471	7372	18725	9308

① 居民职业类型为军人和农业与水利生产人员的样本数量非常少，可参见第 3 章的描述，所以就没有单独列入了。

续表

	机关企事业单位负责人	专业技术人员	办事人员及有关人员	商业与服务业人员	生产运输设备操作及有关人员	其他从业人员
辽　宁	28764	22081	17400	7952	13592	8212
上　海	48918	51559	38313	14093	28898	—
江　苏	52933	33193	33702	11834	19578	16564
浙　江	61028	38333	35342	12969	21436	14460
安　徽	24791	21209	16977	11023	16983	7356
福　建	31968	26541	22893	8871	16277	10872
河　南	19851	19270	16427	7735	14323	7219
湖　北	29335	25421	20728	11869	19916	11103
湖　南	29847	25498	19600	9932	14108	12433
广　东	59744	40878	34892	18365	23110	13473
重　庆	24329	20109	17908	9244	15045	10942
四　川	27417	24666	18195	9347	12761	14064
云　南	20314	21706	17857	8565	14698	7163
甘　肃	24829	18050	16424	5707	11782	7640

从各居民职业人群组工资收入差距按照省份和区域的地区分解来看，表 13－12 根据泰尔指数的分解结果表明，地区之间工资收入差距（组间差距）最大的为机关企事业单位负责人和办事人员及有关人员，五大区域之间的差距在总体差距中的份额分别为 26.92% 和 17.52%，省份之间的差距在总体差距中的份额分别为 34.81% 和 21.46%。

表 13－12　各居民职业工资收入差距的组间解释程度（泰尔指数分解）

	五大区域		省份	
	组间泰尔指数	在总体差距中的份额（%）	组间泰尔指数	在总体差距中的份额（%）
机关企事业单位负责人	0.058	26.92	0.075	34.81
专业技术人员	0.035	17.17	0.046	22.50
办事人员及有关人员	0.041	17.52	0.050	21.46
商业与服务业人员	0.026	9.88	0.039	15.18
生产运输设备操作及有关人员	0.024	11.45	0.029	14.14
其他从业人员	0.025	9.60	0.050	18.85

5. 行业

五大地区之间不同居民行业的工资收入水平如表 13－13 所示。从

表 13－13　地区之间不同居民行业的工资收入水平

单位：元

	北京、上海	东北地区	东部地区	中部地区	西部地区	北京	山西	辽宁	上海	江苏	浙江	安徽	福建	河南	湖北	湖南	广东	重庆	四川	云南	甘肃
农林牧渔	32033	22734	13294	17844	16379	32033	22685	22734	—	9600	37069	19924	15682	12983	18519	15124	5117	10691	18585	16875	15851
采矿业	21438	18254	12385	25560	17176	19678	25761	18254	32000	25337	21696	33996	3480	21041	—	15851	—	20878	19105	12583	17110
制造业	34888	15772	23668	17570	15610	28352	16247	15772	39807	22986	28237	16238	17008	16546	22327	18650	25484	16939	16700	16399	13531
电力、燃气及水的生产和供应业	36030	17259	36562	21596	21572	33282	21829	17259	40497	41251	47133	21498	27477	17239	26204	21627	36272	26368	17587	23198	19587
建筑业	34794	16604	25824	16151	15357	30951	18307	16604	45100	21714	22779	13789	22721	12407	13182	20171	31621	15935	19408	13878	12080
交通运输、仓储和邮政业	32307	17453	27866	16954	12796	28800	18341	17453	36823	23357	28210	18715	19900	14113	17733	16320	34391	14587	15700	11346	10628
信息传输、计算机服务和软件业	37433	14571	33033	18709	17858	38013	17540	14571	36696	25853	34652	11827	18517	15458	19171	21442	49102	14139	23586	15178	7138
批发和零售业	19734	8230	15164	9575	7659	19030	7893	8230	20354	15814	15095	10175	9970	6923	10672	11087	19148	8347	9235	6760	6115
住宿和餐饮业	23312	7948	15042	10192	9474	24518	13609	7948	21856	9586	17676	9959	12401	9605	6835	10612	19949	11242	11749	8729	6468
金融业	41734	19220	35770	23227	17959	37351	20262	19220	46587	37468	38905	22722	25369	16073	29665	27232	43744	19981	20709	18743	14997
房地产业	28510	22247	32259	16204	17544	27611	11200	22247	29067	25473	39946	15989	15232	15247	17513	16283	42634	24941	18290	10100	14673
租赁和商务服务业	31034	12132	22233	13247	12111	27668	9928	12132	37991	24780	13951	13604	18400	10201	15363	15139	24723	10250	13510	10937	14258
科学研究技术服务和地质勘察	39160	26332	49430	23665	27150	37943	19778	26332	44532	54434	52423	20925	32567	20624	29497	31692	54895	17128	33048	21540	22028
水利、环境和公共设施管理业	31868	13642	35613	17478	16603	29836	17968	13642	35171	32596	23675	16294	27298	15613	22176	15708	55177	13659	20000	14495	14317
居民服务和其他服务业	16759	8441	16293	11850	9706	15770	8622	8441	19389	12504	14099	9802	8365	10714	13026	13182	22618	11957	10486	9178	6406
教育业	39085	24290	32429	23583	23482	37204	20030	24290	43476	41773	36563	22173	26385	22721	28900	25286	33846	24162	23893	23727	22566
卫生、社会保障和社会福利业	32768	14827	35477	18421	18252	29532	17770	14827	39107	38695	40662	18570	25449	16276	18973	20844	40496	15828	25471	19986	11430
文化体育和娱乐业	32350	19713	30047	18322	15611	31596	22814	19713	34558	29003	22069	17793	20855	16637	18861	17138	43076	14951	18848	14433	15541
公共管理和社会组织	33661	19595	36257	20979	20371	35597	19595	19595	27853	49004	43008	20021	25780	19661	21683	24981	41198	18534	20482	21334	20873

整体来看，五大地区中北京、上海的居民在相同行业组的群组中工资收入水平较高，西部地区的居民在相同行业组的群组中工资收入水平较低。行业之间收入较高的北京、上海和收入较低的西部地区的工资收入差距都在1.25倍以上（由于一些地区没有对应职业的居民样本，因而人均工资收入一栏为空白），可见，各居民行业在不同地区之间的差异也非常明显。

从居民行业收入差距按省份和五大区域进行泰尔指数分解的结果来看，居民从事水利、环境和公共设施管理业的，省份之间的组间差距在总体差距中的份额最大，其次为科学研究技术服务和地质勘察业，卫生、社会保障和社会福利业。从五大区域来看，上述三个居民行业的人群中也具有较高的组间差距（见表13－14）。

表13－14　各居民行业工资收入差距的组间解释程度（泰尔指数分解）

	五大区域		省份	
	组间泰尔指数	在总体差距中的份额(%)	组间泰尔指数	在总体差距中的份额(%)
农林牧渔	0.023	13.92	0.041	24.56
采矿业	0.013	7.71	0.035	20.78
制造业	0.039	14.74	0.049	18.41
电力、燃气及水的生产和供应业	0.040	21.11	0.051	27.07
建筑业	0.051	20.95	0.063	25.95
交通运输、仓储和邮政业	0.047	19.15	0.058	23.66
信息传输、计算机服务和软件业	0.049	15.19	0.079	24.24
批发和零售业	0.038	14.94	0.049	19.17
住宿和餐饮业	0.040	14.79	0.053	19.81
金融业	0.045	18.93	0.063	26.51
房地产业	0.036	12.27	0.074	25.55
租赁和商务服务业	0.067	22.84	0.079	27.15
科学研究技术服务和地质勘察业	0.042	22.28	0.056	30.01
水利、环境和公共设施管理业	0.063	32.23	0.087	44.82
居民服务和其他服务业	0.036	12.39	0.053	18.38
教育业	0.020	12.29	0.028	16.92
卫生、社会保障和社会福利业	0.049	23.05	0.064	29.95
文化体育和娱乐业	0.039	14.65	0.055	20.71
公共管理和社会组织	0.037	17.01	0.050	23.16

13.3 本章总结

本章分析了中国城市内部居民工资收入的地区差距问题，其基本结论如下。

（1）在本章所讨论的16个省份中，上海市的人均工资收入33485元，位列最高；最低的是甘肃省，二者的人均工资收入相差19712元，人均工资收入比为2.43∶1。地区之间仍然存在着较大的收入差距。

（2）我们把数据中的省份分成北京、上海和东北地区、东部地区、中部地区、西部地区五大地区。北京、上海的居民人均工资收入高达31347元，位于五大地区之首；东部地区的居民人均工资收入位居第二，为26302元；中部地区的居民人均工资收入水平为17421元；东北地区的居民人均工资收入最低，为15010元，仅为北京、上海居民人均收入的47.88%。从基尼系数的角度来看，五大地区中东部地区城市之间的收入差距最大，基尼系数高达0.441。西部地区的基尼系数其次，为0.396。工资收入较高的北京、上海的基尼系数较低，仅为0.391。可见，基尼系数与经济发展状况存在一定的相关性，大力发展经济，早日实现共同富裕，也是缩小基尼系数的一条有效途径。

（3）居民受教育程度对地区之间工资收入差距具有非常重要的影响。各个地区内部居民人均工资收入随着其受教育程度的提高而提高，这体现在教育对于城市内部居民总体工资收入差距的影响方面。因而，继续大力支持和发展教育事业，提高全民的素质以及教育水平，对于地区经济水平的提高乃至经济的发展都有重要的推动作用。此外，地区之间文化程度对城市内部居民工资收入的提高也具有比较重要的作用，政府加大教育投入力度，居民提高自身的受教育水平，也是一条缩小城市内部居民工资收入差距的重要途径。

（4）居民性别差异对工资收入的影响较大。从五大区域来看，男性工资收入通常比女性工资收入高出25个百分点以上，并且各区域中男性和女性的相对工资收入相差也较大；从省份来看，性别工资收入差距最大的表现为男性比女性工资收入高出61个百分点。而从省份相对工资收入来看，无论是男性还是女性，上海的工资收入水平都是最高的，分别相当于甘肃的2.33倍和2.54倍。总体来说，性别对于居民工资收入的影响较大。因此，政府加大调控力度，着实保证城市内部女性的就业机会，保障女性就业权利，也将大大有利于缩减城市内部居民工资收入差距。

（5）我们还比较了不同居民行业和不同居民职业的工资收入差距，从结果来看，行业性质以及职业类型也是影响城市内部居民地区之间工资收入差距的重要因素。

14 农村居民收入增长状况

农村居民收入增长情况一直是社会各界高度关注的话题。从收入分配的角度看，由于城乡之间的居民收入差距在全国居民收入差距中具有非常高的解释程度，并且城乡之间居民人均收入差距从20世纪90年代以来表现出了非常强劲的上升趋势，城乡居民收入差距不断扩大。近年来城乡差距的扩大趋势虽然有所缓解，但仍处在高位徘徊，城乡之间居民收入比率一直处在3以上，也就是说城镇居民人均收入比农村居民要高出两倍以上。这其中虽然会存在由于城乡购买力差异等因素而导致城乡居民收入差距的高估问题，但即便考虑到这些因素，中国城乡居民收入差距仍比较高，要高于世界上大多数的国家。城乡之间居民收入差距的缩小，根本之点在于农村居民收入获得比较快速的增长。因此本章讨论的主题是农村居民收入增长情况。为了更好地理解农村居民收入增长的特征和影响因素，本章利用2007年和2008年两年的数据来分析农村居民收入增长的情况。

对于居民收入增长问题，可以进行短期研究（1~4年），也可以进行中长期研究（5年及以上）。收入增长在不同长短时期会表现出不同的特点，因此各自研究重点应有所不同。由于居民收入的短期增长更多地会受到宏观经济周期波动的影响，所以在研究中更应该把重点放在宏观经济冲击对不同类型居民收入增长的不同影响上，试图回答哪类居民户更容易受到冲击，哪类居民户更有能力抵御外来冲击。众所周知，2008年底国际金融危机爆发，在一定程度上冲击到中国经济。从居民收入增长的角度来看，城镇居民受到的冲击要小于农村居民。一些相关的统计数据显示，在2008年底和2009年初，中国沿海地区的一些企业，特别是出口导向型的企业由于受到国际经济衰退的影响，出口出现了明显下降，导致企业生产萎缩，劳动力需求下降，甚至停产、减员的情况。在这种情况下，受到影响最大的是那些农村外出就业人群，因为他们大多就业于那些出口导向型企业，他们转眼间成了失业人群，成了回乡民工。根据一些媒体的报告，在2008年金融危机的冲击下，2008年底和2009年初，大约有2000万农民工失去城镇的就业岗位，不得不回到农村老家。①

在农村居民收入结构中，个人工资性收入和外出就业收入所占比例呈现一个不断上升的势头。根据我们调查的数据，在2008年个人工资性收入占农民纯收入的比例达到了47%，其中外出就业收入占农民纯收入比例也超过了20%。因此，金融危机对农村劳动力外出就业的影响会在其外出就业的收入及其增长上表现出来。通过对2007年和2008年两年的农村居民收入的数据进行分析，可以更好地理解在特殊经济环境（金融危机）下农民收入增长的特点，因而具有特别的现实意义和政策含义。

14.1 农村居民收入结构和增长构成

1. 全国农村居民人均收入水平和收入构成

数据涵盖了河北、江苏、浙江、安徽、河南、湖北、广东、四川和重庆9个省份的农村住户。其中，2007年住户调查数据共涵盖8000户、31791个有效样本。2008年数据涵盖7959户、31982个有效样本。表14-1给出了根据2007年和2008年的住户调查数据计算出的农村地区家庭人均名义纯收入的基本描述性统计指标。

由于不同年份之间存在通货膨胀因素，为了得到实际收入的增长情况，需要对不同年份的收入数据进行价格调整。表14-1中2008年的收入情况也给出了根据国家统计局公布的农村地区CPI数据调整的结果，以2007年价格水平为基准，按省份对名义收入进行调整后得到的实际家庭人均纯收入。

在下面的所有分析中，2008年的收入数据都使用经过价格调整后的实际收入。

① 参阅《农民工调查：2000万人因金融危机失业返乡》（人民网，2009年3月2日，http://finance.people.com.cn/GB/8889165.html）。

表 14－1　2007～2008 年农村居民收入结构

	2007 年		2008 年名义收入		2008 年实际收入	
	均值（元）	比例（%）	均值（元）	比例（%）	均值（元）	比例（%）
人均纯收入	4930	100.00	5600	100.00	5273	100.00
（一）工资性收入	2235	45.33	2616	46.71	2467	46.79
1. 非企业组织中劳动所得收入	203	4.12	232	4.14	219	4.15
2. 在本乡内劳动所得收入	1003	20.34	1168	20.86	1103	20.92
3. 外出从业得到的收入	1029	20.87	1216	21.71	1145	21.71
（二）家庭经营纯收入	2300	46.65	2491	44.48	2341	44.40
1. 第一产业纯收入	1695	34.38	1861	33.23	1747	33.13
2. 第二产业纯收入	203	4.12	194	3.46	184	3.49
3. 第三产业纯收入	402	8.15	435	7.77	410	7.78
（三）财产性收入	166	3.37	166	2.96	157	2.98
（四）转移性收入	229	4.65	327	5.84	308	5.84

2007 年和 2008 年两年的农村居民家庭人均纯收入中，工资性收入和家庭经营纯收入是主要部分。两年平均来看，工资性收入和家庭经营纯收入各占全年纯收入的 45% 左右，两项收入之和占全年纯收入的比例超过了 90%。相比之下，财产性收入和转移性收入的比例较小。工资性收入中，在本乡内劳动所得收入和外出从业得到的收入是主要部分，且所占比例相近，各占全年纯收入约 21% 左右。家庭经营纯收入以第一产业纯收入为主，第一产业纯收入占全年纯收入的 1/3 左右。相比之下，财产性收入和转移性收入的比例都很小。

2. 农村居民人均纯收入增长情况

表 14－2 给出了根据 2007 年和 2008 年的农村居民人均纯收入水平计算出的人均纯收入增长情况。2008 年，家庭人均实际纯收入增长了 6.96%。其中，工资性收入增长 10.38%，是推动总收入增长最重要的动力。转移性收入的增长幅度很大，达到 34.50%。家庭经营纯收入仅增加 1.78%，变动很小；而财产性收入甚至出现了下降。

表 14－2 2008 年农村居民收入增长情况

	名义增长			实际增长		
	绝对量（元）	结构（%）	增长率（%）	绝对量（元）	结构（%）	增长率（%）
人均纯收入	670	100.00	13.59	343	100.00	6.96
（一）工资性收入	381	125.44	17.05	232	149.20	10.38
1. 非企业组织中劳动所得收入	29	105.12	14.29	16	113.29	7.88
2. 在本乡内劳动所得收入	165	121.05	16.45	100	143.30	9.97
3. 外出从业得到的收入	187	133.72	18.17	116	162.03	11.27
（二）家庭经营纯收入	191	61.11	8.30	41	25.62	1.78
1. 第一产业纯收入	166	72.06	9.79	52	44.09	3.07
2. 第二产业纯收入	-9	-32.62	-4.43	-19	-134.53	-9.36
3. 第三产业纯收入	33	60.40	8.21	8	28.60	1.99
（三）财产性收入	0	0.00	0.00	-9	-77.93	-5.42
（四）转移性收入	98	314.89	42.79	79	495.84	34.50

值得注意的是家庭经营纯收入增长的迟缓。家庭经营纯收入可以进一步分解为第一产业纯收入、第二产业纯收入和第三产业纯收入三个组成部分。第一产业纯收入和第三产业纯收入增长都比较慢，增长率仅分别为3.07%和1.99%。而第二产业纯收入出现较大幅度的下降，降幅高达9.36%。第二产业纯收入下降可能是国际金融危机对第二产业经营带来的冲击导致的。

不同来源的收入增长幅度差异使得农村居民收入的结构也发生变化。工资性收入的增长幅度远高于家庭经营纯收入，使得工资性收入占全年纯收入的比例从2007年的45.33%上升到2008年的46.79%；同时，家庭经营纯收入所占比例从2007年的46.65%下降到2008年的44.40%。工资性收入增长更快，在农村居民收入中的地位也变得更加重要，一定程度上反映了农村家庭收入来源的变化，离开家庭农业生产而从事工资性工作可能将逐渐成为农村家庭收入的主要来源。从工资性收入的构成来看，外出从业得到的收入增长最快，为11.27%；在本乡内劳动收入增长次之，为9.97%；而非企业组织中劳动所得收入增长最慢，为7.88%。这也反映了在城镇地区务工收入增长较快的事实。

转移性收入高达34.50%的实际增长使其在农村居民人均实际纯收入中所占比例由2007年的4.65%上升到2008年的5.84%。国家对农村发展的扶持和投入可能是导致转移性收入大幅增长的主要原因。而在收入增长的情况下，财产性收入反而下降了 5.42%，原因并不明确，可能和 2008 年的较高通胀以及农村居民的理财渠道缺乏，名义收入增长率较低有关。综合来看，2008 年底发生的金融危机并没有对农民外出就业的收入产生明显的影响：一是主要的原因是在危机发生的初期，它对农民工就业和工资性收入的冲击没有完全显现出来；二是它的冲击会在不同收入人群中有不同的作用。因此，我们需要进一步考察不同收入组农户的外出就业收入的增长情况。

3. 不同收入组农村居民收入增长情况

在分析了中国农村居民家庭人均收入的增长情况后，我们将全部样本按家庭人均纯收入由低到高划分成 10 组，分别计算每一组的人均纯收入。表 14－3 给出了 2007 年和 2008 年不同收入组的农村居民家庭人均纯收入和收入增长情况。

表 14－3　2007～2008 年不同收入组的农村居民人均收入和增长率

收入等分组	2007 年		2008 年名义收入			2008 年实际收入		
	均值（元）	累计份额（%）	均值（元）	累计份额（%）	收入增长率（%）	均值（元）	累计份额（%）	收入增长率（%）
最低组	1233	2.50	1339	2.40	8.60	1254	2.38	1.70
第二组	2141	6.85	2412	6.70	12.66	2262	6.67	5.65
第三组	2660	12.25	3037	12.12	14.17	2852	12.08	7.22
第四组	3155	18.64	3600	18.55	14.10	3382	18.50	7.19
第五组	3669	26.09	4213	26.08	14.83	3959	26.00	7.90
第六组	4268	34.75	4884	34.79	14.43	4588	34.71	7.50
第七组	5007	44.89	5739	45.04	14.62	5397	44.94	7.79
第八组	5979	57.03	6924	57.41	15.81	6522	57.30	9.08
第九组	7638	72.52	8812	73.13	15.37	8308	73.06	8.77
最高组	13557	100.00	15048	100.00	11.00	14209	100.00	4.81

图 14－1 是根据表 14－3 画出的不同收入组的农村居民家庭人均纯收入增长情况。可以看到，2008 年农村居民家庭人均纯收入增长大体上呈现低收入者收入增长较慢、高收入者收入增长较快的局面。这种收入增长的态势可能导致不同人群之间收入差距的拉大。最高收入 10% 人群的人均纯收入与最低收入 10% 人群的人均纯收入的比率，由 2007 年的 11.00∶1 上升到 2008 年的 11.33∶1。最高收入 20% 人群的人均纯收入与最低收入 20% 人群的人均纯收入的比率，由 2007 年的 6.28∶1 上升到 2008 年的 6.40∶1。高收入人群的人均收入水平与低收入人群的人均收入水平的差距拉大了。

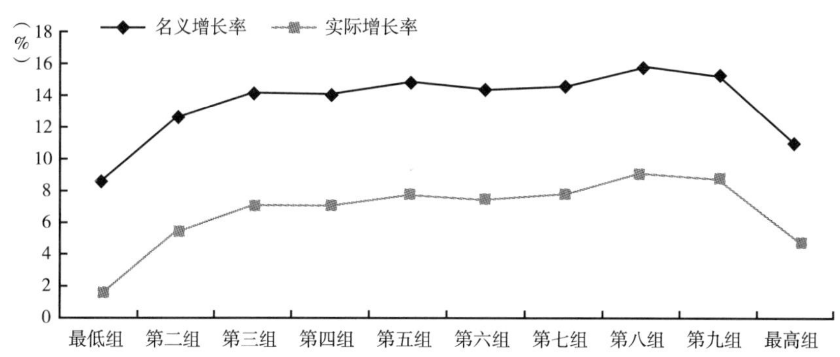

图 14－1　2008 年不同收入组的农村居民家庭人均纯收入增长率

特别要注意的是，人均纯收入最低 10% 人群的家庭人均实际纯收入水平在 2008 年增长极小。这就意味着，最低收入 10% 人群的相对生活水平大大降低了。这部分人群可能需要更多的政策关注和经济支持。

接下来，表 14－4 给出了 2007 年和 2008 年不同收入组的农村居民分项收入及其增长情况。从两年的收入水平看，收入较高的人群组的人均工资性收入、家庭经营收入和转移性收入都高于收入较低的人群组。而财产性收入在收入较低的 70% 人群之间没有很大的差别，人均不足 100 元，而在第八、第九和最高组这 3 个高收入组之间出现跳跃式的上升，由 140 元左右上升到 800 多元。这说明，财产分布可能比收入分布更加不平等。转移性收入呈现明显的随着人均收入递增而递增的趋势，而且增幅随收入组别的提高而提高。收入最高组的转移性收入超过了收入第九组的两倍。

图 14－2 是根据表 14－4 绘制的不同收入组的农村居民分项收入增长率图。根据表 14－4 和图 14－2，可以看到，工资性收入增长是推动不同收入组家庭人均纯收入增长的主要动力。10 个收入组的工资性收入的增长率都超过了 6.75%。收入最低组人的工资性收入增长最慢，收入第四组增长最快，而处于中间收入水平的 6 个收入组的工资性收入增长介入这两者之间。

农村居民家庭经营纯收入的增长率在不同收入组之间波动较大，从降幅 11.38% 到增长 7.66%，且没有明显表现出与收入组之间存在有规律的联系。在 10 个收入组中，有 6 个收入组的分项收入出现了下降，其中最低收入组的家庭经营纯收入下降了 11.38%，成为该组家庭人均纯收入增长幅度很小的直接原因。

表 14-4　2007~2008 年不同收入组的农村居民分项收入及增长情况

	人均纯收入	工资性收入	家庭经营纯收入	财产性收入	转移性收入
2007 年(元)					
最低组	1233	504	589	55	85
第二组	2141	858	1125	56	102
第三组	2660	1113	1403	34	110
第四组	3154	1371	1608	58	117
第五组	3669	1641	1826	48	154
第六组	4268	1987	2061	59	161
第七组	5007	2376	2352	85	194
第八组	5978	2949	2646	133	250
第九组	7637	3830	3198	247	362
最高组	13557	5725	6192	882	758
2008 年(元)					
最低组	1254	538	522	63	131
第二组	2263	929	1168	21	145
第三组	2852	1243	1395	29	185
第四组	3382	1586	1568	50	178
第五组	3958	1842	1857	56	203
第六组	4588	2135	2140	89	224
第七组	5398	2630	2391	96	281
第八组	6522	3355	2652	147	368
第九组	8308	4226	3443	193	446
最高组	14209	6184	6277	826	922
增长率(%)					
最低组	1.70	6.75	-11.38	14.55	54.12
第二组	5.65	8.28	3.82	-62.50	42.16
第三组	7.22	11.68	-0.57	-14.71	68.18
第四组	7.19	15.68	-2.49	-13.79	52.14
第五组	7.90	12.25	1.70	16.67	31.82
第六组	7.50	7.45	3.83	50.85	39.13
第七组	7.79	10.69	1.66	12.94	44.85
第八组	9.08	13.77	0.23	10.53	47.20
第九组	8.77	10.34	7.66	-21.86	23.20
最高组	4.81	8.02	1.37	-6.35	21.64

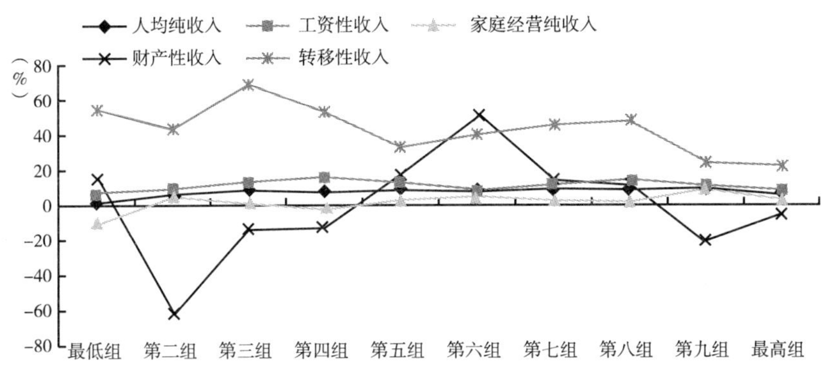

图 14-2 2008 年不同收入组的农村居民分项收入增长率

我们可以进一步将家庭经营纯收入按三大产业进行分解。表 14-5 给出了 2008 年不同收入组的农村居民家庭纯收入中第一、第二、第三产业纯收入的水平和增长率。从收入水平看，对于全部收入组，第一产业纯收入最高，第三产业纯收入其次，而第二产业纯收入最低。从重要程度看，第一产业纯收入在家庭经营纯收入中的比例最大，占主导地位。第一产业纯收入所占比例随收入水平上升而降低，但即使在比例最低的收入最高组中，该比例也超过了 50%，而在其他收入组中超过 67%。第三产业纯收入的重要性次之，所占比例平均为 17.5% 左右，大体上随收入增加而上升。第二产业纯收入占比最少，除了收入最高组分别为 21.4%、17.3% 外，在其他九组中占比均未超过 10%。

表 14-5 2008 年不同收入组的农村居民家庭经营纯收入的构成及增长率

	2007 年(元)			2008 年(元)			增长率(%)		
	第一产业	第二产业	第三产业	第一产业	第二产业	第三产业	第一产业	第二产业	第三产业
全部样本	1695	203	402	1747	184	410	3.07	-9.36	1.99
最低组	603	-43	30	562	-73	33	-6.80	-69.77	10.00
第二组	1024	14	87	1083	8	77	5.76	-42.86	-11.49
第三组	1231	25	147	1227	38	130	-0.32	52.00	-11.56
第四组	1406	50	152	1374	31	163	-2.28	-38.00	7.24
第五组	1617	57	152	1574	49	234	-2.66	-14.04	53.95
第六组	1707	65	289	1834	62	234	7.44	-4.62	-19.03
第七组	1926	120	306	1922	123	345	-0.21	2.50	12.75
第八组	2054	137	455	2062	188	401	0.39	37.23	-11.87
第九组	2229	279	690	2331	326	785	4.58	16.85	13.77
最高组	3152	1325	1715	3500	1084	1692	11.04	-18.19	-1.34

从增长率看，第一、第三产业纯收入各有5组出现下降，而第二产业纯收入有6组下降。第一、第二和第三产业纯收入增长率与收入水平之间没有明显规律，第二、第三产业纯收入增长率的波动幅度比较大。考虑到不同产业收入对家庭经营纯收入的重要性不同，可以发现，不同收入组农村居民家庭经营纯收入变动的主要来源各不相同。

对于低收入家庭（如最低收入50%人群）来说，第二产业纯收入和第三产业纯收入的绝对值和所占比例都很小，对农村居民家庭经营纯收入变动的影响不大，第一产业纯收入的变动起到主导作用。家庭经营纯收入出现下降都是由第一产业纯收入出现下降引起的。尤其值得注意的是收入最低组，第一和第二产业收入出现下降，而且降幅很大，第二产业经营亏损增加了，这导致收入最低的人群的家庭经营纯收入出现了高达11.53%的下降。第二产业和第三产业纯收入变动对农村居民家庭经营纯收入的影响随收入水平提高而增大。这里值得注意的是收入最高组。该组的第一产业纯收入出现了多达11.04%的增长，是所有收入组中最高的，但是第二产业和第三产业纯收入分别下降了18.19%和1.34%，加上这两类收入在该组的家庭经营纯收入的比例都超过17%，导致家庭经营纯收入只出现了小幅增长。高收入家庭第二和第三产业纯收入出现的大幅下降可能和金融危机的冲击有关。

总体上看，除了收入最高组之外，第一产业纯收入的变动主导了各个收入组的家庭经营纯收入增长率的表现。而对于最高收入10%人群，第二和第三产业纯收入对家庭经营纯收入的影响占主要地位。

财产性收入增长率的波动比家庭经营纯收入更大，从最低-62.50%到最高50.85%。值得注意的是，中等收入组（包括第五、第六）的财产性收入增长率高于其他组。低收入组（包括第二、第三、第四组）和高收入组（包括第九、最高组）的财产性收入出现下降。在家庭人均纯收入普遍增长的情况下，这种现象比较反常。对于高收入人群来说，财产性收入可能是受到宏观环境影响，金融资产投资出现损失导致的；也可能是高收入人群故意低报了财产性收入。对于低收入人群来说，可能来自通货膨胀的影响。然而，由于财产性收入占人均纯收入比例较低，特别是除了最高收入的3组之外，财产性收入的绝对数额也很低，因此，财产性收入增长率的组间差异对家庭人均纯收入增长率的差异影响不是很大。

各个收入组的转移性收入都经历了大幅度的增长，最高达到68.18%，最低的增长率也高达21.46%。从图14-2可以看到，转移性收入的增长率大致上有一个随家庭人均纯收入提高而下降的趋势。最高收入30%人群的转移性收入增长率约为27%，而最低收入30%人群的转移性收入增长率则高达55%。一定程度上，转移性收入的增长率差距对缓解收入差距起到了积极的作用。

以上分析结果表明，国际金融危机对农村居民收入增长的冲击主要表现在低收入居民户的收入增长上，特别是他们的工资性收入增长上。作为收入最低组农户，其人均纯收入增长率不足2%，其工资性收入增长率也大大低于平均水平。也就是说，在金融危机冲击下，低收入人群和脆弱人群往往都是最大的受害者。

14.2 不同省份农村居民家庭人均纯收入增长差异

调查数据共包括河北、江苏、浙江、安徽、河南、湖北、广东、重庆和四川9个省份。表14-6列出了2007年、2008年的农村家庭人均纯收入水平和增长率。2007年，家庭人均纯收入最高的省份为浙江省，8061元；最低为四川省，3632元；省份之间人均纯收入最高与最低的比率为2.22。2008年，家庭人均实际纯收入最高的省份为浙江省，8375元；最低的为河南省，4023元；省份之间人均纯收入最高与最低的比率为2.08，相对有所下降。2008年，家庭人均纯收入的省际分布较2007年更为集中。河北、安徽、河南、湖北、四川和重庆6个省份的家庭人均纯收入低于全国平均水平。

表14-6 2007~2008年各省份的家庭人均纯收入水平及增长率

	2007年收入		2008年名义收入			2008年实际收入		
	人均收入（元）	相对值（四川=100）	人均收入（元）	相对值（四川=100）	增长率（%）	人均收入（元）	相对值（四川=100）	增长率（%）
河北	4567	126	5150	121	12.77	4764	118	4.31
江苏	6349	175	7119	167	12.13	6742	168	6.19
浙江	8061	222	8819	207	9.40	8375	208	3.90
安徽	3691	102	4361	102	18.15	4099	102	11.05
河南	3759	103	4341	102	15.48	4023	100	7.02
湖北	4289	118	5043	118	17.58	4695	116	9.47
广东	5752	158	6365	149	10.66	6016	149	4.59
重庆	3799	105	4465	105	17.53	4228	105	11.29
四川	3632	100	4267	100	17.48	4044	100	11.34

从家庭人均纯收入的增长率看，增长率最高的省份是四川省，为11.34%；最低的省份为浙江省，增长率仅为3.90%。在2007年家庭人均收入低于全国平均水平的省份中的四川、重庆、安徽、湖北4个省份经历了较快的收入增长，增长率均超过8%。重庆、四川和安徽的增长率都超过了11%。而在2007年收入较高的省份，如浙江、江苏和广东，家庭人均纯收入的增长率都低于全国平均水平。这意味着从2007年到2008年，省际的收入差异有所减小。

表14－7列出了各省份人均纯收入的分项收入情况以及各项收入的增长率。观察2007～2008年数据，可以发现的一个现象是：家庭人均纯收入高于全国平均水平的省份，包括江苏、浙江和广东，工资性收入所占的比例要高于家庭经营纯收入，占人均纯收入的比例都超过了50%；而家庭人均纯收入低于全国平均水平的省份，家庭纯经营收入所占的比例高于工资性收入。这可能意味着，收入较低的省份主要依赖于家庭经营所得的收入，而对收入较高的省份来说，外出务工或在本地务工获得的工资性收入对收入的影响更大。财产性收入和转移性收入表现出来的特点和前文按收入分组时观察到的特点类似，即收入较高省份的家庭人均财产性收入和转移性收入比较高。

表14－7　2007～2008年各省份的农村居民分项收入及其增长情况

	人均纯收入	工资性收入	家庭经营纯收入	财产性收入	转移性收入	样本比例[①]（%）
	2007年（元）					
河北	4567	1518	2763	112	174	5.82
江苏	6350	3192	2705	187	266	11.65
浙江	8061	4099	2957	402	603	10.73
安徽	3690	1549	1900	83	158	11.72
河南	3759	1321	2253	66	119	12.99
湖北	4290	1484	2657	46	103	12.65
广东	5752	3178	1925	390	259	15.90
重庆	3799	1688	1857	22	232	5.47
四川	3623	1505	1892	53	173	13.07
	2008年（元）					
河北	4763	1646	2699	137	281	5.76
江苏	6742	3667	2539	202	334	11.67
浙江	8374	4581	2740	410	643	10.62
安徽	4099	1723	2038	103	235	11.68
河南	4024	1434	2374	52	164	12.88
湖北	4695	1670	2837	32	156	12.77

续表

	人均纯收入	工资性收入	家庭经营纯收入	财产性收入	转移性收入	样本比例[①](%)
广东	6016	3419	1966	311	320	16.01
重庆	4226	1803	2142	39	242	5.45
四川	4044	1613	1981	56	394	13.17
	增长率(%)					
河北	4.31	8.43	-2.32	22.32	61.49	
江苏	6.19	14.88	-6.14	8.02	25.56	
浙江	3.90	11.76	-7.34	1.99	6.63	
安徽	11.05	11.23	7.26	24.10	48.73	
河南	7.02	8.55	5.37	-21.21	37.82	
湖北	9.47	12.53	6.77	-30.43	51.46	
广东	4.59	7.58	2.13	-20.26	23.55	
重庆	11.29	6.81	15.35	77.27	4.31	
四川	11.34	7.18	4.70	5.66	127.75	

注：①样本比例按照个人数量计算。

从各省份分项收入增长率来看，所有9个省份的农村家庭的工资性收入普遍有所增长，江苏省工资性收入增长率最高，为14.88%，增长幅度最小的重庆市也达到6.81%。工资性收入增长是家庭人均纯收入增长的主要动力。财产性收入增长率的省际差异则非常大，从最低的湖北省的-30.43%到最高的重庆市的77.27%，而且与收入水平的相关关系并不明显。转移性收入普遍经历快速增长，2007年转移性收入较高的江苏、浙江、广东、重庆4个省市增长相对较慢，而其他5个省份的转移性收入增长幅度都超过了37%。转移性收入的省际差距可能也有所缩小，对缩小省际收入差距发挥了一定作用。

值得注意的是家庭经营纯收入增长率的省际差异。全部9个省份中，家庭经营纯收入的增长率从最低的浙江省的-7.34%到最高的重庆市的15.35%。除了重庆市，其余省份的增长率都低于工资性收入的增长率。在家庭人均纯收入高于全国平均水平的3个省份中，江苏、浙江的家庭经营纯收入出现了显著的下降，而广东也仅增长了2.13%。这3个省的家庭经营纯收入在人均纯收入中的比例分别由2007年的42.60%、36.68%和33.47%下降到2008年的37.66%、32.72%和32.68%。而家庭人均纯收入低于全国平均水平的省份，除河北外，家庭经营纯收入都实现了正增长。

将家庭经营纯收入分解，我们可以更好地探究家庭经营纯收入增长率差异的来源。表 14－8 给出了将家庭经营纯收入按三大产业分解后的各项收入水平和增长率。可以看到，家庭经营纯收入较高的省份，如浙江、江苏和河北，第二产业和第三产业纯收入都较高，在家庭经营纯收入中的比例也比较大。通过表 14－8 可以看到，不同省份农村居民家庭经营纯收入变动的主要原因是不同的。对于家庭经营纯收入较低，第二产业和第三产业收入较少的省份，如湖北、安徽、河南、四川，家庭经营纯收入温和增长的主要动力是第一产业纯收入。而对于与前述省份具有相似特征的重庆市来说，家庭经营纯收入 15.35% 的快速增长完全是由第一产业纯收入高达 17.71% 的增长推动的。而对于家庭经营纯收入增长缓慢的广东省，小幅增长是第一产业纯收入的增长停滞和第三产业纯收入温和增长的结果。最值得注意的是家庭经营纯收入出现较大幅度下降的河北、江苏和浙江三省。对于河北和江苏，三大产业的实际纯收入水平几乎全部下降。而对于浙江来说，第一产业和第二产业纯收入的大幅下降是主要原因，第三产业纯收入的小幅增长没能弥补缺口。对于这 3 个省份，尤其是中小企业、乡镇企业和对外贸易发达的江浙两省，第二产业纯收入的下降可能是由伴随金融危机而来的国际国内经济不景气导致的。地区之间住户工资性收入增长的差异在一定程度上也反映了国际金融危机的影响。不难看出，一些劳动力输出大省如河南、四川、重庆，其工资性收入增长率明显低于其他一些省份。这意味着这些省份的农村劳动力外出就业收入的增长率受到更大的影响。

表 14－8　2007～2008 年各省份农村居民家庭经营纯收入构成及增长率

	2007 年(元)			2008 年(元)			增长率(%)		
	第一产业	第二产业	第三产业	第一产业	第二产业	第三产业	第一产业	第二产业	第三产业
河　北	2240	104	419	2235	92	372	－0.22	－11.54	－11.22
江　苏	1512	425	768	1415	417	708	－6.42	－1.88	－7.81
浙　江	1137	858	962	1072	658	1010	－5.72	－23.31	4.99
安　徽	1553	138	208	1640	157	240	5.60	13.77	15.38
河　南	1874	91	288	1976	83	315	5.44	－8.79	9.38
湖　北	2468	36	154	2600	72	164	5.35	100.00	6.49
广　东	1470	71	384	1476	77	413	0.41	8.45	7.55
重　庆	1688	22	147	1987	9	146	17.71	－59.09	－0.68
四　川	1548	77	266	1646	66	269	6.33	－14.29	1.13

14.3 家庭特征与收入增长

1. 地势特征与家庭收入增长

表 14－9 列出了 2007 年和 2008 年样本中不同地势特征的行政村、家庭数量和样本数量。村庄所在地的地形特征被划分为平原、丘陵和山区 3 类。在 2007 年和 2008 年的数据中，平原村数量最多，丘陵村其次，山区村数量最少。平原村和丘陵村的比例都超过了 40%。

表 14－9　2007～2008 年家庭样本的地势分布

		平原	丘陵	山区
2007 年	村数量(个)	350	328	122
	家庭样本量(户)	3500	3280	1220
	个人样本量(人)	13586	12900	5079
2008 年	村数量(个)	350	327	121
	家庭样本量(户)	3496	3288	1208
	个人样本量(人)	13424	12911	5017

表 14－10 列出了 2007 年和 2008 年不同居住地地势特征的农村住户的家庭人均纯收入水平、收入构成和增长情况。

表 14－10　2007～2008 年不同地势特征住户的家庭人均纯收入

	平原	丘陵	山区
2007 年(元)			
人均纯收入	5435	4690	4182
工资性收入	2360	2165	2076
家庭经营纯收入	2592	2232	1688
财产性收入	278	95	45
转移性收入	205	198	373
2008 年(元)			
人均纯收入	5663	5154	4534
工资性收入	2599	2395	2297
家庭经营纯收入	2510	2398	1740
财产性收入	247	107	46
转移性收入	307	254	451

续表

	平原	丘陵	山区
增长率(%)			
人均纯收入	4.18	9.87	8.37
工资性收入	10.13	10.62	10.65
家庭经营纯收入	-3.16	7.44	3.08
财产性收入	-11.15	12.63	2.22
转移性收入	49.76	28.28	20.91

2007年和2008年，平原地区的家庭人均纯收入最高，丘陵地区其次，山区的家庭人均纯收入最低，且丘陵地区和山区的家庭人均纯收入都低于全国平均水平。两年平均来看，平原地区农村住户家庭人均纯收入比丘陵地区高13%，丘陵地区也比山区高13%。

从收入构成看，山区地区家庭的工资性收入在全年纯收入中的比例高于家庭经营纯收入，平原和丘陵地区则几乎相反。这与我们之前对收入分组分析和省际分析时发现的收入水平较高家庭工资性收入比例更高的情况有差别。一个可能的原因是，山区地区的自然环境较差、经济较不发达、交通不便，农业生产条件差，农业生产的收入较低，工商业经营也不易开展，这使得家庭经营纯收入较低。而外出务工受到当地的条件约束较少，这使得务工得到的工资性收入占据更重要的地位。对于财产性收入，平原地区远高于丘陵和山区。这和平原地区的经济较为发达有关。而转移性收入则相反，山区大大高于平原和丘陵地区，一定程度上体现了国家政策性转移支付的影响。

从增长率看，从2007年到2008年，家庭人均纯收入较高的平原地区收入增长较慢，增长率仅为4.18%，显著低于农村平均水平。而家庭人均收入低于平均水平的丘陵和山区地区家庭的收入增长较快，分别增长了9.87%和8.37%。工资性收入是收入增长的主要动力。增长率均超过10%，山区家庭工资性收入增长最快，达到10.65%。家庭经营纯收入增长在处于不同地势的家庭之间存在不一致。丘陵和山区家庭出现了适度的增长，而平原地区家庭的家庭经营纯收入则出现了下降。平原地区家庭收入的下降，与平原村庄样本的分布有关。有超过40%的平原村的样本，来自家庭经营纯收入出现大幅下降的河北、江苏和浙江3省。同样的，山区村居民的家庭经营纯收入增长较慢，主要是因为有将近50%的山区村居民样本来自家庭人均纯收入大幅下降的浙江和增长缓慢的广东。

2. 老区与否和家庭收入增长

表 14－11 给出了老区村和非老区村的样本分布情况。在 2007 年和 2008 年的调查数据中，老区村的数量占全部行政村的约 28%。

表 14－11　2007～2008 年老区和非老区住户的样本分布

		老区	非老区
2007 年	村数量(个)	224	576
	家庭样本量(户)	2240	5760
	个人样本量(人)	9390	22175
2008 年	村数量(个)	227	571
	家庭样本量(户)	2268	5724
	个人样本量(人)	9492	21860

表 14－12 列出了 2007 年和 2008 年老区村和非老区村的家庭人均纯收入及其构成和增长率情况。2007 年和 2008 年，非老区村的家庭人均收入都高于老区村，但差距不大。2007 年老区村的家庭人均纯收入为 4739 元；非老区村为 5011 元。2008 年，老区村为 5094 元；非老区村为 5350 元。绝对收入差距分别为 272 元和 256 元。老区村的工资性收入略高于非老区村，非老区村的家庭经营纯收入略高于老区村。老区村的工资性收入占全年纯收入的比例略高于非老区村。可能的原因是老区村的家庭经营环境较差，相比之下反而更依赖于务工获得的工资性收入。老区村的财产性收入显著低于非老区村，可能是受所在地区经济发展水平、收入水平和金融市场发展程度的影响。老区村的转移性收入也低于非老区村。

表 14－12　2007～2008 年老区和非老区住户的家庭人均纯收入

		老区	非老区
2007 年(元)	人均纯收入	4739	5011
	工资性收入	2241	2232
	家庭经营纯收入	2182	2350
	财产性收入	102	193
	转移性收入	214	236

续表

		老区	非老区
2008 年(元)	人均纯收入	5094	5350
	工资性收入	2472	2464
	家庭经营纯收入	2252	2380
	财产性收入	104	180
	转移性收入	266	326
增长率(%)	人均纯收入	7.47	6.79
	工资性收入	10.31	10.39
	家庭经营纯收入	3.21	1.28
	财产性收入	1.96	-6.74
	转移性收入	24.30	38.14

从增长率看，老区村的家庭人均纯收入比非老区村增长更快，老区村家庭人均纯收入增长率为 7.47%，而非老区村为 6.79%。收入水平较低的老区村收入增长更快，表明 2008 年老区村和非老区村的收入差距比 2007 年有所缩小。家庭人均收入的绝对差异从 2007 年的 272 元缩小到了 2008 年的 256 元。从收入构成看，老区村的家庭经营纯收入和财产性收入增长都快于非老区村。工资性收入增长是实际收入增长的主要推动力量。老区村和非老区村家庭的工资性收入增长率分别为 10.31% 和 10.39%。而家庭经营纯收入增长较慢，老区村为 3.21%，而非老区村仅为 1.28%。财产性收入方面，老区村家庭增长了 1.96%，而非老区下降多达 6.74%。家庭经营纯收入增长缓慢和财产性收入的减少是非老区村收入增长较慢的主要原因。而老区与非老区居民家庭经营纯收入增长率的差别在于第二产业纯收入的增长率差异。对于老区村居民来说，第二产业纯收入增长了；而非老区村居民的第二产业纯收入则下降了。

3. 郊区村与否和家庭收入增长

根据调查行政村与城市的关系，可以将全部行政村分为郊区村和非郊区村。表 14-13 给出了郊区村和非郊区村的样本分布情况。郊区村在样本中的比例较小，2007 年和 2008 年两年数据中各有 49 个郊区村。村数量、家庭数量和样本数量约占 6%。

表 14－13　2007～2008 年郊区或非郊区住户的样本分布

		郊区	非郊区
2007 年	村数量（个）	49	751
	家庭样本量（户）	490	7510
	个人样本量（人）	1858	29707
2008 年	村数量（个）	49	749
	家庭样本量（户）	490	7502
	个人样本量（人）	1824	29528

表 14－14 给出了郊区和非郊区家庭人均纯收入、收入构成及增长率的数据。

表 14－14　2007～2008 年郊区和非郊区住户的家庭人均纯收入

		郊区	非郊区
2007 年（元）	人均纯收入	7355	4778
	工资性收入	4296	2106
	家庭经营纯收入	2315	2299
	财产性收入	412	150
	转移性收入	332	223
2008 年（元）	人均纯收入	8053	5101
	工资性收入	4962	2312
	家庭经营纯收入	2265	2346
	财产性收入	445	139
	转移性收入	381	304
增长率（%）	人均纯收入	9.50	6.76
	工资性收入	15.50	9.78
	家庭经营纯收入	－2.16	2.04
	财产性收入	8.01	－7.33
	转移性收入	14.76	36.32

2007 年和 2008 年，郊区村的家庭人均纯收入分别为 7355 元和 8053 元；工资性收入和家庭经营纯收入是人均纯收入的主体部分，其中工资性收入占人均纯收入的 60% 左右，而家庭经营收入占 30% 左右。财产性收入和转移性收入比例较小，合计占人均纯收入的 5% 左右。

2007 年和 2008 年的非郊区村的家庭人均纯收入分别为 4778 元和 5101 元。工资性收入和家庭经营纯收入占人均纯收入的比例在 45% 左右。财产性收入和转移性收入占比分别为 3% 和 6%。

比较郊区家庭和非郊区家庭的人均收入水平，可以看到，郊区村的家庭人均纯收入水平远远高于非郊区村。郊区村的家庭人均纯收入水平在2007年和2008年分别比非郊区家庭高出53.93%和57.87%。可见，郊区村受到城市的较发达经济环境的影响比较大，在城市经济的带动下，收入水平也较高。

观察郊区村和非郊区村的收入构成，可以发现，两类家庭的收入构成也存在明显区别。一方面，郊区和非郊区村的家庭经营纯收入水平基本相同，没有显著差异。但另一方面，工资性收入的差别则非常大。2007年和2008年非郊区家庭的人均工资性收入分别为2106元和2312元。2007年和2008年郊区家庭的人均工资性收入分别为4296元和4962元，是非郊区家庭的两倍多，几乎相当于非郊区家庭的人均纯收入。工资性收入的差异可以解释郊区和非郊区家庭人均纯收入绝对差距的85%以上。

从收入增长的角度看，郊区村的家庭人均纯收入增长率为9.50%，而非郊区村为6.76%。收入较高的郊区的收入增长速度也较快，如果这种趋势维持下去则会拉大郊区和非郊区之间的收入差距。家庭人均纯收入增长率差距的主要来源是工资性收入的增长差异，郊区家庭的人均工资性收入增长率高达15.50%，而非郊区家庭仅有9.78%。考虑到工资性收入在两种类型家庭之间所占的比例不同，工资性收入绝对水平的增长差距更为明显。郊区家庭人均工资性收入增长了666元，而非郊区家庭的工资性收入仅增长了206元，不及郊区村家庭的1/3。

家庭经营纯收入方面，非郊区村的居民存在小幅增长，仅为2.04%；而郊区村的居民甚至出现了2.16%的下降。将家庭经营纯收入分解，可以看到，郊区村居民与非郊区村居民家庭经营纯收入的增长率差异主要来源于第二产业纯收入和第三产业纯收入的增长率差异。一方面，郊区村居民的第二产业纯收入减少多达23%，而非郊区村仅减少了9%；另一方面，郊区村居民的第三产业纯收入降低了3%，而非郊区村居民反而增长了1%。

转移性收入都经历了快速的增长，尤其是非郊区村的家庭，增长率高达36.32%。非郊区农村地区可能受到的政府政策支持的力度更大，获得的转移性收入也增长较快。

4. 住户类型与家庭收入增长

表14-15给出了按不同住户类型划分的住户样本分布。农村住户被分为个体工商户、干部户、个体工商和干部户、五保户与其他户5种类型。其他户的数量最多，2007年和2008年分别有6885户和6958户，主要包括从事各类农业生产的农村住户。五保户的样本数量非常少，2007

年有 11 户 36 人，而 2008 年仅有 4 户 8 人，因此，这里也把五保户并入其他户统一作为其他类型住户处理。

表 14－15　2007～2008 年不同住户类型家庭的样本分布

		个体工商户	干部户	个体工商和干部户	五保户	其他户
2007 年	家庭样本量(户)	376	576	152	11	6885
	个人样本量(人)	1464	2269	584	36	27212
2008 年	家庭样本量(户)	372	537	121	4	6958
	个人样本量(人)	1448	2121	466	8	27309

表 14－16 给出了根据 2007 年和 2008 年两年调查数据计算的 4 种住户类型的家庭人均纯收入情况。两年中，个体工商户、干部户与个体工商和干部户的家庭人均纯收入水平都高于其他户。属于不同住户类型的农村居民的收入结构也有差异。对个体工商户而言，家庭经营纯收入是收入的最主要来源，占人均纯收入的比例约 70%，而工资性收入仅占 20%～24%。而对干部户而言，工资性收入在人均纯收入中占相对主要地位，占比超过 55%，而家庭经营纯收入处于次要地位，占比约 35%。个体工商和干部户则结合了个体工商户与干部户两类家庭的特征，家庭经营纯收入和工资性收入都比较高，各自在人均纯收入的比例也相差不大，家庭经营纯收入的比例约为 49%，工资性收入所占比例为 41%～44%。

表 14－16　2007～2008 年不同住户类型的家庭人均纯收入

	个体工商户	干部户	个体工商和干部户	其他
2007 年(元)				
人均纯收入	6589	6004	7154	4703
工资性收入	1372	3365	3161	2168
家庭经营纯收入	4776	2084	3488	2159
财产性收入	252	209	357	153
转移性收入	189	346	148	223
2008 年(元)				
人均纯收入	7101	6589	6508	5051
工资性收入	1716	3660	2658	2410
家庭经营纯收入	4725	2271	3202	2205
财产性收入	329	287	240	136
转移性收入	331	371	408	300

续表

	个体工商户	干部户	个体工商和干部户	其他
增长率(%)				
人均纯收入	7.80	9.76	-9.03	7.40
工资性收入	25.07	8.77	-15.91	11.16
家庭经营纯收入	-1.07	8.97	-8.20	2.13
财产性收入	30.56	37.32	-32.77	-11.11
转移性收入	75.13	7.23	175.68	34.53

从增长率看，个体工商户和干部户家庭人均纯收入增长率分别为7.80%和9.76%，比其他户的7.40%稍高。个体工商户的工资性收入增长幅度非常大，高达25.07%，是家庭人均纯收入增长的主要来源。这也一定程度上反映了个体工商户家庭收入来源的多样化。同时，家庭经营纯收入则出现小幅下降。将家庭经营纯收入按构成分解，可以发现，个体工商户家庭经营纯收入的主要来源是第三产业经营。但是，个体工商户家庭经营纯收入下降的主要原因是第一产业纯收入和第二产业纯收入的大幅下降。尤其是第二产业纯收入的降幅超过了20%，完全将第三产业纯收入高达10.74%的增长效果抵消掉了。工资性收入和家庭经营纯收入增长率的明显差异使得个体工商户的收入结构也发生了一定变化。工资性收入在人均纯收入中的比例从2007年的20.82%上升到2008年的24.17%；而家庭经营纯收入的比例从72.48%下降到66.54%。

干部户家庭居民人均纯收入的各个分项收入都出现了较快增长。这与他们的收入结构和工资性收入的性质有关。一方面，工资性收入占主要地位；另一方面，干部的工资性收入水平比较稳定，增长幅度适度且有保证，不会出现很大波动。

与干部户相反，值得注意的是，个体工商和干部户家庭居民的人均纯收入出现了明显的下降，降幅达到9.03%。除转移性收入外，各个分项收入全部出现了大幅度的下降。这种异常变动的原因尚不清楚，可能是样本数量变动、样本数量较少以及住户的异常高收入导致的。

其他类型住户主要包括从事各类农业生产的家庭，家庭人均纯收入增长速度适中，收入增长的主要来源是工资性收入11.16%的增长。而家庭经营纯收入的增长幅度则很小。其原因是构成家庭经营纯收入的三大产业纯收入的变动相互抵消。

5. 家庭结构与家庭收入增长

不同家庭结构可能存在不同的家庭收入特征。表 14 - 17 列出了 2007 年和 2008 年调查数据中家庭结构的分布。我们将家庭结构分为 7 种类型，单身或夫妇、夫妇与一个孩子、夫妇与两个孩子、夫妇与三个及以上孩子、单亲与孩子、三代同堂和其他。其中，夫妇与一个孩子、夫妇与两个孩子、三代同堂 3 种类型的家庭占主要部分，各占全部样本家庭数的 25% 左右。单亲与孩子类型的家庭数量最少，仅占总样本的 1.75% 左右。

表 14 - 17　2007 ~ 2008 年不同家庭结构住户的样本分布

家庭结构	2007 年		2008 年	
	住户数(户)	个人样本量(人)	住户数(户)	个人样本量(人)
单身或夫妇	827	1721	893	1834
夫妇与一个孩子	1929	5817	1928	5778
夫妇与两个孩子	2000	7813	1928	7551
夫妇与三个及以上孩子	741	3855	692	3568
单亲与孩子	141	447	138	441
三代同堂	2096	10751	2134	10977
其　他	266	1161	279	1203

2007 年和 2008 年，家庭人均纯收入比较高的两类家庭结构是夫妇与一个孩子和单身或夫妇。而三代同堂家庭、夫妇与三个及以上孩子这两类家庭结构的家庭人均纯收入水平较低。

需要说明的是，表中报告的是家庭人均纯收入水平，三代同堂、夫妇与多个孩子这些家庭结构人均纯收入水平偏低的重要因素是家庭规模较大。家庭人口越多，人均纯收入就越低。例如，夫妇与一个孩子、两个孩子和三个及以上孩子这 3 种家庭结构，家庭人均纯收入随着孩子数量增加而递减，但家庭总收入水平相差不大。单亲家庭人均纯收入水平偏低的主要原因可能是家庭收入来源的减少。

值得注意的是单身或夫妇和夫妇与一个孩子这两种家庭人均纯收入较高的家庭结构之间的收入差别。夫妇与一个孩子的家庭比单身或夫妇结构的家庭人均纯收入更高。这一现象可能源自家庭年龄结构。单身或夫妇的家庭结构中，家庭成员的年龄偏大，平均年龄超过 50 岁，主要是存在一些由仅老年夫妻或单独一个老人组成的家庭，这样的家庭的收入水平会比较低，从而拉低了这类家庭的人均收入水平。而夫妇与一个孩子的家庭中，成年家庭成员的平均年龄为 40 岁，正值收入的高峰期，而且有一部分家庭是中年夫妇和未婚的成年有收入的子女共同生活的家庭，收入较高，从而提高了这类家庭的人均纯收入水平。

从收入结构看，单身或夫妇家庭结构平均年龄偏大，务工能力较弱，收入来源主要依靠家庭经营纯收入。同时，这类家庭的转移性收入水平很高，2007 年人均 934 元，2008 年更是达到 1158 元，远远高于其他几类家庭。原因可能是由于存在一部分老年夫妻或单独一个老人的家庭，不在一起生活的成年子女会对老年父母提供转移支付。而在相对年轻的其他家庭结构中，如夫妇与一个子女、两个子女、三个及以上子女，工资性收入的比例更大，而转移性收入更少。

从增长率看，家庭人均纯收入最高的两种家庭结构，单身或夫妇和夫妇与一个孩子，增长率较低。而家庭人均纯收入较低的其他几类家庭收入分别增长率反而较高，三代同堂家庭人均年收入增长率超过 9%。从这个角度来说，不同结构类型的家庭之间的收入差距可能有所缩小。不同结构类型的家庭人均收入增长率差异的主要来源是工资性收入和家庭经营纯收入增长率的差异。两类高收入家庭结构的住户的工资性收入分别增长 10.34% 和 8.90%，而家庭经营纯收入则出现了下降，单身或夫妇家庭下降了 0.29%，夫妇与一个孩子家庭下降了 5.11%。而人均收入较低的家庭类型，工资性收入增长较快，单亲与孩子、三代同堂和其他三种类型家庭的工资性收入都出现了 12% 以上的增长；同时，家庭经营纯收入基本上保持了小幅增长。具体见表 14 - 18、表 14 - 19、表 14 - 20。

表 14 - 18　2007 年不同家庭结构住户的家庭人均纯收入

单位：元

家庭结构	人均纯收入	工资性收入	家庭经营纯收入	财产性收入	转移性收入
单身或夫妇	6308	1837	3212	325	934
夫妇与一个孩子	6383	3030	2932	184	237
夫妇与两个孩子	4958	2139	2466	206	147
夫妇与三个及以上孩子	4242	2085	1922	119	116
单亲与孩子	4831	2331	1967	190	343
三代同堂	4195	2013	1874	121	187
其　他	4524	2001	1982	121	420

表 14－19　2008 年不同家庭结构住户的家庭人均纯收入

单位：元

家庭结构	人均纯收入	工资性收入	家庭经营纯收入	财产性收入	转移性收入
单身或夫妇	6722	2027	3203	334	1158
夫妇与一个孩子	6595	3300	2782	194	319
夫妇与两个孩子	5336	2362	2625	139	209
夫妇与三个及以上孩子	4537	2203	2035	116	183
单亲与孩子	5133	2702	1913	205	313
三代同堂	4585	2273	1920	138	254
其　他	4833	2250	2037	109	437

表 14－20　2007～2008 年不同家庭结构住户的家庭人均纯收入增长率

单位：%

家庭结构	人均纯收入	工资性收入	家庭经营纯收入	财产性收入	转移性收入
单身或夫妇	6.56	10.34	－0.29	2.81	23.94
夫妇与一个孩子	3.31	8.90	－5.11	5.22	34.60
夫妇与两个孩子	7.62	10.46	6.46	－32.63	42.34
夫妇与三个及以上孩子	6.91	5.64	5.84	－2.92	57.59
单亲与孩子	6.25	15.91	－2.74	8.03	－8.77
三代同堂	9.25	12.89	2.41	13.23	36.07
其　他	6.81	12.44	2.75	－10.25	4.11

14.4　户主特征与收入增长

1. 户主性别与收入增长

表 14－21 和表 14－22 根据户主性别对农村住户进行分类，计算了户主性别分布情况和家庭人均纯收入特征。

表 14－21　2007～2008 年户主性别分布

单位：户

年份	男性户主家庭数	女性户主家庭数
2007	7658	342
2008	7641	346

表 14－22　2007～2008 年不同户主性别的家庭人均纯收入

		男性户主	女性户主
2007 年(元)	人均纯收入	4904	5528
	工资性收入	2198	3094
	家庭经营纯收入	2322	1775
	财产性收入	164	209
	转移性收入	220	451
2008 年(元)	人均纯收入	5268	5669
	工资性收入	2442	3148
	家庭经营纯收入	2380	1582
	财产性收入	151	306
	转移性收入	295	633
增长率(%)	人均纯收入	7.42	2.54
	工资性收入	11.10	1.76
	家庭经营纯收入	2.48	－10.89
	财产性收入	－7.65	46.32
	转移性收入	34.03	40.53

在全部样本家庭中，户主为女性的家庭占比例较小，仅略高于 4%。

一个值得注意的现象是，户主为女性的住户的家庭人均纯收入明显高于户主为男性的住户的家庭人均纯收入水平。2007 年，女性户主家庭人均纯收入为 5528 元，男性户主家庭人均纯收入为 4904 元。2008 年，而女性户主家庭人均纯收入为 5669 元，男性户主家庭人均纯收入为 5268 元。两年中，女性户主住户的家庭人均纯收入比男性户主家庭分别高出 12.72% 和 7.61%。

从家庭收入的结构看，2007 年和 2008 年两年，户主为女性的家庭收入都以工资性收入为主，工资性收入在全部收入中所占的比例都超过了 55%。男性户主家庭中，工资性收入占比仅 45% 左右。家庭经营纯收入在女性户主家庭收入中的比例则低于男性户主家庭。女性户主住户的家庭经营纯收入占人均纯收入比例在 2007 年为 32.11%，2008 年降为 27.91%。而男性户主住户的家庭经营纯收入占人均纯收入比例分别为 47.35% 和 45.18%。

女性户主家庭的财产性收入远高于男性户主家庭，特别是 2008 年，是男性户主家庭的两倍。这在一定程度上反映了女性户主家庭的家庭财富水平比男性户主家庭更高。同时，女性户主家庭的转移性收入也远高于男性户主家庭，是男性户主家庭的两倍多。2007 年女性户主家庭的人均转移性收入为 451 元，2008 年更是高达 633 元。而同期男性户主家庭的人均转移性收入仅分别为 220 元和 295 元。

2008 年，两种类型家庭的纯收入增长率呈现不同的特征。男性户主家庭的全年家庭人均纯收入增长率为 7.42%，而女性户主家庭的家庭人均纯收入仅增长 2.54%。这使得 2008 年该两种类型家庭的收入差距有所缩小，收入的绝对差距由 2007 年的 624 元缩小到 2008 年的 401 元。一方面，男性户主家庭的工资性收入出现了 11.10% 的增长，而女性户主家庭仅增长 1.76%；另一方面，男性户主家庭的家庭经营纯收入仅有 2.48% 的微小增长，女性户主家庭的家庭经营纯收入则出现了高达 10.89% 的下降。这两类收入的增长率差异是导致该两类家庭人均纯收入增长率差异的主要因素。女性户主家庭的财产性收入和转移性收入增长率都高于男性户主家庭，在一定程度上缩小了收入增长率的差异，但因为占收入比例较小，影响有限。

同样，家庭经营纯收入在不同户主性别的家庭之间的巨大差异值得进一步分析。分解家庭经营纯收入发现，家庭经营纯收入的各个组成部分的变动都很小，这是男性户主住户的家庭经营纯收入增长幅度很小的原因；而对于女性户主住户来说，构成家庭经营纯收入的三大产业纯收入全部出现下降。特别是作为家庭经营纯收入主要来源的第一产业纯收入出现了高达 11.52% 的下降，这是女性户主住户的家庭经营纯收入下降的主要原因。

2. 户主受教育水平与收入增长

我们可以将户主的受教育水平划分为 5 个档次，未上过学、小学、初中、高中和大专以上。相应的，全部农村住户样本可以根据户主的受教育水平划分为 5 类。表 14 - 23 给出了样本中户主不同受教育程度的分布。可以看到，户主的受教育程度主要集中在小学、初中和高中 3 个水平上。户主为初中学历者最多，接近总数的 50%。户主为小学学历者其次，占全部家庭的约 30%。户主为高中学历的家庭占将近 16%。数据中存在户主受教育水平缺失的情况，2007 年数据有 39 户，2008 年数据有 43 户缺失。这些信息缺失住户没有被纳入下文收入数据的计算中。因为其数量较少，仅占家庭样本量的 0.5% 左右，所以排除这部分样本对计算结果的影响可能很小。

表 14－23　2007～2008 年户主受教育水平分布

	未上过学	小学	初中	高中	大专以上	缺失
2007 年						
家庭样本量(户)	246	2367	3962	1279	107	39
个人样本量(人)	969	9255	15723	5065	406	147
2008 年						
家庭样本量(户)	251	2363	3951	1272	107	43
个人样本量(人)	960	9177	15520	4958	392	152

表 14－24 给出了按照户主受教育水平计算的不同类型住户的 2007 年和 2008 年的家庭人均纯收入水平、分项收入水平以及各自的增长率。

表 14－24　2007～2008 年不同户主受教育水平的家庭人均纯收入构成

	未上过学	小学	初中	高中	大专及以上
2007 年(元)					
人均纯收入	4259	4570	4882	5725	6865
工资性收入	1761	2067	2200	2665	3231
家庭经营纯收入	2057	2090	2330	2605	2814
财产性收入	123	164	162	180	332
转移性收入	318	249	190	275	488
2008 年(元)					
人均纯收入	4851	4920	5231	6054	7423
工资性收入	1946	2268	2463	2882	3833
家庭经营纯收入	2221	2137	2365	2666	2763
财产性收入	109	171	143	180	342
转移性收入	575	344	260	326	485
增长率(%)					
人均纯收入	13.89	7.64	7.15	5.76	8.12
工资性收入	10.51	9.71	11.94	8.15	18.63
家庭经营纯收入	7.99	2.25	1.53	2.35	－1.81
财产性收入	－11.32	4.18	－11.99	0.25	2.78
转移性收入	80.57	38.10	36.97	18.50	－0.59

户主受教育水平的高低与家庭人均纯收入水平的高低有着明显的正相关关系。家庭人均纯收入水平随着户主的受教育水平提高而增加。从 2007 年和 2008 年两年的收入平均值来看，户主未上过学的农村住户的家

庭人均纯收入为4555元，而户主是小学文化程度住户的家庭人均纯收入为4745元，比户主未上过学的家庭高出4.17%；户主是初中文化程度的住户的家庭人均纯收入则为5056.50元，比小学文化程度的高出6.56%；户主是高中文化程度的家庭人均纯收入为5889.50元，比初中文化程度的高16.47%；户主是大专及以上文化程度的家庭人均纯收入为7144元，比高中文化程度的高21.30%。可以看到，不仅收入水平随着户主受教育程度提高而提高，而且提高的幅度也随着户主受教育水平提高而增大。户主为大专及以上受教育水平的家庭人均纯收入比户主没上过学的家庭平均高出56.84%。显然，户主受教育水平对收入有明显的促进作用，接受更高教育的户主可以得到更多的收入，而且可能倾向于和同样受教育水平较高的人组成家庭，这样，进一步扩大了不同户主受教育水平的家庭之间的人均收入差异。特别是，户主受教育程度对收入的促进作用存在一个递增的趋势。户主受教育水平每向上提高一个层次，其家庭收入的增加幅度也增大。

尽管不同类型家庭的人均收入水平存在不同程度的差异，但是从增长率看，这种差距从2007年到2008年出现了缩小。户主没上过学的家庭人均纯收入增长最快，增长率达到13.89%。户主具有小学文化程度的家庭人均纯收入增长了7.64%。而户主是高中文化程度的家庭人均纯收入增长率仅为5.76%。总体上看，低收入家庭收入增长快，高收入家庭收入增长慢的情况使2008年不同户主受教育程度的家庭之间的收入差距较2007年有所缩小。例如，户主具有大专及以上学历家庭和户主没上过学的家庭的人均纯收入的比率从2007年的1.61∶1下降到2008年的1.53∶1。只有户主受教育程度是高中和大专及以上两个类别之间的家庭收入差距略有扩大。

2007年和2008年两年，工资性收入、家庭经营纯收入和财产性收入都基本呈现随着户主受教育程度提高而增加的趋势；而转移性收入则随着户主受教育水平提高明显表现出一个“U”形的关系，户主具有初中学历的家庭的人均转移性收入最低。不同受教育程度的户主，其家庭的收入结构也存在不同，而且表现出一定的规律性。工资性收入在人均纯收入中的比例随着户主受教育程度的提高而提高；相反，家庭经营纯收入的比例则随着户主受教育程度的提高而减小。这意味着，户主的受教育程度越高，家庭成员从事的工资性工作的重要性就越高，而家庭经营活动的重要性就越低。

从增长率看，工资性收入在不同受教育程度的户主家庭之间普遍快速增长。户主具有高中学历家庭的工资性收入增长率最低，为8.15%；而户主具有大专及以上学历的家庭增长率最高，高达18.63%。工资性收入增长是家庭人均纯收入增长的主要来源。特别是对户主具有大专及以上学历的家庭来说，在家庭经营纯收入和转移性收入全部出现下降的情况下，家庭人均纯收入的增长完全是依靠工资性收入增长来驱动的。

家庭经营纯收入大体上呈现户主受教育程度低、低收入家庭增长较快，户主受教育程度高、高收入家庭增长较慢的格局。户主未上过学家庭的家庭经营纯收入出现了较快增长；户主具有小学、初中和高中学历家庭的家庭经营纯收入没有明显变动，增长幅度都在2%左右；户主具有大专及以上学历家庭的家庭经营纯收入则出现了1.81%的下降。这种增长格局使得家庭经营纯收入起到了缩小不同户主受教育程度的家庭之间的收入差距的作用。

财产性收入以下降为主，而且基本上呈现低文化程度户主家庭下降多，高文化程度户主家庭下降少的现象。但是，由于财产性收入的绝对水平较低，在家庭人均纯收入中相对比例也小，因此，财产性收入的增长率的差异对家庭收入水平和收入差距的影响都比较小。

转移性收入的增长率则明显呈现户主受教育程度低、低收入家庭增长快，户主受教育程度高、高收入家庭增长慢的格局。户主未上过学的家庭的人均转移性收入增长幅度高达80.57%；而户主具有大专及以上学历家庭的人均转移性收入却下降了0.59%。因此，转移性收入增长率的这种组间差异也起到了减小不同户主受教育程度的家庭之间收入差距的作用。

3. 户主年龄与收入增长

户主年龄特征不同的家庭可能存在不同的收入特征。我们将户主年龄划分为六个年龄组，据此将样本中的全部家庭划分为六组。表14－25列出了2007年和2008年调查数据中的户主年龄分布情况。户主年龄集中分布在41～60岁这个年龄段上，占全部样本的近65%。30岁及以下的年轻户主和71岁及以上的老年户主数量都较少。

表14－26给出了不同户主年龄组的家庭人均纯收入水平、分项构成及各自的增长率。2007年，家庭人均纯收入由高到低分别是41～50岁组、51～60岁组、31～40岁组、30岁及以下组、61～70岁组和71岁及以上组。2008年，由高到低分别是41～50岁组、31～40岁组、51～60岁组、61～70岁组、30岁及以下组和71岁及以上组。可以看到户主处于中年的家庭的人均收入水平要高于户主处于老年阶段或青年阶段的家庭。这也是收入在人的生命周期中波动的一个反映。

表 14－25　2007～2008 年户主年龄分布

	30 岁及以下	31～40 岁	41～50 岁	51～60 岁	61～70 岁	71 岁及以上
2007 年						
家庭样本量(户)	129	1581	2567	2606	961	156
个人样本量(人)	510	6145	10196	10562	3564	588
家庭规模(人)	3.95	3.89	3.97	4.05	3.71	3.77
2008 年						
家庭样本量(户)	132	1580	2560	2605	953	157
个人样本量(人)	522	6159	9974	10390	3543	571
家庭规模(人)	3.95	3.90	3.90	3.99	3.72	3.64

表 14－26　2007～2008 年不同户主年龄组的家庭人均纯收入构成

	30 岁及以下	31～40 岁	41～50 岁	51～60 岁	61～70 岁	71 岁及以上
2007 年(元)						
人均纯收入	4552	4751	5367	4858	4462	3660
工资性收入	1823	2068	2439	2312	1911	1388
家庭经营纯收入	2456	2456	2604	2105	1843	1525
财产性收入	120	98	183	200	131	199
转移性收入	153	129	141	241	577	548
2008 年(元)						
人均纯收入	4618	5223	5781	5128	4721	4229
工资性收入	1997	2326	2740	2496	2072	1829
家庭经营纯收入	2227	2538	2653	2142	1899	1533
财产性收入	235	138	164	164	144	165
转移性收入	159	221	224	326	606	702
增长率(%)						
人均纯收入	1.46	9.94	7.72	5.56	5.78	15.52
工资性收入	9.57	12.51	12.35	7.96	8.39	31.71
家庭经营纯收入	-9.34	3.35	1.89	1.79	3.02	0.54
财产性收入	96.09	40.22	-10.21	-18.32	10.07	-17.10
转移性收入	3.97	71.01	58.58	35.44	4.99	28.07

2007～2008 年不同类型家庭的收入排序稍有变化，但最高收入组都是41～50 岁组，最低收入组都是 71 岁及以上组。2007 年，这两组人均纯收入的比率为 1.47∶1，2008 年为 1.37∶1，有所下降。高低收入比率的下降和不同类型家庭之间收入排序的变动都来自不同户主年龄组之间人均收

入增长率的不同。

2008 年，家庭人均纯收入增长最快的是收入最低的 71 岁及以上组，增幅高达 15.52%。而 2007 年家庭人均纯收入最高的 41～50 岁组的家庭人均纯收入在 2008 年增长了 7.72%。增长率的差异使得两组之间的收入差异缩小了。增长幅度第二位的是 2007 年家庭人均纯收入水平第三位的 31～40 岁组，达到 9.94%。而同时 2007 年家庭人均纯收入水平第二位的 51～60 岁组仅增长 5.56%。这使得两组的收入排位在 2008 年调换了位置。同样的，30 岁及以下组的缓慢增长使得该组的排序在 2008 年下降了一位。总体来讲，收入较低的户主年龄组收入增长较快，使得不同户主年龄组之间的差距在 2008 年较 2007 年有所缩小。

根据表 14－26 可以对不同户主年龄组家庭收入变动的来源进行分析。工资性收入始终是家庭人均纯收入增长的主要来源。各年龄组的工资性收入增长率都超过了 7.9%。家庭经营纯收入在不同户主年龄组之间差异很大，这种差异也是导致家庭人均纯收入变动的主要原因。

除了工资性收入增长和家庭经营纯收入增长之外，还有另外一个影响不同户主年龄组的家庭人均纯收入的因素，即家庭规模。不同年龄段的家庭规模的变动可能性不同。家庭规模变动仅仅对某些特定年龄段的家庭会有比较大的影响。例如，户主年龄在 30 岁及以下的家庭，大多是刚刚结婚不久自立门户的年轻夫妻，正值生育年龄，新出生的没有收入的孩子会使家庭人均纯收入出现下降。而对于年纪大的家庭来说（如户主年龄 71 岁及以上家庭），没有劳动能力或收入来源的老人的去世可能会减小家庭规模并提高家庭人均纯收入水平。

表 14－25 中给出了根据样本分布数据计算得到的不同户主年龄组的平均家庭规模。在 2007 年，户主年龄在 30 岁及以下的家庭的平均家庭成员人数是 3.95 人，2008 年这一数字保持不变。而同时，41～50 岁组的平均家庭规模由 3.97 下降到 3.90，下降约 2%。假如与 41～50 岁组同样的变动率，30 岁及以下组家庭人均纯收入增长率会提高到 2% 左右。同样，对于户主年龄在 71 岁及以上的家庭来说，老年人去世等因素相对重要，因此家庭规模下降了 3.45%，家庭规模的这种下降使得该年龄组的家庭人均纯收入有所提高。倘若保持 2007 年家庭规模不变，不同户主年龄组之间的家庭人均纯收入增长率的差距则会比表 14－26 中的结果有所缩小。尽管这样的假设计算比较粗糙，但仍然可以说明家庭规模变动的影响。

14.5　本章总结

以上从各个方面对2007～2008年的农村居民家庭人均纯收入水平、构成和增长率进行了分析。从增长率来看，数据覆盖的省份中，农村居民的收入增长率依然较低，显著低于同期的全国人均GDP增长率，促进农村居民收入快速增长依然是一项艰巨而有重要意义的工作。低收入人群的收入增长比高收入人群稍慢，如果这种情况持续下去，农村内部居民的收入差距会扩大。如何推动低收入群体的收入增长，也是一个重要问题。特别是对于最低收入10%的人群，我们的计算结果表明，这部分人的收入甚至出现了下降。采取何种措施扶助这部分贫困人群，并帮助他们摆脱贫困陷阱，对减少农村贫困、提高农村居民收入水平和生活水平具有重要意义。

工资性收入的较快增长，体现了务工对农村居民的影响变得越来越大。随着工资性收入在家庭人均收入中比例提高，它已经成为推动中国农村居民收入增长的主要力量。家庭经营收入则在总体上没有显著变动。从其构成来看，第一产业纯收入和第三产业纯收入在总体上略有增长，而第二产业纯收入则出现了大幅下降。无论是家庭经营纯收入还是构成家庭经营纯收入的三大产业纯收入，在不同的人群中都有着极为不同的增长情况，其原因是多样的，对不同群体的收入增长和群体之间的收入差距的影响也随划分方式的不同而不同。

转移性收入经历了普遍的快速增长，这可能是国家对农村地区转移性投入力度加大的结果。但是必须看到，在全部样本之间，转移性收入水平明显随家庭人均纯收入水平的提高而快速提高。高收入家庭获得的转移性收入依然远远高于低收入家庭。从国家政策的层面来看，惠及农村低收入居民的国家转移支付政策可能会更有效地促进农村居民收入增长和缓解收入差距扩大。

本章的分析结果还表明，国际金融危机对农村居民纯收入以及工资性收入增长的影响，甚至包括对劳动力外出就业的影响都不是十分显著的。但是，它对低收入人群和一些外出劳动力地区的影响却更加明显。这意味着突发性、短暂的外部冲击的直接受害者依然是那些低收入群体和弱势人群。

尽管能够从2007年和2008年两年数据中得到的确定性结论十分有限，但是我们相信，以上的分析还是可以从各个方面对中国农村居民的收入水平和增长情况提供一个具有可信性的统计分析和描述，可以为了解中国农村居民的收入和经济状况提供一些可靠的基本信息。

15　中国居民的收入流动性

改革开放以来，中国经济发展与收入增长取得了举世瞩目的成就。在这30多年里，中国经济的市场化进程加快，人们的劳动和经营积极性大为提高，收入分配表现为渠道多元化、形式多样化，城乡居民整体收入水平逐步提高。然而，与中国经济的高速增长相伴随的却是居民收入差距的不断扩大，城乡之间、地区之间、行业之间、各社会阶层之间以及不同所有制之间的收入分配差距迅速拉大，并有继续扩大的趋势。收入差距的急速扩张使中国在较短的时间内由一个平均主义盛行的国家转变为收入差距较高的国家。农村居民收入基尼系数从1978年的0.21上升到2007年的0.37，其中2005年为0.38，而城镇居民收入基尼系数也相应地从0.16上升到0.34，上升了一倍以上。根据世界银行的估计，改革之初，中国全国总体的基尼系数仅为0.33。但到2002年，北师大收入分配课题组估计的中国全国的基尼系数达0.454，2007年达到0.48。

但是，大量研究关于收入差距的判断都是基于静态的角度，实际上，已有研究仅仅通过基尼系数等指标考察不平等是存在一定局限性的，基尼系数等指标只能度量单年度的收入不平等程度，无法判断长期不平等的真实状况。长期来看，对于居民家庭和个人更为关注的问题，也许不是某一年居民之间的收入差异，而是收入的流动性水平，即考察一个特定时间段里居民收入地位的变动程度。他们是否会长期处于低收入阶层？他们是否有公平合理的机会摆脱贫困？收入流动是否具有长期均等化效应？

事实上，在收入差距扩大的同时，人们的相对收入地位也在发生变动，表现为收入流动的形式，其结果就是现在处于低收入人群的居民多数并不是过去的低收入者，这就使得同样的收入差距很可能有着完全不同的政策含义。收入流动性有利于促进低收入群体生命周期中的收入平等，并且较高的向上收入流动性还可以为低收入群体提供摆脱持续低收入状态的可能。在一个充分的收入流动性水平和合理的收入流动性结构下，社会各收入阶层都可以获得一种机会上的平等，从而协调不同收入阶层的利益，有效缓解可能进一步加剧的社会矛盾。可见，考虑到收入在年与年之间的流动性时，用传统的单一年度数据衡量的收入不平等指标会具有误导性。收入流动性的研究可以深化我们关于收入分配领域中现有问题的认识，为出台相应收入分配政策提供全新的参考视角。

关于收入流动性的研究，最主要的目的是估计长期收入的分布，相比于一年的收入，是更加平等还是更加不平等。Krugman 在 1992 年指出："如果收入流动性很高，特定年份的不平等是无关紧要的，因为整个生命周期内的收入分布会变平等……流动性的提高会使得终生收入的分布趋于平等。" 20 世纪 90 年代早期，相比于其他发展中国家，中国收入不平等的扩大伴随着一定程度的收入流动，且收入流动性高于美国等发达国家。到 21 世纪初，中国的收入不平等进一步上升，但收入流动性却在降低，意味着弱势人群长期陷入低收入的概率增加。

利用北师大收入分配课题组的调查数据，已有研究表明：20 世纪 90 年代以来，中国城镇居民收入流动性表现出明显的下降倾向，而农村居民的收入流动性则略有上升。① 对于城镇居民，1991～1995 年出现的较高的收入流动性，其结果是低文化程度者、退休人员和集体企业职工等人群迅速沉入收入分布的底层，而金融业人员、机关事业单位人员和管理人员等人群迅速升至收入分布的顶层。而 1998～2002 年，收入流动性显著下降，使得收入阶层的分化趋于稳定化。② 同时，1991～1995 年，城市的收入流动性高于农村；但是到 1998～2002 年，农村的流动性反而高于城市。③ 收入流动性有所下降，也就是说居民相对收入地位更加难以改变。这意味着，高收入人群沦入低收入组、低收入人群进入高收入组的可能性在下降，收入分配格局趋于固定化，建立与完善收入再分配机制也将面临更大的阻力。

本章利用北师大收入分配课题组 2007 年和 2008 年的城市和农村住户调查数据讨论中国城乡居民收入流动性的基本特征，以家庭人均总收入为衡量指标，通过构建收入转换矩阵的方法，得到相关的收入流动性指数，从而对中国城市居民、农村居民的收入流动性水平与结构进行刻画和对比，

---

① 罗楚亮：《城乡居民的收入流动性研究》，《财经科学》2009 年第 1 期。

② 尹恒等：《中国城镇个人收入流动性研究》，《经济研究》2006 年第 10 期。

③ Khor, Niny, John Pencavel. 2010. Evolution of Income Mobility in the People's Republic of China: 1991 - 2002, Asian Development Bank Economics Working Paper Series No. 204.

并简单估计全国居民的收入流动性情况。本章第15.1部分将简要介绍本章所用到的收入流动性测量方式；第15.2部分和第15.3部分分别讨论城市和农村内部的收入流动性特点；第15.4部分将城乡合并，以讨论全国居民收入流动性的基本特征并对城乡居民收入流动性特征进行简要比较。

15.1 对收入流动性的衡量

收入流动是一个衡量居民的收入在社会中的相对位置或排序变化的指标。转换矩阵是收入流动性测度研究中非常重要的成果，也是目前众多收入流动性测度中争议最少的测度方式。转换矩阵的元素 p_{ij} 表示初始年处于第 i 收入组的人，在分析终止年位于第 j 收入组的概率，它一般根据样本估算，将收入由低到高划分为n等分组，标出每个样本在初始年和终止年所处的位置，计算出在初始年每一收入组人数中，在终止年位于各收入组的人数的比例，就可以得到收入转换矩阵。

基于时间依赖的转换矩阵，采用的流动性指数主要有加权平均移动率、惯性率、亚惯性率和开方指数。有一种非时间依赖的转换矩阵，如五分位转换矩阵中每个元素都等于0.2，它表示结束年与起始年的分配在时间上完全无关，不管起始年的收入位置如何，即每一组人在结束年的收入位置是随机的，这反映了一个完全机会平等的状态。

加权平均移动率以移动的幅度为权重对移动概率进行加权平均；惯性率度量位置不变的人所占的比例，是收入转换矩阵对角线上元素的算术平均值；亚惯性率度量位置相对稳定的人所占的比例，即收入位置维持不动或移动一层（向上或向下）的比例；开方指数度量收入转换矩阵与充分流动矩阵（所有元素均为0.2的矩阵）的距离。以五等分组为例，上述4个指标的表达式分别为：

加权平均移动率 $\frac{1}{5}\sum_{j=1}^{5}\sum_{i=1}^{5}|j-i|\cdot p_{ij}$，

惯性率 $\frac{1}{5}\sum_{j=1}^{5}p_{ij}$，

亚惯性率 $\frac{1}{5}\sum_{i=1}^{5}\sum_{j=i-1}^{i+1}p_{ij}$，

开方指数 $\chi^2=\sum_{ij}\frac{(p_{ij}-0.2)^2}{0.2}$。

收入转换矩阵虽是一种较流行的方法，但它还存在一定不足。一是对收入流动性的测度将严重依赖收入组的细分程度，收入分组越细，则流动性越强；二是对于时间间隔较短的收入流动有时不是很适合，时间短、流动性较小时，往往造成转换矩阵对角线上的数据几乎接近于1；三是按收入等级分组造成测量出的收入流动仅为某个人或某个地区收入从一个等级上升（或下降）至另一个等级的流动，即只考虑了收入组之间的流动，但完全忽视了收入组内部的流动性。

15.2 城市居民的收入流动性

1. 城市住户调查数据的简要描述

本部分对城市居民收入流动性的讨论基于北师大收入分配课题组2007年和2008年对上海、江苏、浙江、安徽、河南、湖北、广东、重庆、四川9个省份所做的城市住户调查数据，这两年的调查设计是在这9个省份获取一个住户追踪数据集。两年同时追踪到的面板数据有4251户，样本量为12389人，其中男性6163人，女性6226人。表15-1是城市调查样本的总体情况，9个省份的样本人口比例差别不大，其中河南最高，占14.11%；四川最低，占8.06%。总体来看，男女比例基本持平。

表15-1 2007年和2008年城市住户调查的面板样本情况

	家庭数（户）	人口数（人）	人口份额（%）	男（人）	女（人）	男/女性别比
上海	477	1387	11.20	690	697	0.99
江苏	574	1579	12.75	799	780	1.02
浙江	581	1550	12.51	763	787	0.97
安徽	433	1232	9.94	628	604	1.04
河南	612	1748	14.11	844	904	0.93
湖北	367	1090	8.80	547	543	1.01
广东	506	1690	13.64	868	822	1.06
重庆	351	1115	9.00	532	583	0.91
四川	350	998	8.06	492	506	0.97
全部	4251	12389	100.00	6163	6226	0.99

2. 城市居民收入变动的统计分析

我们首先对城市居民2007~2008年的家庭人均总收入变动进行了简单的描述统计（如图15-1所示）。2007年，全部城市样本的平均收入为

19751.46 元，2008 年上升到 21436.68 元，增长了 8.53%。分地区来看，在调查的 9 个省份中，2007 年，广东的平均收入最高，其次是上海、浙江，河南最低；且最高平均收入与最低平均收入之比为 2.13∶1。2008 年，平均收入最高的仍然是广东，而最低的是重庆，两个地区的收入之比为 1.87∶1。从增长幅度来看，河南的收入均值上升幅度最大，达到 22.02%，其次是江苏，四川和安徽的收入均值反而有所下降。

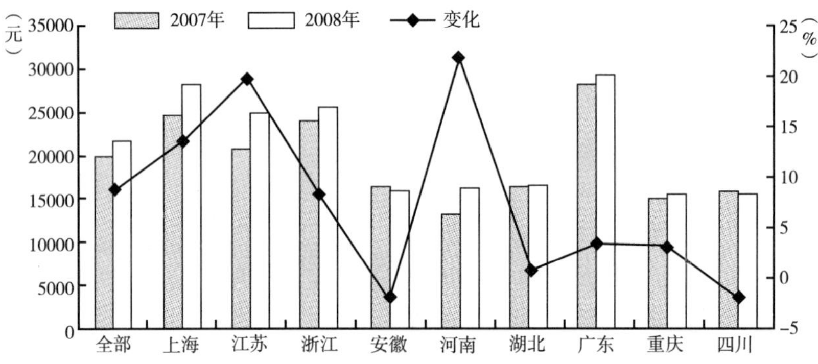

图 15－1　2007 年和 2008 年城市家庭人均总收入及其变化

我们进一步用基尼系数来刻画收入差距及其变化（见图 15－2），2007 年全部样本的基尼系数为 0.359，2008 年降低到 0.325，降低了 9.47%。分地区来看，2007 年城市居民收入基尼系数最高的是重庆，达到 0.382，其次是湖北和安徽，最低是广东，为 0.285。2008 年城市居民收入差距最大的是湖北，基尼系数为 0.335，重庆变为最小，为 0.243。从收入差距的变动来看，9 个省份的基尼系数均有不同程度的下降，其中重庆的降幅最大，达到 36.39%，其次是安徽、河南，降幅最小的是江

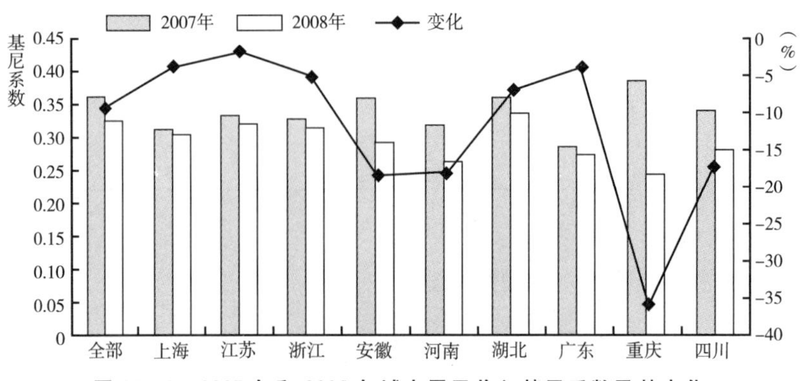

图 15－2　2007 年和 2008 年城市居民收入基尼系数及其变化

苏，仅为1.68%。

比较各地区之间的收入均值和收入差距，可以发现，广东、上海、浙江、江苏等沿海发达地区的收入均值明显高于中西部省份，2007年，中西部地区的收入差距高于沿海地区，但到2008年，中西部地区收入差距的降幅也明显高于沿海发达地区。

3. 城市居民的收入流动性测度

（1）五等分组收入转换矩阵和流动性

根据城市居民家庭人均总收入从低到高的五等分组，我们得到城市居民2007~2008年的收入转换矩阵，如表15-2所示。2007年处于收入最低20%的人群中，66.4%的人在2008年仍处于收入最低的20%分组中，22.8%的人上升到收入次低的20%分组中，只有0.6%的人上升到收入最高20%的分组中。2007年处于收入次低20%的人群中，23.9%的人在2008年降到了收入最低的20%分组中，22.5%的人上升到中间20%的收入分组。处于中间20%收入分组的人群中，43.5%的人位置没有发生变动，29.6%的人收入分组位置下降，26.8%的人收入分组位置上升。收入次高的20%分组中，50.2%的人位置不变，19.2%的人上升到收入最高的20%分组。收入最高的20%分组中，74%的人位置不变，1.1%的人降到了收入最低的20%分组中。从各收入分组人数比例的变化中可以发现，收入相对最低或者最高的这部分人群的收入变动较小，处于中间3组的人口中，向下一层流动的人数比例均高于向上一层流动的人数比例。

表15-2 2007年和2008年城市家庭人均总收入五等分组转换矩阵

		2008年收入等级				
		最低组	第二组	第三组	第四组	最高组
2007年收入等级	最低组	0.6642	0.2277	0.0794	0.0226	0.0060
	第二组	0.2393	0.4457	0.2253	0.0697	0.0200
	第三组	0.0565	0.2399	0.4351	0.2224	0.0460
	第四组	0.0273	0.0654	0.2129	0.5024	0.1921
	最高组	0.0110	0.0199	0.0496	0.1797	0.7398

根据家庭人均总收入的五等分组，我们进一步得到不同流动层次和方向的变动情况，如表15-3所示。可以看到，55.91%人群的收入分组位置没有变动，向下流动1层的比例为17.58%，略高于向上流动1层的比例17.11%。向下流动2层的比例为3.39%，低于向上流动2层的

比例3.74%。向下流动3层或4层的比例也都高于向上流动3层或4层的比例。

表15－3 城市居民家庭人均总收入五等分组流动性

流动方向	流动层数	百分比(%)	流动方向	流动层数	百分比(%)
向下流动	－4	0.21	向上流动	1	17.11
	－3	1.08		2	3.74
	－2	3.39		3	0.87
	－1	17.58		4	0.12
不流动	0	55.91			

（2）收入流动性指数

通过收入转换矩阵，我们计算得到全部城市样本及9个省份城市居民的4个收入流动性指数（见表15－4）。如前所述，加权平均移动率越大，惯性率、亚惯性率和开方指数越小，意味着收入流动性越大。以加权平均移动率为例，全部样本的测算值为0.562。分省份来看，重庆最高，达到0.956，其次是河南，上海最低，仅为0.397。惯性率、亚惯性率和开方指数所反映的情况与加权平均移动率基本一致。结合各个地区的收入水平和收入差距，可以发现，广东的经济发展水平较高，其城市居民的收入流动性也较大；长三角地区，上海、江苏、浙江的收入水平也较高，但其城市居民的收入流动性不高。中西部地区中，重庆收入流动性在9个省份中最大，同时收入差距缩小也是最为明显的；河南和四川的收入流动性较高，而安徽、湖北的收入流动性较低。

表15－4 各省份城市居民家庭人均总收入流动性指数

	加权平均移动率	惯性率	亚惯性率	开方指数
上海	0.397	0.673	0.973	7.857
江苏	0.564	0.561	0.931	5.236
浙江	0.599	0.526	0.932	4.723
安徽	0.540	0.608	0.949	6.000
河南	0.754	0.460	0.899	3.266
湖北	0.521	0.573	0.940	5.820
广东	0.706	0.503	0.928	3.858
重庆	0.956	0.362	0.908	1.866
四川	0.702	0.495	0.953	3.930
全部	0.562	0.557	0.946	5.179

4. 城市居民不同收入流动程度的家庭特征

为进一步分析城市居民收入流动性的特征及其影响因素，我们将主要刻画不同收入流动程度的家庭规模特征、家庭户主特征、家庭地理位置、户主或配偶的满意度情况及收入流动性的地区差异。

（1）家庭规模特征

根据不同的收入流动方向和流动层次，我们分析城市居民家庭的规模特征（见表15－5）。2008年底，城市家庭的平均人数为2.92人，其中从事工作（工资性就业、务农或自我经营）的平均人数为1.379人，16岁以下或16岁及以上在校的平均人数为0.531人，60岁以上的老年人数为0.468人。区分流动方向来看，向上流动的家庭平均人数为2.976人，其中从事工作的平均人数为1.450人，16岁以下或16岁及以上在校的平均人数为0.524人，60岁以上的老年人数为0.421人；而向下流动的家庭平均人数为2.883人，其中从事工作的平均人数为1.333人，16岁以下或16岁及以上在校的平均人数为0.542人，60岁以上的老年人数为0.499人。平均意义上来讲，城市家庭中，从事工作的人数越多，在校儿童和老人数越少，则家庭收入越倾向于向上流动。向上流动2层及以上的家庭中，儿童和老人数量都是最低的。毋庸置疑，工作对于家庭收入具有重要影响，家庭成员中，从事工作的人数越少，家庭收入来源越少，则家庭收入越容易向底层流动，从而陷入相对贫困的状态。

表15－5　2008年底城市居民家庭规模特征与收入流动性

单位：人

	家庭平均人数	从事工作的平均人数	16岁以下或16岁及以上在校的平均人数	60岁以上的老年人数
全部	2.920	1.379	0.531	0.468
向上流动	2.976	1.450	0.524	0.421
流动1层	2.968	1.444	0.531	0.446
流动2层	3.044	1.560	0.503	0.358
流动2层以上	2.857	1.143	0.476	0.238
向下流动	2.883	1.333	0.542	0.499
流动1层	2.885	1.361	0.535	0.506
流动2层	2.958	1.271	0.576	0.514
流动2层以上	2.655	1.109	0.545	0.364
不流动	2.913	1.370	0.529	0.474

（2）家庭户主特征

城市居民家庭户主的特征主要包括性别、年龄、就业状况、文化程度、健康状况和主观幸福感等几个方面。

从户主的性别来看，2008 年底城市居民家庭中，男性户主的比例为 64.87%（见表 15－6）。区分不同的流动方向和流动层次，女性户主的家庭人均收入更倾向于保持不变或向下流动，但总体而言，户主性别对收入流动方向的影响差异在统计上并不明显。从户主年龄来看，向上流动的户主平均年龄为 50.29 岁，低于向下流动家庭户主的平均年龄 51.17 岁，且向上流动 2 层及以上的户主平均年龄最低，为 49.02 岁，向下流动 2 层及以上的户主平均年龄最高，为 52.22 岁，表明户主越年轻，家庭收入越容易向上流动。

表 15－6　2008 年底城市居民家庭户主性别、年龄特征与收入流动性

	户主性别比例(%)		户主年龄(岁)		
	男	女	均值	最小	最大
全部	64.87	35.13	50.93	19	92
向上流动	65.84	34.16	50.29	19	90
流动 1 层	66.85	33.15	50.46	19	90
流动 2 层	61.64	38.36	49.82	27	82
流动 2 层及以上	64.29	35.71	49.02	33	64
向下流动	65.43	34.57	51.17	25	87
流动 1 层	66.93	33.07	51.08	25	84
流动 2 层	59.03	40.97	51.26	25	87
流动 2 层及以上	61.82	38.18	52.22	29	85
不流动	64.27	35.73	51.09	21	92

如前所述，家庭成员中从事工作的人数对家庭收入具有重要影响，从 2008 年底城市家庭户主的就业身份来看（见表 15－7），全部样本中，57.81% 的户主是从事工资性工作、务农或自我经营者，3.27% 的户主为离退休再就业人员，4.09% 的户主是失业人员，31.76% 的户主为离退休人员，2% 的户主为家务劳动者或家庭帮工。人均总收入向上流动的家庭中，户主是从事工资性工作、务农或自我经营者的比例为 12.92%，高于收入向下流动家庭的比例 12.76%，向下流动 2 层及以上的户主为从事工资性工作、务农或自我经营者的比例最低，仅为 2.5%。收入向上流动的家庭中，户主是离退休再就业人员的比例也高于收入向

下流动的家庭，前者为0.87%，后者仅为0.42%。这进一步说明，家庭成员中，工作人数越多，家庭收入越倾向于向上流动。离退休人员的收入变动较小，因此户主为离退休人员的家庭，收入倾向于不流动或向下流动。此外，相比于收入向上流动，收入向下流动的家庭中，户主为失业人员、家务劳动者或家庭帮工的比例较高，尤其是收入向下流动2层及以上的家庭。

表15-7 2008年底城市居民家庭户主就业状况与收入流动性

单位：%

流动大小	从事工资性工作、务农或自我经营者	离退休再就业人员	失业人员	离退休人员	家务劳动者或家庭帮工	其他	合计
向下2层以上	0.64	0.02	0.12	0.40	0.09	0.02	1.29
向下2层	1.86	0.05	0.26	1.06	0.12	0.05	3.39
向下1层	10.26	0.35	0.68	5.86	0.31	0.12	17.58
不流动	32.14	1.98	2.19	17.86	1.04	0.71	55.91
向上1层	10.19	0.66	0.56	5.29	0.31	0.09	17.11
向上2层	2.14	0.19	0.14	1.08	0.14	0.05	3.74
向上2层以上	0.59	0.02	0.14	0.21	0.00	0.02	0.99
合　计	57.81	3.27	4.09	31.76	2.00	1.06	100.00

20世纪90年代以来，城镇个人受教育程度收益率的上升趋势是非常明显的，而且城镇个人受教育程度收益率存在显著的递增性，也就是说，接受高等教育的收益率要明显高于接受中等教育和初等教育的收益率，而且其差别变得越来越大。因此，受教育程度在收入分配中的影响作用变得越来越突出，且受教育水平的差异在解释城镇居民的收入差距方面也变得越来越重要。正是由于受教育水平或者说人力资本因素在个人收入决定中的作用变得越来越重要，随着受教育程度收益率的不断提高，不同文化程度人群组之间的收入差距也变得越来越明显。北师大收入分配课题组于1995年和2002年两次住户调查数据表明，城镇居民中具有大学及大学文化程度以上人群组与具有初中文化程度人群组的平均收入之比，1995年为1.42∶1，2002年上升为1.89∶1；大学及大学文化程度以上人群组与小学文化程度人群组的平均收入之比，1995年为1.53∶1，2002年上升为2.21∶1。因此，非常有必要分析户主的文化程度对家庭收入流动性的影响。

2008年底城市家庭中，户主受教育程度为小学及以下的占6.78%，

24.02%的户主为初中学历，25.60%的户主为高中学历，中专学历的占10.38%，大学专科学历的占17.34%，大学本科学历的占12.87%，研究生学历的占3.01%（见表15－8）。可见，城市家庭户主的受教育程度较为集中在初、高中水平。收入向上流动的城市家庭中，户主为初中及以下学历的比例（6.4%）低于收入向下流动的家庭的比例（7.96%），户主为高中及以上学历的比例（15.43%）高于收入向下流动的家庭比例（14.29%）。收入向上流动的家庭中，户主为大学专科、大学本科和研究生学历的比例分别为3.92%、2.68%和0.62%；收入向下流动的家庭中，户主为这3种文化程度的比例分别为3.69%、1.88%和0.58%；收入不流动的家庭中，户主为这3种文化程度的比例分别为9.72%、8.31%和1.81%。显然，户主的受教育程度越高，家庭收入越不容易向下流动。

表15－8　2008年底城市居民家庭户主受教育程度与收入流动性

单位：%

流动大小	小学及以下	初中	高中	中专	大学专科	大学本科	研究生	合计
向下2层以上	0.07	0.31	0.47	0.19	0.12	0.07	0.07	1.29
向下2层	0.40	0.92	0.75	0.26	0.61	0.35	0.09	3.39
向下1层	1.48	4.78	4.52	1.95	2.96	1.46	0.42	17.58
不流动	3.51	12.94	14.19	5.44	9.72	8.31	1.81	55.91
向上1层	0.99	3.86	4.45	2.21	3.01	2.14	0.45	17.11
向上2层	0.24	0.94	0.94	0.26	0.82	0.42	0.12	3.74
向上2层以上	0.09	0.28	0.28	0.07	0.09	0.12	0.05	0.99
合　计	6.78	24.02	25.60	10.38	17.34	12.87	3.01	100.00

除受教育水平之外，也有大量研究关注收入及收入不平等与健康的关系。显然，户主的健康也会影响到其就业状态，从而影响家庭的收入水平及其流动性。从2008年底城市家庭户主的健康状况来看（见表15－9），全部样本中，14.61%的户主自评健康状况为非常好，47.27%的为好，32.49%的为一般，4.99%的为不好，非常不好的比例为0.64%。其中，收入向上流动家庭户主中，健康状况为非常不好的仅占0.05%，低于收入向下流动的户主选择比例0.11%；但是健康状况为不好的比例为1.34%，高于收入向下流动户主选择的比例1.08%。总体而言，收入不流动或收入向下流动的家庭户主的健康状况略差于收入向上流动的家庭户主。

表 15－9　2008 年底城市居民家庭户主健康状况与收入流动性

单位：%

流动大小	非常好	好	一般	不好	非常不好	合计
向下 2 层以上	0.19	0.66	0.38	0.07	0.00	1.29
向下 2 层	0.56	1.44	1.22	0.14	0.02	3.39
向下 1 层	2.75	8.61	5.25	0.87	0.09	17.58
不流动	7.74	25.95	19.18	2.56	0.47	55.91
向上 1 层	2.59	8.42	5.04	1.06	0.00	17.11
向上 2 层	0.47	1.84	1.20	0.19	0.05	3.74
向上 2 层以上	0.31	0.35	0.24	0.09	0.00	0.99
合　计	14.61	47.27	32.49	4.99	0.64	100.00

家庭收入与家庭成员的幸福感密切相关。2008 年底全部样本中，17.27% 的户主的主观幸福感为很幸福，61.13% 的选择为比较幸福，8.82% 的选择为不太幸福，0.92% 的选择为很不幸福，同时还有 11.86% 的样本量缺失（见表 15－10）。总体而言，户主选择很幸福的比例，在收入向上流动的家庭中为 4.44%，要高于收入向下流动的家庭比例 3.34%。同时，在收入向下流动 2 层及以上的家庭中，户主选择很不幸福的比例为 0.07%，而在收入向上流动 2 层及以上的家庭中，该比例为 0.02%。总体而言，收入向上流动的家庭户主的主观幸福感要好于收入向下流动的家庭户主，但流动性过大的情况下，包括向上流动 2 层以上或向下流动 2 层以上，其幸福感反而不如流动性小的家庭强。

表 15－10　2008 年底城市居民家庭户主的主观幸福感与收入流动性

单位：%

流动大小	很幸福	比较幸福	不太幸福	很不幸福	缺失	合计
向下 2 层以上	0.12	0.85	0.12	0.02	0.19	1.29
向下 2 层	0.47	2.19	0.26	0.05	0.42	3.39
向下 1 层	2.75	11.13	1.41	0.14	2.14	17.58
不流动	9.48	33.65	5.25	0.61	6.92	55.91
向上 1 层	3.55	10.28	1.32	0.07	1.88	17.11
向上 2 层	0.73	2.47	0.31	0.02	0.21	3.74
向上 2 层以上	0.16	0.56	0.16	0.00	0.09	0.99
合　计	17.27	61.13	8.82	0.92	11.86	100.00

（3）家庭地理位置

从 2008 年底城市家庭居住的地理位置来看（见表 15－11），82.92% 的家庭居住在主城区，15.15% 的居住在城乡结合区。区分流动方向来看，收入向上流动的家庭中，居住在主城区的比例（18.64%）高于收入向下流动的家庭中的这一比例（17.81%）。向上流动2层以上的家庭中，居住在主城区的相对比例较低（0.75比0.98为76.53%，明显低于居住在主城区向上流动2层、1层的这一比例）；而居住在城乡结合区的相对比例较高（0.21比0.98为21.43%，明显高于居住在城乡结合区向上流动2层、1层的这一比例）。向下流动2层以上的家庭中，居住在主城区的相对比例为89.15%（1.15比1.29），高于居住在主城区向下流动2层、1层的这一比例，而在城乡结合区的比例仅为9.3%（0.12相比于1.29），低于居住在城乡结合区向下流动2层、1层的这一比例。总体而言，相对于其他流动层次，向上流动2层以上的家庭中，居住在城乡结合区或镇乡结合区的相对比例更高；而向下流动2层以上的家庭中，居住在主城区的相对比例更高。

表15－11　2008年底城市居民家庭地理位置与收入流动性

单位：%

流动大小	主城区	城乡结合区	镇中心区	镇乡结合区	其他	合计
向下2层以上	1.15	0.12	0.00	0.02	0.00	1.29
向下2层	2.82	0.52	0.05	0.00	0.00	3.39
向下1层	13.84	3.41	0.19	0.12	0.02	17.58
不流动	46.47	8.28	0.56	0.52	0.07	55.90
向上1层	14.78	2.09	0.19	0.00	0.05	17.11
向上2层	3.11	0.52	0.05	0.07	0.00	3.75
向上2层以上	0.75	0.21	0.00	0.02	0.00	0.98
合　计	82.92	15.15	1.04	0.75	0.14	100.00

（4）户主或配偶的满意度

关于户主或配偶的满意度情况，主要包括工作满意度、工作收入满意度、家庭经济情况满意度和住房满意度4个方面。

从2008年底城市家庭户主或配偶主要工作满意度来看（见表15－12），收入向上流动2层及以上的家庭中，选择非常不满意的比例为0.23%，高于向下流动2层及以上的这一比例（0.11%）。收入向上流动1层的家庭中，户主选择满意或非常满意的比例为6.11%，高于收入向下流动1层的家庭（5.51%），而选择不满意的比例也高于向下流动1层的家庭。总体而言，收入向上流动的家庭中，户主或配偶对工作的满意度不如收入向下流动或者收入不流动的家庭。此外，收入流动性大的家庭，包括向上或向下流动2层及以上，其户主或配偶的主要工作满意度不如收入流动性小的家庭。

表 15－12 2008 年底城市居民家庭户主或配偶的主要工作满意度

单位：%

流动大小	非常不满意	不太满意	一般	满意	非常满意	缺失	合计
向下 2 层以上	0.02	0.14	0.42	0.45	0.02	0.24	1.29
向下 2 层	0.09	0.45	1.04	0.99	0.05	0.78	3.39
向下 1 层	0.47	1.29	7.44	5.27	0.24	2.87	17.58
不流动	1.84	5.13	20.96	18.21	1.27	8.49	55.91
向上 1 层	0.47	1.58	6.26	5.76	0.35	2.68	17.11
向上 2 层	0.16	0.45	1.32	1.29	0.05	0.47	3.74
向上 2 层以上	0.07	0.09	0.56	0.19	0.00	0.07	0.99
合　计	3.13	9.13	38.00	32.16	1.98	15.60	100.00

对于 2008 年底城市家庭户主或配偶的工作收入满意度，5.13% 的选择为非常不满意，选择不太满意的占 19.06%，41.15% 的选择为一般，23.58% 的选择为满意，非常满意的仅占 1.32%，另有 9.76% 缺失（见表 15－13）。结合收入流动情况，向上流动的家庭中，户主或配偶的收入满意度选择为非常不满意的比例（1.27%）高于收入向下流动的家庭（1.01%）；尤其向上流动 2 层以上的家庭户主或配偶选择为满意的比例仅为 0.14%，远低于向上流动其他层次中的比例。总体而言，收入流动性小的家庭中，户主或配偶对工作收入的满意度好于收入流动性大的家庭。

表 15－13 2008 年底城市居民家庭户主或配偶工作收入满意度

单位：%

流动大小	非常不满意	不太满意	一般	满意	非常满意	缺失	合计
向下 2 层以上	0.02	0.35	0.40	0.40	0.00	0.12	1.29
向下 2 层	0.21	0.66	1.25	0.92	0.05	0.31	3.39
向下 1 层	0.78	3.08	8.35	3.67	0.09	1.60	17.58
不流动	2.85	10.78	22.12	13.27	1.04	5.86	55.91
向上 1 层	0.85	3.27	7.22	4.09	0.09	1.58	17.11
向上 2 层	0.26	0.71	1.36	1.08	0.05	0.28	3.74
向上 2 层以上	0.16	0.21	0.45	0.14	0.00	0.02	0.99
合　计	5.13	19.06	41.15	23.58	1.32	9.76	100

对于 2008 年底家庭经济情况满意度（见表 15－14），4.38% 的户主或配偶选择非常不满意，15.13% 选择不太满意，52.68% 选择一般，26.05% 选择满意，1.46% 选择非常满意。收入向上流动 2 层以上的家庭中，其户主或配偶对家庭经济情况选择非常不满意和不太满意的分别占

0.12%和0.24%，高于收入向上流动2层以上家庭户主的选择。此外，收入向下流动2层以上的家庭中，选择满意的比例较高，占36.43%（0.47比1.29），高于选择满意的向下流动的其他层次的这一比例。总体而言，收入向上流动的户主或配偶对家庭经济情况满意度略好于收入向下流动的家庭户主或配偶，而流动性大的家庭户主或配偶的满意度不如流动性小的家庭户主或配偶。

表15－14　2008年底城市居民家庭户主或配偶家庭经济情况满意度

单位：%

流动大小	非常不满意	不太满意	一般	满意	非常满意	缺失	合计
向下2层以上	0.07	0.16	0.56	0.47	0.00	0.02	1.29
向下2层	0.07	0.68	1.58	1.01	0.05	0.00	3.39
向下1层	0.85	2.40	9.98	4.31	0.05	0.00	17.58
不流动	2.61	8.56	28.73	14.56	1.22	0.21	55.91
向上1层	0.42	2.49	9.53	4.52	0.09	0.05	17.11
向上2层	0.24	0.59	1.84	1.01	0.05	0.02	3.74
向上2层以上	0.12	0.24	0.47	0.16	0.00	0.00	0.99
合　计	4.38	15.13	52.68	26.05	1.46	0.31	100.00

对于2008年底住房满意度（见表15－15），收入向下流动2层以上的城市家庭户主或配偶选择非常不满意或不太满意的比例分别是0.07%和0.16%，都小于收入向上流动家庭；选择满意或非常满意的比例则大于收入向上流动的家庭。收入向上流动1层的家庭选择中，满意或非常满意的比例高于收入向下流动家庭。总体而言，收入向上流动的户主或配偶对住房满意度略好于收入向下流动的家庭户主或配偶，而流动性大的家庭户主或配偶的住房满意度不如流动性小的家庭户主或配偶的住房满意度高。

表15－15　2008年底城市居民家庭户主或配偶住房满意度

单位：%

流动大小	非常不满意	不太满意	一般	满意	非常满意	缺失	合计
向下2层以上	0.07	0.16	0.45	0.56	0.05	0.00	1.29
向下2层	0.21	0.42	1.48	1.15	0.12	0.00	3.39
向下1层	1.15	2.49	7.69	5.88	0.35	0.00	17.58
不流动	3.62	9.62	22.38	18.49	1.65	0.14	55.91
向上1层	0.85	2.96	6.68	6.14	0.45	0.02	17.11
向上2层	0.35	0.80	1.08	1.34	0.14	0.02	3.74
向上2层以上	0.12	0.21	0.38	0.28	0.00	0.00	0.99
合　计	6.38	16.68	40.14	33.86	2.75	0.19	100.00

(5) 收入流动性的地区差异

根据流动性方向和大小，我们进一步比较城市居民家庭人均总收入流动性的地区差异。从表 15－16 可以看出，收入向下流动 2 层以上的家庭中，浙江所占的比例最高，为 0.28%，其次是广东 0.21%，上海和江苏最低，均为 0.05%；向下流动 2 层的家庭中，重庆所占比例最高，达到 0.66%，其次是广东 0.54%，上海最低为 0.12%；向下流动 1 层的家庭中，安徽所占比例最高，为 2.94%，上海最低，1.25%。在收入向上流动 1 层的家庭中，安徽所占的比例最低，为 0.82%；向上流动 2 层的家庭中，湖北最低，为 0.09%；向上流动 2 层以上的家庭中，浙江最低，为 0.02%；河南在向上流动的各层比例中都最高。总体而言，收入向下流动的家庭中，上海所占的比例最低，安徽所占比例最高；相反，在收入向上流动的家庭中，河南所占的比例最高，安徽所占比例最低；在收入不流动的家庭中，上海所占比例最高，重庆、四川的比例较低，和流动性指数反映的情况基本一致。

表 15－16 各省份城市居民家庭人均总收入流动性比较

单位：%

流动大小	上海	江苏	浙江	安徽	河南	湖北	广东	重庆	四川	合计
向下 2 层以上	0.05	0.05	0.28	0.16	0.09	0.09	0.21	0.16	0.19	1.29
向下 2 层	0.12	0.33	0.38	0.38	0.31	0.24	0.54	0.66	0.45	3.39
向下 1 层	1.25	2.00	2.47	2.94	1.95	1.48	2.14	1.60	1.74	17.58
不流动	7.98	7.20	7.55	5.48	7.27	5.51	7.06	3.29	4.56	55.91
向上 1 层	1.55	3.20	2.45	0.82	3.46	1.18	1.58	1.88	0.99	17.11
向上 2 层	0.21	0.61	0.52	0.26	1.08	0.09	0.19	0.52	0.26	3.74
向上 2 层以上	0.07	0.12	0.02	0.14	0.21	0.05	0.19	0.14	0.05	0.99
合　计	11.22	13.51	13.67	10.19	14.38	8.64	11.91	8.26	8.24	100.00

5. 城市居民收入流动性基本特征

利用中国 9 个省份的城市住户调查数据，本部分分析了城市居民的收入流动性水平和结构特征，得到以下几个结论。

(1) 通过比较各个地区城市居民的收入水平和收入差距，本章发现：沿海发达地区的居民收入水平较高，收入差距也较大；但从 2007 年到 2008 年，中西部地区收入差距的降幅明显高于沿海发达地区。结合收入流动性水平，进一步发现：重庆的城市居民收入流动性在 9 个省份中最大，同时收入差距缩小也是最为明显的；沿海发达地区中，广东的收入流动性较高，但长三角地区城市居民的收入流动性并不高。

（2）家庭成员的就业状态直接影响家庭收入水平及其变动。从城市居民收入流动性的家庭特征来看，城市家庭中，从事工作的人数越多，在校儿童和老人数越少，户主越年轻，则家庭收入越倾向于向上流动。

（3）教育对收入流动具有重要影响。城市家庭户主的受教育程度较为集中在初、高中水平，收入向上流动的家庭中，户主为大学专科及以上文化程度的比例要高于收入向下流动的家庭，平均意义上，户主的受教育程度越高，家庭收入越不容易向下流动。

（4）总体而言，收入不流动或收入向下流动的家庭户主的健康状况略差于收入向上流动的家庭户主。收入向上流动的家庭户主的主观幸福感及相关的满意度整体上要好于收入向下流动的家庭户主，但流动性过大的情况下，其幸福感或满意度反而不如流动性小的家庭强。

（5）从家庭地理位置来看，向上流动 2 层以上的家庭中，居住在城乡结合区或镇乡结合区的相对比例更高；而向下流动 2 层以上的家庭中，居住在主城区的相对比例更高。

15.3 农村居民的收入流动性

1. 农村住户调查数据的简要描述

与对城市部分的讨论类似，本部分对农村居民收入流动性的讨论也基于北师大收入分配课题组 2007 年和 2008 年对河北、江苏、浙江、安徽、河南、湖北、广东、重庆、四川 9 个省份的农村住户调查数据，这两年调查的目的也是获取住户追踪数据集。两年同时追踪到的面板数据有 7954 户，样本量为 31497 人，其中男性为 16315 人，女性为 15182 人。表 15－17 是调查样本的总体情况，河北和重庆的人口比例较低，分别占 5.79% 和 5.62%；广东的人口比例最高，达到 16.04%。总体来看，男性略多于女性。

表 15－17　2007 年和 2008 年农村住户调查的面板样本情况

	家庭数(户)	人口数(人)	人口份额(%)	男(人)	女(人)	男/女性别比
河北	500	1824	5.79	929	895	1.04
江苏	998	3701	11.75	1892	1809	1.05
浙江	1000	3409	10.82	1775	1634	1.09
安徽	888	3603	11.44	1891	1712	1.10

续表

	家庭数(户)	人口数(人)	人口份额(%)	男(人)	女(人)	男/女性别比
河南	1000	4081	12.96	2118	1963	1.08
湖北	998	4001	12.70	2066	1935	1.07
广东	996	5052	16.04	2625	2427	1.08
重庆	497	1770	5.62	922	848	1.09
四川	1077	4056	12.88	2097	1959	1.07
全部	7954	31497	100.00	16315	15182	1.07

2. 农村居民收入变动的统计分析

首先同样对农村居民从2007年至2008年的家庭人均总收入变动进行了简单的描述统计（如图15-3所示）。2007年，全部农村样本的平均收入为6358.33元，2008年上升到7155.49元，增长了12.54%。分地区来看，在调查的9个省份中，2007年，浙江的平均收入最高，其次是江苏、河北，重庆最低，最高平均收入与最低平均收入之比为2.02∶1。2008年，平均收入最高的仍然是浙江，而最低的也仍是重庆，两个地区的收入之比为1.81∶1。从增长幅度来看，重庆的收入均值上升幅度最大，达到21.41%，其次是四川，广东的农村居民收入增长幅度最小。

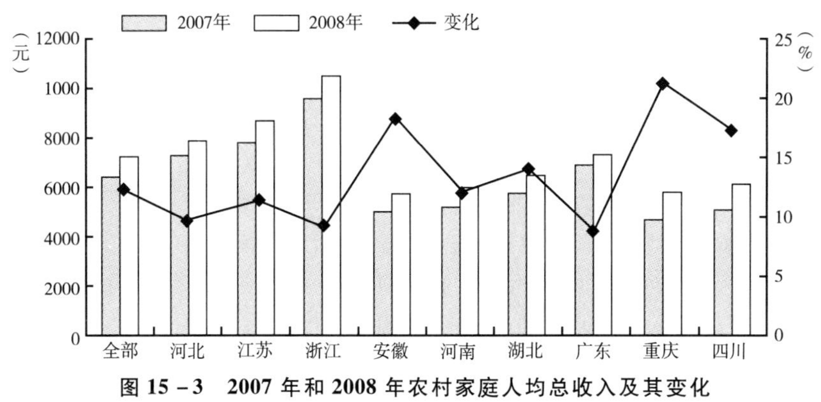

图15-3 2007年和2008年农村家庭人均总收入及其变化

我们进一步用基尼系数来刻画收入差距及其变化（见图15-4），2007年全部农村样本的基尼系数为0.360，2008年上升到0.362，增加了0.56%。分地区来看，2007年农村居民收入基尼系数最高的是河北，达到0.428，其次是河南和广东，最低是重庆，为0.279；2008年收入差距最大的仍是河北，基尼系数达到0.445，四川变为最小，为0.286。从收入差距的变动来看，江苏和广东的基尼系数分别下降了 1.53% 和 1.70%，其余 7 个省份的基尼系数均有不同程度的上升，其中重庆的增幅最大，达到 21.13%。

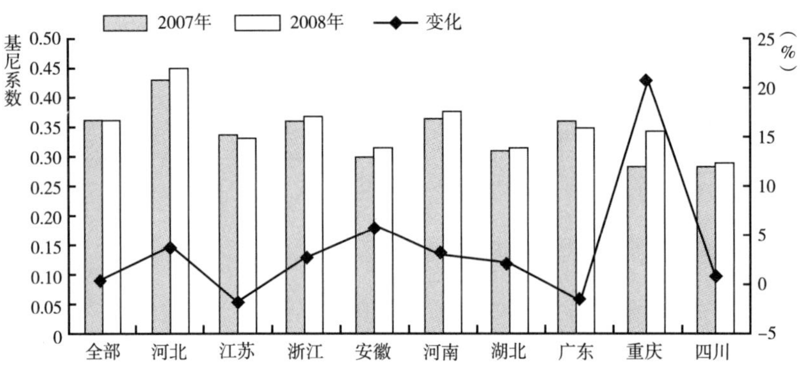

图 15-4　2007 年和 2008 年农村居民收入基尼系数及其变化

比较各地区之间的收入均值和收入差距，可以发现：浙江、江苏等东部沿海发达地区农村居民的收入均值明显高于中西部省份，但中西部地区的收入增长快于沿海地区；2007 年，西部地区的农村居民收入差距最小，但到 2008 年，中西部地区收入差距的增幅也明显高于沿海发达地区。

3. 农村居民的收入流动性测度

(1) 五等分组收入转换矩阵和流动性

根据农村居民家庭人均总收入从低到高的五等分组，我们得到农村居民 2007~2008 年的收入转换矩阵，如表 15-18 所示。2007 年处于收入最低 20% 的人群中，56.38% 的人在 2008 年仍处于收入最低的 20% 分组中，26.43% 的人上升到收入次低的 20% 分组中，只有 2.27% 的人上升到收入最高 20% 的分组中。2007 年处于收入次低 20% 的人群中，26.66% 的人在 2008 年降到了收入最低的 20% 分组中，23.85% 的人上升到中间 20% 的收入分组。处于中间 20% 收入分组的人群中，37.57% 的人位置没有发生变动，33.77% 的人收入分组位置下降，28.66% 的人收入分组位置上升。收入次高的 20% 分组中，42.99% 的人位置不变，20.13% 的人上升到收入最高的 20% 分组。收入最高的 20% 分组中，66.66% 的人位置不变，2.57% 的人降到了收入最低的 20% 分组中。从各收入分组人数比例中可以发现，收入相对最低或者最高的这部分人群的收入变动较小，处于中间3组的人口中，向下一层流动的人数比例均高于向上一层流动的人数比例。

表15－18　2007年和2008年农村家庭人均总收入五等分组转换矩阵

		2008年收入等级				
		最低组	第二组	第三组	第四组	最高组
2007年收入等级	最低组	0.5638	0.2643	0.1046	0.0446	0.0227
	第二组	0.2666	0.3602	0.2385	0.0973	0.0375
	第三组	0.0930	0.2447	0.3757	0.2149	0.0717
	第四组	0.0511	0.0970	0.2207	0.4299	0.2013
	最高组	0.0257	0.0335	0.0611	0.2131	0.6666

根据家庭人均总收入的五等分组，我们进一步得到不同流动层次和方向的变动情况，如表15－19所示。可以看到，48.10%人群的收入分组位置没有变动，向下流动1层的比例为18.67%，略高于向上流动1层的比例18.07%。向下流动2层的比例为5.23%，低于向上流动两层的比例5.49%。向下流动3层或4层的比例也都高于向上流动3层或4层的比例。

表15－19　农村居民家庭人均总收入五等分组流动性

流动方向	流动层数	百分比(%)	流动方向	流动层数	百分比(%)
向下流动	-4	0.53	向上流动	1	18.07
	-3	1.72		2	5.49
	-2	5.23		3	1.70
	-1	18.67		4	0.49
不流动	0	48.10			

（2）收入流动性指数

通过收入转换矩阵，我们计算得到全部农村样本及9个省份农村居民的4个收入流动性指数（见表15－20）。如前所述，加权平均移动率越大，惯性率、亚惯性率和开方指数越小，意味着收入流动性越大。以加权平均移动率为例，全部农村样本的测算值为0.721。分省份来看，重庆最高，达到1.171，其次是安徽、湖北，广东最低，仅为0.585。从亚惯性率来看，安徽最低，广东最高；惯性率、亚惯性率和开方指数所反映的情况与加权平均移动率基本一致。结合各个地区的收入水平和收入差距，可以发现，浙江、广东的经济发展水平较高，但其农村居民的收入流动性却较小；中部地区安徽、河南、湖北的农村居民收入流动性高于沿海发达地区；西部地区重庆的农村居民收入流动性很高，但四川的农村居民收入流动性却不高。

表 15－20　各省份农村居民家庭人均总收入流动性指数

	加权平均移动率	惯性率	亚惯性率	开方指数
河　北	0.727	0.474	0.898	3.707
江　苏	0.764	0.455	0.923	3.232
浙　江	0.709	0.478	0.937	3.758
安　徽	0.861	0.418	0.885	2.621
河　南	0.824	0.434	0.921	2.798
湖　北	0.857	0.422	0.919	2.589
广　东	0.585	0.552	0.956	5.130
重　庆	1.171	0.276	0.901	0.995
四　川	0.749	0.442	0.904	3.257
全　部	0.721	0.479	0.917	3.560

4. 农村居民不同收入流动程度的家庭特征

为进一步分析农村居民收入流动性的特征及其影响因素，我们将主要刻画不同收入流动程度的家庭规模特征、家庭户主特征、家庭结构、家庭所在村情况及收入流动性的地区差异。

（1）家庭规模特征

根据不同的收入流动方向和流动层次，我们分析农村居民家庭规模特征（见表 15－21）。2008 年底农村家庭的平均人数为 3.970 人，其中从事工作的平均人数为 2.638 人，16 岁以下或 16 岁及以上在校的平均人数为 0.822 人，60 岁以上的老年人数为 0.451 人，16 岁及以上有过外出务工经商经历的平均人数为 1.202 人。区分流动方向来看，向上流动的家庭平均人数为 4.014 人，其中从事工作的平均人数为 2.655 人，16 岁以下或 16 岁及以上在校的平均人数为 0.874 人，60 岁以上的老年人数为 0.448 人，16 岁及以上有过外出务工经商经历的平均人数为1.229人；而向下流动的家庭平均人数为3.956人，其中从事工作的平均人数为2.661人，16岁以下或16岁及以上在校的平均人数为0.762人，60岁以上的老年人数为0.460人。平均意义上来讲，农村家庭中，家庭人数越多、且从事工作或外出务工经商的人数越多、老人数越少，家庭收入越倾向于向上流动；从事工作的人数越少，收入越不容易流动。和城市家庭一样，工作对于家庭收入具有重要影响，家庭成员中，从事工作的人数越少，家庭收入来源越少，家庭收入越容易向底层流动。

表15-21　2008年底农村居民家庭规模特征与收入流动性

单位：人

	家庭平均人数	从事工作的平均人数	16岁以下或16岁及以上在校的平均人数	60岁以上的老年人数	16岁及以上有过外出务工经商的平均人数
全部	3.970	2.638	0.822	0.451	1.202
向上流动	4.014	2.655	0.874	0.448	1.229
流动1层	4.043	2.675	0.882	0.439	1.228
流动2层	3.977	2.668	0.847	0.435	1.291
流动2层以上	3.868	2.460	0.874	0.552	1.092
向下流动	3.956	2.661	0.762	0.460	1.223
流动1层	4.007	2.667	0.797	0.465	1.240
流动2层	3.805	2.673	0.661	0.471	1.197
流动2层以上	3.888	2.575	0.704	0.391	1.140
不流动	3.954	2.616	0.826	0.449	1.175

（2）家庭户主特征

2008年底农村居民家庭中，男性户主的比例达到95.49%，远高于城市居民家庭的这一比例64.87%。户主的平均年龄为51.30岁（见表15-22）。区分不同的流动方向和流动层次，收入向上流动的农村家庭中，男性户主的比例高于收入向下流动或不流动的家庭，且差异较明显。从户主年龄来看，向上流动的家庭户主平均年龄为50.89岁，低于向下流动的家庭户主平均年龄51.87岁，且向上流动2层以上的户主平均年龄最低，为50.69岁，向下流动2层的户主平均年龄最高，为52.44岁，表明户主越年轻，家庭收入越容易向上流动。

表 15－22　2008 年底农村居民家庭户主的性别、年龄特征与收入流动性

	户主性别比例(%)		户主年龄(岁)		
	男	女	均值	最小	最大
全部	95.49	4.51	51.30	23	93
向上流动	96.14	3.86	50.89	27	93
流动 1 层	96.17	3.83	50.95	27	93
流动 2 层	96.34	3.66	50.76	28	76
流动 2 层以上	95.40	4.60	50.69	28	85
向下流动	94.95	5.05	51.87	23	86
流动 1 层	95.22	4.78	51.81	23	86
流动 2 层	94.23	5.77	52.44	27	84
流动 2 层以上	94.41	5.59	51.06	26	82
不流动	95.43	4.57	51.21	24	90

如前所述，和城市家庭一样，农村家庭成员中从事工作的人数对家庭收入具有重要影响。从 2008 年底户主的就业身份来看（见表 15－23），全部样本中，90.72%的农村家庭户主是从事工资性工作、务农或自我经营者，其比例远高于城市家庭；其次是家务劳动者或家庭帮工，占 5.42%，高于城市家庭；户主是离退休人员的比例仅为 1.01%，远低于城市家庭。家庭人均总收入向上流动的家庭中，户主是从事工资性工作、务农或自我经营者的比例为 23.48%，略低于收入向下流动的家庭户主比例 23.51%。收入向上流动的家庭中，户主是离退休人员的比例也高于收入向下流动的家庭，前者为 0.26%，后者仅为 0.16%；但户主为家务劳动者或家庭帮工的比例，在收入向上流动的家庭中占 1.31%，在收入向下流动的家庭中占 1.69%；此外，收入向下流动的家庭中，户主为失业人员的比例也高于收入向上流动的家庭；进一步说明，家庭成员中，工作人数越多，家庭收入越倾向于向上流动。

受教育程度对于农村居民的收入水平及流动同样具有重要影响。2008 年底农村家庭中，户主受教育程度为小学及以下的占 32.61%，远高于城市家庭的这一比例；49.46%的户主为初中学历，13.92%的为高中学历，中专学历的占 2.20%，大专学历的占 1.24%，本科及以上学历的只占 0.13%，另有 0.44%的样本缺失户主受教育程度的数据（见表 15－24）。可见，农村家庭户主的受教育程度较为集中在小学或初中水平，大专及以上学历的比例远远低于城市家庭。收入向上流动的农村家庭中，户主为初中学历的比例（13.22%）高于收入向下流动的家庭的比例（12.89%），户主为高中学

历的比例（3.24%）低于收入向下流动的家庭的比例（3.60%），户主为大专及以上学历的比例（0.49%）高于收入向下流动的家庭的比例（0.23%）。平均意义上，户主的受教育程度越高，家庭收入越不容易向下流动。

表 15－23 2008 年底农村居民家庭户主就业状况、身份与收入流动性

单位：%

流动大小	从事工资性工作、务农或自我经营者	离退休再就业人员	失业人员	离退休人员	家务劳动者或家庭帮工	其他	合计
向下 2 层以上	2.00	0.01	0.00	0.00	0.16	0.08	2.25
向下 2 层	4.76	0.03	0.03	0.01	0.26	0.14	5.23
向下 1 层	16.75	0.08	0.03	0.15	1.27	0.40	18.67
不流动	43.73	0.23	0.04	0.58	2.41	1.12	48.10
向上 1 层	16.48	0.08	0.04	0.19	0.91	0.38	18.07
向上 2 层	4.99	0.00	0.01	0.06	0.31	0.11	5.49
向上 2 层以上	2.01	0.00	0.00	0.01	0.09	0.08	2.19
合　计	90.72	0.41	0.14	1.01	5.42	2.30	100.00

表 15－24 2008 年底农村居民家庭户主受教育程度与收入流动性

单位：%

流动大小	小学及以下	初中	高中	中专	大专	本科	研究生	缺失	合计
向下 2 层以上	0.74	0.98	0.40	0.08	0.05	0.00	0.00	0.00	2.25
向下 2 层	1.86	2.59	0.64	0.11	0.00	0.01	0.00	0.01	5.23
向下 1 层	6.14	9.32	2.56	0.40	0.15	0.01	0.01	0.08	18.67
不流动	15.64	23.36	7.08	1.09	0.62	0.03	0.01	0.28	48.10
向上 1 层	5.61	9.42	2.39	0.28	0.28	0.03	0.03	0.05	18.07
向上 2 层	1.94	2.67	0.62	0.15	0.11	0.00	0.00	0.01	5.49
向上 2 层以上	0.69	1.13	0.23	0.09	0.04	0.00	0.00	0.01	2.19
合　计	32.61	49.46	13.92	2.20	1.24	0.08	0.05	0.44	100.00

从 2008 年底农村家庭户主的健康状况来看（见表 15－25），全部样本中，20.74% 的户主自评健康状况为非常好，高于城市家庭的这一比例；47.49% 的为好，26.31% 的为一般，4.71% 的为不好，非常不好的比例为 0.74。其中，收入向上流动家庭户主中，健康状况为“非常好”的比例占 5.44%，高于收入向下流动的户主选择比例 4.98%；但是健康状况为好的比例为 11.83%，低于收入向下流动户主选择的比例 12.60%。总体而言，收入不流动或收入向下流动的家庭户主的健康状况略差于收入向上流动的家庭户主。

表 15 - 25　2008 年底农村居民家庭户主健康状况与收入流动性

单位：%

流动大小	非常好	好	一般	不好	非常不好	合计
向下 2 层以上	0.33	1.24	0.55	0.10	0.03	2.25
向下 2 层	0.83	2.48	1.60	0.28	0.05	5.23
向下 1 层	3.82	8.88	4.97	0.89	0.11	18.67
不流动	10.32	23.06	12.14	2.25	0.33	48.10
向上 1 层	3.96	8.22	4.87	0.85	0.16	18.07
向上 2 层	1.08	2.55	1.55	0.28	0.04	5.49
向上 2 层以上	0.40	1.06	0.64	0.06	0.03	2.19
合　计	20.74	47.49	26.31	4.71	0.74	100.00

2008 年底全部样本中，19.50% 的农村家庭户主的主观幸福感为很幸福，68.32% 的选择为比较幸福，10.98% 的选择为不太幸福，0.87% 的选择为很不幸福，只有 0.34% 的样本量缺失（见表 15 - 26）。总体而言，户主选择很幸福的比例，在收入向上流动的家庭中为 5.57%，要高于收入向下流动的家庭的比例 5.30%。总体而言，收入向上流动的家庭户主的主观幸福感要好于收入向下流动的家庭户主，但流动性过大的情况下，包括向上流动 2 层以上或向下流动 2 层以上，其幸福感反而不如流动性小的家庭强。

表 15 - 26　2008 年底农村居民家庭户主的主观幸福感与收入流动性

单位：%

流动大小	很幸福	比较幸福	不太幸福	很不幸福	缺失	合计
向下 2 层以上	0.54	1.52	0.16	0.03	0.00	2.25
向下 2 层	1.01	3.52	0.60	0.06	0.04	5.23
向下 1 层	3.75	12.60	2.04	0.16	0.13	18.67
不流动	8.64	33.62	5.36	0.35	0.14	48.10
向上 1 层	3.75	12.09	2.06	0.15	0.01	18.07
向上 2 层	1.29	3.57	0.53	0.09	0.01	5.49
向上 2 层以上	0.53	1.40	0.23	0.03	0.01	2.19
合　计	19.50	68.32	10.98	0.87	0.34	100.00

（3）家庭结构

从 2008 年底农村居民家庭结构来看（见表 15 - 27），单身或夫妇的家庭占 11.23%，夫妇与一个孩子的家庭占 24.14%，夫妇与两个孩子的家庭占 24.09%，夫妇与三个及以上孩子的家庭占 8.64%，单亲与孩子的家庭占 1.72%，三代同堂的家庭占 26.72%，可见农村家庭较多的比例集中在三代同堂的家庭结构。单身或夫妇的家庭结构中，收入向下流动的家庭比例占 3.21%，高于收入向上流动的家庭比例 2.45%；夫妇与一个孩子的家庭结构中，收入向下流动的家庭比例占 6.31%，高于收入向上流动的家庭比例 5.76%；夫妇与两个孩子的家庭结构中，收入向下流动的家庭比例占 6.12%，低于收入向上流动的家庭比例 6.26%；夫妇与三个及以上孩子的家庭结构中，收入向下流动的家庭比例为 2.11%，低于收入向上流动家庭的比例 2.19%；单亲与孩子的家庭结构中，收入向下流动的家庭比例为 0.41%，低于收入向上流动家庭的比例 0.46%；三代同堂的家庭结构中，收入向下流动的家庭比例为 7.16%，低于收入向上流动家庭的比例 7.71%。我们发现，家庭人口越多的农村家庭，收入越倾向于向上流动。

表 15－27　2008 年底农村居民家庭结构与收入流动性

单位：%

流动大小	单身或夫妇	夫妇与一个孩子	夫妇与两个孩子	夫妇与三个及以上孩子	单亲与孩子	三代同堂	其他	合计
向下 2 层以上	0.29	0.78	0.39	0.09	0.06	0.57	0.08	2.25
向下 2 层	0.68	1.41	1.27	0.34	0.10	1.31	0.13	5.23
向下 1 层	2.24	4.12	4.46	1.68	0.25	5.28	0.63	18.67
不流动	5.57	12.07	11.70	4.34	0.84	11.86	1.72	48.10
向上 1 层	1.71	4.10	4.29	1.60	0.31	5.46	0.60	18.07
向上 2 层	0.41	1.16	1.48	0.45	0.11	1.63	0.24	5.49
向上 2 层以上	0.33	0.50	0.49	0.14	0.04	0.62	0.08	2.19
合　计	11.23	24.14	24.09	8.64	1.72	26.72	3.47	100.00

（4）家庭所在村情况

对于农村家庭，所在村的地理位置对于经济发展具有重要影响。根据家庭人均总收入的流动大小和方向，我们分析 2008 年底农村居民家庭所在村的情况（见表 15－28）。从地势来看，43.81% 的农村家庭处于平原村，丘陵村占 41.26%，山区村占 14.92%。收入向下流动的家庭中，处于平原村、丘陵村和山区村的比例分别为 11.85%、10.57% 和 3.72%；收入向上流动的家庭比例分别为 10.50%、11.77% 和 3.47%，说明处于丘陵村的家庭，向上流动的比例更高。此外，在老区村中，收入向下流动的家庭比例为7.73%，高于收入向上流动的家庭比例6.70%；在郊区村中，收入向下流动的家庭比例为1.34%，也高于收入向上流动的家庭比例1.23%。

表15－28　2008年底农村居民家庭所在村情况与收入流动性

单位：%

流动大小	地势			是否老区		是否郊区	
	平原村	丘陵村	山区村	老区村	非老区村	郊区村	非郊区村
向下2层以上	1.14	0.88	0.23	0.48	1.77	0.13	2.12
向下2层	2.26	2.36	0.60	1.57	3.66	0.20	5.03
向下1层	8.45	7.33	2.89	5.68	12.99	1.01	17.66
不流动	21.46	18.91	7.73	13.80	34.30	3.60	44.51
向上1层	7.29	8.18	2.59	5.12	12.95	0.88	17.19
向上2层	2.10	2.75	0.64	1.11	4.39	0.24	5.26
向上2层以上	1.11	0.84	0.24	0.47	1.72	0.11	2.07
合　计	43.81	41.26	14.92	28.22	71.78	6.16	93.84

(5) 收入流动性的地区差异

根据流动的方向和大小，我们进一步比较农村居民家庭人均总收入流动性的地区差异。从表15－29可以看出，收入向下流动2层以上的家庭中，浙江所占的比例最高，为0.38%，其次是重庆0.34%，广东、四川较低，分别为0.16%和0.18%；向下流动2层的家庭中，河南所占比例最高，达到0.77%，其次是湖北0.72%，河北最低，为0.33%；向下流动1层的家庭中，江苏所占比例最高，为2.68%，重庆最低，为0.94%。在收入向上流动1层的家庭中，河北所占的比例最低，为0.94%，四川最高，为3.18%；向上流动2层的家庭中，河北最低，为0.30%，重庆最高，为0.83%；向上流动2层以上的家庭中，河北、四川最低，均为0.09%，重庆最高，为0.39%。总体而言，收入向下流动的家庭中，重庆所占的比例最低，江苏所占比例最高；在收入向上流动的家庭中，四川所占的比例最高，河北所占比例最低；在收入不流动的家庭中，浙江、广东所占比例较高，重庆、河北的比例较低，和流动性指数反映的情况基本一致。

表 15－29　各省份农村居民家庭人均总收入流动性比较

单位：%

流动大小	河北	江苏	浙江	安徽	河南	湖北	广东	重庆	四川	合计
向下 2 层以上	0.20	0.19	0.38	0.23	0.28	0.30	0.16	0.34	0.18	2.25
向下 2 层	0.33	0.50	0.57	0.63	0.77	0.72	0.58	0.52	0.63	5.23
向下 1 层	1.50	2.68	2.00	2.09	2.29	2.44	2.33	0.94	2.41	18.67
不流动	2.93	6.12	7.38	4.78	5.86	5.62	7.10	2.07	6.24	48.10
向上 1 层	0.94	2.15	1.57	2.34	2.43	2.39	1.91	1.16	3.18	18.07
向上 2 层	0.30	0.60	0.43	0.78	0.68	0.73	0.33	0.83	0.82	5.49
向上 2 层以上	0.09	0.30	0.25	0.33	0.28	0.35	0.11	0.39	0.09	2.19
合　计	6.29	12.55	12.57	11.16	12.57	12.55	12.52	6.25	13.54	100.00

5. 农村居民收入流动性基本特征

利用中国 9 个省份的农村住户调查数据，本部分分析了农村居民的收入流动性水平和结构特征，得到以下几个结论。

（1）通过比较各个地区农村居民的收入水平和收入差距，发现东部沿海发达地区农村居民的收入均值明显高于中西部省份，但中西部地区的收入增长快于沿海地区，同时收入差距的增幅也明显高于沿海发达地区。结合收入流动性水平，进一步发现：在沿海发达地区，农村居民的收入流动性较小；中部地区的农村居民收入流动性高于沿海发达地区；西部地区重庆的农村居民收入流动性很高，但四川的农村居民收入流动性却不高。

（2）从农村家庭的规模和结构特征来看，农村家庭较多的比例集中在三代同堂的家庭结构，家庭人口数越多，且从事工作或外出务工经商的人数越多、老人数越少，家庭收入越倾向于向上流动。此外，收入向上流动的农村家庭中，男性户主的比例高于收入向下流动或不流动的家庭的比例，且差异较明显；同时，户主越年轻，家庭收入越容易向上流动。

（3）教育对于农村居民的收入水平及流动同样具有重要影响。农村家庭户主的受教育程度较为集中在小学或初中水平，大专及以上的比例远远低于城市家庭的比例。平均意义上，户主的受教育程度越高，家庭收入越不容易向下流动。

（4）总体而言，收入向下流动的家庭户主的健康状况略差于收入向上流动的家庭户主。收入向上流动的家庭户主的健康状况反而不如流动性小的家庭户主。

（5）从家庭所在村的地理位置来看，相比于平原村和山区村，处于丘陵村的家庭收入向上流动的比例更高。此外，在老区村和郊区村中，收入向下流动的家庭比例也高于收入向上流动家庭比例。

15.4 城乡居民收入流动性比较

1. 中国城乡居民的总体收入流动性

根据前两个部分所述，城市住户调查数据覆盖上海、江苏、浙江、安徽、河南、湖北、广东、重庆、四川 9 个省份；不同于城市，农村住户调查数据将上海替换为河北，同时包括其余 8 个省份。将城市和农村样本进行合并，来估计中国城乡总体的收入流动性状况。对于城市和农村同时覆盖到的 8 个省份，也测算了城乡整体的收入流动性指数（见表15－30）。

表 15－30　全部样本的收入流动性指数

	加权平均移动率	惯性率	亚惯性率	开方指数
全　部	0.525	0.571	0.945	5.692
不包括上海、河北	0.542	0.564	0.944	5.505
江　苏	0.536	0.567	0.942	5.553
浙　江	0.542	0.576	0.941	5.594
安　徽	0.630	0.523	0.899	4.825
河　南	0.596	0.530	0.931	4.861
湖　北	0.692	0.506	0.915	4.136
广　东	0.397	0.662	0.960	7.683
重　庆	0.742	0.445	0.898	3.428
四　川	0.589	0.524	0.928	4.974

在城市和农村的合并样本中，加权平均移动率、惯性率、亚惯性率和开方指数分别是 0.525、0.571、0.945 和 5.692；在全部城市样本中，4 个流动性指数分别是 0.562、0.557、0.946 和 5.179；在全部农村样本中，4 个流动性指数又分别为 0.721、0.479、0.917 和 3.560。可见，农村居民的收入流动性高于城市居民，但考虑城乡居民的总体时，收入流动性水平又进一步降低。同时，分省份来看，重庆的城乡居民总体收入

流动性最高，广东最低，中西部地区的整体收入流动性高于沿海发达地区。

2. 城乡居民收入流动性比较

进一步对各省份城乡居民收入流动性进行比较，以加权移动平均率为例，如图 15－5 所示。在城市和农村共同调查的 8 个省份中，城市居民收入流动性最高的是重庆、最低的是湖北；农村居民收入流动性最高的也是重庆，最低是广东；从城乡总体来看，收入流动性最高的是重庆，最低是广东。

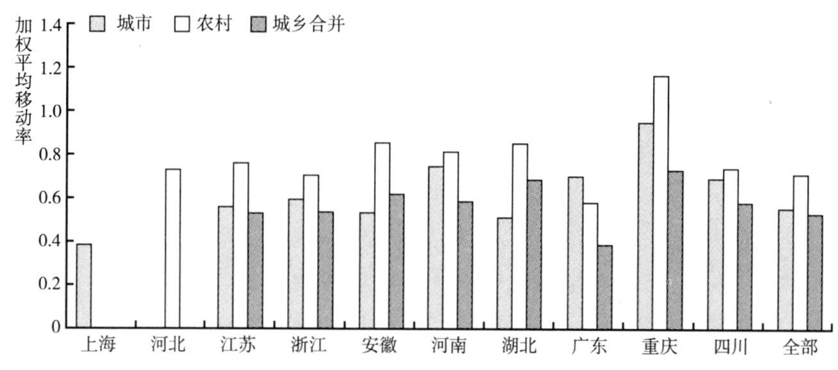

图 15－5　城乡收入流动性比较

（1）收入流动性水平比较

结合整体的收入水平和收入差距，可以发现，2007～2008 年，农村居民的收入水平低于城市居民，但其收入增长率高于城市；城市居民家庭人均总收入的基尼系数从 0.359 降低到 0.325，而农村居民家庭人均总收入的基尼系数从 0.360 上升到 0.362；但城市居民的收入流动性小于农村居民。

注意到无论是城市、农村还是城乡整体，重庆居民的收入流动性都最高，但从基尼系数来看，重庆的城市基尼系数降幅最大，而农村的基尼系数增幅最大。广东的经济发展水平较高，城市居民的收入流动性较大，但农村居民的收入流动性却较小。而经济发展水平同样较高的江苏和浙江，城市和农村的居民收入流动性都不高。

从五等分组来看，无论是城市还是农村，收入相对最低或者最高的这部分人群的收入变动较小，处于中间 3 组的人口中，向下 1 层流动的人数比例均高于向上 1 层流动的人数比例。

（2）收入流动性结构特征比较

进一步对城市和农村居民家庭人均总收入的流动特征进行比较，得到以下结论。

第一，家庭结构的比较。城市家庭的平均人数小于农村家庭，前者为 2.92，后者为 3.97。农村居民家庭中，男性户主的比例达到 95.49%，远高于城市居民家庭的这一比例 64.87%，农村家庭户主的平均年龄也高于城市。无论是城市家庭还是农村家庭，家庭成员中，就业人数越多；家庭收入来源越多；户主越年轻，则家庭收入越倾向于向上流动。

第二，户主受教育水平的比较。城市家庭户主的受教育程度较为集中在初、高中水平，而农村家庭户主的受教育程度较为集中在小学或初中水平，大专及以上学历的比例远远低于城市家庭。教育对于居民收入流动具有重要影响，户主教育水平越高，家庭收入越倾向于向上流动。

第三，户主健康状况的比较。农村家庭户主的自评健康状况选择总体好于城市家庭户主，总体而言，无论城市还是农村，收入不流动或收入向下流动的家庭户主的健康状况略差于收入向上流动的家庭户主。

第四，户主主观幸福感的比较。农村家庭户主的幸福感选择为很幸福和比较幸福的比例都高于城市家庭。总体而言，无论是城市还是农村，收入向上流动的家庭住户的主观幸福感要好于收入向下流动的家庭户主，但流动性过大的情况下，其幸福感反而不如流动性小的家庭强。

第五，地区差异的比较。在城市，收入向下流动的家庭中，上海所占的比例最低，安徽所占比例最高；在收入向上流动的家庭中，河南所占的比例最高，安徽所占比例最低；在收入不流动的家庭中，上海所占比例最高，重庆、四川的比例较低。在农村，收入向下流动的家庭中，重庆所占的比例最低，江苏所占比例最高；在收入向上流动的家庭中，四川所占的比例最高，河北所占比例最低；在收入不流动的家庭中，浙江、广东所占比例较高，重庆、河北的比例较低。

15.5 本章总结

收入流动性的研究对解决日益扩大的收入差距问题提供了一个新视角。收入差距的扩大并不直接意味着原来的富人和原来的穷人之间的收入差距扩大，而在很大程度上反映抓住了机会实现收入向上流动那部分人和其他人之间的收入对比。如果充分考虑到收入流动性的因素，动态的贫富差距问题也许并没有静态指标所体现得那么严重。

因此，我们需要提高收入流动性，降低贫富两极分化的固化程度，使得处于收入分配底层的贫困人口有更多的机会向上流动。对此，我们需要重视教育、就业等影响收入流动性的主要因素。

16 城市就业者收入流动性

16.1 城市就业者收入水平与收入差距变化

1. 数据描述

本章利用北师大收入分配课题组 2002 年、2007 年、2008 年 3 轮的城市住户调查数据，以城市个人两年收入流动为研究对象，分析近 10 年来城市就业者收入流动性的变化情况。2007 年的城市住户调查包括上海、江苏、浙江、安徽、河南、湖北、广东、重庆、四川 9 个省份，2008 年的调查样本为 2007 年的追踪样本，两年同时追踪到、年满 16 周岁且收入①均不为 0 的个人样本量为 6036 人（见表 16－1）。2002 年的调查覆盖北京、山西、辽宁、江苏、安徽、河南、湖北、广东、重庆、四川、云南、甘肃 12 个省份，调查内容中包含调查对象对于 1998～2001 年个人总收入的回忆，为了与 2007 年、2008 年的样本尽可能保持一致，我们选取了 2002 年底 16 周岁及以上的就业人口。为分析 1998～1999 年的城市就业者收入流动情况，我们进一步保留了 1998 年和 1999 年收入均不为 0 的样本，得到的样本量为 13482 人；另外，我们保留 2001 年和 2002 年收入均不为 0 的样本 14295 人，来分析 2001～2002 年的个人收入流动情况。

2. 城市就业者收入水平

我们首先对 1998～1999 年、2001～2002 年、2007～2008 年城市就业

① 该收入为调查对象（年满 16 周岁）在当前所有有报酬的工作中（包括自我经营）平均每月得到的总收入（元/月），为了与 2002 年调查数据中的年总收入保持一致，本章将月收入乘以 12 得到年总收入。

表 16－1 城市居民调查样本情况

省份	1998～1999 年		2001～2002 年		2007～2008 年	
	样本量(人)	百分比(%)	样本量(人)	百分比(%)	样本量(人)	百分比(%)
北京	1076	7.77	1123	7.86		
山西	1154	8.34	1194	8.35		
辽宁	1443	10.42	1550	10.84		
上海					702	11.63
江苏	1570	11.34	1604	11.22	656	10.87
浙江					711	11.78
安徽	981	7.09	1003	7.02	663	10.98
河南	1361	9.83	1409	9.86	690	11.43
湖北	1358	9.81	1414	9.89	473	7.84
广东	1160	8.38	1173	8.21	965	15.99
重庆	581	4.2	593	4.15	433	7.17
四川	1145	8.27	1159	8.11	743	12.31
云南	1250	9.03	1280	8.95		
甘肃	763	5.51	793	5.55		
全部	13842	100.00	14295	100.00	6036	100.00

者个人年总收入的水平及变动进行简单的描述（见表 16－2）。1998 年，12 个省份城市就业者的个人年总收入均值为 8492 元，1999 年增长到 8843 元，年增长率为 4.13%；其中，广东的收入均值最高（见图 16－1），其次是北京，收入均值最低的是河南，1998 年广东与河南的收入均值比为 2.32∶1，1999 年降低到 2.23∶1；从 1998 年至 1999 年的收入增长率来看，北京的增长率最高，达到 7.51%，其次是四川，而广东的收入增长率最低，仅为 0.75%。

2001 年，个人年总收入的均值为 10071 元，2002 年增长到 11233 元，年增长率为 11.54%；收入均值最高的依然是广东，最低的仍然是河南，两省的收入均值比从 2001 年的 2.12∶1 进一步降低到 2002 年的 2.02∶1。2001～2002 年，年收入增长率最高的是山西，达到 16.41%，其次是甘肃、云南，广东的收入增长率仍然最低，为 7.11%。

2007 年，9 个省份的年收入均值为 28107 元，2008 年增长到 32434 元，增长率达到 15.40%。收入均值最高和最低的仍然分别是广东和河南，2007 年两省的收入均值比为 1.99∶1，2008 年反而上升到 2.02∶1。2007～2008 年，收入增长率最高的是重庆，达到 25.33%，最低的是河南，仅为 9.26%。在 2002 年、2007 年、2008 年三次调查都有的 7 个省份中，

表 16－2　城市就业者年总收入均值

省份	1998 年（元）	1999 年（元）	增长率（%）	2001 年（元）	2002 年（元）	增长率（%）	2007 年（元）	2008 年（元）	增长率（%）
北京	11939	12835	7.51	15638	17410	11.33			
山西	6758	7052	4.35	8401	9779	16.41			
辽宁	8254	8502	3.01	9296	10359	11.43			
上海							33750	39380	16.68
江苏	8592	8859	3.10	10349	11516	11.27	29097	33905	16.53
浙江							31157	37729	21.09
安徽	6999	7370	5.30	8482	9564	12.76	22088	24146	9.32
河南	6634	6946	4.71	7721	8672	12.31	20497	22395	9.26
湖北	7666	7972	3.99	8986	9768	8.71	21616	26146	20.95
广东	15362	15476	0.75	16328	17490	7.11	40839	45279	10.87
重庆	7817	8075	3.30	9580	10766	12.39	22757	28523	25.33
四川	6993	7474	6.88	8570	9533	11.24	22132	25823	16.67
云南	7783	8101	4.10	9330	10685	14.52			
甘肃	6681	7128	6.69	8283	9556	15.36			
全部	8492	8843	4.13	10071	11233	11.54	28107	32434	15.40

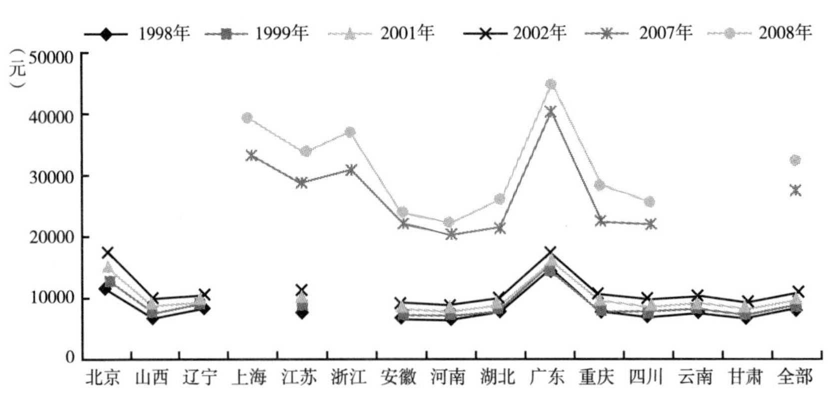

图 16－1　城市就业者年总收入水平

我们发现，安徽、河南的收入增长率在 2007 年至 2008 年反而低于 2001 年至 2002 年，湖北和重庆的收入增长率则大幅上升（见图 16－2）。

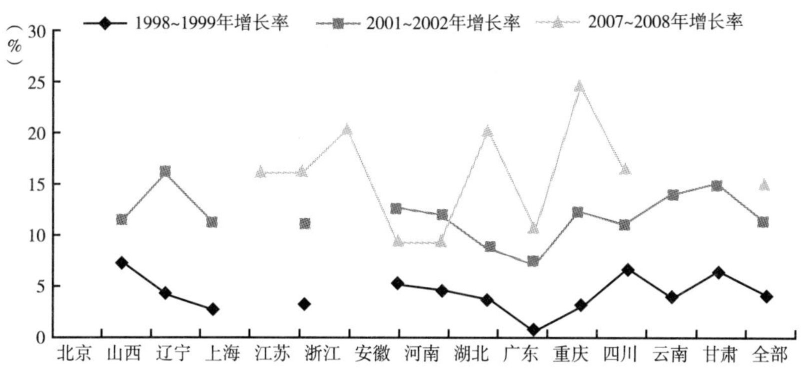

图 16－2 城市就业者年总收入增长率

3. 城市就业者收入差距的变化

我们用基尼系数来刻画城市居民收入差距的水平及变化，如表 16－3 所示。1998 年，12 个省份的城市就业者年总收入的基尼系数为 0.3422，1999 年降低到 0.3355，收入差距降低了 1.95%。分省份来看，收入差距最高的是广东，基尼系数达到 0.3866，最低的是云南。1998～1999 年，北京、安徽、河南、四川的基尼系数有所上升，其中四川的增幅最高，达到 2.64%；其余 8 个省份的基尼系数均下降，降幅最大的是广东，其次是辽宁（见图 16－3、图 16－4）。

表 16－3 城市就业者收入的基尼系数

省份	1998 年	1999 年	变化(%)	2001 年	2002 年	变化(%)	2007 年	2008 年	变化(%)
北京	0.2902	0.2910	0.28	0.3019	0.2918	－3.37			
山西	0.2840	0.2821	－0.68	0.2893	0.3030	4.73			
辽宁	0.3510	0.3309	－5.74	0.3370	0.3409	1.16			
上海							0.3763	0.3738	－0.66
江苏	0.3206	0.3128	－2.43	0.3469	0.3422	－1.35	0.3957	0.3938	－0.47
浙江							0.3435	0.3781	10.06
安徽	0.3123	0.3170	1.50	0.3396	0.3356	－1.18	0.3460	0.3744	8.21
河南	0.2810	0.2819	0.32	0.2950	0.3130	6.10	0.3154	0.3118	－1.15
湖北	0.3071	0.2986	－2.78	0.3091	0.3066	－0.81	0.3492	0.3482	－0.27
广东	0.3866	0.3643	－5.76	0.3692	0.3782	2.42	0.3690	0.3753	1.70
重庆	0.3060	0.3004	－1.85	0.3329	0.3525	5.89	0.3553	0.4096	15.29
四川	0.3050	0.3130	2.64	0.3287	0.3427	4.27	0.3684	0.3469	－5.84
云南	0.2709	0.2686	－0.85	0.2818	0.2813	－0.21			
甘肃	0.2898	0.2878	－0.69	0.3090	0.3336	7.94			
全部	0.3422	0.3355	－1.95	0.3467	0.3492	0.72	0.3832	0.3924	2.40

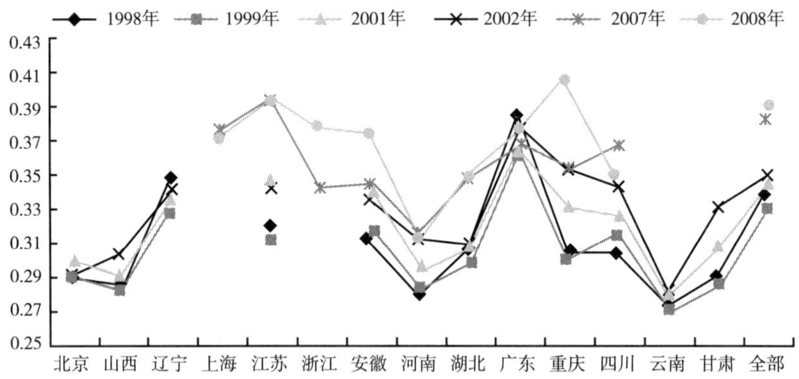

图 16-3 城市就业者收入的基尼系数

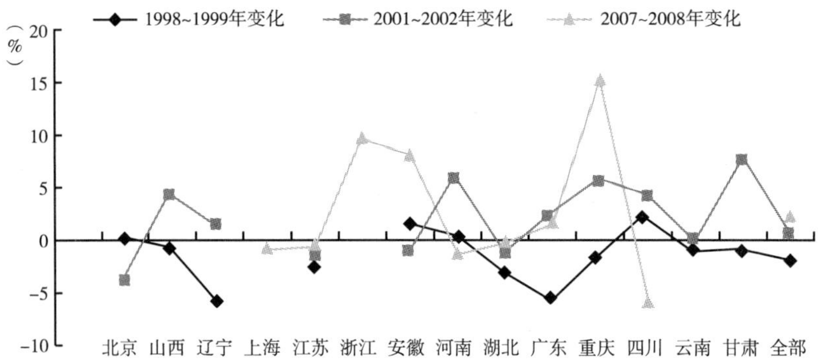

图 16-4 城市就业者收入基尼系数的变化

16.2 城市就业者收入流动性的测度

1. 五等分组收入转换矩阵和流动性

根据城市就业者年总收入从低到高的五等分组，得到 1998 ~ 1999 年、2001 ~ 2002 年和 2007 ~ 2008 年的 3 个收入转换矩阵，如表 16-4 所示。

1998 年，处于收入最低 20% 分组的人群中，89% 的在 1999 年仍处于收入最低 20% 分组中；2001 ~ 2002 年，这一比例降为 78%，2007 ~ 2008 年进一步降低到 70%。1998 年，处于收入最高 20% 分组的人群中，82% 的在 1999 年仍处于收入最低 20% 分组中；2001 ~ 2002 年，这一比例是

表 16－4　城市就业者年总收入五等分转换矩阵

		1999 年收入等级				
		最低组	第二组	第三组	第四组	最高组
1998 年收入等级	最低组	0.89	0.08	0.01	0.01	0.01
	第二组	0.09	0.74	0.15	0.02	0.00
	第三组	0.01	0.07	0.77	0.14	0.01
	第四组	0.01	0.01	0.12	0.81	0.05
	最高组	0.01	0.01	0.01	0.16	0.82
		2002 年收入等级				
		最低组	第二组	第三组	第四组	最高组
2001 年收入等级	最低组	0.78	0.15	0.04	0.02	0.02
	第二组	0.17	0.64	0.14	0.03	0.01
	第三组	0.02	0.16	0.60	0.19	0.04
	第四组	0.01	0.01	0.13	0.67	0.18
	最高组	0.01	0.01	0.02	0.14	0.83
		2008 年收入等级				
		最低组	第二组	第三组	第四组	最高组
2007 年收入等级	最低组	0.70	0.17	0.09	0.02	0.02
	第二组	0.25	0.41	0.26	0.06	0.02
	第三组	0.06	0.18	0.51	0.18	0.06
	第四组	0.04	0.05	0.30	0.42	0.19
	最高组	0.02	0.02	0.08	0.16	0.72

83%，2007～2008 年又降低到 72%。五等分组中，1998～1999 年，处于收入最低 20% 的人群保持分组位置不变的比例最高，其次是收入最高 20% 分组和收入次高 20% 分组，收入次低 20% 分组中的不流动比例最低，为 74%；同时，各收入分组中保持不变的比例（对角线上的值）差别并不大。2001～2002 年，收入最高 20% 分组的人群不流动的比例最高，为 83%，其次是收入最低 20% 分组，不流动比例最低的是中间 20% 的收入分组，为 60%；相比于 1998～1999 年，各收入分组不流动比例的差异有所扩大。2007～2008 年，收入最高 20% 分组不流动的比例依然最高，为 72%，其次是收入最低 20% 分组，此外，收入最高和最低 20% 分组中不流动的比例与中间 3 组的差异进一步拉大。

通过收入转换矩阵，可以发现，1998～1999 年，低收入人群的收入流动性最差，且流动性在各组之间的差异并不大；2001～2002 年，高收入人群的流动性最差，其次是低收入人群，且流动性在各组之间的差异开始扩大；2007～2008 年，收入最高或最低人群的流动性依旧最差，且与中间收入群体的流动性差异进一步扩大。总体而言，1998～2008 年，各收入分组中，不流动的比例在降低，说明整体上收入流动性在增强；但是这种流动性的增强主要来源于中间收入人群，高收入和低收入人群的流动性，相对而言有所减弱。

我们进一步得到不同流动大小和方向的人群分布情况，见表 16－5。1998～1999 年，80.38% 的人群保持个人收入分组位置不变，8.97% 的人群收入向下流动 1 层，收入向下流动的人群比例略高于收入向上流动的人群比例。2001～2002 年，个人收入分组保持不变的比例是 69.84%，13.39% 的人群收入向上流动 1 层，且收入向上流动的人群比例高于收入向下流动的人群比例。2007～2008 年，收入不流动的比例进一步降低到 55.68%，收入向下流动 1 层或 3 层的比例高于收入向上流动 1 层或 3 层的比例，收入向下流动 2 层或 4 层的比例低于收入向上流动 2 层或 4 层的比例。整体上，1998～2008 年，不流动的比例下降，不同流动大小和方向上的比例都增加了，尤其是收入向上或向下流动 1 层的比例。

表 16－5　城市就业者年总收入五等分组流动性

流动大小	1998～1999 年		2001～2002 年		2007～2008 年	
	人数（人）	百分比（%）	人数（人）	百分比（%）	人数（人）	百分比（%）
向下 4 层	15	0.11	32	0.22	22	0.36
向下 3 层	39	0.28	45	0.31	78	1.29
向下 2 层	92	0.66	145	1.01	214	3.55
向下 1 层	1241	8.97	1710	11.96	1053	17.45
不 流 动	11126	80.38	9984	69.84	3361	55.68
向上 1 层	1188	8.58	1914	13.39	973	16.12
向上 2 层	92	0.66	329	2.30	252	4.17
向上 3 层	34	0.25	82	0.57	53	0.88
向上 4 层	15	0.11	54	0.38	30	0.50
合　　计	13842	100.00	14295	100.00	6036	100.00

2. 收入流动性指数

通过收入转换矩阵，我们计算得到全部城市样本及各个省份城市就业者的 4 个收入流动性指数，见表 16－6。分地区来看，以加权平均移动率为例，如图16－5 所示。1998～1999 年，城市就业者（个人）收入流动性最强的是四川，其次是北京，河南的流动性最弱，各省份的收入流动性差异并不显著；2001～2002年，城市就业者（个人）收入流动性最强的是云南，其次是湖北，流动性最差的是广东，各省份收入流动性的差异有所增加；2007～2008年，个人收入流动性最强的是重庆，最弱的是上海，且差异非常显著。3轮数据都有的7个省份中，1998～2008年，城市就业者（个人）收入流动性变化最为明显的是重庆，其次是河南，流动性变化最小的是江苏。

表16－6　1998～1999年和2001～2002年各省份城市就业者年总收入流动性指数

省份	加权平均移动率		惯性率		亚惯性率		开方指数	
	1998/1999	2001/2002	1998/1999	2001/2002	1998/1999	2001/2002	1998/1999	2001/2002
北京	0.263	0.394	0.773	0.686	0.979	0.956	10.947	8.100
山西	0.222	0.411	0.809	0.665	0.991	0.968	12.052	7.545
辽宁	0.261	0.379	0.784	0.705	0.994	0.967	11.107	8.495
江苏	0.219	0.443	0.813	0.649	0.991	0.953	12.277	7.182
安徽	0.233	0.360	0.791	0.701	0.986	0.960	11.554	8.556
河南	0.202	0.343	0.815	0.725	0.992	0.970	12.366	9.128
湖北	0.243	0.445	0.793	0.660	0.994	0.972	11.632	7.205
广东	0.238	0.303	0.800	0.747	0.987	0.976	11.713	9.822
重庆	0.233	0.319	0.794	0.729	0.999	0.988	11.528	9.660
四川	0.284	0.391	0.753	0.686	0.997	0.982	10.572	8.040
云南	0.262	0.452	0.764	0.630	0.988	0.978	10.636	6.736
甘肃	0.207	0.359	0.812	0.729	0.994	0.973	12.080	9.205
全部	0.226	0.366	0.804	0.702	0.992	0.973	11.786	8.540

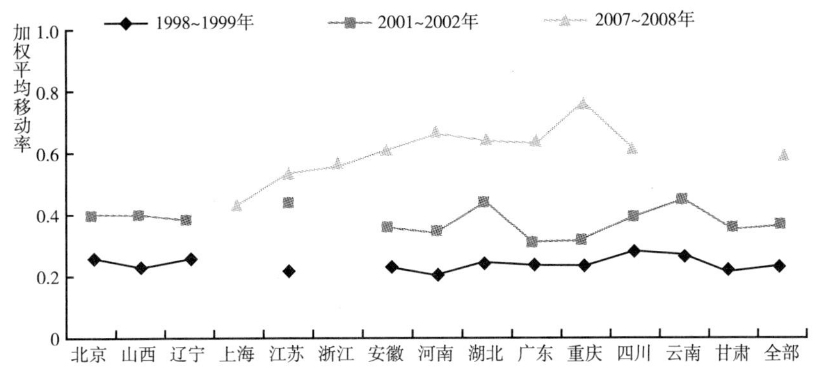

图16－5　城市就业者（个人）收入流动性比较

加权平均移动率越大，惯性率、亚惯性率和开方指数越小，意味着收入流动性越强。1998~1999年，12个省份整体的4个收入流动性指数分别为0.226、0.804、0.992和11.786；2001~2002年，分别为0.366、0.702、0.973和8.540。表16-7显示，2007~2008年，9个省份整体的4个收入流动性指数分别是0.592、0.554、0.951和5.151。总体而言，加权平均移动率增大，其余3个指数在减小，说明城市就业者（个人）收入流动性在增强。

表16-7　2007~2008年各省份城市就业者年总收入流动性指数

省份	加权平均移动率	惯性率	亚惯性率	开方指数
上海	0.4355	0.6450	0.9601	7.4457
江苏	0.5405	0.5704	0.9565	5.6030
浙江	0.5638	0.5631	0.9362	5.4918
安徽	0.6115	0.5406	0.9634	4.6369
河南	0.6683	0.5369	0.9733	4.5897
湖北	0.6437	0.4939	0.9124	4.4809
广东	0.6339	0.5608	0.9251	4.8078
重庆	0.7725	0.4806	0.9795	3.4799
四川	0.6102	0.5193	0.9382	4.7748
全部	0.5915	0.5535	0.9510	5.1511

3. 城市就业者不同收入流动程度的个人特征

为进一步分析城市就业者收入流动性的特征及其影响因素，本部分将主要刻画不同收入流动程度的个人性别特征、是否家庭户主、出生年份、婚姻状况、受教育程度、职业种类、就业单位的所有制性质、工作单位的所在行业及收入流动性的地区差异。2002年的调查中个人特征描述的都是2002年底的状况，2007年和2008年的调查中，每一年都对个人特征进行了描述。根据2002年底的个人特征状况，下面对2001~2002年的城市就业者（个人）收入流动性进行分析；同时根据2008年底的个人特征状况，分析2007~2008年的城市就业者（个人）收入流动性。

（1）性别特征

2001~2002年，样本中男性占51.51%，女性占48.49%（见表16-

8)。在收入分组不变的人群中，男性个体和女性个体分别占全部样本的35.44%和34.40%，收入向上流动各层的人群比例均高于收入向下流动各层的比例。只有收入向上流动4层的情形，女性比例高于男性，其余各层的流动中，男性的比例均高于女性。

表16－8　城市就业者性别特征与收入流动性

单位：%

流动大小	2001～2002年			2007～2008年		
	男	女	合计	男	女	合计
向下4层	0.15	0.07	0.22	0.20	0.17	0.36
向下3层	0.19	0.13	0.31	0.71	0.58	1.29
向下2层	0.64	0.38	1.01	2.24	1.31	3.55
向下1层	6.34	5.62	11.96	10.14	7.31	17.45
不流动	35.44	34.40	69.84	31.59	24.09	55.68
向上1层	7.10	6.29	13.39	9.48	6.64	16.12
向上2层	1.21	1.09	2.30	2.50	1.67	4.17
向上3层	0.30	0.27	0.57	0.50	0.38	0.88
向上4层	0.15	0.23	0.38	0.30	0.20	0.50
合计	51.51	48.49	100.00	57.65	42.35	100.00

2007～2008年，男女的总体样本比例分别为57.65%和42.35%，性别比例差异相比2001～2002年扩大。收入分组保持不变的人群中，男女分别占31.59%和24.09%，各层的流动中，男性的比例均高于女性。收入向下流动1层或3层的男女样本比例均高于收入向上流动1层或3层的比例。

（2）是否家庭户主

2001～2002年，样本中户主的比例占47.02%（见表16－9）。在收入向上流动1层、2层或3层的情形下，户主比非户主所占的比例更高，其余流动层次的情形下，都是非户主的所占比例更高。总体上，非户主的收入流动性高于户主。

2007～2008年，样本中户主的比例降低到45.58%，且各层流动中，非户主的人群所占的比例更高，总体上，非户主的人群收入流动性更高。

表 16-9　城市就业者户主特征与收入流动性

单位：%

流动大小	2001～2002 年			2007～2008 年		
	是	否	合计	是	否	合计
向下 4 层	0.09	0.13	0.22	0.15	0.22	0.36
向下 3 层	0.11	0.20	0.31	0.60	0.70	1.29
向下 2 层	0.37	0.64	1.01	1.57	1.97	3.55
向下 1 层	5.49	6.47	11.96	7.82	9.63	17.45
不 流 动	32.21	37.64	69.84	25.84	29.84	55.68
向上 1 层	7.15	6.24	13.39	7.24	8.88	16.12
向上 2 层	1.17	1.13	2.30	1.76	2.42	4.17
向上 3 层	0.29	0.28	0.57	0.36	0.51	0.88
向上 4 层	0.14	0.24	0.38	0.23	0.27	0.50
合　　计	47.02	52.98	100.00	45.58	54.42	100.00

（3）出生年份

接下来根据出生年份分析城市就业者不同年龄组的人群收入流动性的差异。2001～2002 年样本人群的出生年份分布从 1909 年至 1986 年，1929 年之前出生的样本较少，因此将 1909～1929 年的分在同一组，之后每 5 年一组，最后一组是 1980～1986 年，共分成 12 个组（见表 16-10）。2001～2002 年样本人群的出生年份较多地集中在 1945～1969 年。

在 2001～2002 年的样本中，1909～1934 年出生的人群，收入流动性不强，主要是向上或向下流动 1 层，且向上流动的比例高于向下流动的比例。1935～1939 年出生的人群中，收入向上流动 1 层的比例低于向下流动 1 层的比例。1940～1974 年出生的人群中，收入向上或向下流动 2 层以上的比例开始增加，且这部分人群收入向上流动的比例高于收入向下流动的比例，尤其是 1945～1969 年出生的人群，收入流动性较强。1975～1979 年出生的人群中，收入向下流动 1 层的比例高于收入向上流动 1 层的比例。此外，1950～1979 年出生的人群中，收入向上流动 3 层或 4 层的比例较高。1980 年之后出生的人群，样本量小且收入流动性较弱，但向上流动的比例还是高于向下流动的比例。

在 2007～2008 年的样本中，出生年份分布为 1935～1991 年（见表 16-11）。由于 1949 年之前出生的人群较少，因此将 1935～1949 年归为一组，之后每 5 年一组，最后一组是 1985～1991 年，共 9 组。可以看到，这一轮样本人群的出生年份主要集中在 1960～1979 年。

表 16－10　2001～2002 年城市就业者出生年份与收入流动性

单位：%

流动大小	1909～1929 年	1930～1934 年	1935～1939 年	1940～1944 年	1945～1949 年	1950～1954 年	1955～1959 年	1960～1964 年	1965～1969 年	1970～1974 年	1975～1979 年	1980～1986 年	合计
向下 4 层	0.00	0.00	0.01	0.01	0.03	0.05	0.07	0.02	0.00	0.02	0.01	0.01	0.22
向下 3 层	0.01	0.00	0.00	0.01	0.03	0.05	0.06	0.05	0.03	0.04	0.03	0.01	0.31
向下 2 层	0.01	0.03	0.04	0.05	0.07	0.15	0.10	0.18	0.13	0.10	0.11	0.01	1.01
向下 1 层	0.23	0.31	0.54	0.64	1.25	2.06	1.82	1.82	1.39	1.02	0.78	0.10	11.96
不流动	2.04	2.49	3.63	4.11	7.09	11.09	10.98	10.81	7.74	5.47	3.22	1.17	69.84
向上 1 层	0.29	0.38	0.50	0.71	1.26	2.11	2.22	2.25	1.71	1.15	0.62	0.20	13.39
向上 2 层	0.02	0.03	0.08	0.15	0.24	0.41	0.37	0.27	0.28	0.18	0.20	0.07	2.30
向上 3 层	0.01	0.01	0.01	0.02	0.01	0.08	0.10	0.10	0.10	0.04	0.08	0.01	0.57
向上 4 层	0.00	0.01	0.01	0.02	0.02	0.09	0.06	0.05	0.03	0.03	0.04	0.01	0.38
合计	2.60	3.27	4.83	5.72	10.00	16.09	15.79	15.55	11.42	8.07	5.09	1.59	100.

表 16－11　2007～2008 年城市就业者出生年份与收入流动性

单位：%

流动大小	1935～1949 年	1950～1954 年	1955～1959 年	1960～1964 年	1965～1969 年	1970～1974 年	1975～1979 年	1980～1984 年	1985～1991 年	合计
向下 4 层	0.02	0.02	0.00	0.10	0.12	0.02	0.03	0.07	0.00	0.36
向下 3 层	0.02	0.12	0.12	0.22	0.22	0.25	0.13	0.20	0.03	1.29
向下 2 层	0.03	0.18	0.40	0.53	0.51	0.53	0.66	0.58	0.12	3.55
向下 1 层	0.30	1.08	2.07	3.25	3.02	2.62	2.52	2.22	0.38	17.45
不流动	1.04	4.13	6.93	10.42	9.06	9.26	7.79	5.58	1.47	55.68
向上 1 层	0.10	0.91	1.76	3.05	2.55	2.57	2.40	2.09	0.70	16.12
向上 2 层	0.05	0.33	0.50	0.76	0.55	0.75	0.51	0.56	0.17	4.17
向上 3 层	0.00	0.03	0.07	0.13	0.20	0.22	0.13	0.08	0.02	0.88
向上 4 层	0.00	0.02	0.03	0.07	0.10	0.15	0.07	0.05	0.02	0.50
合计	1.56	6.81	11.86	18.52	16.32	16.35	14.25	11.43	2.90	100.00

在2007～2008年的样本中，1949年之前出生的人群较少，收入流动性也较弱，且收入向下流动的比例高于向上流动的比例，而在2001～2002年，这部分人群的收入向上流动的比例要高于向下流动的比例。在2007～2008年，1950～1974年出生的人群中，收入向下流动1层或3层的比例均高于向上流动1层或3层的比例，但收入向下流动2层的比例低于向上流动2层的比例。尤其是1960～1974年出生的人群，收入流动性最强。1975～1979年出生的人群中，收入向下流动1层或2层的比例都高于向上流动1层或2层的比例。1980～1984年出生的人群中，收入向下流动各层的比例都高于收入向上流动的比例，且向下流动3层或4层的比例，相对高于其他年龄段的人。1985年之后出生的人群，收入流动性不强，但向上流动的比例高于向下流动的比例。

总结对2001～2002年和2007～2008年样本分析的结果，可以发现，处于年龄分布两端的人群收入流动性差，且收入向下流动的比例相对高于向上流动的比例。

（4）婚姻状况

在2001～2002年的样本中，有配偶的人群比例占总样本的89%，其中不流动的占总样本的62.28%；未婚人群占总样本的7.02%，其中不流动的占总样本的4.6%，相比而言，未婚人群的收入流动比例更高（见表16－12）。对于有配偶的人群，收入向上流动的比例高于收入向下流动的比例；对于未婚人群，收入向上流动1层的比例与向下流动1层的比例一样，向上流动2层及以上的比例高于向下流动2层及以上的比例。

表16－12　城市就业者婚姻状况与收入流动性

单位：%

流动大小	2001～2002年婚姻状况					2007～2008年婚姻状况			
	有配偶	离异/丧偶	未婚	缺失	合计	有配偶	离异/丧偶	未婚	合计
向下4层	0.20	0.01	0.02	0.00	0.22	0.31	0.02	0.03	0.36
向下3层	0.27	0.01	0.04	0.00	0.31	1.14	0.00	0.15	1.29
向下2层	0.83	0.02	0.16	0.00	1.01	2.98	0.07	0.50	3.55
向下1层	10.71	0.38	0.87	0.00	11.96	14.93	0.38	2.14	17.45
不流动	62.28	2.94	4.60	0.02	69.84	47.85	1.64	6.20	55.68
向上1层	12.01	0.50	0.87	0.00	13.39	13.24	0.61	2.27	16.12
向上2层	1.94	0.07	0.29	0.00	2.30	3.40	0.12	0.66	4.17
向上3层	0.48	0.01	0.08	0.00	0.57	0.71	0.03	0.13	0.88
向上4层	0.29	0.01	0.07	0.00	0.38	0.41	0.00	0.08	0.50
合计	89.00	3.96	7.02	0.02	100.00	84.97	2.87	12.16	100.00

注：2007年和2008年的调查问卷中关于婚姻状况的分类与2002年的调查不太一致，为了与2002年保持一致以便于比较，我们将2008年中初婚、再婚和同居的情况归为有配偶，其余分类与2002年相同。

在2007～2008年的样本中，有配偶的人群比例降为84.97%，未婚人群的比例上升到12.16%。对于有配偶的人群，收入向下流动1层或3层的比例高于向上流动1层或3层的比例，向下流动2层或4层的比例低于向上流动2层或4层的比例。对于未婚人群，只有收入向上流动3层的比例低于向下流动3层的比例，其余情况向上流动的比例大于向下流动的比例。总体上，有配偶的人群收入向下流动的比例高于向上流动的比例，而未婚人群收入向上流动的比例高于向下流动的比例。

（5）受教育程度

在2001～2002年的样本中，具有初中学历的比例最高，为27.72%（见表16－13），其次是高中学历，为25.33%。受教育程度为初中及以下的人群中，收入向下流动1层的比例高于向上流动1层的比例，但向上流动2层及以上的比例高于向下流动的比例。高中及以上学历的人群中，收入向上流动的比例均高于收入向下流动的比例。相比而言，学历为高中的这部分人群的收入流动性最高。

表16－13　2001～2002年城市就业者受教育程度与收入流动性

单位：%

流动大小	小学及以下	初中	高中	中专	大专	大学	研究生	缺失	合计
向下4层	0.02	0.04	0.07	0.03	0.03	0.03	0.00	0.00	0.22
向下3层	0.01	0.08	0.10	0.04	0.06	0.03	0.00	0.00	0.31
向下2层	0.06	0.25	0.36	0.09	0.18	0.06	0.01	0.01	1.01
向下1层	0.98	3.81	3.20	1.33	1.99	0.63	0.03	0.00	11.96
不流动	6.00	19.24	17.24	8.62	12.60	5.74	0.38	0.01	69.84
向上1层	0.90	3.48	3.39	1.83	2.59	1.14	0.06	0.00	13.39
向上2层	0.12	0.56	0.72	0.27	0.46	0.17	0.01	0.00	2.30
向上3层	0.02	0.14	0.13	0.08	0.13	0.06	0.01	0.00	0.57
向上4层	0.03	0.13	0.12	0.03	0.05	0.02	0.00	0.00	0.38
合计	8.13	27.72	25.33	12.32	18.09	7.88	0.50	0.02	100.00

在2007～2008年的样本中，具有小学及以下学历的人群比例显著降低，仅为1.95%；初中学历的人群比例降低到15.74%；高中、中专学历的人群比例相比于2001～2002年也下降了，而大专以上学历的人群比例增加，特别是本科及以上学历的人群比例，从2001～2002年的8.38%提高到22.12%（见表16－14）。具有小学及以下学历的人群收入流动性最

差，初中、高中学历的人群中，收入向下流动的比例均高于收入向上流动的比例。对于有中专学历的人群，只有收入向上流动4层的比例大于向下流动4层的比例，总体上向下流动的比例高于向上流动的比例。对于有大专学历的人群，只有收入向上流动3层的比例低于向下流动3层的比例，总体上向上流动的比例高于向下流动的比例。对于有本科学历的人群，只有收入向下流动1层的比例高于向上流动1层的比例，总体上向上流动的比例也高于向下流动的比例。因此，在2007～2008年的样本中，具有大专及以上学历的人群，收入向上流动的比例总体上高于向下流动的比例，也就是说，教育对于城市就业者（个人）收入向上流动的作用越来越明显。

表16－14　2007～2008年城市就业者受教育程度与收入流动性

单位：%

流动大小	小学及以下	初中	高中	中专	大专	本科	研究生	合计
向下4层	0.02	0.10	0.08	0.05	0.08	0.03	0.00	0.36
向下3层	0.08	0.28	0.28	0.12	0.30	0.20	0.03	1.29
向下2层	0.08	0.71	0.93	0.50	0.76	0.48	0.08	3.55
向下1层	0.23	2.78	4.66	1.87	4.29	3.16	0.45	17.45
不流动	1.19	8.91	13.75	5.45	13.52	10.98	1.87	55.68
向上1层	0.25	2.14	4.01	1.71	4.34	3.08	0.60	16.12
向上2层	0.08	0.60	0.91	0.43	1.36	0.71	0.08	4.17
向上3层	0.02	0.15	0.22	0.08	0.20	0.22	0.00	0.88
向上4层	0.00	0.07	0.07	0.10	0.13	0.10	0.03	0.50
合计	1.95	15.74	24.90	10.30	24.98	18.97	3.15	100.00

（6）职业种类

我们进一步分析城市就业者（个人）收入流动与职业种类①的关系。在2001～2002年的样本中，国家机关、企事业单位负责人与专业技术人员、办事人员和有关人员、技术工人和非技术工人中，收入向上流动的比例总体上大于向下流动的比例（见表16－15）。商业和服务业人员、个体或私营企业主中，收入向下流动1层的比例高于向上流动1层的比例，向上流动2层及以上的比例高于向下流动2层及以上的比例。

① 2002年与2008年关于职业种类的调查口径不太一致，为了便于比较，本章进行了重新分类：（1）国家机关、企事业单位负责人，包括机关、企事业部门负责人；（2）专业技术人员；（3）办事人员和有关人员；（4）商业和服务业人员；（5）技术工人和非技术工人，主要指农林牧渔水利生产人员、生产运输设备操作人员及有关人员；（6）个体或私营企业主；（7）其他从业人员，包括军人等。

表 16－15　2001～2002 年城市就业者职业种类与收入流动性

单位：%

流动大小	国家机关、企事业单位负责人	专业技术人员	办事人员和有关人员	商业和服务业人员	技术工人和非技术工人	个体或私营企业主	其他从业人员	缺失	总计
向下 4 层	0.03	0.03	0.03	0.03	0.06	0.02	0.01	0.00	0.22
向下 3 层	0.01	0.07	0.06	0.03	0.09	0.02	0.01	0.03	0.31
向下 2 层	0.09	0.16	0.16	0.13	0.34	0.06	0.03	0.03	1.01
向下 1 层	1.21	1.81	2.22	1.41	4.04	0.66	0.33	0.28	11.96
不流动	8.26	13.85	12.26	7.74	22.29	2.26	1.41	1.78	69.84
向上 1 层	1.48	2.85	2.71	1.25	4.32	0.35	0.22	0.20	13.39
向上 2 层	0.23	0.43	0.46	0.23	0.80	0.08	0.06	0.01	2.30
向上 3 层	0.03	0.09	0.15	0.09	0.17	0.03	0.00	0.01	0.57
向上 4 层	0.02	0.06	0.03	0.06	0.17	0.03	0.00	0.00	0.38
合计	11.37	19.37	18.09	10.98	32.28	3.50	2.06	2.34	100.00

在 2007～2008 年的样本中（见表 16－16），国家机关、企事业单位负责人的比例下降，但其收入向上流动的比例都高于向下流动的比例。专业技术人员中，收入向下流动 1 层的比例高于向上流动 1 层的比例，但总体上向上流动的比例高于向下流动的比例。对于办事人员和有关人员，只有向下流动 3 层的比例高于向上流动 3 层的比例，总体上向上流动的比例高于向下流动的比例。对于商业和服务业人员，其比例从 2001～2002 年的 10.98%上升到 19.58%，不仅收入向下流动 1 层的比例高于向上流动 1 层的比例，而且总体上向下流动的比例高于向上流动的比例。对于技术工人和非技术

表 16－16　2007～2008 年城市就业者职业种类与收入流动性

单位：%

流动大小	国家机关、企事业单位负责人	专业技术人员	办事人员和有关人员	商业和服务业人员	技术工人和非技术工人	个体或私营企业主	其他从业人员	总计
向下 4 层	0.00	0.03	0.08	0.10	0.02	0.07	0.07	0.36
向下 3 层	0.03	0.13	0.28	0.20	0.27	0.23	0.15	1.29
向下 2 层	0.12	0.73	0.75	0.71	0.55	0.48	0.22	3.55
向下 1 层	0.81	3.98	3.94	3.26	3.05	1.41	0.99	17.45
不流动	3.15	12.66	13.49	11.35	8.08	3.41	3.55	55.68
向上 1 层	1.11	3.81	4.13	2.77	2.47	1.04	0.80	16.12
向上 2 层	0.20	0.84	1.13	0.84	0.61	0.28	0.27	4.17
向上 3 层	0.05	0.15	0.22	0.22	0.10	0.12	0.03	0.88
向上 4 层	0.02	0.15	0.12	0.13	0.03	0.03	0.02	0.50
合计	5.48	22.48	24.12	19.58	15.18	7.07	6.08	100.00

工人，其比例从2001～2002年样本中的32.38%下降到15.18%，收入向上流动1层或3层的比例低于向下流动1层或3层的比例，向上流动2层或4层的比例高于向下流动2层或4层的比例，总体上向下流动的比例高于向上流动的比例。对于个体或私营企业主，其比例从2001～2002年样本中的3.5%增加到7.07%，但收入向下流动的比例均高于向上流动的比例。

与2001～2002年相比，在2007～2008年的样本中，国家机关、企事业单位负责人的比例下降，而这部分人群的收入向上流动比例总体上高于向下流动的比例；商业和服务业人员、个体或私营企业主的比例显著增加，同时这部分人群收入向下流动的比例高于向上流动的比例。因此，在2007～2008年，各职业人群收入向下流动的比例总体高于向上流动的比例。

（7）就业单位的所有制性质

本部分分析城市就业者的收入流动与其就业单位所有制性质①的关系。在2001～2002年的样本中，就业于国有独资企业的人群比例最高，达到38.67%（见表16－17），这部分人群中，收入向上流动的比例均高于向下流动的比例，且流动性较强。对于就业单位为党政机关、事业单位、国有控股企业或城镇集体企业的人群，其收入向上流动的比例也高于向下流动的比例。而就业于外资独资企业、中外合资企业的人群比例较低，收入流动性较弱，且收入向下流动的比例高于向上流动的比例。对于城镇个体，收入向下流动1层的比例高于向上流动1层的比例，但向下流动2层及以上的比例又低于向上流动2层及以上的比例，总体上收入向下流动的较多。

在2007～2008年的样本中，就业于事业单位的人群比例最高，从2001～2002年的17.75%提高到26.57%（见表16－18），收入向上流动2层及以上的比例高于向下流动2层及以上的比例。就业于党政机关的人群比例从2001～2002年的7.44%略降到7.01%，收入向上流动的比例大于收入向下流动的比例。国有独资企业的人群比例从2001～2002年的38.67%大幅下降到9.46%，收入向上流动1层或2层的比例高于向下流动1层或2层的比例，但向上流动3层或4层的比例低于向下流动3层或4层的比例。就业于国有控股企业的人群比例从2001～2002年的3.15%上升到11.68%，只有收入

① 2002年与2008年关于就业单位所有制性质的调查口径不太一致，为了便于比较，本章进行了重新分类：（1）党政机关；（2）事业单位，包括国家、集体和民办的事业单位；（3）国有独资企业，包括中央、省国有独资和地方国有独资；（4）国有控股企业；（5）城镇集体企业，包括集体独资和集体控股企业；（6）城镇私营企业，包括私营独资、私营控股和合伙企业；（7）外资独资企业；（8）中外合资企业，包括外资控股、国有控股、集体控股和私营控股的合资企业；（9）城镇个体；（10）其他企业。

表 16－17　2001～2002 年城市就业者就业单位所有制性质与收入流动性

单位：%

流动大小	党政机关	事业单位	国有独资企业	国有控股企业	城镇集体企业	城镇私营企业	外资独资企业	中外合资企业	城镇个体	其他企业	缺失	总计
向下4层	0.01	0.04	0.06	0.00	0.02	0.02	0.00	0.00	0.03	0.02	0.01	0.22
向下3层	0.01	0.05	0.10	0.00	0.02	0.01	0.01	0.01	0.02	0.06	0.03	0.31
向下2层	0.08	0.08	0.40	0.04	0.04	0.08	0.01	0.01	0.11	0.08	0.07	1.01
向下1层	0.73	1.55	4.89	0.35	0.97	0.44	0.06	0.23	1.07	1.25	0.41	11.96
不流动	5.23	12.78	26.87	2.20	6.72	2.00	0.32	0.87	4.34	5.92	2.60	69.84
向上1层	1.22	2.64	5.26	0.48	1.10	0.45	0.03	0.13	0.63	1.11	0.34	13.39
向上2层	0.10	0.44	0.80	0.06	0.28	0.10	0.00	0.03	0.18	0.25	0.06	2.30
向上3层	0.05	0.10	0.17	0.01	0.06	0.03	0.01	0.03	0.06	0.03	0.02	0.57
向上4层	0.01	0.06	0.13	0.02	0.03	0.02	0.01	0.00	0.06	0.03	0.00	0.38
合计	7.44	17.75	38.67	3.15	9.25	3.16	0.45	1.31	6.52	8.77	3.53	100

表 16－18　2007～2008 年城市就业者就业单位所有制性质与收入流动性

单位：%

流动大小	党政机关	事业单位	国有独资企业	国有控股企业	城镇集体企业	城镇私营企业	外资独资企业	中外合资企业	城镇个体	其他企业	总计
向下4层	0.03	0.05	0.03	0.02	0.02	0.05	0.00	0.00	0.12	0.05	0.36
向下3层	0.05	0.22	0.08	0.18	0.05	0.22	0.05	0.03	0.30	0.12	1.29
向下2层	0.10	0.94	0.28	0.45	0.17	0.48	0.02	0.18	0.76	0.17	3.55
向下1层	0.91	4.36	1.66	2.45	0.89	3.05	0.36	0.81	2.34	0.61	17.45
不流动	4.14	15.01	5.00	6.08	3.02	9.58	1.62	2.47	6.56	2.20	55.68
向上1层	1.31	4.36	1.86	1.89	0.75	2.60	0.50	0.50	1.81	0.56	16.12
向上2层	0.28	1.28	0.50	0.41	0.28	0.51	0.02	0.15	0.56	0.18	4.17
向上3层	0.12	0.23	0.03	0.15	0.02	0.15	0.02	0.03	0.12	0.02	0.88
向上4层	0.07	0.13	0.02	0.05	0.02	0.05	0.03	0.03	0.08	0.02	0.50
合计	7.01	26.57	9.46	11.68	5.20	16.68	2.62	4.21	12.64	3.93	100.00

向上流动4层的比例大于收入向下流动4层的比例，总体上收入向下流动的比例高于收入向上流动的比例。就业于城镇集体企业的人群比例从2001~2002年的9.25%下降到5.2%，只有收入向上流动2层的比例高于向下流动2层的比例，总体上收入向下流动的比例也高于收入向上流动的比例。就业于城镇私营企业的人群和城镇个体的比例分别从2001~2002年的3.16%和6.52%上升到16.68%和12.64%，而这部分人群收入向下流动的比例总体上要高于收入向上流动的比例，尤其是城镇个体，收入向下流动2层及以上的比例明显高于就业于其他所有制单位的人群。就业于外资独资企业的人群比例也有所上升，其收入向上流动的比例总体上略高于向下流动的比例。就业于中外合资企业的人群比例也增加了，但其收入向下流动的比例高于向上流动的比例。

通过比较2001~2002年和2007~2008年的样本可以发现，企业改革使得国有独资企业的比例降低，就业于其他所有制单位的人群比例总体上增加，原有“铁饭碗”的打破使得城市就业者（个人）收入流动性增强，同时收入向下流动的比例总体上高于向上流动的比例。

（8）工作单位的所在行业

由于调查中的工作单位行业①分类较多，因此将其归为4类：竞争性行业、垄断性行业、政府部门或事业单位、其他。在2001~2002年的样本中（见表16-19），处于竞争性行业的人群中，收入向下流动1层的比例高于向上流动1层的比例，但向下流动2层及以上的比例低于向上流动2层及以上的比例，总体上收入向上流动的比例较高。处于垄断性行业、政府部门或事业单位的人群中，收入向上流动的比例均高于向下流动的比例。

在2007~2008年的样本中（见表16-20），处于竞争性行业的人群比例略微下降。这部分人群中，收入向下流动的比例都要高于收入向上流动的比重，且向下流动2层及以上的比例相比于2001~2002年明显增加。处于垄断性行业的人群比例从2001~2002年的15.2%提高到23.14%。这部分人群中，收入向下流动1层的比例高于向上流动1层的比例，而向

① 2002年与2008年关于工作单位所在行业的调查口径不太一致，2002年有16个分类，2008年有20个，为了便于比较，本章进行了重新分类，将其分成4类：（1）竞争性行业，包括农林牧渔业、制造业、批发和零售业、住宿和餐饮业、租赁和商务服务业、居民服务和其他社会服务业；（2）垄断性行业，包括采矿业，电力、燃气及水的生产和供应业，交通运输、仓储和邮政业，信息传输、计算机服务和软件业，金融保险业，房地产业；（3）事业单位或政府部门，包括科学研究、技术服务和地质勘察业，水利、环境和公共设施管理业，教育、卫生、社会保障和社会福利业，文化、体育和娱乐业，公共管理和社会组织；（4）其他行业，包括国际组织及部分缺失值。

下流动2层及以上的比例低于向上流动2层及以上的比例，总体上收入向下流动的比例较高。处于政府部门或事业单位的人群，收入向上流动的比例仍然高于向下流动的比例。

表16－19　2001～2002年城市就业者工作单位所在行业

单位：%

流动大小	竞争性行业	垄断性行业	政府部门或事业单位	其他	总计
向下4层	0.14	0.03	0.06	0.00	0.22
向下3层	0.15	0.07	0.06	0.03	0.31
向下2层	0.58	0.20	0.16	0.08	1.01
向下1层	7.26	1.94	2.13	0.63	11.96
不流动	37.59	10.28	18.52	3.46	69.84
向上1层	6.95	2.11	3.88	0.45	13.39
向上2层	1.32	0.43	0.46	0.08	2.30
向上3层	0.33	0.08	0.15	0.01	0.57
向上4层	0.24	0.05	0.08	0.01	0.38
合计	54.56	15.20	25.49	4.75	100.00

表16－20　2007～2008年城市就业者工作单位所在行业

单位：%

流动大小	竞争性行业	垄断性行业	政府部门或事业单位	其他	总计
向下4层	0.27	0.03	0.07	0.00	0.36
向下3层	0.94	0.18	0.17	0.00	1.29
向下2层	2.20	0.81	0.51	0.02	3.55
向下1层	8.98	4.57	3.88	0.02	17.45
不流动	29.24	12.34	14.03	0.07	55.68
向上1层	8.15	3.68	4.26	0.03	16.12
向上2层	2.00	1.23	0.93	0.02	4.17
向上3层	0.45	0.22	0.22	0.00	0.88
向上4层	0.23	0.08	0.18	0.00	0.50
合计	52.47	23.14	24.24	0.15	100.00

（9）收入流动性的地区差异

在2001～2002年12个省份样本中，北京、山西、辽宁、江苏个4个省份的城市就业者（个人）收入向上流动各层的比例几乎都大于向下流动各层的比例（见表16－21）。在安徽，个人收入向上流动1～3层的比例大于向下流动1～3层的比例。但在河南，个人收入向下流动1层的比例高于向上流动1层的比例，但向下流动2层及以上的比例低于向上流动2层及以上的比例，总体上收入向上流动的比例较高。对于湖北，个人收入向下流动3层的比例高于向上流动3层的比例，总体上也是收入向上流动的比例较高。在广东和重庆，只有个人收入向上流动4层的比例略高于向下流动4层的比例，总体上都是收入向下流动的比例较高。在四川和云南，只有个人收入向上流动4层的比例略低于向下流动4层的比例，总体上都是收入向上流动的比例较高。在甘肃，个人收入向下流动1层的比例高于向上流动1层的比例，总体上向下流动的比例较高。因此，除了广东、重庆和甘肃，在其余9省份个人收入向上流动的比例总体上高于向下流动的比例。

表16-21　2001~2002年各省份城市就业者年总收入流动性比较

单位：%

流动大小	北京	山西	辽宁	江苏	安徽	河南	湖北	广东	重庆	四川	云南	甘肃	合计
向下4层	0.00	0.01	0.05	0.02	0.01	0.01	0.02	0.01	0.01	0.04	0.03	0.01	0.22
向下3层	0.01	0.01	0.05	0.01	0.00	0.01	0.09	0.04	0.01	0.03	0.02	0.03	0.31
向下2层	0.03	0.05	0.08	0.17	0.04	0.07	0.15	0.13	0.04	0.11	0.10	0.03	1.01
向下1层	0.78	0.97	1.20	1.41	0.64	1.27	1.40	1.09	0.62	0.99	0.92	0.69	11.96
不流动	5.97	5.69	7.82	7.49	4.90	7.04	6.42	6.16	2.84	5.53	5.93	4.06	69.84
向上1层	0.82	1.32	1.25	1.62	1.22	1.25	1.46	0.59	0.57	1.17	1.58	0.54	13.39
向上2层	0.19	0.22	0.26	0.36	0.17	0.12	0.28	0.12	0.03	0.17	0.29	0.09	2.30
向上3层	0.04	0.08	0.09	0.07	0.03	0.06	0.04	0.03	0.01	0.03	0.06	0.03	0.57
向上4层	0.03	0.01	0.06	0.06	0.01	0.03	0.02	0.02	0.02	0.03	0.02	0.07	0.38
合计	7.86	8.35	10.84	11.22	7.02	9.86	9.89	8.21	4.15	8.11	8.95	5.55	100.00

在2007~2008年的9个省份样本中，上海、江苏、四川3个省份的城市就业者（个人）收入向上流动的比例高于向下流动的比例（见表16-22）。在浙江，只有个人收入向上流动2层的比例高于向下流动2层的比例，总体上收入向下流动的比例较高。在安徽，只有个人收入向上流动4层的比例高于向下流动4层的比例，总体上收入向下流动的比例较高。对于河南和广东，收入向下流动各层的比例都高于向上流动的比例。在湖北，个人收入向下流动1层的比例高于向上流动1层的比例，总体上收入向上流动的比例较高，且向上流动4层的比例高于其他8个省份相对应的比例。在重庆，只有个人收入向上流动3层的比例略高于向下流动3

层的比例，总体上收入向下流动的比例较高。

在 2001 ~ 2002 年和 2007 ~ 2008 年样本中都有的 7 个省份，江苏、湖北和四川 3 个省份的城市就业者（个人）收入向上流动的比例总体上高于向下流动的比例，广东和重庆 2 个省份的个人收入向下流动的比例较高，而安徽和河南的个人收入流动总体趋势发生了逆转。

表 16－22　2007 ~ 2008 年各省份城市就业者年总收入流动性比较

单位：%

流动大小	上海	江苏	浙江	安徽	河南	湖北	广东	重庆	四川	合计
向下 4 层	0.00	0.03	0.02	0.03	0.03	0.00	0.18	0.05	0.02	0.36
向下 3 层	0.08	0.08	0.15	0.25	0.22	0.07	0.28	0.12	0.05	1.29
向下 2 层	0.17	0.27	0.35	0.65	0.56	0.25	0.65	0.35	0.31	3.55
向下 1 层	1.81	1.74	2.40	2.37	2.05	1.47	2.25	1.44	1.91	17.45
不流动	7.27	6.16	6.41	5.95	6.15	4.16	9.68	3.38	6.53	55.68
向上 1 层	1.86	1.97	1.86	1.39	1.62	1.28	2.25	1.38	2.52	16.12
向上 2 层	0.28	0.50	0.50	0.23	0.71	0.45	0.50	0.30	0.71	4.17
向上 3 层	0.07	0.10	0.07	0.07	0.05	0.07	0.12	0.13	0.22	0.88
向上 4 层	0.10	0.02	0.03	0.05	0.03	0.10	0.08	0.03	0.05	0.50
合计	11.63	10.87	11.78	10.98	11.43	7.84	15.99	7.17	12.31	100.00

16.3　本章总结

通过分析城市就业者收入的流动性，得到以下几个主要结论。

（1）城市就业者收入流动性在增强。从五等分组来看，1998 ~ 2008 年，城市就业者收入不流动的比例下降，不同流动大小和方向上的比例都增加了，尤其是收入向上或向下流动一层的比例；收入流动性指数也表明了这一点。

（2）城市就业者收入流动性在不同收入阶层的差异在扩大。1998 ~ 1999 年，低收入人群的收入流动性最差，但流动性在五等分组之间的差异并不大；2001 ~ 2002 年，高收入人群的流动性最差，其次是低收入人群，且流动性在各组之间的差异开始扩大；2007 ~ 2008 年，收入最高或最低人群的流动性依旧最差，且与中间收入群体的流动性差异进一步扩大。

（3）城市就业者总体上，男性收入流动性大于女性。2001 ~ 2002 年，非户主收入流动性高于户主；相对于已婚人群，未婚人群的收入流动性更高。但到了 2007～2008 年，非户主的人群收入流动性更高；已婚人群的收入向下流动的比例较高，而未婚人群的收入向上流动的比例更高。

（4）城市就业者中处于年龄分布两端的人群收入流动性差，且收入向下流动的比例相对高于向上流动。在 2001～2002 年的样本中，1945～1969 年出生的人群，总体收入流动性较强，1950～1979 年出生的人群，收入向上流动的比例较高。在 2007～2008 年的样本中，1960～1974 年出生的人群收入流动性最强，1980～1984 年出生的人群收入向下流动的比例较高。

（5）受教育程度对于城市就业者（个人）收入向上流动的作用越来越明显，文化程度越低，收入流动性越差，且向下流动的比例越高。在 2001～2002 年的样本中，具有高中及以上学历的人群，收入向上流动的比例均高于收入向下流动的比例。到了 2007～2008 年，具有大专及以上学历的人群，收入向上流动的比例总体上高于向下流动的比例。

（6）职业类型为国家机关、企事业单位负责人的城市就业者（个人）收入向上流动的比例较高，从 2001～2002 年到 2007～2008 年，这部分人群的比例下降；商业和服务业人员、个体或私营企业主的比例人群显著增加，同时这部分人群收入向下流动的比例高于向上流动的比例。

（7）与 2001～2002 年相比，2007～2008 年的样本中国有企业的比例降低，就业于其他所有制单位的城市就业者比例增加，在收入流动性增强的同时，向下流动的比例高于向上流动的比例，尤其是城镇个体，收入向下流动 2 层及以上的比例明显高于就业于其他所有制单位的人群。

（8）在 2001～2002 年的样本中，在 3 个行业大类中，城市就业者总体上收入向上流动的比例较高；在 2007～2008 年的样本中，处于竞争性行业的人群收入向下流动的比例较高，处于垄断性行业的人群总体上也是收入向下流动的比例较高，只有处于政府部门或事业单位的人群，收入向上流动的比例仍然高于向下流动的比例。

（9）城市就业者（个人）收入流动性的地区差异越来越显著。在 2001～2002 年 12 个省份样本中，除了广东、重庆和甘肃，其余 9 省份个人收入向上流动的比例总体上高于向下流动的比例。在 2007～2008 年 9 个省份样本中，上海、江苏、四川、湖北 4 个省份个人收入向上流动的比例总体上高于向下流动的比例。结合各个地区的收入水平和收入差距，无论是 2002 年还是 2008 年，广东的城市就业者年总收入的均值最高，收入的基尼系数也较高，但收入流动性较差，且向下流动的比例较高。重庆的城市就业者在 2007～2008 年的年总收入增长率最高，收入基尼系数在 2008 年也达到最高，同时个人收入流动性最强，但向下流动的比例较高。安徽、河南的城市就业者年总收入增长率在 2007～2008 年反而低于 2001～2002 年，在 2001～2002 年的样本中，这两个省个人收入向上流动的比例较高，但 2007～2008 年的样本中，收入向下流动的比例较高。

图书在版编目（CIP）数据

中国收入差距的实证分析/李实，罗楚亮等著. —北京：社会科学文献出版社，2014.5
（国家社科基金后期资助项目）
ISBN 978 - 7 - 5097 - 4525 - 0

Ⅰ.①中… Ⅱ.①李… ②罗… Ⅲ.①收入差距 - 研究 - 中国 Ⅳ.①F124.7

中国版本图书馆 CIP 数据核字（2013）第 080406 号

·国家社科基金后期资助项目·
中国收入差距的实证分析

著　　者 / 李　实　罗楚亮 等

出 版 人 / 谢寿光
出 版 者 / 社会科学文献出版社
地　　址 / 北京市西城区北三环中路甲 29 号院 3 号楼华龙大厦
邮政编码 / 100029

责任部门 / 皮书出版分社（010）59367127　　责任编辑 / 杨　云　任文武
电子信箱 / pishubu@ssap.cn　　责任校对 / 卢江涛
项目统筹 / 杨　云　　责任印制 / 岳　阳
经　　销 / 社会科学文献出版社市场营销中心（010）59367081　59367089
读者服务 / 读者服务中心（010）59367028

印　　装 / 三河市尚艺印装有限公司
开　　本 / 787mm×1092mm　1/16　　印　　张 / 22.5
版　　次 / 2014 年 5 月第 1 版　　字　　数 / 402 千字
印　　次 / 2014 年 5 月第 1 次印刷
书　　号 / ISBN 978 - 7 - 5097 - 4525 - 0
定　　价 / 69.00 元

本书如有破损、缺页、装订错误，请与本社读者服务中心联系更换
版权所有　翻印必究